남명 조식과의 대화

- 경남의 역사적 이해 -

김 영 기

도서출판 대영문화사

책머리에

연구실 창 너머 와룡산을 바라보며 나는 퇴임 후의 일로 생각에 빠졌으나 그 시간은 길지 않았다. 일곱 살 적 천자문을 읽을 때 할아버지(김성곤[金聲坤] 옹)께서 아둔한 손자에게 새겨 주신 "냄멩"이 떠올랐기 때문이다. 우리 대학에 마침 남명학연구소가 있어서 그 연구물을 가끔 흘끔거렸던 터였다. 게다가 지방자치 공부로 지역사를 읽었으니 남명 조식과 경남의 역사를 연결시켜 공부를 이어가자고 생각하였다. 그로부터 딱 10년이 걸렸다.

이 책이 그렇게 나왔다. 경남의 역사를 읽으며 마음에 자랑이 넘쳤다. 또 남명을 읽고, 조선 유학과 『주역(周易)』과 사서(四書)를 읽고, 중국의 철학사까지 읽는 재미에 푹 빠져서 살았다. 사회과학을 읽던 재미에 인문학을 읽는 재미까지 더하니 생각의 넓이와 깊이가 달라지는 것 같았다. 또 역사를 읽으며 시간을 타고 오르내리는 재미가 컸고, 인간과 공동체를 보는 눈도 달라진다고 느꼈다. 참 행복하였다. 아쉬움 하나를 살짝 더한다면 원전(原典)이 아닌 2차 자료만 읽어야 하는 점이겠다.

책을 내면서 걱정이 없지 않다. 나는 역사나 유학 전공자가 아니다. 그래서 더 많이 읽으려고 하였지만 연공(年功)은 중요한 요소이다. 관련 분야 책을 골라 읽으면서 쌓인 공력으로 해당 주제를 저자의 머리에 쏙쏙 들어오도록 써 준 높은 역량이 부러웠으니까. 그러다 보니 삼우당과 남명, 국난을 맞아 목숨을 걸었던 남명학파 의병장들, 농민항쟁과 형평운동, 3·15의거와 부마항쟁으로 행의(行義)하신 선각자들의 공헌을 저자의 부족함으로 인하여 흠을 내었을까 걱정이다. 저자의 뜻과 다르게 생겼을지라도 모든 오류는 전적으로 저자의 책임이므로 미리 용서를 구한다.

이 책을 내면서 감사드려야 할 분들이 있다. 먼저, 해당 분야에서 심혈을 기울여

연구하신 분들에게 감사드린다. 그리고 거친 원고를 읽고 소중하게 참고할 말씀을 주신 공현철 선생님, 김익수 박사님, 유원숙 선생님, 김갑숙 선생님, 행정학과 제자이면서 나의 아픈 손가락 오재동 박사, 독자로서 원고를 읽어준 빈선옥 선생과 경상대학교 행정학과 이재민 군에게 고마움을 표한다. 또 시민사회에서 함께 활동하는 진주포럼 · 네팔진주학교 · 책사랑 진주 · 이성자미술관 모임 · 남명사랑 임원님들께 존경과 감사를 드린다.

서른에 혼자 되어서 우리 다섯 남매를 애지중지 길러 주신 어머니 고 서육님 여사님, 무남독녀를 길러 아내로 주신 고 강명숙 여사님께 감사드린다. 여러 가지 나의 모자람을 사랑으로 채워 주며 함께 해 주었고 또 삽화도 그려 준 아내 조정심 선생에게 특별한 감사를 드린다. 나의 행복의 샘 큰딸 연주와 장재원 부부, 아들 국진이와 김희연 부부, 막내딸 민주, 그리고 손자녀 용준이와 용빈이, 이안이와 이서에게 감사와 사랑을 표한다.

끝으로 코로나19로 세상이 어지럽고 어려운 때에 이 책의 출판을 기꺼이 맡아준 대영문화사 임춘환 사장님께 특별히 감사드린다.

이서의 돌날

2021년 2월 25일

우락재(憂樂齋)에서

수중(守中) 김영기 씀

차 례

제2편 경남의 역사적 이해 _ 49

제 1 편

서설

제 1 장

이 책의 구상

제 1 절 내용의 개관

이 책은 16세기 조선의 유학을 난숙기로 이끌어 큰 봉우리를 이룬 실천유학자 남명 조식(南冥 曺植, 1501~1572)의 학문과 사상과 실천이 경상우도 및 경남에서 잇따라 일어난 공의로운 역사적 사건들에 미친 영향을 인과적으로 사유하여 서술하는 내용이다.

남명의 학문은 "널리 통하지 않은 데가 없다"고 사관이 『선조실록』에 썼을 정도로 그 폭이 넓었다. 그는 조선 최고의 높은 도덕적 인격(최석기, 2019: 45)을 이루었다. 그는 광폭 학문으로써 그 시대 조선의 문제를 통찰하고 대처하는 높은 안목을 갖추었다. 그는 시대 인식을 바탕으로 당대의 문제를 풀기 위하여 정립한 "경의(敬義)"를 핵심 가치로 삼는 경세사상으로써 난세를 정면 돌파하였다. 그렇게 남명은 시대의 양심으로서 무도한 시대에 사람답게 사는 길을 바르게 세워서 몸소 실천함으로써 후대들에게 본이 되어 가르침을 주는 큰 인물이다.[1)]

남명은 단성소(丹城疏)를 올려 왜란을 예견하는 혜안을 보였고, 또 제자들에게는

1) 예문동양사상연구원 간행위원회는 2002년에 원효, 의천, 지눌, 남명 조식, 퇴계 이황, 율곡 이이, 하곡 정제두, 다산 정약용, 혜강 최한기, 수우 최제우 등을 "한국의 사상가 10인"으로 선정하여 집중해서 조명하는 책을 간행하였다.

'책문제(策問題)'를 부여하여 왜란을 예비케 하였다. 그 결과 곽재우 · 정인홍 · 김면 등 임진 · 정유왜란 3대 의병장과 조종도 등 남명의 직계 제자 57명과 제자의 제자까지 131명의 남명학파 의병장들이 1만 여 명의 경상우도 의병단을 이끌었다. 그들이 낙동강과 경상우도를 지켜서 제1차 진주성 전투를 승전으로 이끌었고, 마침내 호남을 지켜서 조선이 7년 왜란을 극복하는 힘이 되었다.

남명이 당대에 군왕에게 올곧은 정치를 주창한 일을 읽고 또 그 제자들이 목숨을 걸고 재산을 털어서 경상우도에서 의병활동을 한 일들을 두고 실학자 성호 이익(星湖 李瀷, 1681~1763)은 "경상우도 사람들은 의(義)를 주로 삼는다. 그것은 남명의 영향이다"라고 하였다. 경상우도(경남) 사람들의 행의(行義)는 쭉 이어졌다.

경상우도 사람들은 진주농민항쟁(1862)으로써 봉건 지배에 저항하며 동학농민혁명과 근대화의 징검다리를 놓았고, 진주형평운동(1923)으로써 인류 보편의 가치 평등을 주창하고 실현하여 나라 전체로 퍼졌다. 현대에 들어서도 경남 사람들은 마산 3 · 15의거(1960)와 부마항쟁(1979)으로 민주 제단에 피를 바쳐서 독재정권을 무너뜨리고 민주주의의 초석을 놓았다.

성호 이익이 삼우당(三憂堂)과 남명(南冥)의 행의 이후 경상우도 사람들이 우리 민족사에서 획을 긋는 공의(公義)로운 역사적 사건의 주체가 된 것을 서로 동떨어진, 우연한 일로 보지 않은 것처럼, 저자도 인과적 사유에 익숙한 사회과학자로서 경상우도에서 일어난 공의로운 역사적 사건들, 이러한 결과에는 '영향 요인'이 있다고 생각하였고, 남명의 학문과 사상과 실천을 주목하였다. 즉, 남명과 경남의 공의로운 역사를 인과적으로 본 것이다.

저자는 인과적 사유를 혼자서 주장하기보다 간주관적(間主觀的)으로 사유하고 싶었다. 그래서 조선 유학 전문연구자 100명을 대상으로 설문조사를 실시하여 역사적 사건들 간에 친연성(親緣性) 지표로서 공의도(公義度)를 물었고, 그러한 사건에 남명의 영향이 어느 정도나 된다고 생각하는지를 물어서 연결핀(지식)을 구했다. 과거의 인물과 시간차가 있는 사실들 간의 상관성을 확인하는 더 과학적 · 직접적인 방법을 저자는 찾지 못해서 아쉽다.

과거의 인물 남명 조식과 그 영향을 받았다고 생각되는 지역사(地域史)를 공부하기 위하여 저자는 우리 역사서도 집중적으로 읽었다. 그러는 동안 저자가 보기에 민족사에서 정책을 주도하던 군왕과 사대부들은 권력욕에 집착하였을 뿐이었다. 그러나 삼우당 문익점과 남명 조식, 남명학파 의병장들, 진주농민항쟁과 진주형평운동, 마산 3·15의거와 부마항쟁 주체들은 앞서 말한 정책 주도 세력들과 상당히 다른 가치와 지향을 보였고, 다른 결과를 만들었다는 걸 알게 되었다. 그렇게 해서 저자는 나름대로의 '역사적 관점'을 갖게 되었다.

우리 민족사에서 겪은 "외침과 외세의 지배라는 결과"를 중심으로 보면, 군왕과 정책 주도 세력 그들은 죄인이다. 그들은 조선의 학술 헤게모니와 권력을 끌어 모아서 개인과 집안, 학파의 영달을 위하여 목숨을 걸었을 뿐이다. 그들의 잘못된 선택으로 인하여 조선 백성들이 겪은 네 차례 참혹한 전쟁과 망국, 그리고 일제 지배라는 결과가 증명한다. 그래서 저자는 그들에게 이처럼 비판적 관점을 갖게 되었다.

저자와 다른 관점을 가진 독자는 불편할 수도 있겠다. 역사적 사실을 읽고 알게 된 이상 저자가 에두르고 눙치며 감추는 것은 양심적이지 않다고 생각되고, 스스로 불편할 것 같았다. 그러니니 사회과학의 글쓰기 매뉴얼대로 저자의 가치 전제(value premises)를 먼저 밝혀서 드러내어 독자들이 저자의 관점을 알고, 그것을 감안하면서 글을 읽도록 하는 것이 솔직한 태도라고 생각하기 때문이다. 그렇게 하는 것이 독자들을 편하게 해드리는 태도라고 생각하기 때문이기도 하다.

제 2 절 서술의 순서

이 책은 다음과 같이 다섯 편으로 구성하여 다음의 순서로 서술하였다.

제1편에서는 바로 앞에서 살펴본 대로 저자의 우리 역사 이해와 지방 또는 지역사의 이해를 다루면서 이 책을 쓰게 된 계기를 썼다. 사실 저자는 "이 책을 출간할 필요가 있는가?"를 놓고 상당히 길게 고심하였다. 결국 책을 내기로 결심하였고, 출간을 결심한 이유는 다음과 같다.

첫째, 이 책에서 다루는 역사적 사건의 주체들은 하나같이 우리 민족사에서 공동체의 가치를 위하여 자신을 던진 충의로운 모습을 보였기 때문이다. 이들의 충의로운 모습은 백성들을 떼죽음으로 모는 전쟁을 유발하거나 초래한 정책 주도 집단의 모습과 사뭇 달랐다. 후자는 개인 또는 소속 집단의 이익을 위하여 민족공동체의 이익이나 가치를 저버리는 일을 하였지만, 경남의 역사 주체들은 그들과 매우 다른 가치와 선택을 하였기 때문이다. 그런데도 경남 역사의 주체들은 정책 주도 집단에 의하여 피해를 입은 집단이고, 마치 악화(惡貨)가 양화(良貨)를 구축한 모양새였기 때문에, 비록 찻잔 속의 태풍으로 그칠지언정, 이 책의 출간을 결심하게 만든 이유의 하나이다.

둘째, 이 책은 지방과 지역사가 중앙과 국가사에 의하여 소외되어 있고, 또 교과서가 균형을 잃고 있는 마당에 지방과 지역사를 새롭게 이해하는 데 필요한 '지역사 교재'로 읽을 수 있으면 좋겠다는 생각도 출간을 결심한 이유의 하나이다. 우리는 지방자치를 실시한 지 30년을 넘어서지만 좀처럼 지방의 자율성과 창조성이 살아나지 못하는 모습이다. 지역의 자랑스러운 역사와 인물이 있는데도 관련 문헌이 충분하지 않고, 그래서 학생들에게 지방과 지역사를 제대로 가르치기 어려운 상황이 안타까웠기 때문이다.

셋째, 남명 조식은 소위 인조반정(1623년)[2] 이후 정인홍의 스승이라는 이유로 400년 가까이 우리 역사에서 금기어가 되었다. 그러나 남명과 우리 역사를 읽을수록 안타까운 마음과 부끄러운 마음이 함께 들었다. 그의 학문과 사상과 실천을 그 시대에 제대로 썼더라면 임진·정유왜란을 겪지 않았을 것이고, 또 조선의 운명이 달라졌을 것이라는 어떤 역사학자의 말에 공감하기 때문에 안타까웠다. 또 1990년대 이후 남명이 새롭게 조명되면서 그의 역사적 공이 지대하고, 인격·학문·사상·실천은 조선의 어느 유학자보다 특별하였으며, 오늘의 우리에게 살아 있는 큰 가르침을 준 '민족의 스승'으로 평가받는다는 점을 이제 읽었기 때문에 책으로 써서 후대 사람으로서 부끄러움을 덜고 싶었다.

---

2) 반정(反正)은 "본디의 바른 상태로 돌아감 또는 난리를 수습하여 평온한 상태를 만듦"이란 뜻이다. 이른바 인조반정(仁祖反正)이란 말은 위의 뜻과는 상관이 없는 말이다. 연구에 의하여 밝혀진 사실은 명나라와 청나라 간에 중립 외교를 통하여 전쟁을 막고, 대동법을 실시하고, 동의보감을 간행하는 등 치세에 고심하던 광해군을 몰아내고 서인과 남인 연합이 오로지 그들의 권력 잡기에 썼고, 그 후 정묘·병자호란을 불러와 백성들의 삶을 파괴하였기 때문이다. 그러므로 저자는 이후 인조정변(仁祖政變)으로 쓰기로 한다.

제2편에서는 경남지역에서 일어났던 일곱 개 역사적 사건의 개략적 내용을 서술하고 그런 다음 역사적 의의를 서술하였다.

역사적 사건은 시대 순서와 점성(漸成)의 논리를 따라서 1) 문익점의 목화 도입과 전파(1367), 2) 남명의 단성소(1555)와 실천유학, 3) 남명학파 의병단과 진주성 전투 승전(1592), 4) 진주농민항쟁(1862), 5) 진주형평운동(1923), 6) 마산 3 · 15의거(1960), 7) 부마항쟁(1979)의 순서로 서술하였다. 위의 일곱 개 역사적 사건을 제2장부터 제8장까지 서술하였다. 서술하는 방식은 '사건의 개요'를 쓴 다음, 핵심 내용을 요약하여 한 문장의 평가적 문장으로 정리하였다. 그런 다음, 일곱 개 사건의 한 문장 요약 · 정리를 제9장에 모으고, 각 문장에서 역사의 주체들이 사고와 선택(행동)의 바탕으로 삼은 중요한 가치들을 찾아서 적시하였으며, 다시 한 단계 더 응축시켜 근본 가치(핵심 가치)와 연관 가치를 드러냈으며, 역사적 사건에서 공유된 사고와 행동의 패턴을 도출하였고, 이것을 경남문화라는 용어로 논의하였다.

덧붙여서 말할 것은 사건 선정의 기준으로서 공의도를 적용하면, 경남(산청 · 진주 · 하동)에서는 동학농민혁명(1894)도 있었고, 선도성(先導性) 기준을 적용하면 경남(진주)에서는 우리나라 최초의 소년회운동(1923)[3]이 일어나서 우리 민족사에 의미 있는 역사적 사건으로 기록되어 있었으나 다루지 못하였다. 저자가 미처 주목하지 못한 사건들이다. 그리고 경남일보 창간과 영남예술제 창제를 제외한 것은 조선시대 유학을 연구한 전문학자 100명에게 설문한 결과 두 사건 모두 우리나라 최초의 의미 있는 역사적 사건이기는 하지만 공의도가 낮다고 인식 · 평가하였고, 또 남명의 영향을 덜 받은 사건으로 인식하였기 때문이다.

제3편에서는 경남에서 일어난 일곱 개 역사적 사건을 묶음으로 하고, 이러한 공의로운 역사적 사건에 대한 영향 요인으로서 남명의 학문과 사상과 실천을 설정하여 두 현상 간의 상관성에 관하여 서술하였다. 앞에서 서술한 대로 조선시대 유학을 연

---

3) 진주의 천도교에서 시작한 소년회운동은 우리나라 어린이날의 기원으로 국가기록원의 기록에 나와 있다. 1919년 3 · 1운동 이후 소년운동이 진주 외에도 안변, 광주, 왜관 등지에서 있었으나 1920년 8월 강영호와 고경인이 주도하여 진주소년회가 조직되었고, 진주의 소년회는 '사회적 회합의 성질을 띤 조직'으로서 전국 최초라는 점을 인정받은 것이다. 그 후 1923년 5월 1일 진주에서는 소년의 날을 기념하였다(경남동학농민혁명계승사업회, 2020: 239-248). 그렇게 하여 진주는 어린이날의 기원을 이룬 곳으로 기록 · 평가되고 있다.

구한 전문학자들에게 설문한 결과를 해석하여 연결핀 지식으로 삼았다.

제4편에서는 남명 조식의 학문과 사상과 실천을 서술하였다. 이 부분의 내용은 졸저 『남명 조식의 학문과 사상과 실천』(2020)의 내용을 축약하여 서술하였다. 내용은 남명의 학문, 남명의 경세사상, 남명의 실천(내적 실천과 외적 실천)의 순서로 서술하였다.

제5편은 이 책의 마무리 부분이다.

독자의 이해를 돕기 위하여 이 책의 내용과 순서를 그려보면 다음과 같다.

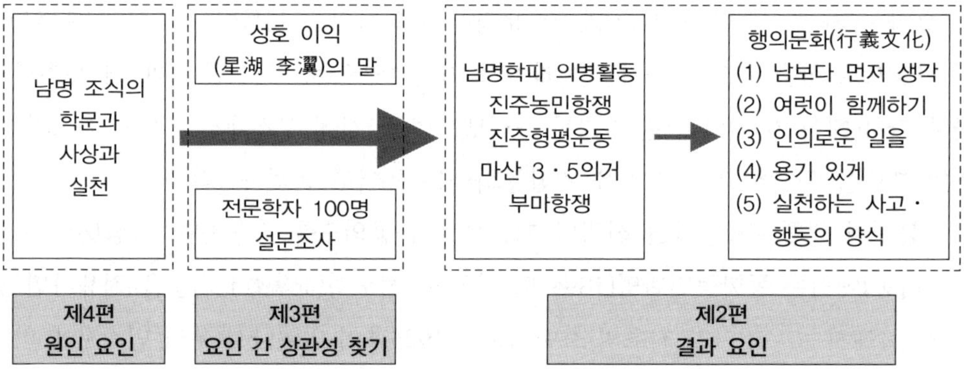

제 3 절 역사는 지혜의 곳간

Ⅰ. 역사의 개념

역사란 무엇인가? 루카치(John Lukacs)는 "역사란 기억된 과거이다. 우리가 미래를 아는 것은 과거의 지식을 미래에 투영한 것에 지나지 않는다"고 하였다. 그리고 "인간에게 현재란 순식간에 과거가 되어버리는 찰나요 과거와 미래가 섞이는 순간에 불과하다. 그러므로 인간이 아는 것은 과거뿐이다"(루카치 지음, 이재만 옮김, 2018: 10-12)라고도 하였다.

"역사는 기억된 과거"라는 루카치의 말은 "기억되지 않는 과거는 역사가 아니다"라고 바꾸어서 말하여도 뜻이 달라지지 않는다고 생각한다. 민족의 선대들이 과거에 훌륭한 기록이나 기억, 유・무형의 흔적이나 유물을 남겨주었다 하더라도 후대들이 그걸 기억하여 알지 못한다면 역사일 수 없고, 그러한 가치들을 투사시켜 바람직한 미래로 나아갈 수 없는 것이다. 그러므로 누구든 "과거의 기억을 미래에 투사시키는 활동"으로서 역사 공부의 필요성을 말할 수 있겠다.

또 다른 역사학자 카(Edward H. Carr)는 "역사란 역사가와 과거 사실들의 지속적 상호작용의 과정이자, 현재와 과거의 끊임없는 대화"(카 지음, 김택현 옮김, 2003: 50)라고 정의하였다. 역사는 과거와 관련된 활동이다. 인간 공동체는 과거-현재-미래라는 시상(時相) 속에서 존재하는 실체이다. 인간 공동체는 기록이나 기억, 유・무형의 흔적이나 유물을 사실(史實)로 남긴다. 현재를 살고 있는 역사가는 과거로부터 남겨진 사실을 자료로 삼아서 지속적으로 이해하고, 해석하고, 평가하는 활동을 하게 되는데, 카는 이것을 대화라고 표현한 것이다.

민족사학자 신채호(申采浩)는 "역사는 사회의 유동 상태와 거기서 발생한 사실을 객관적으로 있는 그대로 적는 것이다. … 사실 그대로 영국 역사를 쓰면 영국사가 되고, 러시아 역사를 쓰면 러시아사가 되며, 조선 역사를 쓰면 조선 역사가 된다"(이덕일, 2019: 15-16 인용)고 하였다. 신채호는 한국 민족주의 역사학의 표상이며, 『조선상고사』를 쓴 그는 "역사는 사실을 객관적으로 있는 그대로 적는 것"이라고 강조하였다.

이덕일은 또 "국사란 외형적 구조와 내면의 정신에 대한 서술로 구성된다. 외형적 구조란 겉으로 드러난 정치 체제 등이고, 내면의 정신이란 그 사회를 이끌어 가는 정신의 주된 흐름이다. 이 두 가지 요소가 결합될 때 국사는 과거의 역사와 지금의 역사가 서로 연결된 유기체가 되어 살아 움직이게 된다. 국사는 또한 과거에 있었던 '사실'과 그 사실에 대한 '해석'을 뜻한다고 볼 수 있다. '사실'이 실제 발생하였던 사건이라면 '해석'은 그를 바라보는 관점이다"(이덕일, 2019: 17)라고 하였다.

이 책은 전문 역사학자가 역사학 방법론을 따라서 쓰는 책이 아니므로, 그렇다고 아무렇게나 다룰 일은 절대로 아니지만, 역사의 개념을 더 이상 정밀하게 살펴서 정리하는 일은 여기서 그친다.

Ⅱ. 역사를 공부하는 목적

그러면 인간은 역사로부터, 또 역사 공부를 통하여 무엇을 얻고자 하는가? 루카치나 카의 정의로부터 몇 가지 사실을 알 수 있다.

첫째, 공동체의 과거 그 자체를 알게 된다. 역사 공부는 자신이 소속된 공동체의 뿌리나 근본을 알게 해서 개인과 집단의 정체성을 정립하는 데 도움을 준다. 인간의 정체성은 곧 자아정체성에 닿아 있다. "나는 누구인가?"와 관련된다. 역사를 모르면 자신의 뿌리, 공동체의 뿌리를 모를 것이고, 이런 경우 주체적 자기 설정이 어렵다. 이런 경우는 조선시대 주자학당들이 자기 역사를 부정하고 친명 사대(親明事大)로 동족에 위해(危害)를 가하고 나라를 망국으로 이끄는 일들을 서슴없이 해 낸 것에서 잘 드러난다. 조선인이면서 명나라 사람처럼 생각하고 행동하며 산 것이다. 그러면서 그들은 우리의 사상과 학문을 부정하였고, 그렇게 해서 오늘의 우리마저 어떤 면에서 보면 "정신 차리지 못하고 사는 사람들의 공동체"로 만들었다고 해도 과언이 아니다. 그리고 그런 부류의 인간들은 일본에 나라를 팔아먹었고, 빌붙어 살았고, 해방 후에도 주체적 역사 인식을 하지 못하고 있는 자들이다.

둘째, 공부해서 알게 된 과거로부터 공동체의 성공과 실패를 알게 된다. 이 점은 역사 공부의 중요한 부분이다. 국가는 시간의 흐름에 따라 성장·발전할 수도 있고, 침체와 멸망을 겪을 수도 있다. 우리나라도 그랬고, 세계사에서도 오늘의 세계인의 삶과 정신에 커다란 영향을 미친 그리스가 그랬고, 로마도 그랬다. 역사를 통해서 공동체의 실패 요인과 성공 요인을 읽어낼 수 있다면 카가 적시한 대로 과거 사실과 대화를 제대로 한 셈이 된다. 그래서 "실패한 역사에 대한 철저한 반성이야말로 현대인들의 의식을 깨어 있게 만드는 소금이요 빛이다"라는 박성순(2005: 5)의 지적에 공감하게 된다.

셋째, 성공과 실패를 투사시켜서 바람직한 미래로 나아갈 수 있다. 앞에서 서술한 대로 공동체의 뿌리를 아는 것과 성공과 실패의 원인을 아는 것도 매우 중요한 일이지만, 세 번째 목적이 가장 중요하다. 어찌 보면 앞의 두 가지 목적을 이루는 데 자족하면 역사 공부는 지적 유희에 그칠 수 있다. 자기들만의 지적 유희로 나라를 망친

집단은 조선의 주자학당(朱子學黨) 하나와 한 번으로 그쳐야 한다.[4] 그러려면 철저한 역사 의식과 청산이 필요하지만 말이다.

역사 공부의 진정한 목적은 박현의 지적대로 "역사는 취미생활에 도움이 되는 재미 있는 지식놀음이 아니다. 공동체의 바람직한 미래를 위한 설계도이고, 역사는 철학과 문학을 비롯한 모든 학문의 창고이다"(박현, 1997: 272)라고 하였다. 다른 말로는 역사 공부를 통하여 오늘을 제대로 살기 위한 지식이나 교훈을 얻을 수 있고, 또 미래를 위한 안목을 얻을 수 있다. 그래서 역사를 지혜와 지식의 곳간(庫間)이라고 부르는 것이다.

Ⅲ. 우리 민족사 읽기

저자는 고대사 관련 문헌들을 통하여 우리 민족의 기원은 기마종족(박현, 1997), 고아시아족으로서 우랄알타이계 또는 퉁구스계(이이화, 2019: 17), 동이족(이덕일, 2019)이라고 읽었다. 우리 민족의 기원과 강역이 대륙과 한반도에 넓게 펼쳐져 있었다는 역사 서술을 접하면서 저자의 마음도 넓게 펼쳐지는 것처럼 느꼈다.

중국이 동북공정(東北工程)을 통해서 자국 중심으로 역사를 조작하고, 일본이 근거도 조작된 부실한 『일본서기(日本書紀)』를 근거로 자국의 이익을 위하여 우리의 역사를 서슴없이 조작한 걸 읽으면서 우리 역사에 대한 진한 아쉬움 느꼈다. "온전한 정신으로써 오늘을 사는 사람"이라면 우리 역사에서 나타난 지배층의 무능과 그들의 이욕 때문에 강역(疆域)은 쪼그라들었고, 백성들이 어육(魚肉)이 되는 외세 침략을 무수히 겪었으니 어찌 분한 마음이 생기지 않으랴!

내가 겪는 현재의 일이 아니고 지나간 과거의 일이라서 그건 어떠하든 상관이 없

---

4) 조선 중기 이후 정국을 장악한 사림의 성리학자들은 체제와 집권 유지를 위하여 극단적인 주자학 교조주의에 함몰되었으며 존명사대주의의 추상적 명분론을 바탕으로 자신들의 권위에 도전하는 일체의 주장을 차단하였다는 비판이 가해질 수 있다. 이로써 조선 전기의 부국강병을 추구하였던 현실적 성리학이 단절되고 중기 이후 문약(文弱)의 시대로 접어드는 계기를 제공하였다는 비판을 받을 수 있는 것이다(박성순, 2006을 조영달, 2009: 336에서 인용). 박성순은 『선비의 배반』(2004, 고즈윈)에서 우리 역사의 실패를 지적하면서 선비들의 잘못을 짚는다. 그의 역사 의식에 공감하면서도 제목과 관련하여 저자는 "진정한 선비는 공동체를 배반하지 않는다"는 명제가 머릿속을 떠올라서 맴돌았다.

다고 여기는 얼빠진 사람은 없을 것이다. 들머리에서 우리의 역사를 서술하는 이유는 이 책의 주제가 포괄적으로 국가사와 지역사와 관련이 있는데다 우리 역사를 주도하면서 민족의 강역을 좁히고, 자주성과 주체성을 저해하고, 전쟁을 끌어오며, 마침내 망국으로 이끈 세력들과는 다른 민족 가치를 지향하여 실현하려고 하였던 역사의 인물들의 삶을 서술하고 평가하는 내용이기 때문이라고 밝혔다.

1. 민족의 기원과 고조선의 강역

우리 민족의 혈통의 기원을 단정하지는 못하지만 "어떤 이는 고아시아족(Paleo-Asiatics)의 후예라기도 하고, 어떤 이는 알타이족의 한 갈래로, 다른 어떤 이는 스키토 시베리안(Scytho-Siberian)의 한 갈래라고 주장하였다. 물론 옛 문헌에 따라 예족(濊族)이나 맥족(貊族) 또는 예맥족(濊貊族)으로 겨레의 뿌리를 설명하기도 한다. 그렇지만 유감스럽게도 확정된 견해는 아직 없다. 다만 공통점이 있다면 그들은 모두 기마종족이라는 점이다"(박현, 1997: 20). 또 이덕일은 "우리 민족의 기원에 대하여 시베리아 기원설이 가장 많이 언급되는데, 이것은 우리 민족 형성의 중요한 흐름을 설명해 준다고 밝히고, 지금의 중국 하북성, 내몽골과 만주 및 한반도 등지에 살고 있던 신석기인들이 우리 선사 민족의 중추일 수도 있다고 하였다. … (그 후 고조선을 세운) 우리 민족은 동이족의 한 갈래이다. 중국의 여러 문헌과 유적들은 동이족이 산동반도는 물론 지금의 하북 · 산서 · 하남성 및 요녕 · 흑룡강 · 길림성과 한반도까지 널리 분포되어 있었음을 말해 준다"(이덕일, 2019: 33-41)고 하였다. 그리고 고조선을 가장 깊이 연구한 북한 학자 리지린은 "중국의 여러 사료를 검토하여 고조선의 위치는 오늘의 중국 요동과 요서에 걸쳐 있었다"(리지린 지음, 이덕일 해제, 2018: 60-79)고 하였다.

오늘의 중국 요동과 요서에 걸친 땅과 한반도를 강역(疆域)으로 하던 고조선이었다는데, 지금의 우리는 한반도로 완전히 쪼그라들었다. 그것도 북쪽은 김일성 일가가 3대째 지배하는 땅이 되었고, 남쪽은 이승만의 권력욕과 친일 경찰과 친일 관료와 친일 군인들의 이해가 결합되어 남한의 단독정부 수립이 있었고, 이후 6 · 25전쟁까지 치렀으며, 지금은 세계에 유일한 분단국가이다.

오늘 우리가 이런 안타까운 현실에 처한 이유는 우리 민족 내부 또는 자책 요인과 우리가 통제할 수 없는 외부 요인이 있겠다. 그러나 저자는 우리의 자책 요인이 더 크다고 생각한다. 그 외부 요인이라는 것도 따지고 보면 고조선 강역의 그 땅을 내주고 한반도로 옴츠린 후 우리의 힘이나 역량이 작아졌기 때문에 생긴 일이 아닌가. 그래서 저자가 자책 요인이라고 하는 이유이다. 그러므로 우리들 내부에서 뭔가 잘못된 선택들을 하였기 때문에 지금의 우리는 한반도 안에 들어앉은 작은 나라, 같은 민족이 반으로 쪼개진 비참한 상황에 놓인 것이다.

그러면 "우리 내부에서 스스로 잘 못된 그 선택"을 누가 하였는가? 군왕과 그를 둘러싼 지배집단, 그리고 권력욕을 채우기 위하여 민족을 갈라 친 자들의 책임이다. 그 책임을 묻는 역할을 누가 하여야 하는가? '백성'이 아닌 '시민인[5] 우리'와 우리의 '역사가들'의 책임이다.

2. 역사학계의 갈라진 고대사 인식

저자의 생각에 우리 민족의 역사는 역사가들의 해석이 크게 흐트러져 있다. 역사가들의 우리 역사의 해석은 네 갈래가 있다. 먼저 북한 학자들의 역사 해석과 남한 학자들의 역사 해석이 있다. 유감스럽게도 일본 학자들의 조선 역사 해석과 중국 동북공정의 역사 해석도 있다. 그런데 또 남한 학자들의 역사 해석은 강단사학자들의 그것과 민족사학자들의 역사 해석으로 갈라져 있다. 일본 극우학자 고대사 해석은 임나일본부설과 한반도 내 한사군설이며, "중국의 동북공정은 고조선 · 고구려 · 발해사를 중국사로 편입시키는 것이 궁극적 목적"(이덕일, 2019: 43)이므로 그들도 "한반도 내 한사군설"을 지지한다. 그런데 중국 역사학계의 동북공정에 대해서도 남한의 역사학계는 견해가 엇갈려 있다. 그러므로 우리 역사학계의 견해는 여섯 갈래인 셈이다.

일본은 일제 지배 때부터 노골적으로 우리의 고대사를 왜곡하는 짓을 서슴없이 하

5) 시민(citizen)은 역사적이고, 사회적인 개념이다. 시간의 흐름에 따라서 정립된 점에서 역사적이고, 소속 사회의 사회 관계에 따라 개념이 달라져서 사회적이다. 대개 민주시민은 '사고의 자율성'과 '행동의 자기 결정성'과 '행동 결과에 대한 자기 책임성'이라는 덕목을 가져야 한다고 강조한다. 그러므로 시민은 "자율적으로 사고하고, 행동하고, 책임지는 사람들"이라고 하겠다.

였고, 지금도 그 짓을 멈추지 않았다. 그것이 바로 '한사군 지배설'과 '임나일본부설'이다. 북한의 역사학자 조희승의 연구를 보면, "… 옛 문헌인 『일본서기』와 기록을 아전인수 격으로 해석하면서 일본의 고대 야마토(大和)가 조선의 가야지방, 나아가 한강 이남 지역을 지배하였다는 '임나일본부설'을 조작하였다. … 사이비 역사학설로서 '임나일본부설'은 (일본의) 다른 나라 침략을 합리화하고 타민족 말살과 자기민족 우월성의 논거로 악용하였다"(조희승 지음, 이덕일 주해, 2019: 5-7)는 것이다. 일본은 애초부터 조작·작성한 『일본서기』를 중심으로 그들의 고대사 체계를 관철하기 위하여 근거(사료)도 없는 '가야=임나설'을 고집하여(조희승 지음, 이덕일 주해, 2019: 114) 왔다. 그런데 우리의 강단사학자들이 그것을 추종하는 현상은 기가 찰 일이다. 오늘날 우리 역사가 꼬일 대로 꼬인 현상의 많은 부분을 설명해 준다.

일본 역사가들은 『일본서기』라는 역사서의 연대도 맞지 않게 조작하여 그들의 역사를 치장하고 또 침략의 논거를 만들어서 제국주의 본색을 드러내는데 반하여, 우리의 일부 강단역사학자들은 우리의 강역을 좁혀서 말하고, 일본의 주장을 타당하게 만드는 글을 쓰는 참 이상한 사람들이다. 리지린의 『고조선 연구』와 김석형의 "삼한 삼국의 일본열도 내 분국에 대하여"라는 논문에 따라 북한 학계는 1962~63년도에 이미 조선총독부 역사관의 두 축인 '한사군=한반도설'과 '임나=가야설'을 완전하게 무너뜨렸다. 그런데도 "남한 학계(강단사학자들)는 해방 후 지금까지 이 두 문제에 대하여 단 한 번의 제대로 된 논쟁이나 토론도 없이 조선총독부에서 만든 식민사관 이론을 조금 변형시킨 채 정설(定說)이라고 우기고 있다"(이덕일, 2018: 19)는 지적은 설득력이 있다. 예를 들면 다음과 같은 글이다.

> "(야마토에서 온) 호즈미노오미 오사야마(穗積臣押山)가 지방장관으로 있던 차리(김○○는 영산강 동안으로 비정)는 전방후원형 고분이 발견되는 지역과 중복된다. … 따라서 영산강 동안 차리의 지방장관으로 있던 호즈미노오미 오시야마야말로 '백제 중추의 왕통이 아니라 직접 왜와 교류 관계가 있던 지방 수장'이라는 성격에 맞는 인물이 아닐까 생각된다"(김○○, 『임나일본부설은 허구인가』, 2010: 193).

김○○가 영산강 유역을 왜가 파견한 지방 수령이 지배한 것으로 추정하는 글의 내용이다. 이덕일에 따르면, 그는 일본의 대학에서 일본 극우파 역사학자로부터 박사학위를 받은 인물이다(이덕일, 2015: 7). 위 글의 내용을 보면, 이런 역사학자들은 몸은 비록 한국인이지만 정신은 일본인이거나 아니면 그들의 지식 추종자가 아닐까? 이런 역사학자들이 주도하는 우리의 역사학으로부터 과연 지난 우리 역사에서 몽골의 긴 지배나 네 차례의 왜란과 호란에 대하여 책임져야 할 지배층의 선택을 제대로 해석하고 평가할 정신과 안목을 기대할 수 있을까?

3. 신라, 외세와 연합한 통일

우리는 여러 거수국(또는 후국[侯國]: 중국의 제후국과 같은 개념)으로 부여, 고죽, 고구려, 예, 맥, 추, 기자국, 진번, 낙랑, 임둔, 현도, 숙신, 청구, 양이, 양주, 발, 유, 옥저, 진, 비류, 행인, 게마, 구다, 조나, 주나, 한 등을 거느렸던 단군조선[6]의 시대 강역(이덕일, 2019: 50)[7]을 지키지 못하였다. 그 후 역사는 열국시대를 거쳐 고구려・백제・신라・가야의 사국(四國) 시대를 거쳐 삼국시대, 신라통일시대, 남북조시대(이덕일, 2019: 목차 참고)를 거쳤다. 고구려, 백제, 가야, 신라의 사국시대 세력다툼은 근・현대 국가 형성의 과정으로 볼 수 있다.

중국은 고대에 1만 5,000개의 작은 나라가 생겼지만 힘센 나라가 정복이나 합병으로 영토를 넓혔다. 그러다가 진나라가 중원을 처음으로 통일하였다. 그 이후에도 통합과 분열을 되풀이하며 통합의 시간을 가졌다. 이것은 국가 형성 과정의 보편적 경로이다. 중국은 황하 이남의 세력이었으나 강역을 키운 다음 고조선과 세력을 다투었고, 오늘에 이르렀다. 지금은 동북공정을 통하여 고조선의 역사, 즉 우리 민족의 역사를 그들의 역사로 편입시켜 지배하려는 욕심을 드러내고 있다. 이제 중국은 유일한 대륙의 지배자가 되었고, 세계 일극(一極) 미국과 힘을 겨루는 상황을 만들었

6) 한국의 강단사학자들은 일본 식민사학을 추종해서 서기전 194년에 세웠다는 위만조선부터 역사로 인정해 단군조선의 역사를 말살했다. 북한 학계는 고조선사를 전조선(단군조선), 후조선, 만조선의 셋으로 나눠서 인식한다. 전 조선은 서기전 30세기 초에 단군에 의하여 건국된 우리 민족의 첫 국가로서 서기전 15세기 중엽까지 약 1,500년간, 후 조선은 서기전 15세기 중엽부터 서기전 194년까지 약 1,300년간 존속하였다고 본다. 북한 학계는 위만조선이라고 쓰지 않고 만조선이라고 표현한다. 『사기』・『한서』 등에는 '조선왕 만(滿)'이라고 나오기 때문이다. 만조선은 서기전 194년부터 서기전 108년까지 존속했다고 본다(이덕일, 2019: 51). 이덕일은 고조선의 강역과 인용한 사료 등을 더 소개하고 있으나 여기서는 생략한다.

7) 이덕일은 윤내현의 『고조선연구』를 인용한 것으로 서술하고 있다.

다. 우리 역사학자들은 이러한 중국의 역사 연구와 일본의 역사 연구에서 뭘 보았을까? 오히려 그들의 설을 타당하게 만드는 얼빠진 역사학자들이 우리의 역사 인식에 혼란을 일으키는 장본인들이다.

우리는 고조선을 지난 후세에 고구려가 대륙에 자리를 잡았고, 백제는 오늘의 한반도와 중국 요동 등 해안지역을 영토로 삼아 해양국가로서 위세를 떨쳤으며, 가야와 신라는 한반도 남쪽을 각각 영토로 삼았다. 그렇게 기마종족의 후예로서 우리 민족은 지배 영역을 상당히 넓게 이루었으나 가야가 먼저 신라에 정복되었다. 작고 힘이 약한 나라가 정복이나 통합되는 것은 국가 형성의 한 과정이다.

그러나 오늘의 관점에서 보면, 신라는 우리 민족사에서 큰 해악을 저질렀다. 대륙에서 우리와 싸우던 외세 당나라를 우리 민족의 다툼에 끌어들여 백제와 고구려를 무너뜨렸기 때문이다. 그렇게 해서 대륙에 있던 고구려와 백제의 강역이 중국 세력의 지배권에 편입되는 원인을 만들었다. 거기에 더하여 신라는 그 강역을 한반도 안으로 쪼그라뜨려서 지배하였다. 진흥왕 순수비가 오늘의 우리에게 무슨 가치이며, 무슨 의미를 가지기에 우리의 미래 세대 학생들에게 이걸 애써 가르쳐야 하는가?

4. 고려, 강역 축소와 피침의 역사

"궁예의 부하로 출발하였던 왕건은 후삼국 통일의 주역이 되었다"(이덕일, 2019: 224). "개경의 호족 출신 왕건은 용맹과 지혜가 뛰어나 많은 사람으로부터 존경을 받았다"(이이화, 2019: 88). 신라가 무너지는 그 시대 인물들이 서로 힘을 다투던 때에 그는 도참설(圖讖說)을 이용하여 지략을 드러내기도 하였고, 드물게 입덕(立德: 인격 만들기)과 입공(立功: 업적 내기)으로 역량을 드러내어서 후백제를 표방하던 견훤[8]과 맞섰다. 덕으로 관용을 베푸는 왕건은 신라까지 포섭해서 세력이 커져 대세를 얻었고, 그렇게 고려는 918년에 건국되었다.

고려는 이이화와 이덕일의 지적대로 태조의 훈요십조에 따라 거란(요나라)과 여진(금나라)을 다루는 가운데 오늘날 중국의 흑룡강성과 요동반도 등을 그 강역으로 하

8) 이이화는 "견훤이라고도 하지만 성으로 쓸 때에는 '진'이라고 해야 옳다"고 지적하고 진훤이라고 표현한다(이이화, 2019: 87).

여(이덕일, 2019: 부록) 넓혀서 지키려고 하였다(이이화, 2019: 92-93). 그러나 그것은 실현되지 못하였다. 사국으로 대륙과 한반도를 지배하던 우리 민족은 신라 통일 이후 그 땅을 지키지 못하였고, 고려는 고구려 옛 땅을 회복하겠다고 표방하였으나 오히려 축소되고 말았다.

이덕일은 "고려 6대 성종(981~997) 때 최승로(崔承老) 등의 권유에 따라 중국식 유교 정치 체제를 채택하였고, '고려는 제후국으로 격하'되었으며, 고려의 상무정신도 크게 약화되었다. … 최승로는 고려와 조선의 사대주의 유학자들에게 높은 평가를 받았다"(이덕일, 2019: 238-239)고 썼다. 유학 자체는 나쁜 것이라 할 수 없으나[9] 우리는 스스로 고유한 사상과 정신을 내던지는 잘못을 저지른 것이다. 성종이 채택한 유교정치 체제는 조선시대 들어서 500년 동안 자해적 사대사상으로 이어졌다. 그 시대 지배층은 몸은 고려인이고 조선인일지언정 중국인처럼 사는 무리들이었다. 사회과학에서는 앞선 일이 뒷일에 영향을 미치고 결정하는 현상을 '제도의 경로의존'이라 하는데, 바로 고려의 해악적 선택을 그렇게 설명할 수 있다. 중국 측에서 볼 때 우리는 스스로 낮추어 제후국이 되었고, 스스로 개명(開明)이 필요한 오랑캐가 되었다. 오랑캐인 고려는 민족의 기원을 공유하는 거란이나 여진을 오랑캐라 부르며 천시하고 멀리하여 밀어내는 못난 일을 저질렀고, 결국 적으로 만들어서 외침을 자초하였다.[10] 그렇게 고려의 강역은 더 쪼그라들었고, 스스로 낮추어서 주체적 사고를 할 수 없는 민족 집단이 되어버린 것이다. 또 그렇게 고려는 고구려에 비하여 작은 나라가 되었고, 악순환에 빠졌다.

고려는 또 몽골의 침략을 겪었고, 길게 지배를 받았다. 거란과 여진 등을 적대시하면서 좁아진 강역 때문에 몽골과 고려 사이의 완충지역이 사라졌다. 고구려가 그랬던 것처럼 거란과 여진을 포용하였더라면 큰 힘으로 몽골을 맞설 수도 있었지 않았을까? 고려는 1231년 제1차, 1232년 제2차, 1235년 제3차, 1247년 제4차, 1253년 제5

9) 현상윤(2010)은 유학이 남긴 장·단점을 지적하였고, 한형조(2008)는 유학(주자학) 자체가 나쁜 것이 아니라 그러한 학문을 나쁘게 쓴 '조선의 유학자들'이 나빴다고 썼다(김영기, 2020: 344).

10) 942년 거란족은 사신 30여 명과 낙타 50여 필을 선물로 보내 화친을 제의하였으나 태조 왕건은 발해를 멸망시킨 일을 꾸짖으며 사신들은 모두 섬으로 유배를 보냈고, 낙타는 개성 만부교에 매달아 굶겨 죽였다. 고려와 거란은 여진을 사이에 두고 계속 싸웠다. 993년 거란은 중국을 치기 전 후환을 없애기 위하여 고려에 쳐들어 왔다(이이화, 2019: 93-94).

차, 1254년 제6차 몽골 침입을 겪었다. 그 후 1260년 원에서 귀국하여 즉위한 원종은 대몽항전을 포기하고, 원의 연호 중통(中統)을 사용하였다. 원종 10년 고려 세자와 원의 황녀의 국혼을 요청하여 고려는 원의 사위국가가 되어 국가로서 자율성을 잃었다. 그 후 삼별초를 중심으로 항몽 항쟁이 이어졌으나 1273년 여・몽 연합군에 의하여 진압되어 40여 년의 항몽은 끝났다. 그 이후 고려는 1351년 공민왕이 즉위하여 대원(對元) 자주정책을 시도하기까지 80여 년간 원나라의 속국이었으며, 그 이후에도 속국의 지위를 벗어나지 못하였다.

5. 요동・요서를 포기한 이성계

주원장의 명나라가 요동을 점령하려고 하자 고려의 우왕과 최영은 요동 정벌을 추진하였다. 그러나 이성계는 네 가지 이유를 들어 반대하였다.

> 첫째, 작은 나라로서 큰 나라를 치는 것은 안 됩니다. 둘째, 농번기에 군사를 동원해서는 안 됩니다. 셋째, 온 나라 군사를 모아 북벌에 나서면 남쪽에 왜구가 준동할 것이니 안 됩니다. 넷째, 곧 여름철이 닥치면 아교가 녹아 활이 눅고 비가 자주 내려 병사들이 질병을 앓을 것이니 안 됩니다(이덕일, 2019: 297).

이덕일은 "첫 번째 이유는 사대주의의 극치(極致)이다. … 반대를 위한 반대에 불과하였다. … 이성계가 요동 정벌에 반대한 이유는 요동 정벌이 성공하면 고려 왕실을 무너뜨릴 수 없기 때문이었다. 그러면 정도전과 함께 계획한 새 왕조 개창의 꿈이 사라질 것이기에 반대한 것이다"(이덕일, 2019: 298)라고 지적하였다. 여기서 이성계의 선택은 우리의 강역을 넓힐 기회를 포기하고 자신의 권력 잡기를 선택한 것이며, 강역을 지금의 한반도로 쪼그라들게 만드는 선택이 되었다.

6. 주자학당의 역사적 해악: 왜란과 호란, 그리고 매국

1) 주자학에서 찾은 통치 이념

이성계의 민족 이익을 배반하는 위화도 회군과 조선의 개국은 또 하나 제도의 경로 의존을 보여준다. 그것은 이성계와 그를 도와 조선을 세운 세력들이 불교의 폐단을 이유로 배척하고 주자학[11]을 통치 이념으로 채택한 것이 임진·정유왜란과 정묘·병자호란 등 네 차례 전쟁과 치욕적인 일제의 지배를 불러온 원인(遠因)이며 원인(原因)이라고 생각되기 때문이다.

조선의 주자학자들, 즉 주자학당(朱子學黨)은 중국 유학의 한 갈래에 불과한 주자학을 지식의 전부로 알았고, 불학(佛學)과 노장학(老莊學)은 물론 당시 최신 학문인 양명학(陽明學) 또는 심학(心學)을 이단으로 몰아서 배척하였다. 그렇게 해서 그들은 조선의 학술 헤게모니를 장악하였다. 이 책의 앞머리 역사의 이해에서 소개한 대로 박성순도 극단적인 주자학 교조주의에 함몰된 자들의 해악적 역할을 비판하였다. 그런 다음 주자학자들은 파당을 이루어 서로 버티어 대항하는 가운데 조선 조정의 관직을 독과점하였고, 백성의 명운이 걸린 정책을 주도하였다. 그 결과가 왜란과 호란, 그리고 일제의 지배이다.

오늘의 관점에서 조선의 역사를 보면 주자학당은 그들 개인과 집단의 이익을 위하여 목숨을 걸었지, 백성의 안락한 삶을 위하여 목숨을 걸었다고 보기 어렵다. 그들이 진정 주자학의 가르침으로서 수기치인(修己治人)과 내성외왕(內聖外王)을 실천하였다면 조선 백성들이 어찌 처참한 전쟁을 네 차례나 겪고, 일제의 지배를 겪게 만들었을까? 일찍이 민족사학자로 알려진 "단재 신채호, 무원 김교헌, 백암 박은식, 석주 이상룡 등의 역사학자들은 나라가 망한 이유가 바로 유학(주자학)이 갖고 있던 중화사대주의 때문이라고 자각하였고, 그들은 모두 유학(주자학)을 배경으로 성장하였지만 나라가 망한 이후 그것을 버렸다"(이덕일, 2016: 11)고 했다. 주자학을 정학이라고 믿고 오로지 그것만 신봉한 주자학당의 역사적 해악은 참으로 컸다.

---

11) 중국의 북송시대에 "주돈이(周敦頤)를 필두로 장재(張載), 정호(程顥)와 정이(程頤) 형제가 공자와 맹자, 순자의 선진 유학에 불가(佛家)와 도가(道家)에서 빌린 지식을 더하여 새로운 유학, 즉 도학(道學)을 창안하였다. 그 후 남송(南宋, 1127-1279)시대에 주희(朱熹, 높여서 朱子라고도 함)가 선진 유학과 도학을 아울러서 중국의 유학을 집대성하였다. 주희가 집대성한 학문을 주자학, 도학, 정이 형제와 주희를 내세워 정주학, 성즉리(性卽理)의 성리학, 이학(理學) 등 다양한 이름으로 부른다"(진래 지음, 안재호 옮김, 1997: 77-170; 236-269). 그러나 중국 유학은 성리(性理)의 이론에 따라 인간을 등급화하고, 천명(天命)을 받은 자가 천하, 즉 세상을 다스리는 것을 지지하며, 수기치인(修己治人)의 현세주의를 강조하는 보수적 사상 체계이다. 그리고 주자를 비롯하여 그들은 유가의 학문과 사상을 갖추어 개명한 세상으로서 중국을 세상의 중심, 즉 중화(中華)라고 자존하고 그 외 사방을 오랑캐(夷)의 세상으로 생각하였다.

2) 왜침을 앞두고 안락을 택한 선조

먼저 임진왜란 때의 상황과 결과를 보자. "1585년 일본을 통일하고 상징적인 천황 아래 실질적 권력을 행사하는 관백(關白)이 되고, 천황으로부터 도요토미(豊臣)라는 성을 받은 히데요시(秀吉)는 일본을 8개 지방으로 나누어 영주들의 녹봉을 지정하고 그 녹봉에 따라 군사를 내게 하였다. 조일전쟁을 앞두고 일사불란한 동원 체제를 갖추었던 것이다"(이이화, 2019: 77-81).

중국과 일본을 두고 사대교린(事大交隣) 외교를 하던 조선은 일본이 사신을 보내면 통신사를 보내고 했으나, 1443년(세종 25년) 이후 통신사를 보내지 않았다. 그러다가 1587년 9월에 일본의 사신이 부산포에 상륙했고, 그들이 가져온 서장(書狀)에 도요토미 히데요시는 스스로를 짐(朕)이라 칭하였고, 통신사의 파견을 요청하였으며, 사실대로 전해지지는 않았지만, 조선왕의 입조(入朝: 벼슬을 받고 조정에 나아감)를 요구할 정도였다(이이화, 2019: 77-87).

그래서 조선 조정은 갑론을박 끝에 1590년 3월 6일 황윤길을 정사로, 김성일을 부사로 삼아서 통신사를 보냈다. 5개월 동안 도요토미 히데요시는 조선의 통신사를 만나주지 않다가 11월 7일에야 접견하였고, 조선통신사는 그들의 국서도 받지 못하는 수모를 겪었다. 그 후 교토(京都)를 떠나 사카이(堺) 포구에서 보름을 기다린 끝에 겨우 국서를 받기는 하였다. 그 내용의 핵심은 "한 번 뛰어 곧바로 대명에 들어가서(一超直入大明) 우리의 풍속으로 정치 교화를 베풀고자 하니, 당신네 나라가 먼저 명나라에 들어가면(貴國先驅入朝) 먼 근심은 있으되(명나라) 가까운 근심(일본)은 없을 것이오"(이이화, 2019: 95)였다. 명나라를 칠 테니 조선이 앞장서라는 뜻이고 명령조였다.

선조는 귀국한 통신사를 불러 차례차례 견해를 듣고 도요토미 히데요시의 관상도 물었다(이이화, 2019: 97-98).

> 황윤길: 틀림없이 전쟁이 있을 것입니다.
> 김성일: 신은 그와 같은 정황을 찾아볼 수 없었습니다.
> 황윤길: 그 눈빛이 밝게 빛나 담략과 지혜가 있는 듯이 보였습니다.
> 김성일: 그 눈이 쥐와 같으니 두려울 것이 없습니다.

이이화는 “김성일의 해명은 미증유의 전쟁을 앞두고 너무 무책임하였다는 비난을 받아야 마땅하다”(이이화, 2019: 99)고 썼다. 혹자는 요동치는 민심을 달래기 위한 것이었다며 두둔하는 말도 있지만, 김성일의 거짓말 보고와 그들 당파의 축성(築城)과 수성(修城) 반대론은 손바닥으로 하늘을 가리는 것만큼이나 억지 말이다. 김성일이 그 스승이 그렇게 신봉하던 주자학의 가르침이라도 좀 제대로 배우고 따랐다면 어찌 그런 판단을 할 수 있었을까. 만약 알고도 그랬다면 주자학이 금기로 삼는 ‘이욕 또는 사욕’을 따른 것이다.

그렇게 해서 1592년 4월 13일 왜군은 부산포에 상륙하였고, “싸우다가 죽을지언정 길을 내 줄 수 없다(戰死易 假道難)”며 맞선 송상헌의 동래성을 무너뜨리고 한양으로 치달았으며, 정유재란까지 7년을 전란의 잿더미 속에서 조선의 백성들은 살아남아야 하였다. “김성일 등이 내세운 백성의 요동과 피폐”와 “7년 왜란으로 겪은 백성의 떼죽음” 가운데서 경세의 안목을 갖추었고 또 백성을 위하는 사대부였다면 어느 쪽을 선택하여야 하였을까? 그러므로 김성일 등이 조선 백성에게 지은 역사적 죄과는 만대의 시간이 흘러도 지울 수 없는 것이다.

3) 인조반정 세력이 불러온 두 차례 전쟁

이덕일은 “인조반정은 조선 역사를 거꾸로 가게 만든 반동이며, 반정 세력이 권력을 장악할 야심으로 광해군과 북인 정권을 끌어내린”, “조선의 운명을 비극으로 이끌어간 시대착오적인 사건이었다”(이덕일, 2006: 45)라고 썼다. 저자는 이덕일처럼 이런 역사 해석을 접한 것은 처음이다. 왜 그럴까? 저자는 인조 쿠데타를 ‘반정(反正)’이라 쓰고 가르치는 관점이 지배하고 있기 때문이라고 생각한다. “인조반정은 반정이 아니라 권력욕을 채우기 위한 정변이며, 우리 역사의 반동으로서 시대착오적인 사건이다”라는 명제를 긍정하면서 다음을 서술한다.

광해군 15년(1623) 3월 12일(음력) 새벽 서인 쪽의 김류와 이귀, 평안병사 이괄, 장단부사 이서가 거느린 400명을 비롯해서 반군 1천 여 명이 창덕궁을 급습하였다. 광해군이 피신함으로써 반군은 궁궐을 접수하고, 소위 반정이 이루어졌다. 그리고 쿠데타 세력들은 폐모살제(廢母殺弟)를 날조해서[12] “국방이나 외교, 과학에 상당히

12) 서인이 주도하고 남인이 방조한 인조반정과 그들이 폐모살제를 날조한 사실에 관한 자세한 내용은

뛰어난 왕"(신병주, 2019: 148)이던 광해군과 광해군이 가장 신뢰하던 정인홍에게 둘러씌워서 몰아내고 죽였다.

신병주가 광해군은 국방이나 외교에 뛰어난 왕이었다고 하였는데, 그것은 대륙의 신흥 세력 후금(뒤에 국호를 청으로 바꿈)과 구세력 명나라 사이에서 균형 외교를 취하여 전쟁을 막고 있었기 때문이다. 그런 광해군을 몰아냈는데 쿠데타 세력 서인과 남인은 모두 주자학당이며, 친명사대주의자들이었다. 아버지의 나라 명에 대한 의리를 저버렸다며 그걸 죄목으로 삼아 광해를 몰아낸 것이다. "이들에게는 실리 외교나 중립 외교로 국익을 도모한다는 따위의 현실 인식이 없었다. 이들은 보수 반동의 길을 걸어 다시 민족의 비극을 불러온 전쟁을 유발하였다"(이이화, 2019: 134-135). 서인과 남인은 권력 야욕 외에 백성의 안위는 안중에 없었다. 바로 1627년과 1636년 정묘·병자호란으로 입증된다.

후금(後金)의 누르하치(努爾哈赤)가 68세로 죽고, 홍타이지(皇太極)가 칸에 즉위하였다. 그가 태종이다. 그는 일찍부터 조선에 대해 강경 노선을 취하였다. 후금은 1627년 1월 13일 3만 명의 군대를 보내 압록강을 넘어 조선을 공격하였다. 이른바 정묘호란이다. 인조는 강화도로 피란을 갔다. 후금은 별다른 저항을 받지도 않고 공격하면서 조선 조정에 화의를 제의했다. 조정은 척화와 주화로 여론이 나뉘어 분분하였으나 후금의 한양 점령과 위협 앞에서 조정은 후금의 침입 20일 만에 화의를 수용하였다.

2개월 여 정묘효란 후 후퇴하던 후금 군대는 황해도 등지에서 마음대로 백성들을 죽이고, 그 아들·딸들을 납치하여 끌고 갔으니 인조반정 세력들이 정책을 잘 못 써서 백성들을 죽게 하였고 또 그들의 가슴을 찢은 것이다. 당시 평안도와 황해도 주민의 40퍼센트가 죽거나 도망치거나 포로로 잡혔다고 알려졌다. 그런 중에서도 인조의 조정은 친명사대에 빠져서 속임수로 후금과 화친을 맺었고, 그들을 오랑캐로 여기며 후금을 깔보고 정중하게 대하지 않았다. 이러한 대처는 결국 더 큰 전쟁을 불러왔다. 병자호란이다.

후금은 대륙을 평정한 뒤 청으로 국호를 바꾸고 황제국으로 위세를 부렸다. 그리

김영기(2020), 『남명 조식의 학문과 사상과 실천』의 327-348에 학자들의 연구 결과를 정리하여 소개하고 있다.

고 태종이 1636년 4월 황제의 즉위식을 가졌는데, 다른 나라 사신들이 모두 축하의 절을 올리는데 조선의 사신들은 황제 태종에게 국궁 배례(鞠躬拜禮)를 하지 않았다. 그들이 오랑캐라고 낮추어 보고 무시한 것이다. 인조의 조정은 숨이 끊어져 가는 명나라에 충성한답시고 대륙의 신흥 세력 청나라의 심기를 그렇게 자극하였다.

1636년 12월 8일 청태종이 직접 지휘하는 청나라 군대는 압록강을 넘어서 쳐들어왔다. 워낙 청나라 군대가 빠르게 진격하는 바람에 인조는 강화섬으로의 피난길을 접어야 하였고, 그래서 남한산성으로 들어갔다. 1월 22일 강화도가 함락되었으며, 남한산성에서 포위된 인조와 조선군은 항복을 결정하였다. 청태종은 명나라와 관계를 끊을 것과 세자와 왕자 한 명을 볼모로 보낼 것 등 열한 가지 항목을 제시하였다. 1637년 1월 30일 인조는 곤룡포가 아니라 남색 옷을 입고 나와서 청태종 앞에 세 번 절하고 아홉 번 땅에 머리를 조아리는 치욕적 항복의 예를 치러야 하였다. 인조반정을 일으킨 친명사대주의자들이 불러온 두 차례 전쟁의 역사적 죄과는 여기서 끝나지 않았다.

4) 자생·주체적 근대화를 막은 기득권 지배층: 노론

실학은 딱 부러지게 명쾌한 개념을 정의하기가 쉽지 않은 말이다. 그러나 김용덕(1922~1991)이 이우성 등 여러 학자의 개념과 설을 비판적으로 수용하여 “실학에서 실(實)은 진실, 성실의 실을 의미하고 허·가·위·공(虛·假·僞·空)의 대립 개념이라는 것을 이해하는 동시에 구한말 이래 ‘실학’이라 표현된 새 학풍에는 구체적 특징이 있으며, 이러한 특징을 가진 학문만을 실학으로 부르는 것이 마땅하다고 생각한다. 즉, 실학의 첫째는 보편성을 가진 마땅한 학문의 자세이고, 둘째는 16세기 중엽부터 영·정·순(英·正·純) 시대에 성행하던 새 학풍을 지닌 일군의 학자들의 학문을 가리키는 것이다”(최석기, 2020: 26에서 인용)라고 하였다.

정리하면, 실학은 영조와 정조, 순조 시대에 일단의 학자들이 내세워서 성행하던 새 학풍으로서 허위이거나 거짓되며, 공허한 내용이 아니라 진실이나 성실을 내용으로 갖춘 학문을 실학이라고 부른다는 것이다. 그렇게 보면, 조선의 주자학당들이 공리공담, 고담준론하며 지적 유희를 즐기던 학문은 진실과 성실을 저버린 것이어서 허·가·위·공(虛·假·僞·空)의 학(學)이었음에 틀림없다.

저자가 읽은 바에는 당시 성가(聲價)를 누리던 한 주자학자의 문하생들은, 유학의 원조 공자(孔子)가 제시한 가르침으로서, 하학(下學)을 바탕으로 삼고 인사(人事)에서 이치를 깨달아 상달(上達)하는 것(下學而上達)이 아니라 공부의 들머리부터 천리(天理)나 성리(性理)를 들먹이며 거들먹거린 것으로 보이고, 그래서 남명은 우려하는 편지를 그에게 보냈을 정도이다.[13] 주자학당의 이론 유학은 백성의 삶이나 조선공동체의 문제를 해결하기 위한 실속 있는 정책을 만들어 내지 못하였다.

오히려 그들의 주자학은 중화사대를 심화시켜서 몸은 조선인이면서 명나라 사람처럼 생각하고 행세하는 '얼빠진 조선 유학자'로 만들었을 뿐이다. 그런데도 그들은 오로지 주자학이 정학(正學)이라는 주장을 바꾸지 않았다.[14] 이욕을 앞세웠고 주자학이라는 대롱으로 하늘을 보듯 세상을 인식하였으니 시대의 문제를 정확하게 읽을 수 있었겠는가? 그 결과 백성을 위한 정책보다 학파나 정파의 이익을 우선하였고, 시대 상황을 보는 안목이 없었으니 임진 · 정유왜란을 대처하지 못하였고, 정묘 · 병자호란을 불러와 조선 백성들이 참상을 겪어야 하였었다. 이런 문제를 대처하기 위하여 실학사상이 제기된 것이다. 그래서 김용덕(金容德, 1922~1991)이 "무릇 사상이란 그 시대 배경과 사회경제적 여건과 관련지어 유기적으로 인식하여야 한다"(최석기, 2020: 26)고 말한 것이다. 즉, 학문은 사상을 숙성시키고, 사상은 시대의 문제를 해결하기 위한 도구로서 생성되기 때문이다.

우리나라 실학 논의를 정리한 이우성은 실학의 범위를 영조와 정조시대 이후로 정하고, 17세기 유형원(柳馨遠, 1622~1673)을 실학의 비조(鼻祖)로 하여 18세기 전반 이익(李瀷)을 대종으로 하는 경세치용학파(토지제도 및 행정기구, 기타 제도상의 개혁에 치중), 18세기 후반 홍대용(洪大容, 1731~1783)과 박지원(朴趾源, 1737~1805)을 중심으로 한 이용후생학파(상공업의 유통, 생산기구 일반 기술면의 혁신을 지표

---

13) 남명이 그 유학자에게 "손으로 물 뿌리고 비질하는 절도"도 모르면서 입으로 천리(天理)를 담론하여 헛된 이름이나 훔쳐서 남들을 속이려 하고 있습니다"라고 써서 당시 학술 분위기를 우려하는 내용이다. 편지의 내용은 경상대학교 남명학연구소 옮김(2001). 『남명집』, 181쪽에 실려 있다.

14) 주자학이 오로지 정학이라는 한심한 인식과 주장은 고종 때까지 지속되었다. 고종은 동학군의 주장과 활동에 맞서 정학은 동학이 아니라 주자학이라고 하였으니까. 사실 주자학은 조선이 망할 때까지 학술 헤게모니를 유지하였고, 위정척사론도 그런 인식 위에 이루어진 군왕 중심의 수구적 논의였다.

로 함), 그리고 19세기 전반 김정희(金正喜, 1786~1856) 등 실사구시학파(經書 및 金石・典故 등의 고증을 위주로 함)의 활동이 이루어진 시기를 실학 시기로 보았다(최석기, 2020: 25-31).

유형원은 "당시의 학풍이 관념적으로 사변화(思辨化)한 것을 심각하게 인식하고 현실 문제에 시선을 돌렸다. 그는 천하의 이치는 만물에 드러나 있으니 물(物)이 아니면 이치는 드러낼 데가 없다. 성인의 도(道)는 만사에 행해지니 일이 아니면 도는 행할 바가 없다"(최석기, 2020: 46)고 지적하여 공리공담하고 고담준론하는 주자학을 비판적으로 인식하고 전제(田制) 개혁과 당파싸움의 원인이 되는 과거제 개혁 등 제도개혁론을 제시하였다.

또한 이익은 당시 공소화(空疎化)하고 사변화(思辨化)한 조선 학술의 병폐를 읽고, 조선 유학자들의 교과서 격인 사서삼경을 비롯하여 11개의 학술서마다 '질서(疾書)'라는 이름으로 새로 해석하였다. 『붕당론(朋黨論)』, 『균전론(均田論)』을 지어서 개혁을 주창하였고, 유학의 가르침에 맞는 경세(經世)를 강조하였다.

이후에 청나라를 오랑캐의 나라로 타기(唾棄)할 것이 아니라 그들이 앞서 도입한 과학과 기술 등을 배워서 쓰자고 주장하는 북학파의 선구자 홍대용과 토지 개혁과 서얼(庶孼)의 허통론(許通論) 등을 낸 박지원, 박제가(朴齊家, 1750~1815)의 『북학의(北學議)』, 정약용(丁若鏞, 1762~1836)의 『경세유표(經世遺表)』, 『흠흠신서(欽欽新書)』, 『목민심서(牧民心書)』 등은 이욕에 사로잡힌 주자말류(朱子末流) 노론 독재를 끊고 조선을 창조적・발전적 공동체로 만들려는 유학자들의 양심과 지식을 담아낸 학술이었다.

그러나 조선의 학술을 오로지 주자학으로 한정하여 나머지 학술을 이단으로 몰면서 헤게모니(學權)를 잡고, 한정된 관작(官爵)의 파이와 토지 등 경제적 가치까지 독점적으로 향유하던 주자학당은 실학자들의 충정과 사상과 학술을 외면하였다. 조선이라는 공동체를 근대화시키는 일보다 그들의 이익을 지키고자 하였기 때문이다. 실학자들이 제시한 조선 근대화를 위한 개화사상은 철저하게 외면받았다.

"당시 양반 사대부들은 자신들이 독점한 토지를 나눌 생각이 전혀 없었다. 나라가 망하는 한이 있어도 내 가문과 나의 이익을 우선하였다"(이덕일, 2019: 500). 조선 근대화를 위한 실학사상과 개화사상이 철저하게 외면된 상황이 설명된다. 이용후생을 주장한 실학자 유수원(柳壽垣, 1694~1755)은 나주벽서사건 연루자로 몰려 죽고 가족은 모두 노비가 되고 말았다. 만약, "그때 노론들이 그들의 탐욕을 누르고 실학과 개화를 받아들여 조선 근대화를 추진하였더라면, 조선 망국과 일본의 지배를 겪지 않았을 것이다"라고 하는 역사학자도 있다. 얼마나 안타까웠으면 지난 일을 두고 이런 쓸모없는 가정을 했겠는가? 실학을 외면한 것은 조선의 정책 주도 세력 노론이 그들의 이욕 때문에 백성의 생존을 팽개친 무수한 사례 중 하나였다.

안타깝게도 조선의 마지막은 노론의 매국과 일제의 지배였다. 19세기 말과 20세기 초 우리의 역사를 읽으면서 이런 자들에게 민족공동체의 운명을 맡겼나 싶어서 저자는 한숨을 짓기도 했다. 기득권 지키기에 혈안이 된 그들에게 실학을 통한 근대화론은 쇠귀에 경 읽기였다. 개항과 개국을 선택하여야 하는 역사 공간에서 우리 스스로 근대화의 주체가 되어 공동체의 비전을 설정하고 선택할 수 있었던 기회 자원을 날려버린 기득권 지배층은 대원군과 민비 세력이다. 저자에게 그들은 권력이라는 밥통을 차지하기 위해서 다투는 동물이 떠올랐다. 그들은 시대를 읽지 못했고, 권력욕에 사로잡혀 외국 군대를 불렀고, 그것을 호기로 삼아 일본은 군대를 이 땅에 보내 침탈의 기회로 삼았다.

이덕일은 "동학(東學)이 교세를 확장하게 된 배경에는 사회를 이끌어갈 능력을 상실한 무능한 양반 사대부들이 여전히 모든 정치・사회 권력을 독차지하고 있는 근본적 문제가 있었다. 세도정치는 대원군의 10년 집권을 거쳐 민씨 척족정권으로 이어졌다. 이들은 나라보다는 집안의 영달을 추구하면서 모든 사회 변화를 거부하였다. 그래서 백성들은 동학으로 결집하여 국가 권력 자체를 부정하기 시작하였다"(이덕일, 2019: 520)고 지적하였다.

이렇게 동학이 피지배 민중의 생각과 힘을 모아서 전주감영을 점거하였고, 또 수십만을 모아서 세를 보였다. 이런 동학군에 대처한 조정을 보고, 이이화는 동학군이 세를 이루자 "(1894년 5월) 겁을 먹은 민씨 세력은 청나라에 구원병을 또 청하였고, 청나라 이홍장(李鴻章)과 일본의 이토 히로부미(伊藤博文)가 맺은 천진조약에 따라 일본군도 조선에 들어 왔고, 급기야 일본군은 6월 21일 경복궁을 점령해서 주권을 유린해 군권을 거머쥐었다. 그래서 나라는 식민지 상태로 접어들었다"(이이화, 2019: 299)고 하였다.

이어서 "갑오개혁 와중인 1894년 7월 조선은 청나라 연호를 폐지하고, 개국기년을 사용하였다. 1895년 8월 27일에는 국호를 대조선국으로 개칭하였고, 1897년 8월 16일부터 연호까지 광무로 고치고 황제 즉위식을 가졌으며, 국호를 조선에서 대한제국으로 변경하였다"(이덕일, 2019: 531). 황제국이 무슨 대수였을까? 1905년 11월 17일 우유부단한 고종과 이완용·박제순·이지용·이근택·권중현 등 을사오적이 함께 국권을 일본에 넘겨 버렸으며, 일본의 식민지가 되었다.

이 부분에서 이덕일의 서술이 눈에 띈다. 그는 이들 5적의 소속 당파를 '노론'이라고 명시하였다(이덕일, 2019: 535). 인조 쿠데타 이후 거의 모든 시간 조선의 정책 권력을 쥐락펴락한 것도 노론이고, 끝내 매국을 저지른 자들도 노론이라니!

제 4 절 지역사와 지역의 발견

사회과학자로서 저자에게 '지방'은 오래된 주제이다. 대학에서 30년 넘게 지방자치를 공부해서 가르쳤기 때문이다. 문헌을 통하여 지방을 읽었고, 또 외국의 지방을 보았으며, 그들의 지방자치를 현장에서 관찰하면서 지방공동체를 공부하였다. 일찍 저자는 지방·지역·지역사를 기본적으로 이해한 셈이다.

미국의 지방자치 이론과 참여관찰을 통해서 "종교 박해를 피해 1620년 영국에서 대서양을 건넌 필그림(Pilgrims)이 오늘의 미국 매사추세츠주 플리머스(Plymouth)에 정착하면서 시작된 마을자치 '타운미팅(town-meeting)'은 미국 민주주의의 기원이요 산실"(김영기, 2014: 109-110)로 평가되고, 오늘날 미국 민주주의 성공의 바탕이 되었다는 사실을 알았다. 미국의 타운미팅은 제도의 경로 의존을 입증하는 사례이다. 오늘 미국의 위상은 타운미팅에서 비롯된 것이다.

또 인구 857만 명의 작은 나라 스위스는 '지방의 가치'로[15] 넘치는 나라이다. 로마교황청 근위병으로 용병을 팔던 가난한 나라 스위스는 오늘날 세계에서 가장 잘 사는 나라가 되어 있다. 스위스는 정치 권력을 수평적·수직적으로 철저하게 분산시켜 지방이 알차게 발전한 나라이다. 그러므로 "지방은 나라 발전의 초석이 된다"는 명

15) 스위스 지방자치는 안성호(2016), 『왜 분권국가인가』(박영사)에 잘 연구되어 있다.

제는 스위스 사례에서 확인하였다. 그렇게 일찍 저자의 지식으로 확고하게 자리 잡았다.

지방자치를 공부하고 가르치면서 우리의 지역과 지역사를 공부하는 일은 반드시 필요한 일이었고, 그렇게 먼저 대학이 소재한 지역과 지역사를 읽었다. 다음에 지방·지역·지역사 공부를 통하여 저자가 발견한 지역사와 인물들에 관하여 서술한다.

Ⅰ. 지방과 지역의 개념

국어사전에 지방은 “① 어느 방면의 땅, ② 서울 이외의 지역, ③ 중앙의 지도를 받는 아래 단위의 기구나 조직을 중앙을 상대하여 이르는 말”이라고 풀이하고 있다. 그리고 지방은 서울과 중앙의 반대말로 소개한다.

고석규는 향토와 지방과 지역을 구별하였다. “향토란 조상 대대로 살아오고 있다는 전통의 의미를 내포한 내 고장이란 뜻이다. 태어나 자란 고장을 정의적(情誼的)으로 표현한 친근감 있는 말이다. … 지방은 중앙과 상·하위의 개념이고, 나아가 중앙에 종속된 개념이다. 지방은 중앙을 상대로 한 수직적 공간 개념이고, 지역은 상대가 없는 수평적 공간 개념이다. … 반면에 지역은 그 자체 독립된 개념이다. 지역은 국가라는 경계에 아무런 영향을 받지 않는다. 그러나 지방은 결코 국가를 넘어서는 단위가 없다”(고석규, 2008: 14-15)고 하였다. 지역은 국가 안의 땅을 가리키기도 하지만, ‘동북아지역’이라고 할 때는 국경을 넘어선 땅을 가리킨다는 점에서 지방의 범위와 다르다.

사전에는 향토를 “자기가 나서 자란 땅, 시골이나 고장”이라고 썼다. “향토는 본디 고향 땅이다. 글자 풀이로 보면 향(鄕)은 동네에서 먹을 것(食)을 가운데 놓고 둘러 앉아 먹는 모습을 말하고, 토(土)자는 지표(一)에 싹(⼗)이 올라오는 형상이다. 따라서 터를 생산 기반으로 모여 살아간다는 말이다”(고석규, 1998: 17). 품앗이로 농사를 지으며 살아가던 우리의 농촌마을을 떠올리면 쉽게 그림이 들어온다. 그러므로 향토는 세월을 함께 겪는 가운데 같은 땅에서 터전을 일구어 서로 간에 애틋한 정감을 느끼며 사는 사람들이 사는 곳을 일컫는 말이다.

우리는 지금 도시 속의 행정구역을 동(洞)이라고 부르는데, 이 글자는 원래 “사람들이 물을 함께 공유하는 공간을 의미한다"(최석기, 2019: 18). 대개 한 마을의 사람들은 우물을 만들어 그 물을 길어다 마신다. 향토는 한 곳을 터전으로 삼아서 같은 샘의 물을 길어다 먹으며 긴 세월을 살고, 거의 일상적으로 대면하는 사람들의 공간을 가리키는 말이다. 그러므로 지방이나 지역보다 향토는 더 밀착된 관계와 정서를 담고 있는 말이다.

향토에 비하면 지방은 땅의 크기와 관련된 개념이면서 좀 더 추상적이고 가치 개입적이다. 저자가 이렇게 말하는 이유는 중앙이 상위이고 지방이 하위이며, 중앙에 대하여 수직적 공간 개념이라는 점 때문이다. 지방은 국가 영토를 전체의 크기로 할 때 그 안의 작은 규모의 땅이다. 그리고 지방은 중앙에 종속되어 수직적인 관계를 이루고, 지배나 관리되는 관계의 개념이다. 그러면서 지방은 땅이 핵심이고 사람은 연관시킬 수 없는 개념이다. 왜냐하면 중앙(의 사람)이 지방(의 사람)을 종속시켜 아래에 두고 지배하거나 관리한다는 관념은 어불성설이기 때문이다.

그러면 지방(locality)과 지역(region)은 어떻게 다를까? 지역을 사전에는 "① 일정하게 구획된 어느 범위의 토지, 또는 ② 전체 사회를 어떤 특징으로 나눈 일정한 공간 영역"으로 썼다. 여기서 ①은 일정하게 구획된 땅을 지칭하므로 지역과 지방이 같다. 그러나 ②는 '사회를 어떤 특징으로 나눈' 공간이라는 점에서 지방과 지역의 차이를 나타내는 요소이다. 지역은 언어나 민족 등 '사람들의 삶의 양상'을 기준으로 해서 나뉠 수 있다. 거기다가 고석규는 "지방은 중앙을 넘어서지도 않는데 비하여 지역은 국가를 넘어서는 대상도 가능하다"(고석규, 2008: 14-15)고 하였다. 지방사와 관련된 말로서 향토와 지방, 그리고 지역을 이렇게 구분하기도 한다.

향토와 지방과 지역 모두 일정한 범위의 땅을 바탕으로 삼는 점은 다르지 않다. 그리고 이 세 가지 범위의 땅, 즉 지리적·자연적 공간은 인간의 삶의 터전이라는 점에서도 같다. 인간 공동체는 땅이라는 공간을 바탕으로 생성·유지된다. 향토·지방·지역 모두 '공간의 요소'와 '인간의 요소'와 '시간의 요소'가 결합된 인문·사회·지리적 현상이라는 점에서 같다.

애초에 그렇게 작게 시작된 인간의 마을 공동체들은 정복 등에 의해서 지배하는 공간이 커지며 나라로 통합되었다. 중국을 예로 들면, "씨족이나 부족 중심의 작은 마을들이 하나의 국가를 이루었으나 점차 정복에 의하여 그 수가 줄어들고 오늘날의 중국이 되었다. 기원전 2070년 쯤 우(禹)임금이 세운 고대(古代) 하(夏)나라 때에 약 1만 5,000개의 봉건국가로 존재하던 것이 오늘의 중국이 된 것이다"(김경수 · 신상화, 2014: 25).

정복하고 통합해서 땅을 넓힌 국가는 자연스럽게 형성된 촌락들을 묶어서 다스리기 위한 단위를 설정하여 이름을 붙였다. 고려나 조선의 경우는 국가 안의 단위로서 반촌(班村)이나 민촌(民村) 등의 촌(村)과 군(郡) · 현(縣) · 목(牧) · 도(道)를 두었다. 나라를 다스린다는 기능적 목적에 맞추어서 땅의 너비를 기준으로 삼아 단위를 설정한 것이다. 나라 안의 이런 단위들을 통칭하여 지방이라고 부른 것인데, 군 · 현 · 목 · 도 등 각 지방이라는 인간의 공동체는 생멸(生滅)로 상징되는 시간의 흐름, 즉 세월이 지나면서 집합적 기억과 기록과 흔적을 남겼다.

Ⅱ. 지역사: 경남의 역사와 주체들

저자는 대학에서 학생들에게 향토 · 지방 · 지역의 역사, 즉 지방사 또는 지역사를 이해하도록 소개하였다. 그러기 위하여 저자는 대학의 소재지 진주와 경남을 공부해서 간략하게 소개하였다. 이렇게 해서 저자는 먼저 지역으로서 진주와 경남의 이해를 시도하였다.[16] 저자는 효율적으로 지역사를 읽기 위해서 나름대로 기준을 설정하여 역사적 사건들을 선별하였다. 그것은 "백성 사랑 또는 인간 사랑"과 "공의도(公義度: 공익 지향과 실천의 정도)"와 "선도성(先導性: 공동체에 필요한 일을 남보다 먼저 떠올려 실행하는 정도)" 세 가지이다.

백성(사랑)은 고래로 나라가 존재하는 이유로서 근본 가치이다. 백성 없는 나라는 소용없는 것이기 때문이다. 그래서 요순시대부터 백성을 나라의 근본이라고 강조하였다. 백성 사랑을 역사 주체들이 어떻게 사고하고 판단하였느냐는 중요한 기준이다. 위에 정의한 공의도와 선도성을 기준으로 경남의 역사적 사건들을 떠올려 선정하였다.

16) '역사적 이해'를 위해서는 존 루가치(John Lukacs)의 지적대로 '1차 자료'나 '2차 자료'에 충실하여야 하는데, 저자는 한문 원전을 읽지 못한다. 19세기 가장 유명한 역사가 야콥 부르크하르트(Jacob C. Burckhardt, 1818~1897)는 학생들에게 "역사학 방법론 따위는 없다"(루카스 지음, 이재만 옮김, 2018: 43-48)고 했다지만, 저자는 그렇게 생각하지 않는다. 이 책은 2차 자료만 읽고 썼다.

그것은 1) 문익점의 목화 도입과 전파(산청), 2) 남명의 학문과 사상과 실천–남명의 단성소(삼가 · 김해 · 산청), 3) 임진왜란과 남명학파 의병 활동(진주 · 의령 · 합천 · 고령과 거창), 4) 진주농민항쟁, 5) 경남일보 창간(진주), 6) 진주형평운동, 7) 영남예술제 창제(진주) 등 일곱 가지에다 시간을 현대로 연장하고, 공간을 확장시켜서 경남지역에서 일어난 중요한 역사적 사건으로 8) 마산의 3 · 15의거(마산), 9) 부마항쟁(마산)을 더하였다. 경남의 아홉 개 사건들을 읽고 쓰면서 저자는 '경남 역사의 줄기'를 발견하였다. 지역사 공부의 열매를 얻은 것이다.

역사적 사건의 선별을 마친 저자는 전문연구자들이 내놓은 문헌들을 사건별로 모아서 읽고, 또 정리해 들어갔다. 아홉 개 사건을 읽고 정리한 다음, '지방'으로서 진주와 마산, 그리고 경남은 지역사(地域史)뿐만 아니라 국가사(國家史)에서 획을 긋는 공의로운 일을 해낸 곳이라는 것을 알게 되었다. 그렇게 경남의 역사와 그 역사의 주체들을 읽는 가운데 실학자 성호 이익(星湖 李瀷, 1681~1763)의 "경상우도 사람들은 의를 주로 삼는다. 그것은 남명의 영향이다"라는 언표[17]를 접하게 되었다.

사회과학자로서 익숙한 인과적 사유의 실마리를 이익의 말에서 얻었다. "경상우도는 의를 주로 하였다"는 성호의 글과 "경남의 역사적 줄기를 이루는 사건들의 주체들이 보여준 행동"을 인과적으로 연결시키면 성호의 언표는 그대로 적중하는 것이었다. 그렇게 해서 공의(公義)로운 가장 앞 시대의 진주(강성현[江城縣], 오늘의 산청군 단성면) 인물로서, 우리 민족의 삶에 혁명적 변화를 일으킨 삼우당(三憂堂) 문익점(文益漸, 1329~1398)을 만났다. 또 시대를 꿰뚫는 통찰력으로 조선의 문제를 읽고, 대책을 제시하였으며, 제자들과 함께 임진 · 정유왜란에서 조선을 구한 남명을 읽었다.[18] 그의 학문이 '경의지학(敬義之學)'이고, 조선과 중국 어느 유학자보다도 의

17) 이익은 『성호사설(星湖僿說)』의 제1권, 天地門, 「東方人文」에 "退溪生於小白之下, 南冥生於頭流之東, 皆嶺南之地. 上道尙仁, 下道主義, 儒化氣節, 如海闊山高, 於是乎, 文明之極矣."(퇴계는 소백산 아래에서 태어나고, 남명은 두류산 동쪽에서 태어났는데, 모두 영남 지역이다. 상도는 인(仁)을 숭상하고 하도는 의(義)를 주로 하였다. 그리하여 유교의 교화와 기절이 바다처럼 넓고 산처럼 높게 되었다. 이에 우리나라 문명이 두 분에 이르러 지극하게 되었다(최석기, 2019: 402).

18) 저자는 1990년대 초부터 남명을 글로써 접하였다. 경상대학교 남명학연구소를 설립할 때 발기인으로 참여하게 되었고, 그 연구문헌들을 받아서 관심 있는 논문들을 골라 읽게 되었다. 훗날 집중적으로 공부할 기회를 갖겠다고 맘먹고 있던 터였다. 그러다가 2014년 후반기부터 남명을 집중적으로 읽기 시작하였고, 항목별 자료화 작업도 함께 해 나갔다. 남명의 공부 내용을 따라가며 나오는

(義)를 강조하고 실천한 분이라는 것을 알게 되었다.

이어서 남명의 제자로서 구국의 의병활동을 펼친 곽재우·정인홍·김면과 조종도를 만나게 되었고, 진주농민항쟁을 읽으면 남명의 제자 유종지(柳宗智, 1546~1589)의 9대손 유계춘(柳繼春, ?~1862)도 만나게 되었다. 그리고 진주형평운동을 읽으며 강상호·강영호 형제와 신현수·천석구·이학찬·장지필을 만나게 되었다. 마산 3·15의거와 부마항쟁에서는 우리 정치사에서 처음으로 민주 제단에 피를 뿌린 마산의 용감한 시민과 학생을 시대의 영웅으로 만나게 되었다.

그러다가 저자는 2012년 『경남도사』 간행의 책임편찬위원을 맡으면서 앞서 간행된 『경남도사(慶南道史)』 세 권에서 역사적 사건들이 어떻게 연구·이해·해석·평가되는지를 살펴보았다. 그 결과 경남에서는 역사적 사건들을 제대로 다루지도 않았고, 다루어도 매우 산발적이고 소홀하게 다루었다는 것을 알게 되었다. 『경남도사』의 간행은 선대들이 이루어 남긴 사실(史實)들을 이해·정리·해석·평가하는 역사활동이다. 그런데 그동안 『경남도사』를 편찬하는 이들이 경남의 선대가 이룬 역사를 제대로 인식하지도 못하였고, 제대로 해석하지도, 또 평가하지도 않았거나 소홀히 한 것이 드러난 것이다.[19] 이것은 "지방의 가치가 나라의 가치를 결정한다"라는 명제에 반하는 것이며, 나라 발전의 토대로서 지방을 올바르게 이해하는 것이 아니라고 생각하였다.

그래서 저자는, 비록 역량이 많이 부족하지만, 진주와 마산, 그리고 경남의 지역사이기도 하고 또 국가사의 중요한 일부이기도 한 사건들을 서술하고, 남명 조식이 이러한 사건들에 미친 영향을 설문조사하여 연결된 지식을 모색하였으며, 남명을 중심으로 졸저 『남명의 학문과 사상과 실천』(2020, 우락재)을 출간하였다. 영향 요인으로서 남명을 먼저 공부한 다음에, 역사적 사건들과 남명의 인과성을 나타내는 지표

용어를 이해하기 위하여 사서(四書), 『주역』, 『중국철학사』, 몽배원의 『성리학의 개념들』, 진래의 『송명성리학』 등을 읽는 재미에 빠져서 살았다. 또 율곡도 읽고 퇴계도 읽었다. 관련 역사서도 읽었다. 그래서 '경의지학'과 '신명사도·명'를 대강을 이해하게 되었다.

19) 다행히도 2012년에 출범한 경남도사편찬위원회는 국가사와 지방사, 시대사와 분류사를 씨줄과 날줄로 삼아서 편찬의 새로운 체계를 마련하였고, 5·16쿠데타 찬양론 내지 불가피론 등을 벗어나 균형을 잡기도 하였으며, 또 아홉 개 역사적 사건의 주체를 좀 더 깊이 있게 소개하는 등 어느 정도 내용을 갖추어서 2020년 6월에 10권으로 묶은 『경남도사』를 간행했다. 이 일은 이만열 전 국사편찬위원장이 편찬의 토대를 만들었고, 저자가 그 일을 이어받아 마무리하는 인연이 있었다.

나 지식은 어떻게 구할 것인가를 고민하였다. 저자는 사회과학의 방법을 쓰기로 하였다. "남명 조식과 율곡 이이, 퇴계 이황, 대곡 성운, 화담 서경덕을 연구한 전문학자 100명을 찾아서 '역사적 사건들'에 미친 '남명의 영향'에 관한 '인식'을 설문조사하는 방법이었다. 매우 간접적인 방법이라서 조심스럽기는 하였으나 지금까지 이런 시도조차 이루어진 일이 없었고, 그래서 '말로만 떠도는 상관성'을 추측으로만 말하는 건 마뜩찮아서 과감하게 시도하였다. 그러므로 독자 여러분께 이런 점을 감안하고 이 책을 읽기를 부탁드린다.

제2편

경남의 역사적 이해

제 2 장

삼우당 문익점,
만백성에 따뜻한 옷을 입히다

문익점의 목화 도입과 전파는 그 사실만으로도 온 백성의 삶을 혁명보다 더 획기적으로 바꾸었다. 우리 역사에서 이 일보다 더 공적으로 가치 있는 일이 또 언제, 무엇이 있었을까?

고려와 원나라 간에는 줄을 이어 많은 사행단이 오고갔지만, 그 어느 누구도 목화씨를 가져다 심을 생각을 하지 않았다. 그러나 굶어 죽고 얼어 죽는 백성의 가련한 처지를 생각하여 문익점은 목화씨를 가져왔고, 장인 정천익(鄭天益)과 함께 심어서 가꾸었으며, 베를 짜서 그것으로 온 백성이 따뜻한 옷을 입고 솜이불을 덮을 수 있게 하였다.

문익점의 목화 도입과 관련된 관찬과 사찬 자료들에서 나타나는 다른 기록으로 인하여 다른 입장과 견해를 내놓고 있다. 학술적 입장에서는 하나라도 진위를 가리고 따져서 정리하여야 한다는 점을 이해할 수 있고, 또 후손들 입장에서 선대 할아버지가 한 일을 드높이고 싶은 마음을 십분 이해할 수 있다. 그렇지만, "문익점이 원나라에서 목화씨를 가져다 고향 땅 진주목 강성현 배양리에 심었고, 퍼뜨렸다는 사실" 외에 천 마디, 만 마디 글이나 말은 사족일 뿐이다.

필자는 이러한 전제를 가지고 문익점의 목화 도입과 전파라는 역사적 사실을 서술하려고 한다. 글의 순서는 1) 목화 도입이라는 역사적 사실을 공적 찬술 기록을 중심으로 먼저 살펴보고, 2) 조선왕조를 통하여 정부와 학자·문인들의 숭모 사실을 소개하고, 3) 그가 신변의 부담을 안고 목화씨를 가져다 심은 일을 설명하고, 끝으로 4) 역사적 의의를 서술한 다음 한 문장으로 정리하여 요약한다.

이 글은 실록 자료와 김성준의 "문익점과 목면 전래의 역사적 배경"(연세대 국학연구원, 『동방학지』 합권, 1993: 77-79)과 『문익점과 무명문화』(국립민속박물관, 1991), 김해영의 "문익점의 생애와 목면 전래 사적의 검토", 김준형의 "문익점에 대한 후대의 평가와 현창 활동"(『문익점과 목면업의 역사적 조명』, 아세아문화사, 2003), 문경현의 "문익점의 사행과 목면 전래"(경북사학회, 『복현사림』 26권), 그리고 이옥희의 "문익점 목면 전래에 관한 문헌 자료와 구비 자료의 담론 양상과 의미"(『남도민속연구』 제4집, 2016) 등을 중심으로 정리한다.

제 1 절 삼우당 문익점의 생애와 사신 활동

"삼우당 문익점에 대해서는 관련 기록과 유물 유적이 상당하다. 관찬서인 『고려사』, 『조선왕조실록』, 『승정원일기』, 『국조보감』, 『일성록』 등에 기록이 존재하며, 김종직의 『점필재집』, 김굉필의 『경헌록』, 송시열의 『송자대전』, 이익의 『성호사설』, 이덕무의 『청장관전서』 등 문익점의 목면 전래를 언급한 개인문집도 20여 선 이상이 있다"(이옥희, 2016: 204).

여기서는 먼저 고려 말과 조선 초 공식적 역사 기록을 통하여 문익점과 목화 도입을 기록한 내용을 중심으로 살펴본다. 비록 조선 초에 기록된 것이지만 명칭은 『고려사』와 『고려사절요』, 그리고 『조선왕조실록』의 역대 왕 관련 실록의 기록을 소개한다.

Ⅰ. 문익점의 출생과 생애

김성준은 『고려사』, 『태조실록』, 『국조문과방목』(태학사, 서울: 1984) 등을 통하여 문익점의 출생 등에 관한 사실을 밝히고 있다. 먼저, 『고려사』 문익점전에 따르면

"문익점은 진주 강성현인(晉州 江城縣人)으로 공민조(恭愍朝)에 등제하였다." 또한 『태조실록』 문익점 사망 기록에는 "전 좌사의대부(左司議大夫) 문익점이 졸(卒)하였다. 익점은 진주 강성현 사람이다. 아버지 문숙선은 과거에 올랐으나 벼슬하지 않았다.『태조실록』 제14권 태조 7년 6월 13일 경사 1번째 기사, 그리고 『국조문과방록(國朝文科榜錄)』에 수록된 『전조과거사적(前朝科擧史蹟)』에는 "문익점의 출신을 표시한 '병과 7인, 경덕재생, 문익점, 신미, 강성인'이라 한 것에서 신미는 연도 간지이므로 그의 출생은 충혜왕 1년(1331)이 확실하다"(김성준, 1993: 229)고 밝혔다.

그러므로 위 내용을 정리하면, 문익점은 진주의 강성현(오늘날 산청군 단성면) 출신이며, 아버지는 문숙선이다. 그의 출생 연도는 고려 충혜왕 1년(1331)이고, 사망한 날짜는 조선 태조 7년(1398, 무인[戊寅]) 6월 13일(정사[丁巳])이며, 68세에 별세하였다(김성준, 1993: 245; 김해영, 2003: 25).

Ⅱ. 관직 경력과 사신단 활동

1. 관직 경력

『태조실록』 문익점 사망 기록에는 문익점은 가업을 계승하여 글을 읽어 공민왕 9년(1360, 경자년)에 과거에 올라 김해부 사록(金海府司祿)에 임명되었으며, 계묘년에 순유박사(諄諭博士)로서 좌정언(左正言)에 승진되었다"고 기록되었다. 문익점은 당시 과거 합격자 33인 중 7등(병과 제4인)의 성적으로 과거에 급제하였다. 이때 정몽주, 임박 등과 함께 급제하였다. 김해영은 문익점의 관직 경력을 정리하여 제시하였는데, 그에 따르면 1360년 급제하여 김해부 사록으로 벼슬을 한 뒤 1363년에 순유박사·좌정언에 오른 후 사신단의 일원으로 원나라에 갔고, 귀국 후 귀향하였으며, 1375년 전의주부(典儀主簿)로 다시 벼슬에 나왔고, 그 이후 1388년까지 좌사의대부(左司議大夫)로 벼슬을 하였다(김해영, 2003: 29, 표 1).

2. 사신단 파견과 활동

공민왕이 반원 자주(反元自主) 정책을 펼치는 시기 고려가 원나라에 파견한 사신

기록을 두고 견해가 엇갈린다. 김성준(1993)은 『태조실록』의 내용을 근거로 문익점이 공민왕 12년(1363년) 3월 계품사 이공수(李公遂) 사행단의 서장관(書狀官)으로 원나라에 갔다고 주장하고, 문경현(2003)은 『태조실록』의 기록과 함께 이공수 사행단의 서장관으로 보는 것은 오류라고 주장하였다.

1) 사신단 파견 기록

문경현에 따르면, "고려는 공민왕 11년 6월에 전리판서(典理判書) 이자송(李子松)을 파견하여 홍건적 평정을 보고하고, 정월에 20만의 홍건적을 무찌르고 노획한 원제의 옥쇄 금보 금은동인을 바쳤다(『고려사절요』). 9월에는 첨의상의(僉議商議) 강지연(姜之衍)을 하정사(賀正使)로 또 전리판서(典理判書) 이서룡(李瑞龍)을 하천추절사(賀千秋節使)로 거듭 원에 파견하였다(『고려사절요』). 동 12월 22일에는 찬성사 유인우(柳仁雨), 문하평리 황순(黃順)을 하성절사(賀聖節使)로 보냈다(『고려사』). … 이때까지 고려는 폐왕입주(廢王立柱) 사실을 모르고 있었다. 문익점은 아마도 이 사절에 서장관으로 간 것으로 추정된다. 『원사(元史)』에 순제 2년(공민왕 11년) 12월에 폐왕입주를 단행하였다. … 확실한 사실은 이듬해 12년에 가서야 (폐왕입주 사실을) 파악하였다. … 그리고 12년 3월에 곧 서둘러 계품사를 파견하였다"고 하였다(문경현, 2003: 121-123). 문경현은 이어 "문익점이 원나라에 간 사행(使行)은 공민왕 11년 말에 간 하성절사(賀聖節使), 정사 유인우, 부사 황순, 서장관 문익점이었다고 보겠다"(문경현, 2003: 128)라고 하였다.

한편 김성준은 『고려사절요』와 『태조실록』을 들어서 문익점이 계품사 이공수(李公遂)와 함께 사신단으로 원나라에 간 것으로 보았다. 그에 따르면, 『고려사절요』에는 문익점의 사행 기록은 없고 열전(列傳)에 "누천정언, 봉사여원(累遷正言, 奉使如元)"이라는 기록뿐 누구와 같이 원나라에 사신으로 갔는지 말하지 않고 있지만, 이를 좀 더 구체적으로 밝힌 것은 『태조실록』의 문익점 사망 기사라고 하였다(김성준, 1993: 233). 그러면서 김성준은 이공수 사신단이 원나라에 가게 된 배경으로 '덕흥군의 반역 사건'을 소개하고 있다. 그 내용을 간추려 보면 다음과 같다(김성준, 2003: 230-233).

덕흥군(德興君)은 충선왕의 셋째아들이다. 몽고 이름은 탑사첩본아(塔思帖本兒)이다. 덕흥군의 반역이란, 원이 공민왕을 폐하고 덕흥군을 세우려고 한 이른바 공민왕 폐립사건을 말한다. 원은 일찍부터 공민왕의 반원정책을 몹시 괘씸하게 생각하고 있었지만, … 고려에 대하여 실력 행사를 하지 못하고 방관하던 중 두 차례에 걸쳐 홍건적이 고려를 침략하여 타격을 받아 국력이 약해진 기회를 이용하여 공민왕을 폐하고 덕흥군을 세워 일거에 고려를 장악하려고 하였던 것이다.

공민왕을 폐하려고 한 원 순제(順帝)의 계획은 원나라에 붙은 자 최유(崔儒)의 암약과 "누이동생이 순제의 황후라는 점을 믿고 고려 국내에서 발호하던 기철(奇轍)을 1536년에 공민왕이 죽였는데, 이에 앙심을 품은 기황후의 적극적 개입, 간섭"으로 이루어졌다.

…

『고려사』 최유전을 보면, 원나라에 붙은 자 최유는 일찍부터 고려에 불평을 품고 원나라에 머물던 중 기철이 주살(誅殺)당하자 기황후의 측근인 고려인 박불화(朴不花)에게 접근하여 환심을 산 뒤 왕을 폐하고 덕흥군을 세우는 것을 획책하여 순제의 승낙을 얻어냈다. 최유는 스스로 좌정승(左政丞)이 되어 고려인으로서 원나라에 있는 자를 모두 '벼슬'에 임명하여 위관(爲官)을 삼고, 또 원병(元兵) 1만으로 덕흥군을 받들어 남침하다가 수주(隋州: 지금의 定州)의 달천(撻川)에서 '고려군에게' 패퇴하고 말았던 것이다.

"공민왕은 12년 3월 자신의 폐위사건을 무마하기 위하여 찬성사(贊成事) 이공수와 밀직제학 허강(許綱)을 원에 파견하였는데, 그들이 갖고 간 표문(表文)은 진정표(陳情表)와 하평해개적표(賀平海蓋賊表) 두 가지였다. … 문익점이 이공수를 따라 원나라에 간 것은 이때의 일이다.

『태조실록』에는 "승좌정언, 위계품사좌시중이공수서장관, 부원조(陞左正言, 爲計稟使左侍中李公遂書狀官, 赴元朝)"라고 하여 계품사 이공수의 서장관이 되어 원나라에 간 것을 명시하고 있다(김성준, 1993: 233). 김성준은 또 『고려사』 세가(世家), 『고려사절요』, 『고려사』 임박전(林璞傳), 『태조실록』 사망 기사 등에 실려 있는 문익점의 사행 기록을 종합해 볼 때 정사(正使)는 이공수, 부사(副使)는 허강, 서장관은 문익점이 확실하지만, 이상한 것은 서장관이 임박과 문익점 두 사람으로 되어 있는 것이다. 그런데, 김성준은 "한 사행에 2인의 서장관이 따를 수도 있다. 서장관의 가장 중요한 임무가 국서를 가지고 가는 일이고 보면, 임박과 문익점은 각각 별개의 국서, 즉 '진정표'와 '하평해개적표'를 나누어 갖고 간 것이라고 볼 수 있다. 그렇게 보아야만 『고려사』 임박전과 『태조실록』 (문익점) 사망 기사에 보이는 두 서장관의 존재를 합리적으로 해석할 수 있는 것이다. 따라서 임박과 문익점은 같은 시기에 이공수의 서장관으로 수행한 것이라고 보아야 한다"(김성준, 1993: 233-234)라고 하였다.

2) 원나라에서의 활동 기록

이공수 사신단이 원에 갔을 때는 "덕흥군의 역모, 즉 공민왕 폐립사건이 한창 진행되고 있던 중이었다. … 순제와 기황후는 그(이공수)를 후하게 대접하고, 혈육의 정(이공수는 주살당한 기철의 외사촌 형이므로 기황후의 외사촌 오빠임)을 내세워 덕흥군을 받들고 동귀할 것을 종용하였으나, 그는 질병을 핑계로 끝내 사피(辭避: 사양하고 회피)하였다. 부사 허강과 서장관 임박도 이공수와 행동을 같이 하여 끝내 충절을 지켰지만(『고려사』 이공수전 및 임박전), 문익점은 그렇지 못하고 덕흥군에 유부하였던 것이다. 이에 관하여 『고려사』 문익점전에는 '사명을 받들어 원에 갔다가 인(因)해 유(留)하여 덕흥군에게 의부(依附)하였으나 덕흥이 패함에 미쳐 돌아왔다' 고 하고 『고려사절요』에는 좀 더 구체적으로 다음과 같이 기술하고 있다."

> … 처음에 제(帝)가 고려인으로 하여금 모두 덕흥의 나라를 따르게 하니, 김첨수(金添壽)·유인우(柳仁雨)·강지연(康之衍)·황순(黃順)·안복종(安福從)·문익점(文益漸)·기숙륜(奇叔倫) 등은 모두 이에 붙었으나 … 문익점은 원제(元帝)의 강요에 못이겨 덕흥군의 위관(爲官)을 받았기 때문에 문제가 된 것이다. … 문익점은 비록 위서교첩(爲書敎牒) 및 위서수십장(爲書數十章)을 받기는 했지만 덕흥군의 반역에 깊숙이 가담하지는 않았던 것 같다. … 덕흥군의 위관을 받은 자라도 적극 가담한 자와 강요를 못이겨 위관은 받았지만 소극적인 태도를 취한 자의 두 부류로 나눌 수 있을 것 같다(김성준, 1993: 234).

문경현은 문익점이 덕흥군 편에 편입되었다는 기록을 부인하지 않는다. 그에 따르면, 공민왕의 반원자주책에 대하여 기황후, 그리고 부원 세력의 모계에 따른 원 순제의 폐왕입주를 알고, 해명하고, 무마하여 공민왕을 복위시켜야 한다는 사명을 받아서 원나라에 간 이공수 사행단의 상황과 먼저 원나라에 사절로 들어가 억류되어 있던 사행단원들의 상황이 달랐다는 점을 지적한다. 문익점 등 후자는 부원 세력 최유와 덕흥군 쪽에서 공민왕이 홍건적의 난에 시해되었다는 선전을 펼친 데다가 고려를 지배하던 국가 원나라 황제의 압도적 지위와 그가 내린 조칙 폐왕입주, 그리고 덕흥군을 따르라는 황제와 기황후 세력의 강제에 먼저 사행단으로 가서 연경(燕京)에 억류되어 있던 사행단원들은 이자송을 제외하고는 대부분 덕흥군 편에 섰다는 점을 들고 있다. 거기다가 덕흥군 편에 적극 가담한 고려인들은 죽임을 당한 사실을 통하여 문익점의 가담은 차이가 있다는 점을 지적하였다(문경현, 2003: 131).

그러나 "문익점에 관한 최고 기록인 『태조실록』에서는 '계품사 좌시중 이공수의 서장관이 되어 원나라 조정에 갔다가, 장차 돌아오려고 할 때에 길가의 목면나무를 보고 그 씨 10여 개를 따서 주머니에 넣어 가져왔다'고 기록하였을 뿐 문익점의 변절과 충절을 언급하지 않고 중립을 지키고 있다"(이옥희, 2016: 207)는 지적도 있다.

한편 "공민왕을 폐하고 덕흥군을 세우려고 하던 순제의 계획은 덕흥군의 남침군이 실패하고 이공수·홍순 등과 같은 고려의 강직한 신료에게 감명을 받은데다가 … 공민왕 13년(1364) 10월에 원은 한림학사승지 기전룡(奇田龍)을 보내어 공민왕을 복위하는 조서를 전달하게 된다. 이로써 공민왕 폐립사건은 사실상 막을 내리고 말았으며, 이공수 등도 이와 때를 같이하여 귀국하게 된다"(『고려사』 세가)(김성준, 1993: 236)고 하였다.

제 2 절 목화 도입과 전파

Ⅰ. 목화의 원산지와 중국 전파

목면(木棉)은 원래 인도가 원산지로 서기 전 8백년 경에 편찬된 마누(Manu) 법전에 기록이 보인다(고승제·박성식, 1979: 61). … "중국에서의 면화 재배는 송·원대에 시작된다. 중국 변경에서는 일찍이 후한 때 광동이나 운남지방에 전래하여 만이(蠻夷)들에 의하여 재배되었다(『후한서』 116). … 복건·광동 등지에서 재배된 목면은 다년생의 목생면(木生綿) 또는 수면(樹綿)이었던 것같이 보인다. 그러면 일년생의 초면(草綿)[1)]은 어떤 경로를 밟아 중국에 전래되었을까. 송·원 양국이 대립하고 있을 때 목면(草綿)이 서역(西域)을 통하여 섬서(陝西) 서부를 거쳐 본토에 전래하였다고 보며, 중국의 『농상집요(農桑輯要)』는 화북(華北)지방 농업을 소개하는 농업 서적인데, 여기서 목면의 북진화정책을 수행하기 위해서 면화재배법을 자세하게 소개한 것이라고 알려졌다. 그러므로 송말(宋末)·원초(元初)에는 화중(華中)·화북(華北)지방에도 전파되었던 것이다"(김성준, 1993: 238-240).

Ⅱ. 문익점의 목화 도입과 전파

1. 목화 도입의 경과

『고려사』 문익점전에는 "사명(使命)을 받들어 원에 갔다가 인(因)해 유(留)하여 덕흥군에 의부(依附)하였으나 덕흥군이 패함이 미쳐 이에 돌아왔는데 목화의 종자를 얻어 돌아와서 그의 장인 정천익(鄭天益)에게 부탁하여 심게 하였다"고 하였다(김성준, 1993: 236).

『태조실록』 사망 기사에는 좀 더 자세하게 "계품사 이공수의 서장관으로 원조(元朝)에 부임하였다가 돌아오려고 할 때 노방(路傍: 길가)의 목화를 보고 그 열매 십매(十枚) 가량을 채취하여 주머니에 넣어 가지고 왔다. 갑진(甲辰)에 진주에 이르러 그 절반을 향인(鄕人) 전객영치사(典客令致仕) 정천익에게 주어 배양케 하니 오직 1매만 득생(得生)하였다." 그런데 여기서 문익점의 사행 후 귀국 시점과 목화씨를 채취한 곳이 어디인가에 논란이 있다. 이것은 문익점이 이공수 일행으로 사신단 활동을 하고 귀국한 시점과 연관되는 일이다. 그런데 이에 관하여 "근래의 학술적 연구는 그가(문익점) 갑진년에 귀국하였다는 『태조실록』의 기록을 신빙성이 있는 것으로 인정하는 추세에 있다"(김해영, 2003: 38; 박성식, 1979; 김성준, 1993).

그리고 목화씨를 채취한 곳도 학자들이 유추한 바로는 연경 부근이다. 김성준에

---

1) 키가 2~2.5미터에 이르는 목본에 열리는 목면으로 담요 등의 원료로 쓰이는 것과 달리 초면, 즉 목화는 무궁화과의 1년생 풀로서 가을에 열리는 면화는 피륙이나 실의 원료가 되고 열매는 기름을 짜낸다(박성식, 1979: 63). 그러므로 우리나라에 도입된 것은 초면이다. 이 책에서는 목화로 통일하여 표기한다.

따르면, "14세기 중엽에는 이미 연경지방에서도 재배가 이루어졌으리라고 본다. 문익점은 당시 사신으로 원에 들어갔다가 공민왕 13년 10월에 공민왕 폐립사건이 일단락되자 곧 귀국길에 올라 연경 부근에서 목화밭을 보고 그 종자를 몰래 채취하여 가져와 고향에서 장인 정천익과 같이 신고(辛苦) 끝에 재배에 성공한 것이라고 필자는 해석하려고 한다"(김성준, 1993: 227). "따라서 자연스럽게 문익점이 3년의 유배생활 끝에 강남에서 목화 종자를 가져오게 되었다는 다소 극적인 그의 행적은 자동적으로 부인된다"(김해영, 2003: 38)고 하였다.

그러나 문경현은 문익점의 목화씨 강남 채취설을 지지한다. 그에 따르면, "문익점은 공민왕 11년 12월 성절사(聖節使)로 정사 유인우의 서장관으로 원에 갔다가 억류 중 원제의 칙령으로 덕흥군을 따르라는 명을 받고 덕흥에 가담하여 억류되었다가 빠져나와 강남지방을 '유람'하고 돌아올 때 목면의 생산지인 장강(長江, 양자강) 남쪽 강남지방에서 많이 재배하는 목화를 보고 9월에 종자 10여 개를 따가지고 연경에 돌아와서 덕흥군의 난이 끝나자 공민왕 13년 10월에 귀국했다"고 주장한다(문경현, 2003: 139). 여기서 특히 주목되는 것은 "그(문익점)는 덕흥군 진영에서 빠져 나와 소원하던 중원 대륙의 유람에 나섰다는 서술이다. 그 때문에 덕흥군의 고려 침공군에 가담하지도 않았고, 그래서 죽음도 면하게 되었다"는 문경현(2003: 131)의 주장이다. 그는 문익점이 덕흥군쪽에 설 수밖에 없었던 불가피한 상황으로 원제의 명령을 들었고, 덕흥군 군대가 고려로 침입하기 전에 덕흥군 쪽에서 빠져나와 중원 대륙 유람에 나섰다는 것이다. 그 주장의 근거를 분명하게 밝히지는 않았다. 그렇다면 여기서 의문이 생기는 점은 원나라 사행단의 일원으로서 공무 수행이 중요한 임무인 공직자가 상관인 정사와 부사를 떠나 별도로, 그리고 사적인 비용으로 강남 여행을 할 수 있었는가? 따라서 문경현은 학계의 새로운 연구 과제를 내놓은 셈이다.

2. 목화의 재배·확산, 그리고 의생활 혁명

문익점은 공민왕 13년(1364) 10월 귀국하였고, 1365년 목화씨를 가지고 고향 진주의 강성으로 가져와 장인인 정천익과 함께 나누어 심었다.[2] 10개의 씨앗 가운데

2) 문경현(2003: 169)은 문익점과 정천익의 목화 시배가 공민왕 14년(1365)에 이루어졌다고 밝혔다.

아홉 개가 죽고 장인 정천익이 심은 다섯 알 가운데 겨우 한 알이 천우신조로 살아남았다. 그렇게 목화는 고려 땅에 뿌리를 내리게 되었다.

문익점과 정천익은 목화를 재배하여 씨앗을 확보하고 되심어서 주변으로 퍼뜨리는 한편 씨앗과 솜을 분리하는 기계, 씨아의 개발, 실을 뽑는 물레 등 필요한 기기를 개발하여 마침내 무명베를 짜내게 되었다. 이를 두고 김성준은 “목면 재배와 베 짜는 기술의 보급은 문익점과 정천익이 긴밀하게 협동하여 성공을 거둔 하나의 멋진 작품”(김성준, 1993: 242)이라고 하였다. 이정수는 또 “문익점이 최초의 목면 도입자로 인식된 것은 목면 직포의 대중화를 위한 전제 조건이었던 기기의 도입과 보급을 시도하였던 이가 바로 문익점과 정천익 등 그의 일족이었기 때문일 것”(이정수, 2003: 86)이라고 하였다.

“일본은 우리에 비하여 면업의 성립이 1~2세기 정도 뒤떨어졌으며, 목화 종자도 우리나라에서 전래되었다. 15세기 후반 이래 일본에서는 국내 경제의 성장과 함께 무사·상인층을 중심으로 의복 등에 면포의 사용이 늘면서 그 수요가 확대되었다. 그러나 면포 생산이 전무한 상황에서 그 국내 수요가 늘자 동(銅)·은(銀) 등을 결제수단으로 삼아 조선의 면포와 중국의 비단 등을 조선으로부터 수입하였다. 그렇게 해서 중종 20년(1525) 대일무역은 면포의 양이 10만 필에 육박할 정도였다. 그리고 중종 37년(1542)에는 한 해에 일본으로 가는 면포가 선박으로 60~70척 분량에 이르렀다”(이정수, 2003: 101-105).

문익점의 목화 도입과 정천익과 협력을 통한 목화 전파, 직조 등의 창조적 활동은 조선의 목화와 면포산업으로 이어져서 백성들은 동사(凍死)를 면하게 되었을 뿐만 아니라 삶을 윤택하게 만들었다. 생산된 면포는 일본으로 수출까지 이어져서 국부(國富)의 창출에 크게 기여하였던 것이다. 그리고 중국으로부터 수입하던 면포를 대체함으로써 국가경제에 또 다른 기여를 하게 되었다.

제 3 절 문익점의 공적에 대한 역사적 평가

문익점의 목화 도입과 전파, 그리고 10여 년 만에 고려 백성들의 삶에 일어난 변화는 오늘의 우리가 제대로 실감할 수 있을까? 한겨울에도 고려 백성의 대부분은 삼베 옷을 입는 것이 고작이고 풀옷을 입거나 가마니를 덮는 삶으로 인하여 얼어 죽고 굶어 죽는 백성들이 있던 때, 문익점이 도입·전파한 목화와 무명베는 그야말로 의생활의 혁명을 일으킨 것이다. 문익점의 공적을 우리의 선대나 왕조는 어떻게 해석하고 평가하였을까?

Ⅰ. 학자와 문인들의 평가

1. 남명 조식의 삼우당 문공묘사기

남명이 지은 묘사기 중 일부를 소개하면 다음과 같다(남명집, 2001: 399-401).

> (중략) 공의 휘는 익점(益漸), 자는 일신(日新)인데 본관은 강성(江城)이다. 젊어서부터 배우기를 좋아하였고 훌륭한 행실이 있었다. 지정(至正) 경자년(1360) 과거에 합격하였고 여러 벼슬을 거쳐 우문관 제학(提學)에 이르렀다. 국조에 이르러, 태종대왕께서 공의 공덕과 행실을 추념하여 아름답게 여기시고 참지의정부사(參知議政府事) 예문관 제학으로 증직하고 강성군(江城君)으로 봉해서 시호를 충선(忠宣)이라 하였다. 세종대왕은 특별히 품계를 올려주고 부민후(富民侯)로 봉하였다. … (중략) … 엄하게 금하는 법을 돌아보지 않고, 남모르게 감추어서 돌아와 우리나라에 번식시켜 백성들께서 만세토록 혜택을 입도록 하였으니, 그 공을 어찌 작다고 하겠는가? … (중략) … 대저 한 몸 나그네의 신분으로 오직 나라를 보위하고 백성을 윤택하게 하는 일만을 생각한 사람을 나는 공에게서 보았으니, 국조에서 특히 총애하는 명령을 내려 포상한 것이 마땅한 것이었다. (이하 생략).

"남명의 가계에서 일차적으로 주목되는 것은 그의 증조부 조안습(曺安習)이 강성군(江城君) 삼우당 문익점의 조카로서 성균관 학유를 지낸 문가용의 딸과 혼인하였다는 사실이다. 남명의 눈에 비친 삼우당은 남다른 효성, 우국충정, 백성에 대한 뜨거운 애정, 성학(聖學)에 대한 독실함과 도에 대한 주체적 확립을 한 몸에 구현하였던 인물일 뿐만 아니라 출처 대의에도 흠이 없는 인물이었던 것이다"(이상필, 2005: 14-15). 이것은 남명이 지은 삼우당 문공묘사기(三憂堂文公廟祠記)를 두고 이상필이 쓴 글이다. 남명은 멀지 않은 선대에 해당하는 삼우당의 공을 기리는 다음과 같이

한시도 한 편 써서 남겼다.

> 강성고을의 충효인 그대(江城忠孝 是文公)
> 백성 옷입힌 공 후직과 같다(衣被生民 后稷同).
> 먼 후손 세상에 떨치지 못하니(不見雲仍 今顯錄),
> 그의 공을 어찌 다시 갚을까(東人何以 更酬功).
>
> (국립민속박물관, 『문익점과 무명문화』, 1991: 17)

2. 퇴계 이황의 평가

퇴계집에 실린 문익점의 목화 도입과 전파에 관한 글을 소개하면 다음과 같다(김준형, 2003: 46-47).

> (중략) … 공의 공(功)이라 하는 것은, 지정(至正) 갑진년에 공이 일찍이 사신을 모시고 원나라에 들어가 나라의 일로 남방의 거친 곳으로 귀양 갔다가 돌아오면서, 길에서 목면 씨앗을 입수하고 백성들을 이롭게 함이 급하기에 가져오는 것을 금지함을 무릅쓰고 주머니에 넣어 와 온 나라에 번식시켜 만세토록 길이 덕을 입혔으니, 이것이 공의 공인 것이다. … (중략) … 일국의 의관 문물을 환하게 일신시켰던 것이다. 그런즉 우리 왕조가 추가로 은덕의 명을 내린 것은 헛된 은전이 아니라 마땅한 일이었다.

3. 시대와 당파를 뛰어넘는 평가

이 밖에도 조선시대의 많은 유명 인물들이 시와 문장을 통하여 그(문익점)의 목화 전래의 공적과 충효의 행적을 칭송하고 있다. 그 예로는 남지(南智), 성현(成俔), 김시습(金時習), 김종직(金宗直), 정여창(鄭汝昌), 김굉필(金宏弼), 조위(曺偉), 김안국(金安國), 김정국(金正國), 유순(柳洵), 이규보(李圭輔), 이이(李耳), 이지함(李之菡), 김장생(金長生), 황신(黃愼), 탁중(卓中), 이수광(李晬光), 김응조(金應祖), 강세황(姜世晃), 유환주(兪桓柱), 채응일(蔡膺一), 박정원(朴鼎源) 등을 들 수 있다(김준형, 2003: 50).

삼우당 문익점의 목화 도입과 전파에 관한 후대의 존경과 평가는 위에 든 유학자들의 면면을 보면, 당파나 학파를 떠나서 망라되어 있고, 시대를 넘어서 이어지고 있다는 것을 알 수 있다. 우리 역사에서 전쟁 영웅을 제외한다면 역사를 통틀어서 한 개인의 공적이 이토록 폭넓게, 그리고 오랫동안 칭송된 예가 없다.

Ⅱ. 조정의 문익점 추존과 숭모

1. 고려왕조의 평가

문익점이 1364년 원에서 귀국하여 목화를 심고, 전파하고, 면포를 짜고 또 퍼뜨려서 고려 백성을 따뜻하게 만든 공로를 인정하여 우왕 1년(1375) 전의주부(典儀主簿)에 제배(除拜)하였고, 그 후 좌사의대부(左司議大夫)에 올랐다(김해영, 2003: 30). 그러다가 사전 개혁(私田改革)을 놓고 급진개혁파 조준(趙俊)의 탄핵을 받아 문익점은 벼슬을 떠났다(김성준, 1993: 244; 김준형, 2003: 48-49).

2. 조선왕조의 문익점 숭모

조선왕조에 들어오면 국초부터 목면을 널리 퍼뜨려 인민에게 큰 공덕을 세운 문익점에 대하여 파격에 가까울 정도로 우대하고 있다(김성준, 1993: 244).

"태종 원년(1401)에 와서는 예문관 제학을 증직하고 강성군(江城君)으로 봉하였으며 시호를 충선(忠宣)이라 하였다. 그리고 문익점에 대한 부조묘(不祧廟)를 세우게 하여 제전(祭田) 100결과 노비 70명을 하사하고 복호도 내려 주었다. 태종 원년에는 '참찬 권근이 상서하기를, 고 간의대부 문익점이 처음 강남에 들어가서 목면 종자 두어 개를 얻어 싸 가지고 와서 진양(晋陽: 진주의 높인 이름) 촌집에 보내어, 비로소 목면을 짜서 진상하였으니, 이 때문에 목면의 일어남이 진양에서 시작되었습니다. 이로 말미암아 온 나라에 널리 퍼지게 되어, 모든 백성이 상하 모두 이를 입게 되었으니, 이것은 익점이 준 것입니다. 백성에게 크게 공덕이 있는데도 응보를 받지 못하고 일찍 죽었고, 아들 중용(中庸)이 … (중략) … 근근(僅僅)하고 효렴(孝廉)하여 쓸 만한 선비입니다' … (중략)…." 이렇게 해서 문중용은 사헌감찰(司憲監察)로 삼았다(『태종실록』 원년 윤3월 1일 기사).

세조 2년 3월 28일, 집현전 직제학 양성지(梁誠之)는 상소문에서 "우리 동방에는 예전에 목면의 종자가 없었는데, 전조의 문익점이 봉사(奉使)로 원나라에 체류하여 비로소 얻어다 심어서 드디어 일국에 퍼져 지금은 귀천 · 남녀할 것 없이 모두 면포를 입게 되었습니다. 문익점의 공은 만세토록 백성의 이(利)를 일으켰으니, 그 혜택이 생민(生民)에게 입힘이 어찌 적다고 하겠습니까? 빌건대 그의 관향인 고을에 사우(祠宇)를 세우고 봄 · 가을에 본관으로 하여금 제사를 행하고, 그 자손을 공신으로 청하여 유죄(宥罪)하고 녹용(錄用)하게 하소서"라고 하였다(『세조실록』 3권).

정조 9년 9월 5일, 전라도 유생 김상추(金相樞) 등이 상소하여 "문익점은 … (중략) … 중국에서 목면을 몰래 가져와 사람들에게 직조를 가르쳤으니 백성들에게 이롭게 한 사실이 이와 같았습니다. 공정대왕(恭靖大王: 정조)께서 그가 백성들에게 옷을 입힌 공을 생각하여 강성군(江城君)을 추봉하였으며, 태종조에서 서원을 세우라 명하였고, 세종조에는 부민후(富民侯)를 추봉하였으며, 충선(忠宣)이라 증시(贈諡)하고 사전(祀典)을 더 설치하였습니다. 지금 이 사액(賜額)의 은전을 요청함은 많은 선비의 공의(公議)에서 나왔으니 조정에서 존숭(尊崇)하고 권장하는 도리에 있어 청에 의하여 시행하는 것이 마땅한 일입니다"(『정조실록』 20권. 정조 9년 9월 5일 기사)라고 하였고, 그대로 따랐다.

조선의 역대 왕들은 문익점의 목화 도입과 전파로 조선 백성들의 삶이 혁명적으로 달라진 공로를 인정하여 추승하거나 추봉하였으며, 자손들에게도 벼슬길을 열어주고 또 군역에서도 배려해 주었다. 그리고 서원에 배향하도록 하며, 사우(祠宇)를 건립케 하고 사제문(司祭文)을 내리기도 하였다.

김준형은 "송시열은 문익점의 목면 도입을 들어 동방의 후직(后稷)과 같다고 평가하였으며, 세종 22년(1440)에는 영의정을 추증하고, 부민후(富民侯)로 봉하였으며, 세조 7년에는 문익점의 고향인 단성에 사우(祠宇)도 건립되었다. 그리고 후대에 가면 도천서원과 함께 전라도 장흥에 세워진 강성사에 사액(賜額)이 내려졌다. … 그리고 황해도 송화현의 삼봉서원, 전라도 창평현의 운산서원, 경상도 의성현의 봉강서원에도 제향(祭享)되었다"(김준형, 2003: 79)고 소개하였다.

그리고 조선대의 수많은 학자나 문인들이 문익점의 공에 상소문으로, 시장(詩章)으로 숭모를 표현한 것은 앞에서도 소개하였다. 그리고 지방의 유림에서도 문익점의 공을 기리고 현창(顯彰)하는 일을 거듭하였다.

Ⅲ. 목화 도입과 전파의 역사적 의의

우리의 선대는 그 시대의 상황에 비추어서 문익점의 목화 도입과 전파, 면포의 생산과 보급, 그리고 면포의 수출 등을 인식하고, 해석하며, 평가하였다. 기껏 삼베옷이 고작이고, 그래서 얼어 죽는 백성이 생기던 때에 따뜻한 면포 옷과 솜이불의 가치를 무엇에 견줄 수 있었겠는가?

오늘의 우리는 문익점의 시대로 돌아가서 모든 상황을 가늠하여 공감하기란 절대로 불가능한 일이다. 요즘이야 흔해 빠진 것이 싸고 질기며 따뜻한 다양한 옷감들이기 때문이다. 그럼에도 불구하고 우리는 문익점의 목화 도입과 전파, 그리고 면포의 생산과 활용, 수출까지 이루어낸 상황에 최대한의 공감을 이루어서 대화하고 해석해야 제대로 된 역사 인식이라고 생각한다.

저자는 우리의 자랑스러운 선대 문익점의 목화 도입과 전파를 어느 누구도 토를 달 수 없는, 한 인물이 공동체에 이루어 줄 수 있는 가장 빛나는 역사적 공헌이라고 생각한다. 그러면 이제 선대들이 대화하고 평가한 기록이 많지만, 오늘의 우리는 문익점의 목화 도입과 전파라는 사실을 놓고 어떻게 대화해서 평가하고, 그 핵심 가치를 도출할 수 있을까?

1. 삼우당(三憂堂), 인 · 의 · 애로써 백성을 보듬다

고려는 원나라에 철따라 경하 사신단을 보내고, 황제나 황후의 생일을 축하하는 사신단, 또 속국 고려가 승인을 받아야 하는 일이나 보고를 올려야 하는 일이 생기면 사신단을 보내야 하였다. 고려의 사신단이 줄을 이어 원나라 수도를 오가는 것이 당시의 현실이었다.

그런데 거의 100년 가까이 그토록 많은 사신단이 오갔는데도 그중 어느 누구도 목화씨를 가져와 고려 땅에 심지 않았다. 오로지 문익점만이 1366년 목화씨를 고려에 가져와 그 이듬해 고향 진주의 강성현에서 장인 정천익과 함께 목화씨를 심었다. 그리고 열 알을 각각 다섯 알씩 나누어 심었으나 정천익이 심은 다섯 알 가운데 천우

신조로 한 알의 싹이 텄고, 100여 알의 씨앗을 얻었다. 그 씨앗들을 되심고 되심어서 10년 만에 고려 전역으로 확대하였다. 한편으로 물레를 만들고 베틀을 만들어서 무명베를 짜는 기술을 이루었다. 백성들은 베옷을 만들어 입었으며, 솜이불을 덮고 동사를 면했다. 더 나아가 고려와 조선은 일본에 무명베를 수출까지 했다.

문익점이 원나라에서 행한 이런저런 일들에 관하여 이설이 분분하다. 덕흥군 편에 섰다는 설부터, 강남으로 귀양을 갔다는 설, 목화 씨앗을 가져온 곳이 연경 근처의 어느 곳이라는 주장까지 후손들이 선대의 공을 자랑하기 위해서 말을 꾸며 기록을 남겼다는 사찬(私撰)[3]에 관한 주장도 있다. 그러나 달라지지 않는 사실이 있다. 그것은 바로 "오로지 문익점만이 목화씨를 가져다 심었고, 그렇게 해서 고려 전역에 목화재배가 시작되었으며, 마침내 무명베를 생산하여 옷을 지어 입었고, 일본에 수출까지 하였다"는 사실이다. 이것은 만고불변이다. 이것 말고 더 무엇이 중요할까? 문익점 시대의 전이나 후에 공동체의 이익을 해치고 또 전쟁을 유발하는 정책을 선택함으로써 백성을 떼죽음으로 몰았던 자들의 반민족적 행위를 읽은 독자라면 저자의 주장에 대개 공감하리라고 생각된다.

그러면서도 궁금한 점이 남는다. 그 어느 누구도 하지 않았던 일을 문익점은 왜 하였을까? 그의 선택(실천)을 어떻게 설명하여야 할까? 저자는 문익점의 고려 백성을 위한 선택(실천)은 그의 호 삼우당(三憂堂)을 주목하여야 한다고 생각한다. 그가 스스로 지었다고 알려진 호 삼우당은 "나라가 떨치지 못함을 걱정하고, 성학(聖學)이 전해지지 못함을 걱정하고, 자신의 도가 확립되지 못함을 걱정한다(憂王國之不振 憂聖學之不傳 憂己道之不立也)"(교감국역, 『남명집』, 1995: 310과 479)는 뜻이다.

문익점의 첫 번째 걱정 속에는 "나라와 백성에 대한 걱정"이 녹아 있다. 충렬왕 때부터(1275년) 고려는 한 해에 고려의 처녀 500명과 공물까지 원나라에 바쳐야 하는 처지였고, 그 부담은 오롯이 고려 백성들의 몫이었다. "삼한시대 이후 삼, 닥, 모시, 칡 등 식물에서 채취하는 재료로 옷감을 짜서 입성을 지어 입던"(권병탁, 1991: 114)

3) 『가전(家傳)』은 "문익점의 증손 문치창이 썼다고 알려져 있으나 여기에는 증조부가 사망한 해를 정종 2년으로 기록한 점을 들어 과연 문치창에 의하여 찬술된 것인지 의심케 하는 단서의 하나가 된다"고 김해영(2003: 26)은 밝혔다. 김해영은 또 "문익점의 관직도 실록에 나타난 5개 가운데 3개에 관해 『가전』에는 아무런 언급이 없다는 것은 납득하기 어렵다"고 밝혔다(김해영, 2003: 29).

백성들은 얼어 죽는 처지에서도 모피를 공물로 바쳐야 하였다.

고려의 공직자 문익점으로서는 헐벗고 굶주리는 백성들의 처지가 속국이라는 나라의 처지에서 비롯된 일이므로 "나라와 백성을 위한 옳은 일(義)을 백성들의 고통을 차마 보고 견디지 못하는 마음(仁)으로, 또 백성들을 사랑하는 마음(愛)"으로 목화씨를 가져와 심었다고 생각된다. 그러므로 문익점의 목화 도입과 전파에 그의 '인 · 의 · 애'의 충정이 깃들어 있었다고 하겠다.

2. 안위를 무릅쓰고 공의로운 선택을 하다

정조 9년 9월 5일자 기사에 문익점이 "검남(劍南)으로 유배당한 것"과 "중국에서 몰래 목화씨를 들여와"라는 내용이 보인다(『정조실록』 20권). 농업이 주산업인 시대에 만약 중국이 면포를 수출해서 이익을 남기는 때라고 한다면 그야말로 산업의 가치를 가진 목화씨를 아무렇게나 유출시키지는 않았을 것이라고 추정할 수 있다. 그러므로 문익점은 몰래 또는 금지를 무릅쓰고 목화씨를 가져왔다고 생각된다. 이러한 상황을 가정하여 후손들이야 선대의 선택을 극화하고 미화하는 것은 인지상정일 것이다.

그러한 선택의 기대 효과는 고려 백성들의 공익, 즉 공동체 전체의 이익이고, 공동체의 공익을 지향하여 실현하는 일은 곧 공의(公義)의 실현인 것이다. 그러므로 문익점은 고려 백성들을 따뜻하게 입고 살도록 한다는 공의를 위하여 자신의 체면이나 신분에 따를 수 있는 위험도 불사한, 참으로 고상한 선택을 한 것이다.

3. 문익점의 목화 도입과 전파의 역사적 의의

삼우당 문익점의 목화 도입과 전파에 관한 우리 선대들의 평가 가운데 김종직은 "우리나라 열린 지 몇 천 년인가. 백성들이 옷을 입는 것(衣被生民) 다 이유 있네. 선생이 가져온 그 물건 재화 되어 오래도록 영원하다"라고 썼다. 남명은 또 "백성에 옷 입힌 공 후직과 같다(衣被生民 后稷同). 그의 공을 어찌 다 갚을까(東人何以 更酬功)"라고 하였다(국립민속박물관, 1991: 17). 그래서 문익점의 목화 도입과 전파를 두고 "백성에 옷을 입히고 이불을 덮게 한 공(衣被生民之功)"(국립민속박물관, 1991:

12)으로 표현하였고, 오늘날 연구자들은 "의생활 혁명"(김성준, 1972)으로 표현하였다.

저자는 우리 역사를 읽으면서 알게 된 바로서 자신의 이욕이나 집안이나 학파의 영화를 위하여 국가의 운명을 적국에 팔아넘긴 자들에 비하면, 삼우당 문익점의 목화 도입과 전파는 "헐벗고 굶주리던 이 땅의 백성들에게 전쟁 하나를 막아준 것 이상으로 큰 공덕이다"라고 감히 말하겠다. 그래서 저자는 삼우당 문익점의 목화 도입과 전파를 두고 역사적 의의와 평가를 담아서 "인의애(仁義愛)의 선비 삼우당 문익점, 안위를 무릅쓰고 목화를 도입하여 이 땅의 만백성을 따뜻하게 입히고, 나라를 부유하게 하였다"라고 한 문장으로 요약해서 정리하겠다.

제 3 장

남명 조식, 단성소로 조선을 일깨우다

진주목 삼가현 출신의 선비 남명 조식은 조선시대 중종 · 명종 · 선조대에 걸쳐서 살았다. 그는 실천유학자요, 경세사상가(經世思想家)이며, 조선조의 가장 훌륭한 교육자[1])로 평가되었다. 조정에서는 남명 조식에게 모두 여덟 차례나 벼슬을 주었으나 나아가지 않자(장승희, 2012: 245), 율곡은 “끝까지 산림처사의 길을 완주한 이는 남명뿐이다”라고 평하였고(김충렬, 2008: 88), 오늘날 학자들은 그를 선비정신의 표상이라고 부른다.

명종(10년, 을묘년, 1555년)이 단성현감(丹城縣監)[2])을 제수하자 출사(出仕) 대신 상소문을 올렸다. 그해가 을묘년(乙卯年)이고, 단성현감을 사직하는 상소문이므로 을묘사직소(乙卯辭職疏) 또는 단성소(丹城疏)라고도 한다. 그는 단성소에서 명종의 어머니 문정왕후의 수렴청정과 외삼촌 윤원형의 국정 농단 등으로 치도(治道)가 무너지자 평어(平語)로써 명종과 문정왕후를 표현하였고, 조정의 실정(失政), 왜구의

1) 이만규는 “그의 교육 이념은 교육상 가치로는 퇴계보다 진정한 것이며 유학 방면으로는 퇴계보다 공자학의 바른 길에 가까운 것이다”(이만규, 2010: 325)라고 하였다. 그리고 또 후세의 학자들은 임진왜란이 일어나자 57명의 남명의 제자들이 의병장이 되어 조선을 지켜낸 공(권인호, 2013: 78)을 들어 조선 최고의, 성공한 교육자로 평하기도 한다(사재명, 1991; 한상규, 1995: 46).

2) 첫 번째 벼슬은 중종 33년(1538)에 제수한 헌릉 참봉이고, 이어서 명종 3년(1548) 전생서 주부, 명종 8년(1551) 종부시 주부이다(허권수, 2010: 210-211).

발호 등을 낱낱이 들추었으며, 대안으로서 백성을 위한 왕도정치를 주창하였다.

남명의 단성소는 훈척과 명종 조정, 사림까지 포함해서 조선 천지에 엄청난 파장을 일으켰다. 비판을 받은 명종은 모후에게 평어를 쓴 점을 들어 벌을 주도록 승정원에 명령하였고, 훈구와 척신들은 처벌에 동조하였다. 한편 훈척을 비판하던 사림의 반론으로 처벌은 유야무야되었다. 남명은 선조가 즉위(1567년)한 뒤 무진년(1568년)에는 「무진봉사(戊辰封事)」를 올리면서 그 유명한 '서리망국론(胥吏亡國論)'을 적었다.

남명의 단성소는 그의 학문과 사상과 실천(사회적 또는 외적 실천)을 잘 드러내어 후대에게 실천의 전형을 보여주었으며, 당시 무도(無道)의 시대에 격랑을 일으키며 큰 영향을 미쳤고, 그의 혜안이 후세에 그대로 적중하는 등 여러 모로 역사적 의미를 갖는 사건이다.

제 1 절 단성소(을묘사직소)의 전문

다음에 『남명집』(경상대학교 남명학연구소, 2001: 한길사, 311-318))에 실린 그 전문을 소개한다. 길지 않은 상소문에 남명은 '백성'을 일곱 차례나 적었을 정도로 백성 중심의 생각을 드러내고 있다.

> 선무랑(宣務郎) 단성현감(丹城縣監)에 새로 제수된 조식(曺植)은 진실로 황공하여 머리를 조아리며 주상 전하께 소(疏)를 올립니다.
>
> 엎드려 생각하옵건대, 선왕(先王, 중종)께서는 신이 변변치 못한 사람이라는 것을 모르시고 처음에 참봉(參奉)에 제수하셨습니다.[3] 그리고 전하께서 왕위를 이으신 뒤에, 주부(注簿)[4]로 제수하신 것이 두 번이었는데,[5] 지금 또 현감으로 제수하시니 떨리고 두렵기가 언덕과 산을 짊어진 것 같습니다. 그런데도 아직까지 감히 황종(黃琮) 한 자쯤

---

3) 1538년(중종 33년)에 회재(晦齋) 이언적(李彦迪)의 추천으로 남명을 참봉에 제수하였다.

4) 주부는 돈녕부(敦寧府)·봉상시(奉常寺)·종부시(宗簿寺)·내의원(內醫院)·사복시(司僕寺) 및 그 밖의 여러 관아에 딸린 종6품의 낭관 벼슬이다.

5) 실록에 따르면, 남명은 명종 7년 7월에 성수침·조옥·성제원·이희안 등과 더불어 주부에, 다시 같은 해 10월에 전생서 주부에 임명된 바 있고, 또다시 다음 해인 명종 8년 4월에도 예빈시 주부에 제수된 적이 있다.

되는 땅[6]에 나아가서 하늘의 해와 같은 은혜에 사례 드리지 못하고 있습니다. 임금이 사람을 쓰는 것은 목수가 나무를 쓰는 것과 같습니다. 깊은 산과 커다란 못 어느 곳에 있는 것이든 재목을 버려두지 않고 그것을 가져다가 커다란 집을 짓는 일을 이룩하는 것은 훌륭한 목수가 하는 것이지 나무가 스스로 참여할 수 없는 일인 것입니다. 전하께서 사람을 쓰시는 것은 나라를 다스리시는 책임 때문입니다. 제가 걱정이 되어 견딜 수 없는 것은 이 때문이니, 감히 그 큰 은혜를 저 혼자 누릴 수는 없습니다만 머뭇거리며 나아가기 어려워하는 뜻을 끝내 측석(側席)[7] 아래 감히 말씀드리지 않을 수 없습니다.

신이 벼슬에 나아가기 어려워하는 뜻은 두 가지가 있습니다. 지금 저의 나이는 예순에 가깝고 학문은 어두우며, 문장은 과거시험 끝자리에도 뽑힐 수 없고 행실은 물 뿌리고 비질하는 일을 제대로 해 내기에도 모자랍니다. 과거시험을 보기 10여 년 동안에, 세 번이나 떨어진 뒤 물러났으니, 애초부터 과거 공부를 일삼지 않은 사람은 아니었습니다. 만약 과거를 탐탁하게 여기지 않는 사람이 있다고 해도 그런 사람은 성질 급하고 마음 좁은 평범한 백성에 지나지 않을 뿐이니 큰일을 할 만한 온전한 인재는 아닙니다. 하물며 그 사람 됨됨이가 선한가 선하지 아니한가는, 과거를 보려고 하느냐 과거를 보려고 하지 않느냐 하는 데에 달려 있는 것이 아닙니다. 보잘것없는 신이 이름을 도둑질하여 집사(執事)[8]에게 제가 훌륭한 인물이라고 잘 못 판단하게 했고, 집사는 이름만 듣고서 전하께서 제가 훌륭한 인물이라고 잘 못 판단하시도록 한 것입니다.

전하께서는 과연 신을 어떤 사람이라 생각하십니까? 도(道)를 지니고 있다고 생각하십니까? 문장에 능하다고 생각하십니까? 문장에 능한 사람이라고 해서 반드시 신처럼 이렇지는 않습니다. 신에 대하여 다만 전하께서 아시지 못한 것일 뿐만 아니라 세상도 또한 알 수 없는 것입니다. 그 사람을 알지 못하면서 등용하여 훗날 국가의 수치가 된다면, 어찌 죄가 보잘것없는 신에게만 있겠습니까? 헛된 이름을 바쳐 몸을 파느니, 알찬 곡식을 바쳐 벼슬을 사는 것이 낫지 않겠습니까? 신이 차라리 신의 한 몸을 저버릴지언정 차마 전하는 저버릴 수 없습니다. 이것이 나아가기 어려운 첫 번째 까닭입니다.

또 전하의 나랏일이 이미 그릇되었고 나라의 근본이 이미 망했으며 하늘의 뜻은 떠나 버렸고 민심도 이미 이반되었습니다. 비유하자면, 백 년 동안 벌레가 그 속을 갉아먹어 진액이 이미 말라버린 큰 나무가 있는데, 회오리바람과 사나운 비가 어느 때에 닥쳐올지 전혀 알지 못하는 것과 같으니, 이 지경에 이른 지가 오랩니다. 조정에 있는 사람 가

6) 황종: 임금이 있는 대궐을 가리킨다.
7) 측석: 임금이 자신의 자리 옆에 어진 선비를 대우하기 위하여 비워두는 자리로 곧 어진 사람이 임금에게 나아가는 자리를 말한다.
8) 집사: 해당 관원으로 여기서는 추천을 담당한 관원을 말한다.

운데 충성된 뜻 있는 신하와 일찍 일어나 밤늦도록 공부하는 선비가 없지는 않습니다. 하지만 이미 그 형세가 극도에 달하여 지탱할 수 없고 사방을 둘러보아도 손쓸 곳이 없다는 것을 알면서도, 낮은 벼슬아치는 아래에서 히히덕거리면서 주색만을 즐기고, 높은 벼슬아치는 위에서 어름어름하면서 오로지 재물만을 늘리며, 물고기의 배가 썩어 들어가는 것 같은데도 그것을 바로잡으려고 하지 않습니다.[9)]

게다가 궁궐 안의 신하는 후원하는 세력 심기를 용이 못에서 끌어들이는 듯하고,[10)] 궁궐 밖의 신하는 백성 벗기기를 이리가 들판에서 날뛰듯 합니다. 그들은 가죽이 다 헤어지면 털도 붙어 있을 데가 없다는 것을 알지 못합니다.

신은 이 때문에 은근히 걱정하고 깊게 생각하면서 낮에는 하늘을 우러러보며 탄식한 것이 여러 차례이고, 크게 한탄하면서 아픈 마음을 억제하며 밤에 천장을 쳐다본 지가 오래되었습니다.

자전(慈殿)[11)]께서 생각이 깊으시기는 하나 깊숙한 궁중의 한 과부에 지나지 않고, 전하께서는 어리시어 다만 선왕의 한 외로운 아드님이실 뿐이니, 천 가지 백 가지의 천재(天災)와 억만 갈래의 민심을 어떻게 감당해 내며 무엇으로 수습하시겠습니까? 냇물이 마르고[12)] 곡식이 비처럼 내리니,[13)] 그 조짐이 무엇이겠습니까? 노랫가락이 구슬프고[14)] 입는 옷이 흰색이니,[15)] '나라가 어지러울' 형상이 이미 나타났습니다.

이런 때를 당해서는 비록 재주가 주공(周公)[16)]·소공(召公)[17)]을 겸하고, 지위가 정승 자리에 있다 하더라도 또한 어떻게 손을 쓰지 못할 것입니다. 하물며 한 보잘것없는 몸으로 초개와 같은 재주를 가진 신이 무엇을 할 수 있겠습니까? 위로는 만에 하나도 위태로움을 붙들 수 없고, 아래로는 털끝만큼도 백성을 보호할 수 없으니, 전하의 신하 노릇

---

9) 물고기는 배부터 썩어 들어간다는 뜻의 '하어복질(河魚腹疾)'에서 나온 말로 어떤 병통이 본격적으로 시작됨을 뜻한다.

10) 원문의 용나(龍拏)는 용이 여의주를 움켜쥐고 있듯이 사물을 끌어들이는 모습을 말한다.

11) 자전은 임금의 어머니를 일컫는 말로 달리 자성(慈聖)이라고도 한다.

12) "무릇 나라는 반드시 산천에 의지하니, 산이 무너지고 냇물이 마르는 것은 망할 징조이다"를 의미한다.

13) "예전에 창힐이 분자를 만들자 하늘이 좁쌀비를 내리고, 귀신이 밤에 통곡하였다"의 주석에서 "본업을 버리고 이익을 추구하기 때문에 하늘이 보여주는 징조"라는 의미.

14) "망해 가는 나라의 노래는 구슬프고 시름겹다"에서 따온 말.

15) "역질이 크게 돌거나 기근이 크게 들거나 홍수, 가뭄이 들면 임금은 흰옷을 입는다"에서 취한 말.

16) 주공은 주나라 문왕의 아들로 조카인 성왕이 왕위에 오르자 성왕을 도와 주나라의 문물제도를 정비하는 데 크게 기여하였다.

17) 소공은 주나라 문왕의 아들로 성왕 때 삼공(三公)이 되어 주공과 협(陜)을 나누어 다스렸는데 덕정(德政)을 베풀었다고 한다.

하기가 또한 어렵지 않겠습니까? 조그만 헛된 이름을 팔아서 전하의 관작을 얻어 그 녹을 먹으면서도 그 녹에 맞는 일을 하지 않는 것은 또한 신이 원하는 바가 아닙니다. 이것이 나아가기 어려운 두 번째 까닭입니다.

또 제가 요즈음 보건대, 변방에 일이 생겨 여러 대부(大夫)들이 제때에 밥도 먹지 못하지만, 신은 놀라지 않았습니다. 왜냐하면 이 일은 20년 전에 터질 것인데, 전하의 신무(神武)하심에 힘입어서 지금에야 비로소 터진 것이지, 하룻저녁에 갑자기 생긴 것이 아니라고 생각하기 때문입니다. 평소에 조정에서 재물로 사람을 임용하니, 재물만 모이고 백성은 흩어져 버렸습니다. 그래서 마침내 장수의 자격에 합당한 사람은 없고 성에는 군졸이 없어서, 외적이 무인지경에 들어오듯 했으니 이것이 어찌 괴이한 일이겠습니까? 이번에도 대마도 왜노가 향도(向導)와 남몰래 짜고 만고에 끝없는 치욕스러운 짓을 하였건만, 왕의 신령한 위엄이 떨치지 못하여 마치 절하듯 했습니다. 이는 옛 신하를 대우하는 의리가 혹 주(周)나라 예법보다 엄하면서 원수를 좋애하는 은덕이 도리어 망한 송(宋)나라보다 더한 경우가[18] 아니겠습니까? 세종께서 남쪽 오랑캐를 징벌하시고 성종께서 북벌하신 일을 보아도 어디에 오늘날과 같은 일이 있었습니까?

그러나 이와 같은 것은 피부에 생긴 병에 지나지 않아서 가슴과 배의 통증이 되지는 못합니다. 가슴과 배의 통증이란 걸리고 막히어 위아래가 통하지 않게 되는 것이니, 이것은 곧 공경대부가 목이 마르고 입술이 타들어가도록 열심히 일하지만, 수레는 달리고 사람은 달아나는 것과 같은 일입니다.[19]

근위병을 불러 모으고 나랏일을 정돈하는 것은 자질구레한 정치나 형벌에 있지 아니하고 오직 전하의 마음에 달려 있습니다. 방촌(方寸)[20]의 사이에서 말이 땀을 흘리는 것처럼 노력하며,[21] 만 마리의 소가 밭을 갈아야 하는 너른 땅에서 공을 거두는 그 기틀은 자기 자신에게 있을 뿐입니다. 유독 전하께서 종사하시는 일이 무슨 일인지 모르겠습니다. 학문을 좋아하십니까? 풍류와 여색을 좋아하십니까? 활쏘기와 말달리기를 좋아하십니까? 군자를 좋아하십니까? 소인을 좋아하십니까? 좋아하시는 바에 따라서 나라가 흥하느냐 망하느냐 하는 것이 달려 있습니다.

---

18) 송나라 양공이 초나라와 싸울 때 참모들은 초나라 군사가 전열을 가다듬기 전에 공격하자고 하였으나 양공은 군자는 남을 어려운 지역에 빠뜨리지 않는 법이라고 미루다가 결국 초나라에 크게 패하였다. 사람들은 이 일을 두고 비웃었다.

19) 외적이 침입한 것을 나타내는 말이다. 외적이 침입하면 수레가 있는 사람은 수레를 타고 급히 피난을 가고, 수레가 없는 사람은 달려가는 것을 말한다.

20) 방촌은 마음을 일컫는 말로 마음이 가슴 속 사방 한 치 사이에 있다고 생각하여 이렇게 표현한 것이다.

21) 한마(汗馬)는 말이 피땀을 흘리도록 달리는 것처럼 노고를 아끼지 않는다는 말이다.

진실로 어느 하루 깜짝 놀라 깨달아, 팔을 걷어붙이고 학문에 힘쓰시면 홀연히 턱을 밝히고 백성을 새롭게 하는 도리 안에 온갖 선이 갖추어지게 되고, 온갖 덕화(德化)도 이로 말미암아서 나오게 됩니다. 이것을 들어서 시행하면 나라를 다 잘살게 할 수 있고, 백성을 화합하게 할 수 있으며, 위태로움을 편안하게 할 수 있습니다. 요약해서 간직하기만 해도, 마음이 거울처럼 비치지 않음이 없으며, 저울처럼 고르지 않음이 없으며, 생각이 사특하지 않을 것입니다.

불교에서 말하는 진정(眞定)[22]이란 것도 다만 이 마음을 간직하는 데에 달려 있을 뿐이니, 위로 하늘의 이치에 통하게 되는 데에서는 유교와 불교가 한 가지입니다. 다만 사람의 일을 시행할 때에는 다리로 땅을 밟지 않으므로,[23] 우리 유가에서는 본받지 않는 것입니다. 전하께서는 이미 불교를 좋아하시니,[24] 그것은 학문하는 데로 옮기신다면, 이것이 바로 우리 유가의 일입니다. 이는 어렸을 때 집을 잃었던 아이가 자기 집을 찾아 부모, 친척, 형제, 친구를 만나보는 일과 같은 것이 아니겠습니까?

더구나 정치를 하는 것은 사람에게 달려 있고, 사람을 쓰는 것은 몸으로써 하고, 몸을 수양하는 것은 도로써 하는 것입니다. 전하께서 만약 사람을 쓰는 데에 몸으로써 하신다면 유막(帷幄)[25] 안에 있는 사람은 사직을 보위하지 않는 자가 없을 것이니, 아무 일도 모르는 보잘것없는 신 같은 자가 무슨 소용이 있겠습니까? 만약 사람을 눈으로만 뽑으신다면 잠잘 때 외에는 모두 속이고 저버리는 무리일 것이니, 이 경우에도 앞뒤가 막힌 보잘것없는 신 같은 자가 무슨 소용이 있겠습니까? 훗날 전하께서 왕천하(王天下)의 지경에 이르도록 덕화를 베푸신다면, 저는 마부의 끝자리에서 채찍을 잡고 그 마음과 힘을 다해서 신하의 직분을 다할 것이니, 어찌 임금을 섬길 날이 없겠습니까?

엎드려 원하옵건대, 전하께서는 반드시 마음을 바로 하는 것으로써 백성을 새롭게 하는 요점으로 삼으시고, 몸을 수양하는 것으로써 사람을 쓰는 근본으로 삼으셔서, 왕도의 법을 세우십시오. 왕도의 법이 왕도의 법답지 않으면 나라가 나라답게 되지 못합니다. 밝게 살피시길 엎드려 바라옵니다. 신은 떨리고 두려운 마음을 감당할 수 없습니다. 죽음을 무릅쓰고 전하께 아룁니다.

이상은 남명 조식이 올린 을묘사직소의 전문이다.

---

22) 참된 정(定)이라는 뜻이고, 정이란 마음이 한 곳에 정지하여 흩어지거나 움직이지 않게 하는 것이다.

23) 불교의 가르침 가운데에는 인간 세계와 상관없는 공허한 이야기가 많음을 빗대어 말한 것이다.

24) 명종 때 문정왕후가 섭정하면서 불교를 독신(篤信)하여 1551년 과거시험에 선종(禪宗)과 교종(敎宗) 양종의 선과(禪科)를 두고 중 보우(普雨)를 불러다 불법(佛法)을 폈던 일을 말한다.

25) 유막은 국사 또는 군사를 계획하는 곳을 가리킨다.

제 2 절 단성소에 대한 반응 · 평가 · 역사적 의의

남명의 단성소는 초야에 머물며 학문을 익히고 수신하는 유학자로서 처사[26]가 군왕에게 올린 상소문이다. 그러므로 벼슬아치가 올리는 상소문이 아니다. 상소문의 내용 또한 애민사상을 바탕으로 삼는 가운데 당시의 그릇된 정치 상황을 에두르거나 완곡하게 표현하지 않고 곧이곧대로 적은 다음, 제대로 된 정치를 위하여 왕이 중심에서 수기치인(修己治人)의 왕도를 실현하도록 촉구한 것이다. 재조관인은 물론 초야의 유자(儒者) 어느 누구도 감히 실행하지 못하였던 바로서 그 때까지 유례가 없는 일이었다. 당시 명종과 조정, 훈구와 사림 등 조선 천지가 숨죽이고 손에 땀을 쥐는 상황이 되었다.

우리는 남명의 단성소를 놓고 미리 몇 가지 질문을 설정할 수 있다. 남명은 절대군주제 시대에 왜 목숨을 걸고 그런 충격적인 내용의 상소문을 올려야 하였을까? 명종과 훈척을 비롯한 조정, 사림 등 조선의 정치 · 사회는 어떤 반응을 보였을까? 남명의 단성소는 당대의 정치 · 사회에 어떤 의미를 가졌으며, 500여 년이 지난 오늘 우리는 남명의 단성소에서 어떤 교훈을 얻어야 할까?

다음에, 1) 단성소를 받은 명종과 조정의 격렬한 반응, 2) 처사 남명의 유가적 이념과 현실 참여, 3) 조선시대 언로제도, 4) 시대 상황과 관련된 상소문 내용의 가치, 5) 단성소의 역사적 의의와 평가로 나누어 살펴본다.

Ⅰ. 상소에 대한 격렬한 반응

남명 조식은 1555년(명종 10) 10월 11일에 단성현감에 임명된 뒤 11월 19일에 을묘사직소를 올렸다. 당시는 척신 윤원형(명종의 외삼촌, 문정왕후의 동생)의 발호와 훈구파의 전횡, 문정왕후의 수렴청정으로 인한 통치 문란과 민심 이반, 지방 수령과 이서(吏胥)의 수탈로 인한 백성의 간고(艱苦)한 삶, 잇따른 사화로 사기(士氣)가 꺾

26) 초야에 머물고 있는 유자를 산림유(山林儒)라 하고 벼슬길에 있는 유자를 묘당유(廟堂儒)라 한다. 벼슬길에 나아가지 않고 평생 수신하며 선비로 머무는 유자를 처사(處士)라고 부른다.

일대로 꺾였고, 또 공신들의 토지 과대 점유의 결과 농민의 유랑 등으로 임꺽정이 의적이 되는 등 정치·사회적으로 암울한 시기였다. 그런 때에 남명 조식이 올린 을묘사직소는 명종의 조정을 휩쓴 태풍이 되었다.

그로부터 500년에 가까운 시간이 지난 오늘날 저자는 남명 조식의 상소문을 읽으면서 생살여탈권을 쥐고 있는 절대군주요, 을사사화(1545)를 일으켜 사림 인사들을 죽인 후 불과 10년인데, 초야의 한 백성에 불과한 남명이 "이런 상소문을 올리고도 어찌 무사했을까?"라는 생각이 들었다. 을묘사직소는 명종 치세에 대한 노골적이고 직설적 비판이라는 점 때문이고, '용안'이니 '수라'니 하는 극존칭 전용어를 임금에게 사용하던 당시에 명종의 어머니 문정왕후를 일컬어 '궁궐의 한 과부'라 쓰고, 명종을 일컬어 '선왕의 한 아들'이라는 평어(平語)를 썼기 때문이다.

명종이 군자(君子)라면 모를까 그야말로 외삼촌의 전횡과 어머니의 치맛바람에 흔들리며 통치하던 소년 군왕 명종에게는 치세 문제의 직설적 비판만 하더라도 화가 치미는 일인데, 모후와 명종 자신을 평어를 써서 폄하했다고 여겼으니 격노를 불러왔던 것이다.

> "지금 조식의 상소를 보니, 비록 간절하고 강직한 듯하기는 하나 자전에 대하여 공손하지 못한 말이 있으니, 군신(君臣)의 의리를 모르는 듯하여 매우 한심스럽다. (승)정원에서는 … 이런 사람을 군신의 명분을 안다고 하여 천거하였는가? 임금이 아무리 어질지 못하더라도 신자(臣子)로서 어찌 차마 욕설을 하는가? 이것이 현인군자가 임금을 사랑하고 윗사람을 공경하는 일이겠는가? … 그렇지만, 공손치 못한 말이 자전에게 관계되는 것은 매우 통분스럽다. … '소(疏)의 내용 중에 '자전께서 생각이 깊으시나 깊숙한 궁중의 한 과부(寡婦)에 지나지 않는다'고 하였는데, 이것은 공손하지 못한 말이며 '전하의 신하 되기가 또한 어렵지 않겠는가' 하였는데, 이것도 공손하지 못한 말이다. 그리고 '음악 소리는 슬프고 흰옷을 입기를 즐기니 소리와 형상에 조짐이 벌써 나타났다'고 하였는데, 이것은 바로 불길한 말이다"(『명종실록』 10년 11월 19일 기사).

명종의 분노는 극에 달하여 "승정원에 명하여 남명 조식을 불경군상죄(不敬君上罪: 임금을 능멸한 죄)로 다스리라고 하였다. 심지어 이 불경한 상소를 미리 검토해보지도 않고 올라오게 한 도신(道臣: 경상감사)과 승정원까지도 문책할 것을 명하였으니, 어린 왕의 부덕과 좁은 소견과 무능을 짐작할 수 있다"(김충렬, 2008: 111).

이로써 조정은 남명 조식을 벌로써 다스려야 한다는 왕·훈척 세력 쪽과 바른 말 한 선비를 벌주면 안 된다는 쪽 사이에 논란이 벌어졌다, "당시 좌의정 상진(尙震)이 이제신(李濟臣)을 시켜 중국 송나라 역사에 『송사(宋史)』 영종본기(英宗本紀)에 실려 있는 구양수(歐陽修)의 말을 찾아 남명이 "모후는 깊은 궁궐의 일개 과부에 불과하고, 전하는 어려서 단지 선왕의 유업을 이은 고아일 뿐"이라고 한 말은 구양수가 이미 했던 말임을 보이고, 변론하기를 "남명이 옛사람이 임금에게 고한 말을 인용하여 국가의 위태로운 형세를 지극하게 말한 것이지 거만한 일이 아닙니다"라고 하였다(권인호, 2002: 273 각주). 결말은 유야무야였다. 명종은 남명 조식을 처벌하지 못하였다. 그리고 당시의 사관들은 일관되게 남명의 상소를 긍정적으로 평가하였다(『명종실록』, 명종 10년(1555) 11월 19일 기사).

Ⅱ. 유가적 이념과 처사 남명의 현실 참여

"남명 조식이 '목숨을 걸고' 명종에게 바른말 상소문을 올린 까닭은 무엇인가?" "불손하고 불괘한 내용의 상소문을 접하고 치죄를 명하였던 절대군주 명종은 왜 남명 조식을 끝내 벌주지 못하였을까?"

저자는 1) 조선의 통치 체제와 간언제도의 작동과 2) 남명은 처사로서 학문과 사상과 실천으로 성망(聲望)이 높았고, 또 올곧은 지적이었으며, 3) 유학의 가르침에 바탕을 둔 남명 조식의 사심 없는 건곤일척의 실천, 4) 민심 이반과 사림의 옹호 등 네 가지 요인으로써 설명할 수 있다고 생각한다.

1. 유가적 통치 체제

불교를 배척하고 유학[27]을 근간으로 삼아 건국된 조선은 정도전(鄭道傳)과 권근

---

27) "유교 또는 유학은, 교육적 측면에서 보면 유교(儒敎)이고, 학문적 측면에서 보면 유학(儒學)이며, 학파로 보면 유가(儒家)라고 하고(조회환, 2014: 13), 이진표는 "유학, 유교, 유가, 유도 등이 혼용되지만 엄격한 의미에서는 약간의 차이가 있는데, 유교의 창시자 공자의 가르침이 바로 유교이다. 유가라는 말은 제자백가 중에서 유가를 가리키고, 유학이라는 말은 후한 이후 경학 연구로 학문 체계가 수립되면서 사용된 용어이고, 유도 또는 도학은 불교와 도교의 영향을 받아 형이상학의 차원을 갖추고 또 도통이 확립된 후에 사용된 용어"(EB 한국사상사, 2002)라고 하였다. 금장태(1999)는

(權近) 등 신흥사족[28] 출신이 유학의 이념을 실천하기 위한 통치 체제를 만들었다. 왕도정치, 덕화정치를 표방한 조선왕조는 경연(經筵)을 통한 왕자(王者)의 육성, 대간(臺諫)을 통한 정책 교정 등 제도를 설계하였다. 그 가운데 사헌부·사간원·홍문관의 삼사(三司)는 "권력을 청정하게 유지하기 위한 조직"[29]이 되었다. 임금과 신하가 나라를 함께 다스리는 체제(君臣共治)는 정도전, 권근 등 유학자들이 기대하는 통치 체제였다. 거기다가 백성과 사대부가 올리는 상소(上疏)는 백성들의 삶의 현장에서 생기는 문제나 과제를 조정에 투입시키는 통로로서 때로는 유용한 장치로 삼았다. 바로 남명의 을묘사직소는 앞에서 살펴본 대로 조선조 언로제도가 유용하게 활용된 사례였다. 언로제도는 Ⅲ에서 소개한다.

2. 실천 유학자 남명의 현실 참여

남명 조식은 유학의 사서와 오경을 통달한 선비요 학자였다.[30] 그러므로 남명은 선비·군자·성인이 되는 길을 읽고 실천하는 삶을 살았다. 그는 벼슬에 나가는 길(出仕)과 선비로 머무는 길(處士) 가운데 후자를 택하였다. "이때 유자의 선택은 그가 지닌 역사 의식과 시대 상황에 대한 인식, 그리고 자신의 철학과 관련된 문제를 바탕으로 한다"(안외순, 2011: 45). 여기에 더하여 남명은 "나라에 도가 있으면 벼슬하고, 도가 없으면 은거한다"(동양고전연구회, 2016: 175)는 공자의 가르침(『논어』

또 도학(道學)이라는 용어를 사용하는데, 진래(陳來)는 "심학 등을 제외한 정주학파를 가리키는 용어"라고 하였다(진래 지음, 안재호 옮김, 1997: 35).

28) 신흥사족이라는 말은 고려의 문벌귀족 또는 권문세족에 대한 말이다. 과거를 치르고 관인이 된 이들(及第者)은 과거 시험관(知貢擧)과 특별한 유대 관계를 전통으로 형성하며 특별한 연대(座主·門生 관계)를 이루어 권문세족의 권세에 대응하였다. 고려 말 좌주·문생 관계가 극성기일 때 목은 이색의 문생들이 여말선초 석학 현신의 대다수였다(이남복, 2004: 9-26).

29) 이덕일에 따르면, "삼사는 정사에 대한 언론권과 백관에 대한 탄핵권을 가졌다. 삼사에 대한 인사권을 대신들의 손에서 독립시켜서 삼사 관리들이 대신들의 눈치보지 않고 비판하고 탄핵할 수 있도록 한 것이 이조전랑(吏曹銓郎)제도이고, 또 이조전랑이 후임을 추천하는 '전랑자천제'를 썼다"(이덕일, 2018: 18)고 하였다.

30) 허권수는 남명 조식이 유학을 공부하면서 어록을 만들고 주를 다는 등 공부 내용을 기록하여 남긴 『학기유편』의 역주 서문에서 남명 조식이 사서오경을 비롯하여 송·원대의 주자와 정자 등 60여 명의 학술 내용을 읽은 것으로 썼다(경상대학교 남명학연구소, 2002: 12-13). 남명 조식의 공부는 여기에 그치지 않고 노장은 물론 천문, 지리, 의방, 수학, 군마, 행도, 병법까지 폭넓게 섭렵한 것으로 본다(이동환, 2006; 김충렬, 2008; 이상필, 2002).

태백 8.13)을 출처(出處)의 기준으로 삼았다.

남명이 살았던 조선 중기는 혼군(昏君)과 그를 둘러싼 훈구・척신들이 그들의 파당적 이익을 지키기 위하여 잇따른 사화(무오사화・갑자사화・기묘사화)를 일으켜서 선비들을 떼죽음으로 몰았다. 남명이 보기에 당시 조선은 법도가 무너진 나라였다. 그래서 남명은 '벼슬을 위한 공부(爲人之學)'를 접고 '학문을 통한 성인의 길(爲己之學: 聖學)'로 들어섰고, 발분망식(發憤忘食)하며 공부에 매진하여 마침내 조선 최고의 유학자(儒學者)로서 우뚝 섰다.[31]

처사(處士)[32] 남명은 당시 조정에 소년 군주 명종과 문정왕후의 수렴청정, 왕의 외삼촌 윤원형의 발호가 극심하였고, "세상의 어지러움 속에서도 임금의 뜻에 따르기만 하는 신하들(禍亂之從聲者)"(『荀子』, 김학주 역주, 2008: 473-4)로 득시글거려서 자신이 "벼슬을 위한 학문을 버리던 때"와 조금도 달라지지 않았다고 보았다. 그래서 남명은 상소문을 통하여 정명론(正名論)[33]에서 강조한 대로 "임금은 임금답게, 신하는 신하답게" 하여 나라를 안정시키고 백성을 보살피는 일을 하도록, 목숨 걸고 유례없이 강력하게 촉구한 것이다. 그래서 남명은 상소문 끝줄에 "죽음을 무릅쓰고 전하께 아룁니다"라고 썼다. 이로써 남명은 간신(諫臣)・쟁신(爭臣)[34]조차 해 내지

31) 허권수에 따르면, "남명은 40여 년 동안 산림에 은거하면서 경전과 역사서를 깊이 연구하였으며, 제자서(諸子書)에도 두루 정통하였다. 그동안 고인들의 훌륭한 말과 행실 가운데 몸과 마음에 절실한 것을 (가려) 뽑아 기록하여 진학(進學)과 축덕(畜德)의 자료로 삼았는데, 이 책을 학기(學記)라고 하였다"(경상대학교 남명학연구소 역주,『사람의 길 배움의 길』, 2002, 21. 서문). 김충렬은 이 책『학기유편』을 보고 남명이 적어도 1천 권의 책을 읽은 것으로 추정하였다(김충렬, 2006: 39).

32) 유자는 학문을 익히고 인격을 수양하여 벼슬에 나가는 것(出仕)을 책무로 알았지만, 못지않은 또 다른 길은 초야에서 학문을 익히고 인격을 수양하는 길(處)이었다. 선택의 기준은 "나라에 도(道)가 서 있느냐"이다. 벼슬에 나가거나(出) 초야에 머물거나(處,) 이것이 출처(出處)이다. 남명은 당시 나라의 도가 어지러워 벼슬에 나가도 역량을 펼쳐 백성을 이롭게 하기 어렵다고 보고 "선비(士)로 머물 것(處)을 택하였으므로 처사(處士)"라고 한다(안외순, 2011: 41). 이동환은 "남명은 처사로서 우리나라 선비정신의 표본"이라고 평가하였다(이동환, 2006: 24).

33) 정명(正名)은 공자가 매우 강조하였던 바로서, 임금은 임금답고, 신하는 신하답고, 아버지는 아버지답고, 아들은 아들다워야 한다(君君臣臣父父子子)고 하였다(『논어』(자로13.3), 동양고전연구회, 2016: 271 해설 참조). 순자는 따로 정명(正名) 편을 설정하여 소개하고 있는데, 그에 따르면 임금이 현인을 등용하여 인물의 수준에 맞게 관작을 부여하고, 임금과 신하가 그것에 따라 역할을 수행하는 것도 정명에 해당한다.

34) 순자(荀子)는 임금이 그릇되고 나라가 위태로울 때 임금에게 진언하여 받아들여지지 않으면 떠나는 사람을 간신(諫臣)이라 하고, 진언이 받아들여지지 않을 때 죽음을 무릅쓰는 신하는 쟁신(爭臣)이라 하였다(김학주 역주,『순자』(신도 2), 2006: 461).

못한 일을 실천하려고 하였다.

Ⅲ. 조선시대 언론제도

설석규(2002)는 조선왕조가 5백 년이란 장수를 누렸던 원동력은 공론정치에 있었다"고 지적하고, "공론(公論)을 중시하는 정치구조로서 조정의 재조언론(在朝言論)과 유생과 백성의 상소문을 중심으로 재야언론(在野言論)을 제도화하였다"(설석규, 2002: 12)고 하였다. 그리고 이덕일(2018: 18)에 따르면, "조선조의 상소는 지방의 유생과 백성의 소리를 가감 없이 들어서 권력을 청정하게 만든 언로제도"라고 하였다. 이제 다음에 조선의 언로제도의 대강을 간략하게 살펴본다.

1. 조선왕조의 언로제도

"조선조 언론은 제도권 언론과 비제도권 언론으로 구분하고, 전자는 삼사(三司)와 같은 상설 언론기구로서 대간(臺諫)에 의한 언론제도이고, 비제도권 언론은 민중에 의한 언론이다"(김세철, 2007: 22). 조정안의 언로는 또 사간원 · 사헌부 · 홍문관 등 삼사(三司)를 핵심 기관으로 삼는 재조언론(在朝言論)과 관학(성균관)이 있었고, 향촌 유생들의 재야언론(在野言論)이 있었다(설석규, 2002: 12). 조정 밖에는 조정안의 공식기구나 조관(朝官)이 아닌 전국 각지의 선비 · 지방 향교 유생(儒生)[35]들을 비롯한 백성들에게 상소[36]를 올릴 수 있도록 언로를 열어두었다.

2. 상소의 개념과 유형

상소(上疏)의 사전적 의미는 "임금에게 글을 올리는 일 또는 그 글"이다. 조선시대에는 간관(諫官)이나 삼사(三司)의 관원들이 정사(政事)와 관련하여 임금에게 글을

35) 유생은 유학(儒學)을 공부하는 선비를 통칭하는 말이며, 신분은 지배계층 양반이지만 관료로 진출하지 않은 사람들이다(설석규, 2002: 21).

36) 조선왕조실록에는 "태조실록에서 철종실록까지 총 36만 2,161개 기사가 실려 있는데, 그중 상소와 관련된 것이 2만 7,500개이다. 기사 건수로만 볼 때 실록 기사 중 상소 관련 기사는 전체의 7.5%를 차지하는데, 이 비율은 왕조의 후기로 갈수록 높아진다"(이규완, 2004를 장승희, 2012: 247 다시 인용).

올렸다. 그러다가 상소를 올리는 주체가 기관의 관원뿐만 아니라 선비나 유생 등으로 확대되었으며, 그래서 상소는 조선조에서 가장 핵심적으로 활용된 문자 언론이 되었다.

조선의 상소와 같이 임금에게 올리는 글 또는 문체는 역시 중국의 것을 본떠서 사용한 것으로 "그 기원은 제후가 천자에게 올리는 보고에서 시작되었다고 본다. 이것을 진나라 이전에는 상서(上書)라고 하였으나 진나라 때에는 주(奏)라 하고, 한나라에 이르러서는 장(章)·주(奏)·표(表)·의(議)로 세분하기도 하였다. 여기서 장(章)은 은혜에 감사하는 글, 주(奏)는 죄를 지적하는 글, 표(表)는 소원을 말하는 글, 의(議)는 다른 의견을 주장하는 글이었다. 그러다가 한나라 이래로 상주(上奏)의 문서를 상소(上疏)라고 하였다"(신두환, 2004: 238-239).

그러므로 상소는 조정 안의 신하가 왕의 결정에 필요한 정보나 지식을 제공하거나 결정된 정책의 교정을 간(諫)하는 중요한 기능을 수행하였다. 또한 지방 향교의 유생이나 선비들의 상소를 통해서는 그곳의 사정을 군상(君上)에게 알려서 백성을 위한 다스림이 이루어지게 하는 기능이 있었다. 상소는 조선시대 군신 간에, 군왕과 백성 간에 간청하거나 그러한 간청에 왕이 응답하는 등 소통의 통로요 정책 견제의 장치로서 중요한 기능을 담당한 것이다.

Ⅳ. 단성소의 내용과 역사적 의미

남명의 단성소는 "당시의 정치 제도나 군신 간의 절대적인 분별이 엄수되던 시대, 즉 왕을 신성불가침의 존재로 규정짓던 시대의 상소문으로서는 누구도 감히 상상할 수 없었던 놀랍고 두려운 극언을 왕에게 올렸다. 명종과 대비를 진노하게 하고, 조정의 중신들을 놀라게 하며, 사림까지 겁에 질려 손에 땀을 쥐게 한"(김충렬, 2008: 109) 것으로 유례가 없는 상소문이었다.

상소문을 올린 당시 남명은 "왕과 훈척들의 이익만 노리는 통치로 멀어진 민심", "무너진 군도(君道)와 신도(臣道)", 이로 인하여 "남해안 왜구의 발호[37]와 조정의 미

37) 명종 10년(1555) 5월 11일 왜인들이 전라도 영암의 달량포와 이포 등 남부지역에 침입하여 약탈과 살인, 납치를 자행한 사건.

진한 대처" 등을 문제로 인식하였으며, 문제 해결의 방안으로서 "유가적 다스림의 근본, 즉 왕도정치를 촉구"하였다.

1. 시대 문제 통찰과 진단, 그리고 대안 제시

첫째, 남명은 상소문에서 그릇된 정치로 인한 나라의 위기를 지적하고, 민심마저 흩어진 점을 적나라하게 지적하였다.

> "전하의 나랏일이 이미 그릇되었고 나라의 근본이 이미 망했으며 하늘의 뜻은 떠나버렸고 민심도 이미 이반되었습니다.", "게다가 궁궐 안의 신하는 후원하는 세력 심기를 용이 못에서 끌어들이는 듯하고 궁궐 밖의 신하는 백성 벗기기를 이리가 들판에서 날뛰듯 합니다.", "천 가지 백 가지의 천재(天災)와 억만 갈래의 민심을 어떻게 감당해 내며 무엇으로 수습하시겠습니까?"

둘째, 무너진 군도(君道)와 신도(臣道)를 비판하였다. 중종이 죽고 첫 번째 계비 장경왕후 윤씨가 낳은 원자(호[岵])가 즉위했으니 그가 인종이다. 인종은 즉위 후 9개월 만에 사망하고 말았다. 그래서 중종의 둘째 계비 문정왕후 윤씨가 낳은 아들 경원군(李峘)이 열두 살의 어린 나이로 즉위하니 명종이다.

명종이 즉위하자 문정왕후와 그의 동생 윤원형(이른바 小尹)이 척신으로 권력을 잡았다. 이들은 죽은 인종의 인척인 대윤(大尹), 윤임 세력과 사림을 묶어서 제거하기 위하여 음모를 꾸몄다. 그것이 "양재역 벽서 사건(중종의 여덟째 아들 봉성군을 왕으로 삼으려 한다는 내용의 대자보)"으로, 이때 윤임과 함께 사림 인사들까지 죽이고 몰아냈다. 이것이 을사사화(명종 원년 1545)이다.

임금의 도는 군자·성인의 학문과 도를 익혀 인격을 닦은 이가 임금이 되어 현자를 신하로 등용하여 백성을 편안하게 하는 것이다(진래 지음, 안재호 옮김, 1997: 50). 열두 살에 즉위한 어린 명종은 문정왕후의 수렴청정을 받았으니 임금의 도(君道)를 제대로 알고 실천할 나이도 아니었고, 외숙 윤원형의 권력 농단 속에서 임금의 도를 기대하기 어려웠다. 이와 함께 척신들은 농단하고 사림 출신 사대부는 복지부동함으로써 신하의 도리(臣道) 또한 망실된 상황이었다. 그래서 남명은 단성소에 다음과 같이 썼다.

… 조정에 있는 사람 가운데 충성된 뜻 있는 신하와 일찍 일어나 밤늦도록 공부하는 선비가 없지는 않습니다. 하지만 이미 그 형세가 극도에 달하여 지탱할 수 없고 사방을 둘러보아도 손쓸 곳이 없다는 것을 알면서도, 낮은 벼슬아치는 아래에서 히히덕거리면서 주색만을 즐기고, 높은 벼슬아치는 위에서 어름어름하면서 오로지 재물만을 늘리며, 물고기의 배가 썩어 들어가는 것 같은데도 그것을 바로잡으려고 하지 않습니다.

셋째, 왜변 등 국난에 대비한 조정의 미진한 대처를 지적하였다. 남명은 상소문에서 외적으로 인한 나라와 백성의 안위를 걱정하였다. 오랜 기간 쌓인 적폐로 곳곳의 성벽도, 그 성벽을 지킬 장수도, 그 장수를 따르며 적을 막을 군졸까지 흩어져 있다는 점을 지적하였다. 그 결과 특히 을묘왜변을 비롯해서 남해안에서 왜구의 발호가 생겼다는 것이다. 왜구에 대한 남명의 경계와 조정의 외교에 관한 걱정, 그리고 대책을 촉구하는 일은 이어졌고, 1569년에는 제자들에게 조정의 왜구 대책을 묻는 책문(策文: 과제보고문)을 짓게 하였을 정도였다. 그 결과, 임진왜란 때 남명 문하에서 조선의 3대 의병장 곽재우 · 정인홍 · 김면을 비롯하여 직계 제자 57명과 제자의 제자까지 131명의 의병장이 나와서 조선을 구하는 데 일익을 담당하였던 것이다. 남명은 왜구에 대한 대처와 관련해서 다음과 같이 지적하였다.

장수의 자격에 합당한 사람은 없고 성에는 군졸이 없어서, 외적이 무인지경에 들어오듯 하였으니 이것이 어찌 괴이한 일이겠습니까? 이번에도 대마도 왜노가 향도(向導)와 남몰래 짜고 만고에 끝없는 치욕스러운 짓을 하였건만, 왕의 신령한 위엄이 떨치지 못하여 마치 절하듯 하였습니다.

넷째, 백성들의 삶을 위한 왕도정치를 촉구하였다. 남명은 임금의 길(君道)과 신하의 도리(臣道)가 무너져 백성의 민심이 흩어진 상황은 나라의 위기라고 진단하였고, 국사의 모든 문란함을 바로잡는 일은 절대군주 군왕이 정신을 똑바로 하는 것이라고 진단하였다. 남명이 상소문에 쓴 대로, 당시의 정치는 워낙 심각하여 자질구레한 진단과 자질구레한 대책으로 치유될 일이 아니라고 보았다. 그래서 남명은 다스림의 근본인 왕도정치와 그 결과로서 백성을 새롭게 이끄는 덕화(德化)를 대책으로 강조하였다. 이는 군왕이 다스리는 근본으로 돌아가라는 말이다. 유가에서 다스림의 본질은 "백성을 아들처럼 보살피는 것"이고, 그러기 위해서 군주 스스로 수기(修己)해서 군자가 되어 다스리라는 것이다. 남명은 『대학』[38]을 인용하여 대안을 제시하였다.

진실로 어느 하루 깜짝 놀라 깨달아, 팔을 걷어붙이고 학문에 힘쓰시면 홀연히 덕을 밝히고 백성을 새롭게 하는 도리 안에 온갖 선이 갖추어지게 되고, 온갖 덕화(德化)도 이로 말미암아서 나오게 됩니다. 이것을 들어서 시행하면 나라를 다 잘살게 할 수 있고, 백성을 화합하게 할 수 있으며, 위태로움을 편안하게 할 수 있습니다.

엎드려 원하옵건대, 전하께서는 반드시 마음을 바로 하는 것으로써 백성을 새롭게 하는 요점으로 삼으시고, 몸을 수양하는 것으로써 사람을 쓰는 근본으로 삼으셔서, 왕도의 법을 세우십시오. 왕도의 법이 왕도의 법답지 않으면 나라가 나라답게 되지 못합니다. 밝게 살피시길 엎드려 바라옵니다.

2. 남명과 단성소에 대한 평가와 역사적 의의

그러면 남명이 써 올린 단성소는 어떤 평가를 받았고, 역사적 의미는 무엇일까? 다음에 사관(士官)들의 평가를 정리해 본다.

1) 사관들의 평가

단성소를 통하여 확인된 남명의 학문과 올곧은 실천은 조선 천지에 큰 울림을 주었다. 남명 당대를 지난 후세의 사관들도 남명의 상소를 사론(士論)의 전례(典例)로 거듭 좋게 평가·기록하였다. 다음은 사관들이 남명의 단성소와 관련하여 기록한 내용들이다.

1) 사신(史臣)은 논한다. 조식은 일사(逸士)로 시골에 있었다. 비록 벼슬이나 녹봉(작록[爵祿])을 뜬구름처럼 보는 인물이지만, 오히려 임금을 잊지 않고 있다. 충심으로 나라를 걱정하는 마음이 언사(言辭)에 드러났는데, 절실하고 강직한 성품을 숨기지 않았으니, 명성을 헛되어 얻은 사람이 아니라고 말할 만하다. 어진 사람이로구나(최석기, 2009: 18-50; 『명종실록』, 10년 11월 19일 기사).

---

38) 남명은 제자들에게도 『대학』 공부를 특히 강조하였는데, 유자들 간에는 『대학』이 '제왕학의 원리'를 담고 있는 책으로 알려져 있다. 『대학』의 첫 문단이 "대학의 도는 자신의 밝은 덕성을 밝히는 데 있고, 백성을 자기 몸처럼 아끼는 데 있고, 지극한 선의 경지에 머무는 데 있다(大學之道 在明明德, 在新民, 在止於至善)"이다(동양고전연구회 역주. 2016). 이 세 가지를 3강령이라 하고, 격물·치지·성의·정심·수신·제가·치국·평천하를 8조목이라 한다. 이것이 『대학』 공부의 핵심이다.

2) 사신(史臣)은 논한다. 세상이 쇠미해지고 도가 희미해져서 염치가 다 없어지고 기개와 절개가 땅을 쓸어버린 듯이 사라졌다. 유일(遺逸)로 알려져서 공명(功名)을 탐하는 자들이 참으로 많다. 그런데, 어질도다. 조식이여!

수신을 한 깨끗한 몸가짐으로 초야에서 빛을 숨기고 사는 사람이다. 그러나 난초와 같은 향기는 저절로 알려져 그 명망은 조정에까지 진달되었다. 이미 참봉(參奉)에 차임(差任)되고, 또 주부(主簿)에 임명된 것이 두 번 세 번에 이르렀지만 이미 모두 머리를 저으며 나오지 않았다. 지금 단성현감에 제수된 것은 영광스러운 일이라 할 만하고, 특별히 제수한 은혜는 드문 일이라고 할 만하다. 그런데도 안빈낙도의 삶을 스스로 즐기면서 끝내 벼슬길에 나아가지 않으려고 하였으니, 그 뜻을 높이 살 만하다.

그러면서도 세상의 일을 잊어버리는 데 과감하지 못하여 상소(疏)를 올려 의(義)를 지키며 당시의 폐단을 극렬하게 논하였다. 그 말은 간절하고, 그 의리가 강직하였으며, 시대를 걱정하고 변란을 근심하였다. 우리 임금을 인도하려 하였으며, 왕도정치를 하는 경지로 풍화(風化)를 이룩하길 바랐으니, 나라를 걱정하는 그의 정성이 지극하다.

아, 마침내 뜻한 바를 대궐에 진달하였지만 은거(隱居)하던 곳에서 일생을 마쳤으니, 그 마음은 충성스럽고 그 절개는 고상하구나. 오늘날과 같은 때에 이와 같이 담담한 마음으로 물러나 있는 선비가 있는데, 그를 높여 포상하거나 등용하지는 않고, 도리어 공손하지 못하고 공경스럽지 못하다고 그를 책망하였다. 그러니 세도(世道)가 날로 땅에 떨어지고 명분과 기절(名節)이 땅에 떨어진 것이 당연하다. 나라가 위태로워지고 망할(危亡) 조짐이 벌써 나타났나 보다(최석기, 2009: 18-50; 『명종실록』, 10년 11월 19일 기사).

3) 사신(史臣)은 논한다. 조식의 상소(疏)에 답하지 않았을 뿐만 아니라, 도리어 엄중한 말을 내려 승정원이 처벌할 것을 주청하지 않았음을 책망하였다. 언로(言路)가 막히게 된 것이 이로부터 더욱 심해졌고, 성덕(盛德)의 허물(累)이 이로 말미암아 더욱 커질 것이다. 온 나라의 선비들이 임금이 무엇을 좋아하고 무엇을 싫어하는지를 알아서 아첨이나 하고 명에 순종하는 데로 나아가게 될 것이다. 뒷날 나라가 위태롭고(危亡) 망할 재앙이 닥치더라도 누가 기꺼이 그것을 말하려고 하겠는가? 임금의 말이 한 번 나오면 사방에 전해지니, 그 기미의 관계된 바가 어찌 중대하지 않겠는가? 그런데 전교가 이와 같으니, 이는 바로 온 나라 사람들의 입을 막아서 감히 말을 하지 못하도록 한 것이다. 애석하구나(최석기, 2009: 18-50; 『명종실록』, 10년 11월 19일 기사).

4) 사신(史臣)은 논한다. 조식은 오늘날 유일(遺逸) 중에서 가장 어진 사람이다. 재주

가 높고 행실이 깨끗하며, 또 학식도 있다. 초야에서 가난하게 살았으나 영리(榮利)를 생각하지 않았다. 조정에서 여러 차례 불렀지만 나오지 않고 그 뜻을 고상하게 하였다. 비록 영광스럽게 수령에 제수되었으나 부임하지 않았다. 오히려 나라를 근심하는 마음을 가지고 곧은 말로 상소(疏)를 올려 시폐(時弊)를 바로 지적하였다. 그러니 이 사람이 어찌 군신(君臣)의 의리를 모르는 사람이겠는가? "자전은 깊숙한 궁중의 한 과부에 지나지 않는다"라는 말은, 조식이 새로 지어낸 것이 아니다. 선현(先賢)의 말을 인용하여 글을 지은 것이니, 이것이 어찌 공손하지 못한 말이겠는가? 포상하여 장려하는 일은 하지 않고 견책(譴責)하기를 매우 엄중히 하였으니, 이는 임금을 보필하고 인도하는 사람 중에 적임자가 없어서, 임금의 학문이 넓지 못해서 그렇게 된 것이다. 정승의 자리에 있는 자도 그 잘못을 바로잡아 해결하지 못함으로써 조식처럼 현명한 사람이 등용되지 못하고 초야에 버려졌다. 진언(進言)하는 길이 막히고 어진이(賢人)를 불러들이는 일이 폐지되었으며, 다스리는 도(道)가 없어졌다. 그러니 세도(世道)가 야박해진 것이 어찌 괴이하겠는가?(최석기, 2009: 18-50; 『명종실록』, 10년 11월 19일 기사).

5) 사신(史臣)은 논한다. 대개 상소의 내용이 절실하고 강직한 경우, 감사가 잘못되었다고 바로잡아 책망하여 물리친다면, 이것은 사람들로 하여금 군상(君上)의 과실을 감히 말하지 못하게 하여 마침내는 임금의 총명을 가리는 재앙(禍)이 일어날 것이다. 대저 신하(人臣)가 임금을 섬길 적에는 임금의 명령(令)은 따르지 않더라도 임금의 의중은 따르기 마련인데, 하물며 정령(政令)에 반포하여 자기를 따르게 하는 데 있어서이겠는가? 신하로서의 체모를 크게 상실하였다고 책망하였으니, 임금이 뜻하는 바를 누가 감히 어기겠는가? 아, 이는 임금의 성대한 덕에 큰 허물이 될 뿐만 아니라, 실로 치란(治亂)과 흥망(興亡)에 관계되는 것이다. 어찌 길게 탄식하지 않을 수 있겠는가?(최석기, 2009: 18-50; 『명종실록』, 10년 11월 19일 기사).

상소문을 읽은 명종이 격노해서 '불경군상죄(不敬君上罪)'로 남명을 처벌하라고 명한 것은 앞에서 소개하였다. 남명의 상소문에 대한 왕의 분노와 책벌을 명한 후에 조정 안팎에서 논의는 해를 넘기고도 계속되었다.

11월 20일, 남명의 죄를 논의하는 자리에서 시강관(侍講官) 정종영은 "지방의 선비들의 말이 공손치 못한 점에 동조하면서도 옛날 제왕이 선비를 대우하는 도리를 들고, 처벌하면 선비의 기상이 꺾일 것"이라고 명종을 설득하였다(최석기, 2009: 29-30). 또 정언 이헌국도 "… 옛날 구양수(歐陽修)가 황태후를 한 사람 부인(婦人)

이라 하였지만 황태후는 그를 처벌하지 않았습니다. … 말 한 마디가 나라를 일으킬 수도 있고, 나라를 망하게 할 수도 있으며, 종묘사직이 흥하고 망하는 것도 여기에 달려 있습니다"(최석기, 2009: 29-32)라고 하며 명종을 설득하였다.

6) 사신(史臣)은 논한다. "조식의 상소를 옳다고 하는 것이 진실로 정론이다. 임금을 과실이 없는 곳으로 인도하려는 것이 바로 임금을 공경하는 큰 것이다. … 말로써 심하게 책망하였는데, 이는 죄를 주는 것보다 더 심한 것이다. 이것을 너그러이 용납하였다고 말할 수 있겠는가?"(『명종실록』, 권19, 명종 10년 11월 20일 기사).

7) 사신(史臣)은 논한다. "조식의 상소에 임금이 한 번 성을 내자 초야에서 곧게 직언하던 사람들이 서로 경계하였고, 신하들이 간쟁하는 의논을 여러 번 거절하자, 할 말이 있는 조정의 벼슬아치들도 묵묵히 입을 다물었다. 이것이 바로 언로가 날로 막히고 기강이 확립되지 못한 이유이다(『명종실록』, 권19, 명종 12년 1월 30일 기사).

남명 조식이 올린 단성소로 인하여 명종의 격노와 함께 조정과 온 나라가 들썩거렸으나 앞에 서술한 내용처럼 사관들은 명종의 태도를 언로와 소통을 막는 처사로 기록하였으며, 일관되게 남명의 상소를 올바른 진언으로 높게 평가하였다. 또 남명과 당대를 함께 살았던 후학 율곡(栗谷) 이이(李珥)도 "벽립천인(壁立千仞)한 이로는 조식과 같은 이가 없다"(『율곡전서』, 경연일기 2)고 하였는데, 추측컨대 목숨을 건 남명의 단성소를 올린 일이 그렇게 말하는 근거로 삼았을 것이다.

2) 남명과 단성소의 영향

연구자들은 남명의 단성소가 이루어낸 긍정적 결과로서 1) 훈척의 영향력이 줄어들게 하고, 사림의 위상을 높였다는 점, 2) 처사 남명 개인의 위상이 크게 높아졌다는 점을 들고 있다.

첫째, 남명을 통하여 사림의 위상이 높아져 마침내 정국을 주도하는 세력이 될 수 있었다. 사림파 인사들은 "성종 무렵부터 과거를 통하여 조정에 등장하였으나 훈구파의 전횡을 공격하였다. 사화는 사림파의 이러한 공격에 대한 훈구파의 대응이었다"(이덕일, 2018: 16-17). 김충렬은 "중종반정으로 새로운 정국이 열리자, 신진 사류들은 읽던 책을 덮고 포효하고 일어섰다. 그러나 그 결과는 목숨을 잃고 학문만 사장시킨 허망과 분노였다. 4대 사화로 참벌을 받은 사림은 기가 죽고 정신마저 마비되어, 벼슬에 나아간 이는 복지부동의 자세로 명리만을 추구하는 상황에서 (단성소를 올려) 분연히 일어나서 유학을 새롭게 깨우치게 한 이가 바로 조식이다"(김충렬, 2008: 147)라고 하였다.

안외순은 "조선 정치사에서 남명의 처사적 궤적이 산림(山林: 초야의 선비들 총칭)의 권위를 드높이는 계기가 되었고, 최고 권력자로부터 언로를 보장받는 다리가 되었으며, 조선 유림의 '저항정신의 표상'이요 '행동하는 양심'의 사표가 되었다"(안외순, 2011: 63)고 평가하였다. 그간 수차 사화를 겪으면서 꺾였던 선비들의 기(士氣)가 남명의 상소를 계기로 한껏 고양되었고, 조정 안의 사림들도 고무되었다.

산림의 유일(遺逸: 학문과 행실이 높은 선비) 남명이 "임금은 임금답게, 신하는 신하답게" 백성을 위하여 다스리는(治人) 정치를 준엄하게 촉구하였으니, 이러한 남명의 행의(行義)는 명종과 훈척을 비판하여 대책을 제시한 일이면서도 또한 묘당의 사대부들에 대해서도 남명 개인은 물론 산림유(山林儒: 초야에 머물며 학문을 쌓고 인격을 수양하는 선비) 전체의 위상과 영향력을 높이는 결과가 되었다. 이러한 분위기에 힘입어서 윤원형의 퇴출과 함께 "명종 말-선조 무렵에 드디어 사림파가 정권을 장악할 수 있었다"(이덕일, 2018: 16-17). 김기주도 "1565년 문정왕후 · 윤원형 · 보우의 연이은 사망 그리고 1567년 선조의 즉위와 더불어 사림은 정치적 주도 세력으로 확고한 자리를 잡았다"(김기주, 2010: 272)고 하였다.

둘째, 단성소를 통하여 남명의 학문과 유가적 이념의 실천, 애민사상이 목숨을 건 실천으로 구현되었다. 『논어』에는 "뜻있는 선비와 어진(仁) 사람은 자신이 살고자 인(仁)을 해치는 일은 없지만, 자신을 희생해서 인을 이루는 경우는 있다"(위령공 15.9, 동양고전연구회 주역, 2016: 329)고 하였다. 남명 조식이 그랬다.

군왕과 훈척으로 하여금 파당적 이익(利)을 버리고, 백성의 삶을 윤택하게 하는 공의(公義)를 따르도록 "온몸을 던져 직언직설로써 촉구한 산림처사"는 남명이 처음이다. 남명은 상소문에 "신은 이(관리들에 의한 백성 벗기기, 즉 수탈) 때문에 걱정하고 깊게 생각하면서 낮에는 하늘을 우러러보며 탄식한 것이 여러 차례이고, 크게 한탄하면서 아픈 마음을 억제하며 밤에 천장을 쳐다본 지가 오래되었습니다"라고 썼는데, 이는 『논어』의 지적대로 남명은 그렇게 인(仁: 백성 사랑)을 표현한 것이고 사생취의(捨生取義: 죽음으로써 옳은 것을 실행함)를 실천한 것이다.

묘당의 사림파 사대부들[39]조차 훈척의 발호(不義)를 보고도 제대로 간언하는 용기를 보이지 못하였다(見義不爲, 無勇也). 그러나 산림의 처사(處士) 남명은 건곤일척의 일념으로 인의(仁義)를 실천하였다. 즉, 당시 벼슬에 나가 고하(高下)의 자리를 차지한 이들이 아무것도 하지 못하고 있을 때, 산림의 처사 남명은 혼자서 일기당천(一騎當千)의 기세로 절대군주 명종과 문정왕후의 수렴청정, 그리고 척신 윤원형의 횡포, 위·아래 관리들의 무능과 수탈을 통렬하게 지적하고 통치의 개혁을 촉구한 것이다. 그렇게 함으로써 단성소 이후 남명은 가히 사림을 대표하는 실천 유학자로 부각되었고, 군왕도 함부로 벌주지 못하는 거대한 산처럼 우뚝 선 것이다.

단성소 이후에도 "명종은 14년(1559)에 남명을 조지서(造紙署) 사지(司紙)에 임명하였으나 병을 핑계로 나가지 않았다. 또 명종 21년(1566) 7월에 남명을 부르는 전지(傳旨)가 있었으나 역시 나아가지 않았고, 8월에는 상서원(尙瑞院) 판관(判官)으로 불렀다. 수렴청정하던 문정왕후가 죽고, 권간(權奸) 윤원형이 쫓겨난 후였으므로 조정의 분위기가 다소 달라졌다고 보고, 10월 3일에 남명은 대궐의 사정전(思政殿)에 나아가 명종을 만나 이야기를 나누었다. 이때 남명은 명종을 판단하는 기회로 삼은 듯하다. 그러나 10월 11일에 남명은 한양을 떠나고 말았다"(허권수, 2010: 213-214; 최석기, 2009: 124-135).

선조가 1567년 즉위하자마자 불렀으나 나아가지 않았고, 1568년(戊辰) 5월에도 선조가 불렀으나 「무진봉사(戊辰封事)」를 써 올리고 나아가지 않았으며, 12월에 또 불렀지만 사임하는 글(사장 辭狀)로 '구급(救急)' 두 글자만 써 올리고 나가지 않았다(허권수, 2010: 214; 최석기, 2009: 143). 「무진봉사」에 남명은 서리망국론(胥吏亡國論)을 적었고, 서리들의 작폐는 300년 뒤 1862년 진주농민항쟁의 원인이 되었다. 임진왜란의 조짐을 읽고 제자들이 대비케 한 것처럼 남명의 통찰력이고 혜안이 또 한 번 빛났다.

안외순은 10여 차의 벼슬을 거절하고 끝까지 처사의 삶을 산 남명은 "불사(不仕)의 이유를 적극적인 정치적 의사 표현의 형태로 피력하였는데, 상소문을 그 수단으

---

39) 벼슬길에 나선 선비(儒者)를 사대부(士大夫)라 부른다. 처사(處士)에 대하는 말이다.

로 삼았다. 단성소가 그 전형이다"(안외순, 2011: 52)라고 하였다. 나아가 안외순은 "남명의 불사(不仕)와 상소를 통한 정치적 의사의 표현을 통한 처사의 삶은 산림(山林)[40]의 권위를 높였고, 최고 권력자로부터 언로를 보장받았고, 유림의 '저항정신의 표상'이요 '행동하는 양심'의 사표가 되었다"(안외순, 2011: 63)고 평가하였다.

3) 한 문장으로 요약 · 정리하기

남명 조식을 감히 어떻게 한 문장으로 말하거나 쓸 수 있겠는가? 그건 불가능하다. 그의 학문과 사상과 실천, 그리고 그 결과로서 역사적 영향을 놓고 그런 시도를 하는 것 자체가 무리한 일이다.

그럼에도 불구하고, 남명의 단성소에 한정하여 그 역사적 의의를 평가하는 한 문장으로 요약해서 정리해 본다면, "우국상민(憂國傷民)의 인의(仁義)로운 선비(處士) 남명, 높고 깊은 학문으로써 시대를 통찰하여 문제를 적시하고, 군왕에게 민본(民本)의 왕도정치를 목숨 걸고 주창하였다"라고 하겠다.

40) 유자(儒者)를 산림유(山林儒: 향리에 머물며 학문하고 도를 세우고 지키는 선비, 즉 처사處士)와 묘당유(廟堂儒: 벼슬에 나간 대부大夫)로 나누는데, 산림은 전자를 망라하는 의미로 썼다.

제 4 장

남명학파 의병단, 조선을 지킨 방벽이 되었다

왜군이 1592년 4월 13일 부산포에 상륙하고, 송상헌이 지키던 동래성까지 무너뜨리고 북상하여 탄금대에서 조선 관군의 거의 70%를 가동한 신립(申砬)의 부대를 궤멸시키자 선조 조정은 도망치듯 도성을 떠났다. 그렇게 조선의 관군은 육지에서 지리멸렬해졌고, 백성들은 공황 상태에 빠졌다.

이럴 때 곽재우(郭再祐)는 왜군 상륙 후 9일 만에 맨 먼저 의병단을 만들어 게릴라전을 펼치며 참전하였다. 합천의 정인홍(鄭仁弘) 의병단, 고령 · 거창의 김면(金沔) 의병단이 잇따라 참전하였다. 이렇게 의병단이 낙동강과 경상우도를 지키면서 조선은 분위기를 수습하여 공황 상태를 벗어나 왜군에 맞설 수 있었다.

경상우도 의병단은 곽재우 · 정인홍 · 김면 등 3대 의병장을 포함한 남명 조식의 제자 57명과 제자의 제자까지 131명의 의병장이 남명학파 의병단 1만 명의 병력을 이끌어 왜군과 싸웠다. 이들은 왜군들이 호남으로 진격하기 위하여 반드시 무너뜨려야 하는 진주성의 안팎을 지켜 제1차 진주성 전투를 승전으로 이끌었다. 왜군은 정유재란이 끝날 때까지 끝내 호남으로 진격하지 못하였다.

다음에 왜군의 호남 진격을 저지한 진주성 전투(제1차), 곽재우 · 정인홍 · 김면 등 남명학파 의병단의 참전 내용 등을 살펴보고 그 역사적 의의를 서술한다.

제 1 절 조선이 극복한 임진왜란

온 나라 강토가 유린되고 헤아릴 수 없는 많은 백성들이 어육(魚肉)[1]이 된 국가적 재앙으로서 임진왜란이 발생한 것을 단 한 가지 요인만으로 설명할 수는 없다. 왜란 발발과 7년 전쟁이라는 참혹한 결과는 명종의 무능과 척신의 적폐가 쌓여 있었고, 그래서 민심 이반이 컸던 요인도 있다. 또 "왜적의 침략은 없을 것이다"라며 당파적 이익을 따른 부사 김성일(金誠一)의 거짓 보고는[2] 선조 조정을 무장 해제시킨 것과 마찬가지이다. 또한 당파싸움에 빠져 국익을 몰각한 조정의 관료들,[3] 그리고 선조의 오판[4] 등을 원인 요인으로 꼽을 수 있다.

"선조 25년(1592)년 4월 13일 일본은 원정군을 편성해 부산 앞바다에 왔고, 4월 14일 병력 제1진이 부산진성을 공격하여 함락시켰다. 신립의 군대가 충주(탄금대)에서 패배하였고, 패전 보고를 받은 조정은 파천을 의논하였다. 그리고는 화급하게 궁문에 자물쇠를 채운 다음 선조 일행은 새벽에 도망치듯 한양을 떠났다. 5월 2일 왜

---

1) 백성의 겪는 전쟁의 참상을 나타내는 섬뜩한 말로서 이이화(1992: 397-430), 권인호(2013: 77-131) 등의 글에서 빌려온 것이다.

2) 임진왜란 전후에 김성일의 역할을 우리는 어떻게 평가하여야 할까? 제1편에서 소개한 대로 그는 선조 앞에서 "침략의 조짐을 보지 못하였습니다. 풍신수길(豊臣秀吉)은 쥐같이 생겨서 인물이 아니었습니다"라고 하여 정사 황윤길과 정반대의 말을 하였다. 그런데, 그 다음 해에 끔찍하게도 왜란이 일어났다. 조선 백성들은 왜란으로 7년 동안 어육(魚肉)이 되었고, 조선의 국력은 바닥났으며, 명나라에 대한 의리론으로 인조반정의 구실까지 만들었다. 물론 김성일은 이가원의 말 대로 경상우도 초유사로서 전쟁에서 일정한 역할을 하였다. 우리 민족에게 초래한 엄청난 해악, 그 결과만 놓고 보면 역적질보다 나쁜 일이었다. 이 일을 두고 "일찍이 통신부사로 일본에 갔다가 돌아온 후에는 상사 황윤길과 다른 진술이 있었으므로 당시의 물의가 자못 분분하였으나, 임란 때에 이르러서는 경상우도 병마절도사로서… 초유사의 제명을 받았고 또 좌・우관찰사로서 군적을 많이 세웠다"(이가원, 2002: 97)는 이가원의 언사는 김성일의 공(功)은 강조하고 과(過)는 덮어주는 어법이다. 이가원, 그는 『춘추』를 읽었을까?

3) 남명 조식은 명종에게 1555년 을묘사직소(일명 단성소)에 머잖아 왜구가 재앙을 일으킬 것이라는 것을 지적하여 대책을 세우도록 촉구하였다(남명집, 2001: 315-316). 그랬는데도 조정은 대책을 세우지 못하자 남명은 제자들에게 왜구를 대처할 책문(왜를 다룰 대책을 묻는다)을 낸 것이다.

4) 통치권자 누가 전쟁을 즐기겠는가? 선조는 왜침이 없을 것이라는 허위 보고를 믿고 싶었을 것이다. 그러나 현명한 지도자였다면 오판을 피할 최선의 방책을 내었겠지만 선조는 그렇게 하지 못하였고, 의주로 쫓겨가는 수모, 명나라 중간급 장교와도 맞절을 하여야 하는 수모를 겪었고, 백성의 고난은 길고도 모질었다. 오늘의 국가 지도자들에게 절실한 교훈이다.

군은 서울에 입성하였다"(『선조실록』: 김준형, 1995: 92). 왜란이 일어나자 당시 조선은 공황 상태에 빠졌고, "초기 2개월은 왜군이 전쟁을 주도하였다"(고석규, 1992: 40).

그러나 "임진왜란은 우리 민족의 적극적인 저항으로 극복한 전쟁이었다. 특히 임진왜란 의병 활동은 전쟁 극복의 확실한 원동력이었다"(김강식, 1995: 39-40). 고석규도 "임진왜란은 결코 우리 측이 일방적으로 패퇴한 전쟁이 아니었다. 그것은 극복된 국난이었다"(고석규, 1992: 39-40)고 하였다.[5] 일어나지 않았으면 다행이었을 임진왜란이지만, 일단 우리는 천신만고를 겪으며 그것을 극복해 내었다.[6]

이수건은 "(전쟁 극복 요인은) … 사림의 향촌 지배 체제가 근본적으로 붕괴되지 않았기 때문에 재조·재야 세력이 동요된 민심을 수습하고 민중을 효과적으로 조직·동원하여 전수(戰守) 양면에 투입할 수 있었으며, … 명의 원군도 맞이할 수 있었던 것이다"(이수건, 1992: 11)라고 하였다. 여기서 사족(士族)의 향촌 지배 체제는 의병 활동의 기반이 된 조건을 가리킨다.

왜란이 일어나고 관군이 궤멸된 상황에서 최경회, 임계영 등 전라도 의병을 비롯하여 전국 곳곳에서 향촌을 지키고, 백성과 나라를 구하기 위하여(최재호, 2013: 38) 의병이 일어났다. 왜란이 난 지 열흘도 안 되어 의병을 일으킨 경상우도 의령의 곽재우, 뒤이어 합천의 정인홍, 고령의 김면, 진주의 조종도 등 많은 의병장은 목숨과 재산을 바쳐서 왜란 극복의 중심에 섰다. 고석규는 "임진왜란으로 나라가 존망의 기로에 섰을 때 전국 의병의 절반 이상이 영남 출신이며, 그들 대부분은 남명학파의 활동 무대인 경상우도에 근거를 두고 있었다"(고석규, 1992: 102-103)고 하였다.

그렇게 경상도 의병은 남명학파 의병이 중핵을 이루었다. 이수건은 "…남명학파의

---

5) 7년의 임진·정유왜란을 두고 역사적 관점은 다를 수 있을 것이다. 군왕과 지배층의 정책 실패로 조선 백성들은 무수하게 죽었고, 그들은 조선의 문화재 등을 마구잡이로 약탈해 갔다. 다시 되풀이 되어서는 안 될 참으로 안타까운 전쟁의 참화이지만, 결과를 놓고 보면 왜군은 호남으로 진격하지 못하였고, 명나라의 지원까지 받은 조선은 살아남았고, 왜군은 퇴각하였다. 그런 점에서 저자는 왜란은 극복한 전쟁이라는 관점을 따른다.

6) 박희봉은 "엄청나게 많은 일본군이 전투 중에 사망한 것을 알 수 있다. …일본군 22만 4,774명이 조선에 왔고, 제2차 진주성 전투 이전까지 살아남은 인원은 12만 1,578명으로 10만 4,196명이 사망하였다는 결론에 이른다. … 조선 관군과 백성들이 임진왜란 내내 항전하였다는 것이고, 그 결과 일본군이 후퇴할 수밖에 없었다는 것을 의미한다"(박희봉, 2016: 11-13)고 하였다.

혁혁한 의병 전공도 당시 남명학파 또는 경상우도가 사적으로 또는 공적으로 보유하고 있던 모든 인적 · 물적 자원을 효과적으로 활용할 수 있었기 때문"(이수건, 1992: 11)이라고 밝혔다. 이러한 남명학파 의병 활동은 마침내 제1차 진주성 전투를 승전으로 이끌었고, 그 결과 호남을 방호할 수 있었으며, 마침내 조선이 왜란에서 버틸 수 있는 근거가 되었다.

그러면 먼저 임진왜란 3대첩의 하나요 호남으로 왜군들이 진격할 수 없도록 만들어서 조선을 지키는 보루가 된 진주성의 제1차 전투 경과를 먼저 살펴보고, 육지에서 임진왜란을 극복하는 데 큰 영향을 미친 곽재우 · 정인홍 · 김면 등 임진란 3대 의병장의 참전, 그리고 진주지역 의병 활동을 살펴보기로 한다.

제 2 절 진주성전투 승전과 의병 활동

임진왜란 때 진주성에서는 1592년 10월 제1차 진주성 전투와 1593년 6월 제2차 진주성전투가 벌어졌다. 진주성전투는 한산대첩, 행주대첩과 더불어 임진왜란 3대첩으로 꼽힌다. 3대첩의 승전이 조선왕조가 국난을 극복하는 중요한 계기가 되었다. 우리는 3대첩을 승전으로 이끈 선대들의 정신과 가치, 그리고 그들의 선택과 실천을 배우고 새겨야 할 것이다.

Ⅰ. 왜란의 발발과 파죽지세

임진 · 정유왜란에서 제1차 진주성전투 승전이 당시 어떤 의미를 가졌을까? 호남이 끝까지 침탈당하지 않고 살아남은 것은 구체적으로 어떤 의미를 가졌을까? 의병과 관군이 함께 진주성을 지켰고, 그렇게 하여 왜군의 호남 진격을 막았으며, 호남을 근거로 조선이 왜란을 극복하였다는 역사적 의미는 매우 크다.

여기서는 진주성전투의 승전를 주목하고, 그 진주성전투 승전에 관련된 핵심적 영향 요인으로 남명학파를 중심으로 한 의병 활동을 주목한다. 그리고 최경회와 임계영 등 호남 의병들의 진주성전투 참전도[7] 중요한 요소이지만, 자세히 다루지 않는다.

Ⅱ. 진주성전투 승전(제1차)

왜란 초에 맥없이 무너지던 관군이 가까스로 수습할 수 있었던 것은 진주를 비롯한 의령의 곽재우, 합천의 정인홍, 고령의 김면 등 왜란 때 3대 의병장을 비롯하여 남명학파의 의병들이 가장 먼저, 그리고 강한 연대감을 가지고 함께 궐기하여 외곽에서 왜군을 치고 교란하며 시간을 벌었기 때문이다(이남희, 1992: 318). 그리하여 의병과 관군이 합심해서 진주성을 지켜낼 수 있었다.

임진왜란 동안 진주성전투는 두 차례 벌어졌다. "선조 25년(1592) 10월의 전투를 제1차 진주성전투라 하고, 이듬해 6월의 전투를 제2차 진주성전투라 부른다(지승종, 1995: 135). 6월 말경 창원 방면의 왜적들이 진주 공격을 목표로 대거 고성으로 이동하였고, 그 이후 진주 부근에서는 한 달 이상 가는 전투 상황이 전개되었다. 이런 상황이 전개되자 의령의 곽재우는 7월 3일경 군사를 이끌고 진주성으로 들어왔다. 진주성의 관군과 의병은 사천과 고성 등지에서 소규모 전투를 벌이며 왜적들이 진주 쪽으로 진격하지 못하게 하였다(김준형, 1995: 102-115).

1. 조선군과 왜군의 전력 비교

왜적들은 진주성을 공략하지 못하면 조선 침략의 목적을 달성하기 어렵다는 전략적 판단을 한 뒤 진주성 공격을 시도하였다. 고석규는 진주성 전투를 앞둔 조선군과 왜군의 전력을 비교하였다(고석규, 1992: 279-192).

---

7) 박희봉에 따르면, 전라도에서는 김천일이 1592년 5월 나주에서 의병 1,000명을 모았고, 6월에는 고경명이 광주와 장흥 등 20개 고을에서 6천 여 명을 모아서 참전하였다. 이들은 먼저 권율의 관군과 함께 충청지역에서 호남으로 진격하려던 왜군들을 맞아 전주성을 중심으로 지켰다. 고경명은 7월 10일 금산성 전투에서 전사하였다. 또 임계영은 7월 20일 보성에서 거병하여 1,000명의 의병을 모아서 장수, 거창, 합천, 성주, 개령, 진주, 고성, 거제 등지에서 왜군과 전투를 벌였다. 최경회는 7월 26일 광주에서 거병하여 담양, 순창을 거쳐 남원에서 2,000명의 의병단을 만들어서 금산에서 퇴각하던 왜군을 우지치에서 격파하였고, 제1차 진주성전투에도 외곽에서 전투를 벌였다. 그리고 강희열, 임희진, 심우신, 민여운 등도 의병을 모아 영남으로 출정하였고, 제2차 진주성전투에서 전사자 157명 가운데 107명일 정도(박희봉, 2016: 13; 19-25)로 호남 의병들의 활약도 매우 컸다.

1) 조선군의 병력

조선군의 전력은 관군과 의병으로 이루어졌다. 조선군의 병력은 진주성 관군 3천 700명, 곤양군수 이광악 군사 100명 등 약 3,800여 명에 지나지 않았다. 김시민(金時敏) 목사는 관군의 중위장으로서 이광악과 협력하여 군사를 지휘하였고, 진주판관 성수경은 수성의 급소이자 적의 공세가 가장 치열하였던 동문을, 전만호 최덕량은 수성대장으로서 군관 이눌과 함께 역시 공세가 예상되는 구 북문을, 율포권관 이찬종은 남문을 각각 담당하여 방어하였다(지승종, 1995: 153).

한편 "경상우감사 김성일은 조종도를 전라좌우도 의병 및 제장에게 보내어 호남을 지키기 위하여 함께 진주성 지키기를 청원하였고, 10월 2일 전라우의병장 최경회가 남원으로부터 군사를 거느리고 운봉·함양·산음·단성으로 향하였다. 또한 남명학파 의병장들은 진주성을 사방에서 응원하였다. 삼가의병장 윤탁, 의령가장 곽재우, 초계가장 정언충 등으로 하여금 동쪽으로 들어가고, 합천가장 김준민은 북으로 들어가고, 전라의병 최경회는 서쪽으로 들어가고, 고성가장 조응도와 복병장 정유경은 남쪽으로 들어갔다"(박용국, 2011: 337).

그렇게 해서 의병으로서 외곽 지원부대는 의병장 곽재우의 정예 병사 200명에 의병장 최강, 의병장 이달, 의병장 최경회와 의병장 임계영 병력 약 2천 명, 그리고 합천가장 김준민, 고성현령 조응도, 한후장 정기룡, 복병장 정유경, 수군 하경해 군사 등으로 구성되었다.

2) 왜군의 병력

제1차 진주성전투 때 왜군의 병력은 하세가와 히데카즈(長谷川秀一) 병사 5천 명, 나가오카 다다오키(長岡忠興) 병사와 기무라 시게코레(木村重玆) 병사 각각 3천 500명 등 모두 약 3만 명(지승종, 1995: 146)[8]이었다. 어느 쪽이든 왜군은 진주성을 지키는 조선군에 비하여 5배 이상으로 많았다. 물론 수성군(守城軍)에 비하여 공성군(攻城軍)이 많아야 한다지만 왜군 3만 명에 비하여 관군 3천 800명은 그야말로 중과부적이었다.

---

8) 지승종(1995: 154)은 2,3만 명으로 추정하고, 박희봉(2016: 40)은 3만 명이라고 밝혔다.

2. 제1차 진주성전투(1592년 10월 5~10일)

제1차 진주성전투의 날짜별 상황은 지승종의 연구를 간추려 소개하기로 한다(지승종, 1995: 157-163).

1) 제1일(10월 5일)

적의 선봉 천여 명이 진주성 동쪽 말띠고개(馬峴) 북쪽 봉우리에 이르렀다. 목사 김시민은 성중에 영을 내리되 적을 못 본 듯이 하고 화살 하나 총알 하나를 함부로 낭비하지 못하도록 하였다. 성내에 적이 잘 바라볼 수 있는 곳에 용대기를 세우고 장막을 많이 쳤다. 노약 남녀를 모아 남복을 입혀 군세를 웅장하게 보이도록 하였다.

2) 제2일(10월 6일)

이른 아침 적이 대탄(大灘)으로부터 일시에 진격해 들어왔다. 세 패로 나뉘어 산을 덮으며 내려왔다. … 왜적은 총수(銃手)가 천여 명가량 되었다. 진주성을 향하여 일제히 총을 발사하였다. 그러나 진주성은 전혀 동요하지 않아 사람이 없는 것처럼 적막하였다. 적의 기세가 쇠하기를 기다려 소리지르고 북치며 포를 쏘았다. 총소리가 밤새도록 그치지 않았고, 막사 곳곳에서 밤새도록 불을 피웠다.

이날 밤 곽재우 의병장이 심대승으로 하여금 군사 2백 명을 거느리고 향교 뒷산에 올라가 호각을 불고 횃불을 들게 하니 성 안의 사람들도 호각을 불며 호응하였다. 적이 크게 놀라 밤새도록 잠을 자지 못하게 하였다.

또한 "고성의병장 최강과 이달 등은 모두 군사를 거느리고 와서 진주를 응원하였다. 최강이 밤에 망진산에 올라 군사들로 하여금 각기 4, 5개의 횃불을 들고 움직이게 하고 북을 치거나 고함을 지르도록 하였으며, 이달 또한 적을 공격하고 참살하였다"(박용국, 2011: 338-339).

3) 제3일(10월 7일)

왜적이 인근의 대나무를 가져다 묶거나 엮고, 솔가지를 꺾어다 진 밖에 높이 쌓았으며, 큰 나무를 베어 끊임없이 실어 날랐다. 김시민은 군사의 마음을 진정시키는 데 힘써 밤이면 악공을 시켜 문루 위에서 피리를 불도록 하여 한가로움을 보였다. 이날 밤 달이 진 후 왜적이 수백 보에 달하는 대나무 엮은 것을 동문 밖에 세운 다음 그 안에서 흙을 쌓아 언덕을 만들었다. 그 위에서 성을 내려다보며 총 쏘고 화살 피할 곳으로 삼았다.

7일에는 남명학파 의병장들의 별다른 활동 기록은 보이지 않는다.

4) 제4일(10월 8일)

왜적이 대사다리 수천 개를 만들었고, 그 위에 멍석을 덮어 성벽을 오르는 수단으로 삼았다. 그리고 3층짜리 산대(山臺)를 만들었고, 김시민이 현자총통을 쏘게 하자 적들이 도망하였다. 그리고 죽편, 솔가지 더미 등에 화구를 던지게 하였다.

밤 이경(二更)에 의병장으로서 고성가현령 조응도와 진주복병장 정유경이 군사 5백여 명을 거느리고 각자 횃불을 들고 진현(晋峴)에서 호각을 불었고, 성 안에서도 원병이 온 것을 바라보고 큰 종을 울리고 호각을 불어 호응하였다. 이렇게 하여 의병들은 수성군(守城軍)의 사기를 높였다.

5) 제5일(10월 9일)

새벽에 적 2천여 명이 단성 쪽에서 분탕질을 하였다. 한 패는 단계현으로 향하다 정인홍 의병단 합천가장 김준민에게 쫓기었고, 다른 한 패는 단성현에서 분탕질하다가 역시 김준민에게 쫓기었다. 한 패는 살천 쪽 길로 향하다가 의병단의 정기룡·조경형에게 쫓겼다. 성 밖에 남아 있넌 왜군은 산대에 올라 무수히 총을 쏘았다. 싱 안에서 현자총통을 쏘아 적을 죽였다. 이날 저녁 왜적에게 사로잡혀 있던 한 아이가 도망쳐서 신북문에 왔다. 불러들여 적정(敵情)을 물었고, 내일 새벽에 공격할 것이라는 대답을 들었다.

또한 남명학파 의병 "진주의 복병장 정유경이 군사 3백여 명을 거느리고 진현으로부터 사천(沙遷)에 이르러 열병하고 용사 20여 명을 뽑아서 남강 밖에서 분탕질하는 왜적들을 베고 무찔렀다"(박용국, 2011: 340).

6) 제6일(10월 10일)

사경(四更) 초에 적은 퇴각하는 시늉을 했다가 곧 만여 명의 왜군은 동문쪽 새로운 성벽에 육박해서 성벽을 기어올랐다. 기병도 천여 명이 돌진해 들어왔다. 김시민 목사는 동문 북격대에서, 판관 성수경은 동문 옹성에서 사수들을 거느리고 죽음을 각오하고 싸웠다. 성 동쪽 전투가 무르익을 때 또 만여 명의 왜군이 갑자기 구 북문에 이르렀다. 전만호 최덕량과 목사군관 이눌, 윤사복이 죽음을 무릅쓰고 싸웠다. 성 안의 노약남녀도 돌을 던지고 불을 던졌다. 그렇게 하여 날이 밝으려 할 때 적의 기세가 누그러졌다.

이때 김시민이 이마에 적의 총탄을 맞고 정신을 잃었다. 곤양군수 이광악이 대신 북장대를 지키며 궁수들을 데리고 용맹스럽게 싸웠고, 적장 한 명도 쏘아 죽였다. 진사(辰巳) 시가 되자 적이 비로소 물러났다. 왜군은 1만 명의 주검을[9] 남기고 물러났다. 왜군의 패전이었다.

제 3 절 남명학파의 의병 활동

남명은 30세 이후 45세까지 김해 산해정(山海亭)에서 머물며 학문을 쌓았다. 김해는 왜구의 본거지 대마도가 지척이므로 왜구의 분탕질을 겪는 남해안 백성들의 고통을 보고 들었을 것이고, 왜구의 본질을 알고 있었다고 본다. 왜구는 삼포왜란(1510년), 사량진왜변(1544년), 을묘왜변(1555년)까지 일으켜 남해안을 약탈하였다.

남명은 을묘왜변이 일어난 해 단성소(1555년)에 남해안의 왜구 대책을 미리 강조하였고, 줄곧 대왜 외교에서 강경 대응을 조정에 촉구하였다. 조정의 대처가 부실하다고 여겨지자 1569년에는 제자들에게 "책문제(策文題: 왜를 다룰 대책을 묻는다)"를[10] 부과하였으며, 항상 문무 겸전을 강조했고, 스스로 진법(陣法) 등을 공부한 것으로 알려졌다.

남명의 제자들은 평소 스승의 왜에 대한 인식을 이해하였을 뿐만 아니라 보고서까지 썼던 바 있으므로 왜에 어떻게 대처할 것인지 프로그램으로 각인되어 있었던 셈

9) 박희봉(2016: 40)은 조선군 사망자는 300명으로 밝혔다.
10) "대책을 묻는다: 策問題"는 교감국역 『남명집』(1995, 이론과 실천)의 270-272쪽에 한글로 번역되어 실려 있다.

이다. 거기다가 원래 유학이 그렇게 가르치거니와 유학자 남명은 사기(士氣)가 나라의 원기라고 강조하며 나라를 지키는 것이 선비의 책무라고 가르쳤다.

앞에서도 지적된 대로 경상우도 남명학파의 의병 활동은 임진왜란 극복의 전사에서 특별한 의미와 가치를 갖는 것이다. 다음에 임진왜란 3대 의병장 곽재우・정인홍・김면의 의병 활동을 추려서 살펴본다.

Ⅰ. 곽재우의 의병 활동

곽재우는 자가 계수(季綏)이고 호는 망우당(忘憂堂)이다. 그는 1552년 8월 28일 의령현 세간리(世干里)에서 아버지 곽월(郭越)과 진양 강씨 사이에 태어났다. 본관은 현풍이다. 곽재우는 여덟 살부터 글을 읽기 시작하였고, 열네 살 때부터 『춘추』를 배웠으며, 열다섯 살 때 자굴산에 들어가서 제자백가를 익혔다. 열여섯 살 때 김행의 딸을 아내로 맞이하였다. 이로써 곽재우는 남명 조식의 외손서가 되고, 김우옹(金宇顒)의 동서가 되었다. 열아홉 살 때 병법에 관한 책을 두루 읽었으며, 1585년 서른네 살의 나이로 별시 정시(庭試)에 2등으로 뽑혔으나 지은 글이 왕의 뜻에 거슬린다는 이유로 파방(罷榜)당하였다. 이후로 과거에 나갈 뜻을 접었다(정현섭, 2014: 14).

1. 조선 최초 의병단 구성과 참전

이장희(1992: 28-31)에 따르면, "망우당(곽재우)이 의병을 일으킨 것은 4월 22일이었으니,[11] 중앙에서 초모의병(招募義兵)의 명령이 내려지기 훨씬 이전이다. 그가 처음 의병을 일으킬 때에 인원은 가동(家僮: 집안에 심부름하던 종을 일컫는 말) 10여 명에 지나지 않았고, 그 수가 50여 명으로 증가하였고, "5월 초 결성된 삼가 의병장 윤탁(尹鐸, 1554~1593) 군사가 합류하는 등"(윤창현・박균열, 2008: 151- 152), 2천 여 명에 이르는 대규모의 의병단으로 발전하였다. 그리고 효율적인 전투 수행을 위하여 군무를 분장할 참모진을 구성하였다. 그 구성은 다음 표와 같다."

11) 곽재우가 의병을 일으킨 날짜는 4월 20일 설, 4월 24일 설, 4월 27일 설이 있으나 이장희 교수는 『망우당집』의 「자명소(自明疏)」를 근거로 4월 22일 설을 채택하고 있다(이장희, 1992: 28).

곽재우 의병단의 구성

직임		성명	거주지	참고 사항
용사별록	용사모의록			
의병장	의병장	곽재우	의령	유학, 병서읽기, 궁마훈련, 춘추 통달
대장(代將)	영장(領將)	윤탁	삼가	전 훈련봉사, 선조무과, 부정(副正)
도총(都摠)	도총	박사제	삼가	학유, 전적(典籍)
목병장(牧兵將)	목병장	오운	영주	전 목사
목병장(牧兵將)	목병장	이운장	의령	무과, 좌부장(左副將)
선봉장	선봉장	배맹곤	의령	
선봉장	선봉장	심대승	의령	훈련판관
독후장	독후장	정인	삼가	
돌격장	돌격장	권앵	의령	훈련봉사, 무과
조군량	조군	정질	삼가	
전군향	전군	허언심	의령	가심은부(家甚殷富)
주운계	전향	노순	초계	조식의 문인
치병계	치병	강언룡	의령	
조군기	군기	허자대	삼가	성격이 강개하고 절재가 있음. 종을 데리고 참여
기찰	기찰	심기일	의령	지략이 있음.
복병	복병	안기종	의령	훈련봉사, 가동 및 백미 백석 제공
군관	군관	조사남	의령	
군관	군관	주몽룡	진주	무과급제, 선전관

* 이 표는 『망우당집』 가운데 「용사별록(龍蛇別錄)」과 「용사모의록(龍蛇募義錄)」에 의하여 작성된 것을 이장희(1992: 30–31)에서 인용.

2. 곽재우 의병단의 전투

임진왜란 중에 곽재우가 의병장으로 주도한 주요 전투는 이장희(1992), 김해영(2014)의 연구를 중심으로 소개한다.

1) 정암진전투

이장희는 “정암진전투를 1592년 음력 5월 24일[12] 곽재우 의병단이 왜군과 싸워서

12) 그런데, 정암진전투의 날짜에 관하여 김해영(2014: 189)은 “임란 당시 일기류 기록인 『고대일록』, 『용사일기』, 『정만록』 등을 검토한 다음 『난중잡록』의 기록으로 5월 26일조의 기록은 신빙성이 있는 것으로 보인다”고 하였다. 필자도 김해영의 정암진전투 날짜의 추정이 합리적이라고 생각한다.

처음으로 승리한 전투로 보았다. 당시 왜군들은 조선 전역을 구역으로 나누어 점령하는 계획을 세웠고, 전라도 점령을 맡은 고바야가와 다카가게(小早川隆景)의 수하 안코쿠지 에케이(安國寺惠瓊)가 이끄는 2천 명이 정암진을 건너 진주 쪽으로 이동하려는 것을 간파한 곽재우는 왜군들을 늪지 쪽으로 유도해서 허우적거리는 왜군을 무찔렀다. 강을 건넌 왜군 주력도 매복하고 있던 곽재우 군에게 패퇴하고 말았다. 그야말로 임진란에서 조선군 최초로 왜군을 상대로 한 승리였으며, 왜군은 전라도로 진격하는 길 1차 관문에서 막혀 버렸다.

"정암진을 거쳐 의령을 지나서 삼가, 단성, 산음, 함양 등지를 통해 전라도로 진출하려던 왜군의 계획이 곽재우의 방어로 좌절되자, 왜군은 이후 침입로를 바꾸어 북상하여 영산과 창녕을 거쳐 현풍에 이르러, 이곳에서 장차 낙동강을 건너려 하였고, 여의치 않게 되자 왜군은 낙동강을 건너 경상우도로 침입하려는 계획을 포기하고 성주 쪽으로 물러났다.

2) 현풍·창녕·영산 수복전

"현풍·창녕·영산 수복전은 정암진 전투 이후에 감행되었다. 곽재우는 의령을 비롯한 인근 고을이 수복되자, 왜적은 전부 거름강과 낙동강을 건너 좌도로 도주하였다. 그러나 현풍·창녕·영산의 왜적은 군세가 왕성하여 김해에 있는 적과 서로 통하고 요로에 진을 치고 성주와 연결하고 있었다. 이에 격분한 곽재우는 현풍을 위협해 가자 현풍의 적들은 도주하였고, 창녕에 있던 왜적들도 도주하였다. 이렇게 하여 곽재우 의병단이 경상우도는 물론 현풍·창녕·영산 및 강상의 방비를 직접 담당하게 되자 왜군은 소수의 병력으로는 감히 침범할 수 없게 되었다.

3) 진주성전투 외원(外援)

"왜군은 경상우도 쪽으로 진출이 난관에 봉착하게 되자 방어 태세가 비교적 허술한 지역을 공략하기 위하여 병력을 집중시키기 시작하였다. … 왜군은 진주성이 허술하다는 것을 탐지하고 진해에 있던 왜적과 상응하여 진주 쪽으로 침입을 시도하는데, 곽재우 의병단은 이에 즉각 지원에 나서서 진주성에 입성하기도 하였다"(『난중잡록』, 6월 19일조, 김해영, 2014: 198).

제1차 진주성전투와 관련하여 "곽재우는 군관 심대승을 선봉장으로 삼아 정병 2백여 명을 거느리고 가서 진주성 밖에서 돕도록 함으로써 김시민으로 하여금 진주대첩을 승리로 이끄는 데 일조하였다"(이장희, 1992: 35; 강문식, 2014: 212).

3. 곽재우 의병 활동에 대한 왕조의 평가

"곽재우의 의병 활동이 실록에 처음 등장하는 것은 그가 의병을 일으킨 지 2개월 정도 지난 1592년 6월 28일 기사이며, 경상우도 초유사(招諭使) 김성일이 전황을 보고하는 장계(狀啓)의 내용이다. 강문식이 곽재우의 초기 의병 활동에 관한 실록을 정리한 내용은 다음과 같다"(강문식, 2014: 210-211).

- 의령에 사는 곽재우는 목사(牧使) 곽월의 아들로 임진왜란이 발발하자 사재를 털어 가장 먼저 의병을 일으켰다. 기병일은 4월 24일이다.[13]
- 부족한 군량 및 병장기 확보를 위하여 관군이 도망가 비어 있던 초계성의 방장기와 군량을 이용하였는데, 이것이 도적행위로 오해를 받아 의병이 와해될 위기에 처하였다가 김영남 · 김성일 등의 도움으로 위기를 넘겼다.
- 부대를 정비한 곽재우는 의령과 낙동강 일대에서 여러 차례 왜군을 물리쳐 많은 전공을 세웠다.
- 곽재우는 부친 곽월이 명나라에 갔을 때 황제로부터 하사받은 붉은 비단으로 전포를 만들어 입고 자칭 천강홍의장군(天降紅衣將軍)이라 하였다.
- 영남에서 호남으로 들어가는 길목인 정암진(의령-함안 사이를 흐르는 남강의 나루)을 지켜냄으로써 왜군의 호남 진출을 차단하는 데 결정적인 공을 세웠다.

조선왕조가 유사 이래 존망의 위기를 맞은 때 곽재우가 이렇게 전공을 세우자 왕조는 벼슬을 내리며 그 공을 평가하기 시작하였다.

먼저, 6월 29일 곽재우를 유곡찰방(幽谷察訪), 그해 8월 형조정랑, 같은 해 10월에는 선조의 뜻에 따라 정3품 당상관 통정대부, 또 1593년 곽재우를 성주목사, 더하여 선조는 절충장군 조방장으로 삼도록 명하였다. 왜란이 끝난 후 1599년 2월에는 진주목사, 그해 9월 경상좌도 병마절도사에 제수하였으나 1600년 2월 '국가를 위한 선조

13) 기병일에 관해서는 김해영의 견해를 통하여 4월 22일이라는 점을 앞에서 소개한 바 있다.

의 각성과 분발, 붕당의 비판과 제어, 전후 복구와 백성을 위한 정치, 수군 중심의 군사행정의 문제, 일본과의 화의를 거절한 외교의 미숙함[14] 등을 눈물로써 지적하여 간하는 장계'를 써 올리고는 사직하고 귀향하였다. 곽재우의 장계에 불만을 가진 선조와 정파 세력은 그가 왕명을 받지 않고 낙향하였다는 경상감사의 보고에 따라 일제히 곽재우를 탄핵하였고, 곽재우는 전라도 영암으로 유배되었다가 2년 후 1602년 풀려났다. 공신 책봉에도 곽재우는 빠졌다. 그 후 1604년 찰리사(察里使)로 임명되어 도원수의 지휘 아래 산성의 수축과 관리에 특히 힘썼다. 그리고 장계를 올려 산성 정비의 중요성을 강조하였다. 그해 10월 절충장군용양위부호군, 11월 가선대부용양위상호군으로 품계를 올려주었고, 광해군 원년(1608) 경상좌도병마절도사, 1609년 경상우도병마절도사, 3도 수군통제사로 임명되었으나 나가지 않았다(이동환, 2014: 35-43; 강문식, 2014: 207-236).

임진왜란이라는 국난을 극복하는 과정에서 수군의 이순신과 더불어 육지의 곽재우는 두 기둥 역할을 수행하였다. 한때 "곽재우의 인성을 장계에 써 올리고 불신하던 김성일의 판단 및 평가(강문식, 2014: 211)와 전혀 달리 곽재우는 장수로서 전쟁 수행 역량에 대하여 어느 누구도 이론을 제기하지 않았다. 임란을 맞아 시종 도망자로서[15] 곽재우의 성토를 받았던 김수조차 선조 앞에서 곽재우의 능력과 공적을 높이 평가하였을 정도였다. 장수로서 곽재우는 전략적 판단도 출중하였던 것으로 밝혀졌다. 즉, 1593년 제2차 진주성 전투 때 진주성에 들어가면 전멸하고 진주성을 잃을 것이라는 판단, 1594년 수륙군 연합으로 거제의 왜군을 공격하면 불리하다는 판단 등은 그 뒤 조정에서도 곽재우의 판단이 옳았음을 유성룡도 인정하였다(『선조실록』, 강문식, 2014: 216, 각주 30). 또 후세의 역사학자들도 곽재우의 전략적 판단이 옳았음을 인정하였다. 정리하면, 곽재우는 단순히 한 사람의 의병장이 아니라 경상우도, 나아가 조선을 대표하는 장수로 인정받았다고 할 수 있다"(강문식, 2014).

이렇게 곽재우가 의병 활동에서 성공할 수 있었던 요인으로 첫째, 그가 유학자로

---

14) 곽재우는 왜란 전과 전쟁 중에는 일본과의 화의를 반대하였고, 전쟁 후에는 피폐한 민심 수습을 비롯한 전후 복구를 위한 시간의 확보 등 전략적으로 화의가 필요하다고 보았다. 그러므로 곽재우를 무조건 일본과 화의를 주장한 인물로 보아서는 안 될 것이다(강문식, 2014: 229).

15) 임진왜란 초기 김수의 일자별 행정은 김해영(2014: 193 각주 33)가 잘 정리하고 있으며, 또 그가 전쟁을 피하는 모습은 곳곳에 나타난다(김해영, 2014: 199).

서 춘추를 공부하여 대의를 알았으며(최석기, 2008: 105–106), 유학의 큰 뜻 수기치인을 제대로 알고(권인호, 2002: 257–259) 실천하는 것을 스스로 공부하여 선비의 책무로 알았고, 거기다가 스승이자 처외조부 남명의 가르침도 영향을 주었다고 보는 경향이다.

둘째, 이수건(2014: 125–134), 박병련(2014: 403–431) 등은 곽재우의 의병 활동에 긍정적 영향을 미친 요소로서 사족의 향촌 지배 질서, 혼맥과 그것에 바탕을 둔 경제적 기반, 그리고 경상우도의 남명 학맥 등 혈연과 학연 등 사회 · 경제적 조건을 활용한 점을 들었다.

셋째, 그는 스스로 공을 차지하려고 하지 않았고, 또 자신의 것을 덜어서 병사들을 챙기는 헌신적 리더십을 보였다는 점을 성공 요인으로 든다. 선조실록에는 비변사에서 곽재우는 "자신의 공을 스스로 말하지 않는다"는 보고하였고, 또 "… 심지어 수급(首級)을 강에 던져버리고 공을 말하지 않았다"(『선조실록』, 25년 8월 16일조와 7월 18일조, 박병련, 2014: 428)는 점과 "아내와 자식들의 옷을 벗겨 의병 전사의 아들과 딸에게 입힌 일(『난중잡록』, 박병련, 2014: 428)과 가산이 탕진되어 가족들이 굶주림을 면치 못하였다는 초유사 김성일의 장계(『초유자장계』, 박병련, 2014: 429)를 통하여 입증된다.

넷째, 곽재우는 탁월한 전략가였다. 곽재우는 패배를 모르는 의병장이요 관군의 장수로 알려졌는데, 탁월한 전공의 바탕은 그가 일찍 공부하여 쌓은 병법 지식에다 처외조부 남명 조식의 가르침에 힘입은 것이다.[16] 곽재우는 열아홉 살부터 학문을 닦는 여가에 병법에 관한 책을 두루 읽어 통달하였다(정현섭, 2014: 14; 이동환, 2014: 55). 또한 남명은 또 왜구의 발호에 조정의 미흡한 대처를 보고는 제자들에게 외교적 대처를 묻는 책문(策文)을 쓰게 하여 일찍 전략적 판단을 할 수 있도록 가르쳤다(『남명집』, 2001).

16) 남명은 소년 시절부터 박학(博學)을 추구하는 학문 취향이었다. 그는 노장(老莊)과 도교, 그리고 병가(兵家)의 사고를 적극 수용하였다(이동환, 2006: 13–14)고 알려졌다.

Ⅱ. 정인홍의 의병 활동

정인홍(鄭仁弘, 1536~1623)의 호는 내암(來庵)이고, 본관은 서산(瑞山)이다. 그는 경상우도 합천군 야로현 사촌리에서 중종 31년 정건(鄭健)과 진양 강씨 사이에 장남으로 태어났다. "어릴 적에는 임훈(林薰)에게 수학하였으며, 15세(1551)를 전후하여 삼가현 토동의 계부당(鷄伏堂)에서 남명 조식의 가르침을 받기 시작하였다"(윤인현, 2008: 194).

그는 23세에 생원시에 합격하였으나 벼슬에 뜻을 두지 않아 과업(科業)을 일삼지 않았다. "선조 6년(1573) 39세 때 정인홍은 최영경 등과 함께 '탁행지사(卓行之士)'라는 유일(遺逸)로 천거되어 6품직을 제수받고 경상도 황간(지금은 충청도) 현감이 되었다. 42세와 43세에 사헌부 장령으로 임명되었으나 모두 사퇴하고 나아가지 않았다. 44세에 영천군수로 재직하였으나 관리들의 부패상을 겪자 낙향해 버렸다. 46세 때 사헌부 장령으로 임명되어 상경하였다. 55세 때 기축사화가 일어나서 최영경은 죽고 정인홍은 삭탈관직되었다"(권인호, 2010: 22-23).

임진왜란을 대표하는 조선의 영웅적 장수는 이순신과 곽재우이다. 의병장으로서나 광해군 시대 북인정권의 대표격 인사로서 정인홍이었지만, 오늘의 우리에게는 비교적 덜 알려졌을 뿐만 아니라 왜곡되어 알려진 인물이다. 정인홍은 1623년 인조반정으로 당파적·집단적 모함과 방조[17]에 설려 역적으로 놀렸고, 무려 285년이나 지나서 겨우 1908년에야 복권(伸冤)되었기 때문이다.

1. 정인홍 의병단의 창의

"정인홍은 1592년 5월 10일 김면(金沔)과 함께 합천 숭산동에 모여 뜻을 같이하는 사인(士人)들을 규합하여 창의토적(倡義討賊)의 의론을 정하였다. 여러 차례 향인(鄕人)들에게 통문을 보내고 각지에 기병유사(起兵有司)를 정하여 의병을 모았다. 이

---

17) 여기서 당파적이라는 것은 당시 붕당정치에서 서인의 조작에 의하여 역적으로 몰린 것을 의미하고, 집단적이라고 하는 것은 당시 남명학파와 경쟁 관계에 있었으며, 서인과 훈척 세력에 연합하여 권력을 공유한 학파의 방조를 의미한다. 그 이후 정인홍과 남명학파는 해체 위기를 겪었다.

러한 과정을 거쳐 6월 초순경에는 의병이 모아졌다. 본군(本郡)의 병력은 1,600인이었다"(고석규, 1992: 43).

"정인홍은 합천군 가장(假將)인 전 첨사 손인갑(孫仁甲)을 중위장으로 추대하여 방어의 계획을 세웠다. 6월 22일에는 정인홍과 김면이 군사를 이끌고 거창에 모여 초유사 김성일과 함께 토적의 방책을 논하였다. 이때, 정인홍 의병의 주요한 군사적 역할은 의령의 곽재우, 거창의 김면, 초계의 전치원 · 이대기, 고령의 김응성, 성주 일면을 지키는 문려 · 이홍우 등의 사이를 왕래하면서 위급한 곳을 지원하는 일을 맡았다. 즉, 경상우도의 의병을 총괄하는 지위에 있었다"(고석규, 1992: 44).

2. 정인홍 의병단의 전투

고석규는 "정인홍 의병단의 전투는 무계(茂溪)전투, 초계(草溪)전투, 안언역전투, 진주성 외원전투 등 네 차례의 대전과 성주성 전투로 집약할 수 있다고 하였다"(고석규, 1992: 44-48; 2010: 113-119). 여기서는 정현재(1995: 77-85)와 고석규의 글을 중심으로 간추려 소개한다.

1) 무계전투(6월 4일~6일)

무계는 낙동강 안(岸)에 위치하며 역이 있는 곳으로 동으로 대구, 남으로 현풍, 서남으로 고령, 북으로 성주와 이어지는 곳으로 전략적 요충이었다. 정인홍 의병단은 고령의 김응성, 성주의 이승 군사와 합세하여 6월 5일 여명에 우선봉에 한여택, 좌선봉에 하종해를 앞세워 무계역으로 진격하여 한 차례 접전했다. 왜적은 9월 11일 스스로 성을 불태우고 성주성으로 퇴각하였다.

2) 사원동 복병전투(안언역전투 6월 17일경)

정인홍의 부장 손인갑은 6월 중순경 성주 쪽으로부터 왜적 300여 명이 나오는 것을 탐지하고 복병을 설치하고 작전을 강행하였다. 이 전투에서 박응성, 장호가 전사하고 손인갑 군은 퇴각하였다(정현재, 1995: 81, 주 147 참조).

3) 초계전투(6월 22일)

6월 들어 낙동강 수로는 왜적의 오르내림이 빈번해졌으므로 초계의 의병 전치원, 이대기 등은 낙동강 수중에 목책을 설치하고 왜선을 공격할 준비를 하였다. 6월 19일 새벽 낙동강을 내려오던 왜선 5척 중 큰 배 두 척이 목책에 걸리자 아군이 공격하였다.

6월 22일 왜선 11척이 초계에 정박하였다가 강을 내려오므로 손인갑은 정인홍에게 보고하고 대군을 이끌고 22일 새벽에 접전하였다. 손인갑은 이들을 추격하며 활을 쏘아서 죽였으나 왜적을 추격할 때 말이 모래톱에 빠져 손인갑은 전사하였다. 이 전투에서 손인갑의 아들 손약해와 교수 노개방도 전사하였다. 정인홍은 김준민을 가장령으로 삼아 군사를 지휘하도록 하였다.

4) 안언역전투(7월 9일～10일경)

정인홍은 의병대장이 되어 6읍의 군사 2,800명을 거느렸다. 정인홍 의병단은 고령・성주군과 합세하여 무계에서 성주 쪽으로 많은 짐을 싣고 이동하는 왜적 400명을 공격하였다. 김준민과 정준방이 사수를 이끌고 은관을 쓰고 검은 말을 탄 왜장을 쏘아 떨어뜨리자 매복한 군사들이 떨쳐 일어나 공격하였다. 적병들은 놀라서 도망쳤다. 이 전투에서 적병 400여 명을 섬멸하였으며, 우마 140여 마리, 군량, 기계, 짐수레, 화약 등을 빼앗았다.

5) 진주성 외원전투(10월 초순경)

제1차 진주성전투 때(1592년 10월 5일~10일) 왜적에 의하여 진주가 포위되었다. 진주의 위급이 여러 의병단에 알려지자 정인홍은 가장 김준민, 중위장 정준방으로 하여금 정예 병사 500명을 뽑아 급히 돕게 하였다. 왜적은 2천 여 명의 적을 둘로 나누어 단성현 쪽으로 나가서 방화와 약탈을 자행하였다. 김준민부대가 구원군으로 단계에 도착하였을 때, 적병을 만나 전투를 벌여 타격을 주었다. 도망하는 적을 추격하여 진주성 아래에 이르렀다. 그리고 성을 포위하고 있던 적들은 물러났다. 진주의 포위가 풀린 것은 정인홍 의병단의 전투에 힘입은 것이다.

6) 성주성전투(12월 14일경)

정인홍 의병단이 치른 가장 치열한 전투가 성주성전투였다. 8월 들어서 호서·호남에서 패퇴하던 왜적들이 모두 영남의 성주와 개령 등지로 모여들었다. 그러자 호남의 의병장 최경회와 임계영도 병사를 이끌고 와서 거창에 주둔하였다. 임계영은 정인홍을 도와 성주성전투에 참여하였다.

정인홍과 김면은 각각 정병 천여 명을 이끌고 8월 19일 새벽에 성주성을 공격하였으나 함락시키지 못하고 아군 피해가 컸다. 저녁 무렵에 포위를 풀었고, 왜군 응원군 2천 여 명까지 합세하여 협공을 당하는 상황이 되었다. 그렇게 대소 수십여 차 전투를 벌였으며, 이러한 전투는 다음 해 1월 15일 밤 왜적이 성문을 열고 철수할 때까지 계속되었다.

4. 정인홍 의병 활동의 의의와 평가

정인홍은 58세의 고령인데도 의병을 일으켰다.[18] 그리고 김면, 곽재우 등 남명 문하 동문들과 함께 의병장으로서 경상우도를 방어한 성과를 인정받아 조정에서는 7월 4일에 정3품 당하관의 내직에 해당하는 제용감정(濟用監正), 성주목사, 영남의병대장을 제수하였다.

그러나 정인홍은 중앙관리·지방관리·아전의 부패상을 겪고 낙향한 바 있어서 '사의병대장소(辭義兵大將疏)'를 올리고 나아가지 않았다. 선조 26년 3월 29일 60세에 다시 제용감정에 정3품 당상관인 통정대부, 상주목사, 영해부사로 제수되었으나 사직봉사만 올렸다(권인호, 2010: 24-25).

선조 30년 정유재란이 일어나자 도체찰사 이원익과 도원수 권율은 명성 높은 정인홍에게 영남에서 의병을 다시 일으키도록 촉구하였다. 그는 다시 원근의 병졸을 모집하여 의병장으로 활동하였다. 이 시기 그는 주로 명군의 향도 역할을 맡았다.

명나라 군사에 군량을 조달하는 데 공이 컸고, 명나라 장수들도 정인홍의 공을 평가하였다. 이러한 관계는 후에 명과 조선 간의 갈등이 발생하자 정인홍이 이 문제를

18) 오이환은 정인홍이 57세에 의병을 일으켰다고 썼다(『남명학연구』 제21집: 184). 대개 58세로 쓰는 경우가 많다.

해명하는 일을 맡기도 하였다. 왜란 후 선조 32년 12월에 정인홍을 형조참의, 선조 33년 용양위부호군, 35년 1월에 동부승지, 2월 1일 마침내 종2품의 대사헌으로 불렀는데, 정인홍의 나이 67세 때였다(오이환, 2006: 186-191).

정인홍은 광해의 치세에 절대적 신임을 받았으나 벼슬에 불러도 상소문을 올리며 정책 참여만 하였을 뿐 직접 조정에 나아가지 않았다. 왜란 후 정인홍은 강직한 성품에 바탕을 둔 직언과 직소로 서인, 남인과 갈등 관계가 되었고, 나중 인조반정 후 그들의 모진 앙갚음을 겪었다. "정인홍의 정적들은 그에게 폐모살제 혐의와 역모 혐의 등 왜곡·조작된 혐의까지 덧씌운 바가 없지 않으므로(신병주, 2010: 179-207), 지금이라도 그런 혐의를 벗고 정당한 평가를 받아야 한다고 생각된다.

Ⅲ. 김면의 의병 활동

김면(金沔)은 중종 36년(1541) 경상우도 고령현 양전동에서 아버지 세문(世文)과 어머니 김해 김씨 사이에 3형제 중 장남으로 태어났다. 스승 남명 조식이 지어준 김면의 호는 송암(松庵)이고, 본관은 고령(高靈)이다. 이곳에 고려 후기 사족으로서 자리 잡아 명문거족으로서 만여 석의 경제적 기반을 이루었다. 그는 남명 조식 문하에서 수학하였다.[19] 그는 음서로 공조좌랑을 제수받았다. 김면은 52세에 임진왜란이 발발하자 고령에서 창의 거병하였고, 거창을 무대로 단독 또는 연합으로 왜군을 격퇴하였다(최효식, 2005: 2).

김면의 의병창의에 관해서는 『송암연보』, 『송암실기』, 『송암유고』 등 여러 기록이 있다. 정현재는 김면의 핵심 참모인 모계(茅谿) 문위(文緯)가 『모계선생일기(茅谿先生日記)』를 근거로 김면이 거창에 온 것은 5월 17일이고, 군사를 모으기 시작한 것은 5월 19일이며, 기병유사를 정하고 열읍에 통문을 보낸 것은 5월 22일이라고 밝혔

19) 정진영은 김면의 의병 활동과 관련된 자료들의 신빙성 여부를 검토한 뒤 "『송암실기』와 『송암유고』에서 보이는 차이는 송암의 학통 연원과 관련된 문제였다. … 삭제된 '시장'과 '가장'에서는 비록 간단하지만 남명과의 사승(師承) 관계만을 언급하고 있음에 비하여 허전(許傳)의 '시장'에는 남명과 퇴계를 동시에 언급하는데, 퇴계와의 관계를 장황하게 강조하고 있다. 사실 송암은 퇴계에게 강질(講質)하기도 하였지만, 남명과의 관계가 좀 더 빈번하고 돈독하였다(정진영, 2005: 117; 145). 이렇게 역사 자료가 변개되었다. 부끄러운 일이다.

다. 그리고 문위가 초유사에게 의병의 일을 고하기 위하여 산음(현재의 산청)으로 간 것이 5월 25일이고, 27일 초유사를 만나 의병군의 일을 고하였다(정현재, 1995: 55)고 하였다.

다음에 정현재(1995)와 김호동(2005), 김영나(2012) 등의 논문을 바탕으로 김면 의병단의 왜군에 대한 전투 전적을 소개한다.

1. 김면 의병단의 전투

1) 연강전투(4월 말~5월 초순)

"이 전투는 김면이 거창으로 가기 전 고령 그의 집에서 그리 멀지 않은 낙동강 안의 어느 지점으로 보이는 곳에서 그의 가동(家僮)들을 중심으로 왜적과 접전을 벌인 것으로 파악된다. 수하 무사 송이장(宋以張)이 분투하였다. 김면은 전투 중 왜군의 총탄에 갓을 맞았지만 부상은 입지 않았다"(정현재, 1995: 60).

2) 개산포전투(6월 9일~10일)

"김면이 거창에서 의병조직을 갖춘 후 다시 군사를 거느리고 고령으로 온(6월 6일~7일경) 후 고령 양전(量田) 그의 집에서 멀지 않은 개산포(또는 개포)에서 6월 9일과 10일에 접전한 전투이다. 6월 9일 왜적이 현풍의 쌍산강(현풍 앞 낙동강 이름)에서 군관 만호 황응남이 정예 병사 30여 명이 화살을 퍼부어 적병 80여 명을 사살하였다. 왜선 2척을 포획하였다"(정현재, 1995: 62-63).

3) 무계전투[20]

김면 의병단은 6월 18일경 무계진에서 낙동강을 내려오는 적선 2척을 포획하여 배에 가득 실은 물건을 노획하였다(정현재, 1995: 63-64).

---

20) 김영나는 "『모계선생일기』나 『고대일록』에는 이 전투에 대한 기록이 전혀 없으며, 『정만록』에서 이탁영은 전라도에 있다가 6월 18일에 경상도 함양에 도착하였는데, 이날 무계전투를 기록하였다고 보기에는 당시의 교통 사정으로 보아 너무 거리가 멀다는 점을 들어서 개산포전투 내용을 함양 선비들로부터 듣고 적었을 가능성도 있고, 노획품도 개산포전투 노획품의 일부라고 볼 수 있다"고 하였다(김영나, 2012: 259, 각주 66 참조).

4) 우척현전투(6월 14일~18일 사이)

"우척현은 경상도에서 호남으로 가려면 반드시 이 고개를 넘어야 하는 곳이다"(최효식, 2005: 9). 전투는 6월 19일, 7월 10일에 각각 있었다(김영나, 2012: 259). 김수의 군관이던 이형(李亨)이 산척(山尺: 산에서 사냥하거나 약초 캐는 사람들)을 거느리고 힘껏 싸웠으나 끝내 전사하였다(정현재, 1995: 64-65).

5) 두곡(장곡)역전전투(7월 20일)

지례에 머물던 왜적이 우척현을 넘으려 장곡역으로 나오자 7월 20일 김면의 의병단이 장곡역(지금의 대덕면 소재지 부근)에서 벌인 전투이다. 이때 군관 장응린이 선봉에서 활로 싸우다가 뒤에서 잠입해 온 적에 의하여 전사하였다. 이 전투에서 아군은 많은 적을 사살하고 물리쳤다(정현재, 1995: 67).

6) 지례전투(7월 29일~8월 1일)

"김면 의병단이 종전과 달리 규모 있는 공격적 작전으로 전환한 전투이며, 지례관아에 모인 적을 화공(火攻)으로 태워 죽였다"(정현재, 1995: 67-68). 그리고 김면 의병단이 지례를 왜군으로부터 되찾은 전투이다.

김면 의병단은 8월 1일 서예원을 중위장으로 하여 공격을 개시하였고, 사창(社倉), 객사 등에 있던 적을 화공이나 활이나 대포(矢炮)로 섬멸하였다. 그리고 도망하는 무수한 적을 매복하고 있던 김면 의병단이 사살하였다. 이 전투에서 의병단의 사망자도 약 50명이나 나왔다.

7) 성주전투(8월 19일~8월 20일)

"성주전투는 8월 19일~20일에 김면과 정인홍 의병단이 합동으로 성주성 밖에서 왜군과 벌인 전투이다"(정현재, 1995: 70; 김영나, 2012: 261). 김면 의병단은 정인홍 의병단과 연합하여 19일 새벽 성을 포위하여 김준민을 선봉으로 삼아 공격하였다. 적이 성을 굳게 지키며 총을 쏘았으므로 아군의 희생자가 많았다.

"연합의병단은 성주성의 왜적 공격에 나섰는데, 개령에서 왜군 2,000명이 들이닥쳐 연합의병단은 포위되는 형국이 되었다. 이때 김면은 의병대기(義兵大旗)를 잃었고, 고령가장(高靈假將) 손승의(孫承義)가 전사하였다"(정현재, 1995: 70-71).

8) 사랑암전투(9월 중순)

"사랑암(沙郞巖)전투는 김면과 김시민이 합세하여 지례의 사랑암에서 지례에 웅거한 적과 벌인 전투이다"(정현재, 1995: 72; 김영나, 2012: 262). 김면 의병단은 진주목사 김시민과 함께 지례 사랑암 등 여러 곳에서 왜적과 싸웠고, 9월 16일 금산군 서쪽에서 13명을 죽이는 등 크게 이겼다. 그러나 적세가 강하여 지례는 적의 수중에 들어갔다.

9) 방해현전투(10월 8일)

10월 들어 진주성전투가 진행되는 시기에 김면 의병단은 금산의 적을 방어하고 있었는데 10월 8일 개령의 왜적이 방해현(防害峴)을 넘어오자 복병장 김선(金瑄) 등을 보내어 전투를 벌였다(정현재, 1995: 74). 이 무렵 순찰사의 청원으로 진주성전투를 돕기도 하였다.

10) 개령전투(12월 24일~25일)

"명나라 원군으로 왜적은 수세로 바뀌며 남쪽으로 후퇴하는 때에, 11월에 전라도 의병장 최경회, 민여운, 임계영 등이 경상도 의병을 도우러 왔다. 최경회와 민여운은 김면과 개령의 적을 공격하고, 임계영은 정인홍을 도와 2차 성주 공격에 참여하게 되었다"(정현재, 1995: 74).

"개령전투는 12월 25일 공격이 시작되었다. 김면 의병단과 호남의 최경회, 민여운 의병단이 합세하였으나 아군 전사자가 30명이 나는 등 피해를 입었다"(김영나, 2012: 262-263; 정현재, 1995: 75).

개령전투 후에 전반적인 전황은 소강 상태에 들었고, 김면은 계사년 1월 의병도대장으로서 역할을 하고, 그의 의병단은 황응남이 대신 지휘하였다. 그러나 이 무렵 김면의 병(오늘날의 장티푸스)이 깊어졌다. 그런 가운데 계사년 1월 경상우병사에 제수되었고, 개령의 왜적을 포위하고자 출진하였다. 2월 12일 왜적에 잡혀 있던 사람들 400명이 풀려 나왔고, 16일 개령의 왜적은 모두 물러갔다. 도망가는 왜적을 추적하여 12급을 베었다. 3월 11일 김면은 “나라 있는 줄만 알았지 내 몸 있는 줄을 몰랐다(只知有國 不知有身)”라는 말을 남기고 53세의 나이로 죽었다.

3. 김면 의병 활동의 의의와 평가

김면은 왜란이 일어나자 의병을 일으켜 크고 작은 전투를 벌여서 왜적을 무찔렀고, 마침내 조선을 유린하던 왜적들을 몰아내고 국난을 극복하는 데 중요한 역할을 하였다. 왜란 중 전투에서의 역할 외에 김면은 “의병장 곽재우와 관찰사 김수 간의 갈등을 조정하였고, 정인홍과 함께 의병을 창의하였으며, 초유사 김성일과도 일정한 관계를 유지하였다”(김영나, 2012: 265-270). 김면은 왜란 초기 도망자에 불과한 김수와의 관계를 포함하여 퇴계문인 김성일과도 원만한 관계를 유지하였다.

의병도대장 김면의 의병단 조직표

직책	성명	출신지
의병도대장	김면	고령
의병좌장	곽재우	의령
의병우장	정인홍	합천
초유사(순찰사)	김성일	안동
초모유사	김응성, 정이례	고령, 고령
참모장서기	곽월, 문위, 윤경남, 박정번, 유중룡	현풍, 거창, 고령
조군	조종도, 김회	함안, 고령
전향	박성	현풍
왕래모획	이승	성주
선봉장	변혼, 김홍한	거창, 청도
복병장	이형, 김선	함안
상도위장(거제부사)	김준민	단성
하도위장(곤양군수)	이광악	한성
중위장(김해부사)	서예원	김해
주의	권세춘	단성
사사	이죽	
별장	정국상	
위장	한응린, 이후경, 이도고	영산, 영산
의병부장(제포만호)	황응남, 민척	창원

가장	권응성, 손인갑, 손승의	거창, 진주, 단성
성주 소모관	이홍우	고령
단성 소모관	권위	단성
고령 가장	곽대성	해남
초계 가장	정언충, 진한언	초계
초계 가수	곽율	현풍
소모관(지례현감)	여대로	금산
영주 위장	우도남	영주
풍기의병 유사	안톼	풍기
안동의병(영천현감)	김송	안동
종사관	한명윤, 박이룡, 강절, 신수을, 문홍헌	
외방관	전치원	초계
군관	장응린 외 28명	
제의사	김경남 외 57명	
친족의사	김회 외 7명	

출처: 김강식(2013: 144) 표 3.

선조는 김면의 전공을 평가하여 1592년 6월에 합천군수, 장악정(掌樂正)으로 삼았으며(『모계선생일기』 및 『송암실기』 11월 8일조), 곧 당상에 올렸다(정진영, 2005: 136). 1593년 1월 4일에 김면을 의병도대장(義兵都大將)으로 삼았다. 이 시기 이후 김면은 직접 전투를 지휘하는 역할이 아니라 전쟁을 수행하는 역할을 수행하게 되었다. 그리고 선조는 1593년 6월에 김면을 경상우도 병마절도사를 제수하였다.

조선왕조는 김면이 진중에서 사망한 뒤에 병조판서를 추증하였고, 또 선무원정공신에 올렸으며, 이조판서를 추증하였다.

Ⅳ. 남명학파 의병 활동

1. 남명학파 의병의 규모와 비중

이남희는 "경상우도의 의병 활동에서 주목되는 것은 그 의병장들이 대부분 남명 조식의 문하생들로 학문적인 연대성을 지녔다는 점"(이남희, 1992: 338)을 들었다. 또 이상필은 이수건의 논문 "남명학파 의병 활동의 역사적 의의"(1992: 15-16 표)에 정리된 인명과 역할을 종합해서 남명 조식 제자, 제자의 제자 등 남명학파 의병장 또는 의병 참여자는 131명에 이른다고 밝혔다(이상필, 2005: 88). 권인호는 남명 조식의 제자 정인홍을 비롯한 직계 제자 57명이 의병장으로 활약하였다(권인호, 2013: 78)고 밝혔다.

권인호는 또 남명학파 의병장들은 진법에 능하고 그 규모에서도 위세가 당당하였기 때문에 관군보다 더 용감하게 전투하여 연전연승하였다고 지적하고, 이는 “조식이 왜란을 예측하고 제자들에게 그 대책을 강구하는 과제를 내는 등 문무 겸전하는 공부를 시켰다”(권인호, 2013: 78)는 점을 들며 설명하고 있다. 또한 임진왜란 초기부터 남명 제자들의 의병창의가 영남의 다른 학파 의병장과 비교할 수 없을 정도로 압도적으로 많았을 뿐만 아니라 남명 제자들이 의병 활동을 전개한 경상우도 의병단의 규모 역시 어느 지역보다도 컸다는 점이 확인된다. 이남희(1992: 324)는 『선조실록』에 나타난 조선 전역의 지역별 관군과 의병 자료를 다음과 같이 정리하여 제시하였다.

관군과 의병의 병력 비교

	관군	의병
경기도	13,400	5,900
충청도	5,800	5,000
경상도	65,000	12,000
전라도	25,000	*
함경도	5,200	5,000
강원도	2,000	*
평안도	1,5000	600
황해도	8,800	*
합계	140,200명	28,500명

위의 자료를 보면, 경상도에서는 12,000명의 의병이 활동한 것으로 나타나서 조선 전체 의병의 42.1%를 차지할 정도로 압도적인 숫자이고, 경상우도, 즉 남명학파 의병이 1만 명으로 경상도 의병의 83.3%를 차지하고 있는 점에서 남명학파 의병단의 수적 비중을 알 수 있다. 한편 김강식(2013: 148)은 경상우도의 관군과 의병의 자료

를 다음 표와 같이 정리하여 제시하였다.

경상좌우도의 관군과 의병의 수

관군				의병			
지역	관직명	성명	병력 수	지역	관직명	성명	병력 수
울산	경상좌도 절도사	박진	25,000	창녕	의병장	성안의	1,000
안동	경상좌도 순찰사	한효순	10,000	영산	의병장	신갑	1,000
진주	경상우도 순찰사	김성일	15,000	합천	의병장	정인홍	3,000
창원	경상우도 절도사	김시민	15,000	의령	의병장	곽재우	2,000
				거창	의병장	김면	5,000
합계			65,000명				12,000명

김강식(2013: 148)에 따르면, 1593년 1월에 경상도의 병력은 경상좌우도로 편성되어 있었다. 경상좌도는 관군이 35,000명, 의병이 2,000명이었고, 경상우도는 관군이 30,000명, 의병이 10,000명이었다. 경상우도의 의병은 김면, 곽재우, 정인홍 중심으로 편제되었음을 알 수 있다. 그리고 남명학파 의병의 비중도 크거니와 그 지휘자나 주도적 역할 담당자들이 거의 모두 남명의 제자들이라는 사실을 알 수 있다. 그러므로 남명학파 의병단은 조선 전체 의병에서도 숫자와 지도력에서도 큰 비중을 차지하였다는 사실이 드러난다.

2. 남명학파 의병 활동에 대한 평가

오늘날 임진왜란 연구자들 대부분의 남명학파 의병 활동에 대한 평가는 낙동강 안을 중심으로 경상우도와 진주성을 지켜 호남을 구하고, 호남을 구함으로써 조선왕조를 구하였다는 점에 의견을 같이하고 있다. 이남희(1992: 338)는 "왜구가 호남으로 진격하는 것을 저지시킴으로써 와해 상태에 빠졌던 관군이 대열을 정비하여 왜구를 재공격할 수 있도록 해 준 경상우도 의병 활동의 중요성"을 강조하였다.

최재호에 따르면, "경상우도가 임진왜란 당시 가장 먼저 창의한 지역이라는 사실과 가장 많은 수의 의병이 창의한 지역이라는 상징성에 더하여 당시 의병 활동의 중심지는 경상우도였다는 것과 경상우도의 의병 활동은 남명학파로 대변되는 경상우도 재지사족을 중심으로 진행되었다는 것은 주지의 사실이다"(최재호, 2013: 12-13). 그러므로 남명학파 의병장들은 왜군의 호남 진출을 막기 위하여 낙동강 남북방과 진주성을 비롯한 경상우도 방어의 주체였으므로 조선왕조를 지켜낸 보루의 역할을 한 것이며, 전쟁 중에, 그리고 전쟁 후에 남명학파 의병장들에 대한 전공의 평가는 매우 높았다. 학자들의 논의를 통하여 평가 내용을 살펴본다.

이수건은 "임진왜란 초에 남명학파의 창의 및 의병 활동은 경상좌도 내지 타도의 의병 봉기에 촉매제가 되었을 뿐만 아니라 민심을 수습하고 군민을 집결시키는 데에도 큰 역할을 수행하였다. 그 결과 남명학파는 그들의 의병 활동을 통하여 국난 극복에 일익을 담당하였다"(이수건, 1992: 22-23; 2008: 29)고 하였다. 허권수는 "임진왜란 때 나라를 구한 대부분의 의병장이 그(남명)의 제자였다는 사실은 남명의 학문이 철저히 현실에 바탕을 두었고, 우리 역사에 끼친 그의 영향력이 자못 크다는 또 다른 사실을 말해 준다"(허권수, 2001: 27)고 하였다. 다음에 이수건이 서술한 내용을 소개한다.

1) 전국 최초의 의병 활동

곽재우의 의병 활동에서 살펴본 대로 왜란 발발 9일 만인 4월 22일에 곽재우는 집안의 종 10명을 데리고 의병 활동에 나섰다. 그 이후 5월 하순에 정인홍과 김면이 합천과 고령에서 의병을 일으켰다. 이렇게 해서 일단 낙동강 안을 지켜 왜적의 수상 이동을 교란하였고, 또 경상우도 동쪽을 지켜서 경상우도를 방어하여 왜적의 침노를 막아냈다. 남명학파 의병단들이 전투를 통하여 확보한 직접적 효과이다.

그다음, 남명학파 의병 활동은 경상좌도를 비롯하여 전국에서 의병 활동이 이루어지게 하는 촉매 내지 자극제가 되었다. 남명학파 의병장들이 향촌 방어에 나서는 사례를 제시하였고, 또 성공 사례까지 제시하면서 각 처 향촌 사족들에게 의병 창의를 촉발하는 효과를 거두었다.

2) 보급기지 확보와 지원

남명학파 의병단이 경상우도 서부를 지켜서 진주를 비롯한 각 지역은 왜적이 침노하지 못하게 되었다는 점은 위에서 지적하였다. 그렇게 되자, 경상좌도와 달리 경상우도의 각 군현은 농사를 제때에 지을 수 있었다.

경상우도뿐만 아니라 호남지역이 온존함에 따라 육군과 수군의 병력과 각종 물자를 공급하는 병참기지 역할이 가능하였다. 그러므로 남명학파 의병단이 경상우도를 지켜냄으로써 경상우도와 호남에서 육군과 수군이 전쟁을 치르고, 또 수군은 혁혁한 전공도 세울 수 있었던 것이다.

3) 호남 진입 차단

당시 조선군 지휘부는 한결같이 "영남이 없으면 호남도 없다(無嶺南 則無湖南)"라는 공동의 인식을 가졌다(박용국, 2011: 354). 경상우도 전쟁 지휘부는 호남 의병장들에게 수시로 격문을 보내어 호응을 청하였고, 또 최경회, 임계영, 김덕령 등 호남 의병장들이 적극 호응하여 진주성을 비롯한 경상우도의 전투에 참여하였다. 비록 제2차 진주성전투에서 무너졌지만, 왜군들은 그때 막대한 손실을 입고 끝내 호남으로 진격할 수 없었다.

4) 민 · 군 · 관 협조 체제

남명학파 의병장들과 의병단은 관군과의 갈등, 의병단 간의 갈등이 없지 않았지만(왜란 초기 곽재우와 김수 간의 갈등, 최재호, 2013: 7-55), 전쟁 극복이라는 대명제를 두고 남명학파 의병장들과 의병단, 관군 간의 협조 체제는 무난하게 이루어졌다. 여기에는 남명학파 의병장들과 남명학파 관인들의 협조와 중재가 일정한 역할을 하였기 때문이다.

그러나 조선왕조는 나중에 의병 세력을 잠재적으로 왕조를 위협할 세력으로 간주하여 의병을 관병화(官兵化)해 나갔다. 이러한 점은 김강식(2013: 133-162)의 논문에서 소개되고 있다. 그렇게 경상우도 의병들은 전쟁 후기에 관병화되어서 김면이 의병도대장을 맡았다가 경상우도 병마절도사가 된 것, 또 정유재란을 맞으면서 경상도 전력은 곽재우의 주도 아래 관병부대로 편성된 점을 들 수 있다.

남명학파 의병들은 초유의 왜란을 맞아 때로는 관병과 대립하거나 김성일·김수 등 관인과 갈등하면서도 전체적으로 절충하고 조정하여 왜란이라는 국가적 위기를 맞아 협력적 체제를 만들어 내었고, 마침내 전쟁을 극복하고 조선왕조가 지속되는 데 지대한 공헌을 하였다.

3. 남명학파 의병 활동의 한 문장 요약

임진왜란 때 세자 광해는 분조(分朝: 조정을 일을 나누어 맡음)를 맡아 전국을 돌며 왜란을 극복하는 데 힘썼고, 왕이 된 광해군은 남명에게 제문을 내려(賜祭文) 제사하게 하였다. 그 제문에 "… 사직이 공의 힘을 입었고 … 공의 가르침으로 한 가닥 실 같은 나라 운명을…"이라는 표현을 썼다. 이는 남명의 혜안과 인재 육성으로 남명학파 의병단이 활약해서 조선을 구해낸 공을 표현한 것이다.

남명은 1555년 단성소에 왜구의 발호를 적어서 조정에 경각심을 불어넣었고, 또 1569년에는 "왜에 대한 대책을 묻는다: 책문제(策問題)"로 제자들에게 대비토록 한 선견지명과 스승의 가르침을 따라 준비하고, 전쟁이 나자 기다렸다는 듯 목숨을 걸고 재산을 털어 의병단을 만들어 향토와 나라를 지킨 남명학파 의병단의 공헌은 민족사에 빛나는 일이며, 불의한 외침에 맞서 보여준 그들의 정신과 헌신은 오늘의 우리에게 큰 울림을 주고 가르침이 된다.

그래서 저자는 남명과 남명학파 의병단에 후대로서 감사와 함께 역사적 의의와 평가를 담아 "우국상민(憂國傷民)하는 남명의 혜안과 남명학파 의병단이 불의한 왜침에 맞서 목숨을 걸고 재산을 털어 향토를 지키고 구국의 방벽이 되었다"라고 한 문장으로 요약하여 정리한다.

제 5 장

진주 농민들, 봉건제를 흔들고 근대로 나아가다

진주농민항쟁은 1862년(조선 철종 13년) 2월 14일부터 23일까지 진주 사람들이 당시 삼정(三政)제도의 극심한 문란과 부패한 지방 수령과 이서(吏胥 또는 아전 衙前)의 수탈을 견딜 수 없게 되자 각성된 사회 의식을 바탕으로 삼정의 혁파를 요구하며 철시(撤市), 악행을 저지른 자의 가옥 파괴, 재물 탈취, 착취·수탈을 자행한 아전의 타살 등 폭력을 행사하며 맞선 집단적 농민운동이다. 왕조 중심의 기록에는 진주민란이라고 써 놓았다.

진주농민항쟁은 몇 가지 요소가 결합되어 시간이 흐르고 그 임계점을 넘어서자 일어난 집합적 행동이다. 여기에는 조선 전역에 만연한 '삼정문란'과 '계급제 이완'이 진주농민항쟁의 외부 요인이자 보편성 요인이 되고, 진주라는 지역에 특유하게 생성되어 있던 특수성 요인 또는 지역성 요인으로서 '진주목과 경상우병영 두 기관의 더 가혹한 수탈'과 '헌신적 지도층과 농민의 각성', '진주의 문화와 역사적 요인' 등을 살피면 체계적 이해가 가능하다.

제1절에서는 보편성 요인으로서 조선 후기 계급제 이완과 결합되어 나타난 삼정의 문란을 살펴보고, 제2절에서는 특수성 요인으로서 진주라는 지역에서 농민항쟁 발생에 영향을 미친 요인들을 살펴본다.

제 1 절 삼정문란과 계급제 이완: 보편성 요인

여기서는 삼정문란의 문제를 다루면서 특히 군정과 결합되어 나타나는 계급제 이완 현상을 부분적으로 언급하기로 한다.

Ⅰ. 조선 후기 조세제도

조선시대 초기에는 중국 수(隋)·당(唐) 때의 조세 체계로서 조용조(租庸調), 즉 토지에 부과하여 곡물을 거두는 조(租), 사람에게 부과하여 역역(力役) 또는 그 대납물을 거두는 용(庸), 각 호(戶)에 부과하여 토산품을 거두는 조(調)를 사용하였다.

그러나 조선 후기에는 삼정제도(三政制度)로 바꾸었다. 알려진 대로 삼정은 전정(田政)과 군정(軍政), 그리고 환곡(還穀) 또는 환정(還政)을 일컫는다. 조선시대 전정·군정·환정 등 삼정의 세(稅)와 잡역(雜役)으로 집약되는 부세(賦稅)는 모두 농민들이 부담하며, 그 수입을 조선왕조의 재정 기반으로 삼았다.

고래로 조세란 국가나 정부가 구체적인 보상 관계 없이 해당 공동체 구성원으로부터 강제적으로 부과·징수하는 재화나 용역이다. 그 뜻에서 알 수 있듯이 조세는 대가성도 확인되지 않는데 그 징수는 강제성을 띤다. 인간의 사회생활에 만들어 쓰는 상호작용 규칙을 제도라고 하는데, 어떤 제도이든 완벽할 수는 없는 법이다. 그것은 항상 인간의 생각이나 행동이 앞서고 제도는 뒤따라 생성되는 지체 현상 때문이기도 하고, 더 근본적으로 인간이라는 한계적 존재가 만들어 쓰는 도구이기 때문이다.

조선 후기 조세제도로서 전정과 군정, 그리고 환곡 역시 허점을 피할 수 없었다. 그런 허점을 파고들어서 조정과 지방의 수령과 아전들, 또 자기 이익을 노리는 지방의 토호들이 결속하여 피지배 계급의 농민들을 착취·수탈하는 도구로 악용하였다. 다음에 삼정제도와 그 문제를 살펴본다.

Ⅱ. 전정

1. 전정의 이해

조선시대 초기에는 조용조(租庸調)를 준용하여 17세기 『경국대전(經國大典)』으로 법제화하여 사용하였으나 후기에 와서는 모든 조세를 일괄하여 토지에 부과하고 징수하는 일종의 전결세(田結稅)로 바뀌었다. 전결세를 통한 수취행정을 전정(田政)이라고 한다.

전정은 "양전제(量田制)와 수세제(收稅制)를 그 내용으로 하여 전결세 수취를 실현하려는 일련의 과정"(양진석, 1989)이다. "양전은 토지를 측량하여 군현을 단위로 납세 대상이 되는 토지의 총 결수(結數),[1] 즉 결총(結總)을 정하는 일이고, 수세는 해마다 세를 부과하여 거두어들이는 일이다. 그러므로 전정은 양전과 수세 두 과정으로 나뉜다"(이영호, 1988). 그런데 김용섭은 "조선시대 전정은 소출 · 토지 면적 · 세액을 하나의 개념으로 파악하였기 때문에 소출과 토지 면적을 연결시키는 데 난점이 있게 마련이라고 지적하고, 또 하나의 문제는 세금을 부과하는 특이한 방법으로서 바로 군현 단위의 결총제(結總制: 세금 액수 총액제)로서 일단 한 번 세금의 총액이 군현 단위로 결정되면 거의 변경이 어렵다는 점"(김용섭, 1989: 74)이라고 하였다.

양전은 토지를 측량하되, 토지를 여섯 등급으로 나누고 20년마다 한 번씩 다시 측량하여 토지대장(양안[量案]이라고 함)을 작성하게 되어 있었는데, 숙종 때 삼남지방에 양전(量田)이 한 번 실시된 이후 전국 규모로 양전이 실시되지 못하였다. 따라서 토지 소유 실태를 제대로 파악하지 못한 채 총액만 채우는 방식으로 전결세의 부과와 징수가 이루어졌다. 여기에 조선 후기 전정의 원천적 문제가 보인다(두산백과; 한국문화진흥백과).

전정은 양전의 절차도 결코 간단하지 않았던 데다 수세, 즉 전결세 수취를 추진하

---

1) 결(結)은 토지를 나누어 주기 위한 단위로서 '목'이라고도 하였다. 토지는 사방 한 자(尺)를 파(把)라 하고, 10파를 1속(束), 10속을 1부(負), 100부를 1결(結)이라 하였다(네이버 지식백과 한국고전용어사전). 또한 시대별로 결의 내용이 약간 다른데, 세종 때 1등 전 1결의 넓이는 요즘 단위로 환산해서 9,859.7평방미터, 임진왜란 후 인조 때 1결은 10,809평방미터였다. 1등전에서 6등전으로 갈수록 1결의 면적은 일정한 비율로 넓어진다(네이버 한국민족문화대백과).

는 절차의 토대가 되는 각 단계에 재량의 여지가 컸다는 문제가 있었다. 즉, 토지의 등급 매기기, 토지를 측정할 때 쓸 잣대의 결정, 토지 측정 결과의 확인, 토지대장의 작성과 결정은 그 일을 담당하는 자의 재량으로 처리될 수밖에 없었다. 양전 작업이 이루어지지 않았으므로 조세 담당자의 눈대중으로 필요한 양전 절차를 밟을 수밖에 없었다. 이것이 바로 조선시대 후기 토지에 부과하여 징수하는 조세의 큰 문제였고, 이처럼 부실한 조세 근거를 사악한 지방 수령과 아전들이 파고들어 온갖 농간을 부렸으며, 또 뇌물을 주고 토지 면적을 줄이거나 등급을 낮추려는 자들과 결탁하여 전정을 극도로 문란하게 만들었다.

2. 부실한 전정제도의 악용

토지의 면적을 정하고, 등급을 매기며, 세금을 거두어들이는 현장에서 부실한 제도를 악용하는 지방 수령과 아전들의 농간이 자행된 것이다. 그들 전정의 담당자는 답험(踏驗: 관원이 실제로 현장에 나가서 농사가 잘 되고 못된 것을 조사하여 그 손실에 따라 조세를 매기는 일), 급재(給災: 재해 정도를 따져 부세를 경감하는 일), 작부(作夫: 조선시대 결세[結稅]를 거두어들이는 방법의 하나로서 토지 8결을 1부[夫]로 계산하여 역가[役價]를 징수하던 단위로서 토지 소유의 과다에 따라 세금을 누적적으로 징수하는 누진세의 성격)2) 등 일련의 수세 과정에서 각종 부정을 저질렀다.

그러한 부정의 사례로는 백지징세(白地徵稅: 실세로는 토지를 소유하지 않았는데도 불구하고 가전적[假田籍]을 만들어 강제로 징수하는 세금), 은결(隱結: 조선시대 전세[田稅]의 부과 대상에서 해마다 농사를 짓는 토지인데도 재해를 입은 토지나 농사를 짓지 않는 토지라고 토지대장을 위조하여 세금을 횡령·착복하는 것) 또는 누결(漏結: 측량과 조사에서 빠뜨리는 토지), 진결(陳結: 토지대장에는 등록되어 있으나 실제로 경작하지 않는 토지, 즉 진전[陳田]을 해마다 경작하는 정전[正田] 또는 상경전[常耕田]으로 허위 등록하고 세금을 징수하여 착복하는 것), 전결(田結: 논밭에 물리는 세금)이 없는데도 결부(結負: 논밭의 곡물 생산량에 따라 면적을 정하는

2) 인두세人頭稅가 재산의 다과에 따른 부의 불균등을 반영하지 못하는 문제를 해결하기 위한 조세 제도.

방식)를 허위문서로 작성하여 세금을 징수하여 착복하는 허결(虛結) 등이 있다.

이러한 조세 부과와 징수의 부정 사례 외에도 조선 후기 지방정부가 농민들로부터 수탈하는 방법으로서 서리들의 생활비 보조 명목으로 가산하여 징수하는 걸복(乞卜), 아전들이 공금을 횡령하고 이것을 보충하기 위하여 토지에 부과하는 세금 전결(田結)의 세율을 올려 기입하여 징수하는 도결(都結),[3] 농사에서 가뭄 피해(旱災), 서리 피해(霜災), 병충해, 풍수해를 겪으면 세금을 감면하도록 되어 있는데도 감면 조치를 묵살하고 징수하여 횡령·착복하는 허집(虛執), 세무 담당자들의 위로비 명목으로 한 섬에 두 되씩 거두는 인정미(人情米), 곡식의 건조로 인한 결손을 보충하기 위하여 거두는 가승미(加升米), 쥐로 인한 손실이나 부패 등 손실을 보충한다는 명목의 곡상미(斛上米), 세금으로 쌀을 거둘 때 품질을 조사하기 위하여 견본으로 삼는 간색미(看色米), 세금으로 내는 곡식의 출고와 입고 계산 사무를 보조하는 관리에게 주는 수수료로서 타석미(打石米) 등 온갖 이름의 징수가 따랐다.

이렇게 하여 1800년대 조선왕조의 중앙부서와 지방정부가 농민들로부터 거두어들이는 토지 관련 세금은 농업 생산물의 31.1~34.7%에 이르는 것으로 알려졌다(이영호, 1988: 418). 한 해 농사를 지어서 세금으로 바치고 나면 가난한 농민들의 몫은 2/3가 남는데, 여기서 그치는 것이 아니라 군역세(軍役稅)를 바쳐야 하고, 또 환곡의 원곡과 이자로 뜯겨야 하였다. 더구나 소작농의 경우는 전호(田戶: 토지 소유자)에게 지대로 생산물의 1/3을 바쳐야 하였으므로 손에 쥐는 것은 채 1/3도 되지 않았다.

Ⅲ. 군정

1. 군역제도의 이해

군역과 군역세의 대상을 관리하고 그것을 부과하여 징수하는 활동을 가리켜 군정(軍政)이라 한다. 조선시대 각종 부세(賦稅)는 상민(常民), 즉 농민들이 부담하였다는 점은 앞에서 소개하였다. 그러므로 군인이 되어 국가를 지키고 군대의 유지에 필

3) 도결이란 관의 각종 재정이나 부세의 모자라는 부분을 충당하기 위해, 원래 그 징수권을 행사해 오던 호수(戶首)로부터 결가(토지 1결당 매겨지는 부과액) 책정권을 빼앗아 관에서 직접 행사하는 것(김준형, 2001: 17)이라고도 한다.

요한 세금도 농민들이 부담하여야 하였다.[4)]

조선시대의 "군역 또는 군역세(軍役稅)는 신분제와 밀접하게 연결되어 있어서 그 자체 중세적인 사회 체제를 지탱하는 하나의 중요한 제도가 되고 있었다"(김용섭, 1982). 양반은 일반 군역에서 면제되었다.

그러면 조선 후기 군역제는 어떻게 운용되었고, 얼마나, 어떻게 농민들의 삶을 제약하였을까? 조선 후기의 군역제는 초기의 그것이 여러 차례 개정되는 가운데 정규군인이 되어 근무하는 경우(정군[正軍] 또는 병[兵] 입역[入役])와 그렇지 않고 군에 입대한 장정의 경제적 보조자(보인[保人])로서 베를 납입하여 군역을 대신하는 경우(수포[收布])로 정해져 있었다. 달리 말하자면, 조선시대 군역은 16세에서 60세 사이의 양민에게 부과하여 이를 정군(正軍)과 보인(保人)으로 나누어 번상(番上: 복무)하는 정군을 보인이 경제적으로 돕는 방식이었다. 조선조는 이러한 제도의 운용을 위하여 특이하게도 "군역을 지게 될 평민들 가운데 군·현 단위로 군총(軍摠)·군액(軍額)의 수를 정하여 공동체 단위로 군역과 세를 부담시켰다"(김용섭, 1989: 74; 1982: 103). 그러므로 한 번 군역자 수와 액수가 정해지면 인구가 줄거나 늘어도 그 부담을 합리적으로 조정할 수 있는 방법이 거의 없었다는 점이 문제였다.

2. 군역제와 관련된 부정부패

조선왕조의 군역제도는 계급제와 양반의 군역 면제 등 이런저런 문제들을 낳았다. 농민에게 편중된 군역과 군포는 농민의 가난하고 고생스러운 삶을 옥죄는 띠가 되었다. 결론적으로 조선 후기 군역은 제도의 허점을 파고든 지방 수령과 아전들의 농단으로 이중삼중으로 군역을 부담시켜서 부담의 편차가 심하였다.

급기야 군역은 복무 대상자가 도망을 갔을 때 이웃에게 부과·징수하는 인징(隣徵), 친척과 인척에게 부과·징수하는 족징(族徵), 어린아이를 군역 대상자로 올려서 부과·징수하는 황구첨정(黃口簽丁), 죽은 사람을 군안에 올려서 강제로 세금을 징

4) 물론 군역을 양역(良役), 즉 양인의 역이라 하였으며 양반도 양인이므로 역을 완전히 배제했다고는 보지 않으나 양반 양역은 양반 중에서도 하층 양반이 부담하였고, 그 역무(役務)도 녹사(綠事), 서리(書吏), 군관, 충순(忠順), 충익위(忠翊衛) 등으로 이는 중앙부서의 직무였고 관직이었다(김용섭, 1989, 100). 그러므로 이러한 직무는 군역이라고 보기 어렵다.

수하는 백골징포(白骨徵布), 60세가 넘으면 군역이 끝나는데도 나이를 줄여서 명단에 올리고는 부과 · 징수하는 강년채(降年債), 병역 의무자에게 면제시켜 준다는 구실로 군역세 나머지를 일시불로 받아들여 착복하는 마감채(磨勘債), 군의 지휘관들이 군행정과 군기의 검열을 구실로 삼아 지방의 각 영을 순시하며 받는 뇌물로서 군정수(軍政修), 복무하는 장정이 부대 배속을 새로 받으면 군교들은 신입례(新入禮) 또는 지면례(知面禮) 등 온갖 불법 · 부당한 수단을 동원하여 악행을 저질렀다.

3. 계급 해체와 농민의 군역 부담 가중

동서고금을 통하여 생명을 다투는 전투나 전쟁을 즐기는 자가 있겠는가? 더구나 조선시대에는 양반계급이라는 이유로 그들의 군역이 면제되고, 결국 농민과 천민이 전쟁터에 나가거나 전쟁을 위한 재정 부담을 떠맡고 있었다. 따라서 농민은 이중삼중의 멍에를 지고 사는 셈이었다. 즉, 군역을 담당하는 책무를 지기 때문에 신분상 그들은 양반이 아니라는 신분 차별의 멍에와 함께 목숨을 걸고 군역에 복무하거나 아니면 보인(保人)으로서 군역세를 부담하여야 하는 멍에가 그것이다. 그러므로 농민들은 이러한 이중삼중의 멍에에서 벗어나려는 욕구와 동기를 강렬하게 드러내었다. 그래서 농민들은 군역을 면제받으려고 기를 쓰고 '양반이 되는 길'을 찾았다. 농민들이 군역을 면하는 길은 두 가지로서 하나는 양반이 되는 길이고, 또 하나는 군역을 완전히 면하는 것은 아닐지라도 한결 가벼운 군역세를 부담하게 되는 길로서 관아의 사모인(私募人)이 되는 길이었다.

부유한 농민들은 향교에 입교하여 유학(幼學)의 신분을 얻어서 양반이 되었다. 그러기 위하여 돈 있는 농민은 지방 관아에서 호적을 맡은 관리에게 뇌물을 바치고 향교에 예전(禮錢)을 바쳤다. 그리고 미리 손을 쓴 뒤에 지방의 향시(鄕試) 과장에 두어 번 출입을 하는 방법도 사용되었다. 그 밖에도 군역을 면하는 방법은 부유한 농민이 향교에서 공부하는 교생(校生)이 되는 길이었다. 이 경우 경기도 여주에서는 10냥을 내고 교생이 되었다는 기록도 있다. 그리고 교생은 양반이 될 수 있는 첫걸음이었다. 또 한 가지 군역을 면하는 길은 군관(軍官)이 되는 것이다. 부유한 농민이 양반이 되고 군역을 면하는 방법은 양반으로 족보를 만드는 방법도 있었다. 끝으로 사모속(私募屬: 지방 관아에서 부과·징수하는 군역액 부담자)이 되어 군역 부담을 경감하는 방법도 있었다(김용섭, 1982: 109).

농민들이 신분 상승 그 자체를 추구하고, 더불어 군역을 피하는 방안을 강렬하게 모색한 결과 조선 사회에서 양반은 늘고 노비는 줄어드는 현상이 두드러졌다. 대구 지방 조선 후기 신분별 인구 변동을 보면, 숙종 16년(1690) 양반 9.2%, 상민 53.7%, 노비 37.1%이던 것이 영조 5년(1729) 양반 18.7%, 상민 54.7%, 노비 26.6%로 변하였으며, 정조 7년(1783) 양반 37.5%, 상민 57.5%, 노비 5.3%였고, 철종 9년(1858)에는 양반이 무려 70.3%, 상민은 28.2%, 노비는 1.5%에 불과하였다(네이버 지식백과; 학생백과). 이렇게 양반은 늘고 상민(농민)과 노비는 크게 줄어들자 군역의 부담은 오롯이 가난한 농민들의 부담이 되고 말았다.

그래서 조선 전역에서는 군역을 담당하도록 지방별로 정해진 군액(軍額: 군인의 수효, 군인의 머릿수)은 많은데 실제로 군대에 갈 수 있는 장정(농민)의 수는 훨씬 적은 현상, 이른바 극심한 군다민소(軍多民少)가 나타났다. 그러한 지역의 사례로서 동래의 군액은 1만 2천 명인데 장정 수는 7천 명밖에 되지 않았고, 과천은 2,070(군액)/1,700호, 영천은 3,000/400호(戶), 순흥 1,557명/877호, 영해 1,137명/800호, 단양 1,001명/500여 호, 포천 1,061명/300호 등이다(김용섭, 1982: 각주 106 재인용).

조선 후기의 확 줄어든 상민(농민) 가운데 특히 빈농의 경우는 애써 농사를 지으면 토지에 부과하는 전결세로 수확물의 약 32%를 바쳐야 하였고, 또 군대에 복무하거나 보인(保人)으로서 군역세를 지방 단위로 공동 납부하여야 하였다. 그렇게 되자 농민 가운데 도망자가 속출하였고, 군역세를 부담하여야 할 농민은 더 줄어서 그 부담이 남은 자들에게 전가되는 악순환에 빠졌다. 어디 그뿐인가. 사악한 지방 수령과 아전들의 환곡(또는 환정)을 통한 가렴주구까지 겪어야 하였다.

Ⅳ. 환정

진주농민항쟁 연구자들은 전정과 군정의 문란과 악용도 중요한 영향을 미쳤지만, 그 무엇보다도 핵심적인 영향 요인은 환정 또는 환곡에 있다고 지적하였다. “경상도는 환곡 총액이 다른 도에 비하여 월등히 많았을뿐더러 환곡의 폐단이 가장 큰 원인이 되었던 1862년 농민항쟁의 진원지이기도 하다”(송찬섭, 2007: 339). 그만큼 환곡의 문제를 주목할 필요가 있다고 하겠다.

1. 환정제도의 이해

환곡(還穀)은 흉년이나 춘궁기에 곡식을 백성들에게 대여하고 가을걷이 후에 이자를 붙여 갚도록 한 제도이다. 양진석은 또 환곡의 목적은 군량을 개색(改色: 곡식 등을 그 지방민에게 나누어 주고 그 수량만큼 새 곡식으로 보충하여 그 원래의 양을 맞추는 것)하거나 농민에게 종자와 농량(농사지을 동안 먹을 양식)을 대여하는 것(양진석, 1989: 237)이라고 하였다. 환곡은 환상(還上) 또는 환자(還子)라고도 한다. 환곡은 이처럼 흉년의 대비, 빈민 구제, 물가 조절, 정부 보유 양곡의 교환 및 각 관청의 재원 확보 등을 원래의 기능으로 삼았다. 그리고 백성들에게 곡식을 빌려주고 원곡과 이식을 거두어들이는 활동을 환정(還政)이라고 한다.

태조 1년(1392) 의창(義倉) 설치 당시에는 이자 없이 대여하였으나 대여 수수료, 보유 양곡의 자연 소모 등 손실을 보충하기 위하여 차츰 연 1~2할의 이식을 징수하게 되었다. 그러다가 임진・병자의 난을 겪은 이후 세제가 문란해지고 국고 수입이 감소함에 따라 환곡의 이자로 국비에 충당하는 방법을 취하였고, 각 관청・군영의 보유 곡식을 대여한 다음 그 이식으로 경비를 조달함으로써 환곡은 이식 증식의 수단으로 변하였다.

“조선왕조에서는 이 같은 환곡에 대해서도 특이한 제도를 마련하여 운영하고 있었다. 그것은 군현 단위로 환총(還總: 분급의 총량)이 정해지고, 환곡 배분의 원칙이 가령 ‘반유반분(半留半分)’으로 정해지면 그곳 향촌민들은 싫든 좋든 그 반분하는 환곡을 받아먹고, 그것에 대한 이자 1할을 의무적으로 관에 수납하여야 하는 것이었다. 가령 어느 균현에 환총이 1만 석이라고 한다면 그 고을에서는 매년 5천 석을 배분하고 추수 후에 원곡과 함께 이자 5백 석을 바치는 것이었다. 이 경우 이 같은 환총은 어떠한 일이 있어도 마음대로 변경할 수 없으며, 따라서 극단적으로 말하여 지방관리의 협잡으로 환총이 다 없어져서(吏逋) 농민들이 환곡을 받아먹지 못하더라도 그 이자는 부세로서 수납하여야만 하였다”(김용섭, 1989: 75).

급기야 환곡은 백성에게 대여를 강제하고 그 이식도 높여 차츰 고리대처럼 변질되어 백성의 원성을 사게 되었고, 탐관오리들의 농간·부정이 심하여 삼정의 문란 중 가장 큰 폐단을 낳아 농민항쟁의 중요한 원인 중 하나가 되었다(한국사 사전, 한국근현대사사전, 두산백과, 네이버 지식백과). 그래서 연구자에 따라 환곡제도의 문란을 19세기 농민항쟁의 가장 중요한 요인으로 꼽기도 한다(양진석, 1989: 238).

2. 환정의 문란

극심한 환정 문란의 원인은 원래의 진휼(賑恤) 기능을 벗어나 재원으로 삼아서 제도가 변질된 점과 제도의 변질에서 시작된 문제는 또 제도의 악용을 낳았으며, 지방수령과 아전들의 악행과 결합되어 가혹한 농민 수탈로 이어졌다.

1) 진휼제도의 변질

진휼제도가 재정 수단으로 변질된 데서 환정을 악용하는 문제는 시작되었다. 원래 환곡의 운영은 원곡을 빌려주고 일정 기간이 지나면 원곡에 모곡(耗穀)을 더하여 징수함으로써 이루어졌다. 모곡은 작서모(雀鼠耗)라고도 하여 원곡의 감소분을 보충하기 위하여 원곡의 1/10을 더하여 거두는 것이다. 환곡은 원래 춘궁기에 어려운 백성을 위하여 운용되던 것인데, 명종 때에 호조(戶曹) 경비가 부족하게 되자 모곡 중 1/10을 다른 용도로 사용하기 위하여 따로 떼어 회계에 올린 데서 소위 '취모보용(取耗補用)'이 시작되었다(양진석, 1989: 240).

모곡을 공용으로 전환하여 중앙과 지방의 재원으로 사용하는 조치는 처음에 군자곡(軍資穀: 戶曹穀)에 한정하였으나 인조 때 병자호란 후부터 모곡의 3/10을 재정에 사용하도록 확대하였고, 지방관청으로도 환곡의 재정 사용이 확대되었다. 그리고 영조대 중반 이후로 중앙관서의 환곡이 급격하게 늘어났다. 또한 지방의 감영·군영들도 중앙의 관리를 벗어나 독자적인 환곡을 다루는 관청이 되었다. 이렇게 해서 환곡은 가난한 농민 구휼보다는 지방재정의 재원으로 변하게 되었다"(양진석, 1989: 245-247)고 말할 정도로 국가 재정의 환곡 의존도는 크게 증가하였고, 농민의 환곡 부담량도 증가하였으며, 따라서 그 이자 부담도 늘어났다. 필연적으로 농민 수탈을 강화하게 되었다"(김준형, 2001: 15). 이렇게 해서 결국 조선 천지가 관청이 벌이는 고리대판이 형성되었고, 여기에 타락한 수령과 이서들이 환정을 악용하는 수탈과 횡령 · 착복이 만연하게 되었다. 다음에 그 내용을 보자.

2) 변질된 환곡제도의 악용

조선 후기에 이르러 환곡제도는 변질되기만 한 것이 아니라 수령과 이서들에 의하여 악용되었다. "환곡의 목적과 기능의 변화는 그것을 운영하는 관아로 하여금 항상적인 수입의 확보를 위하여 여타의 부세처럼 강제적인 대여로 나타날 수밖에 없었다. 이렇게 되자 '진휼'은 아예 제도의 목적에서 사라지고, 환곡이 새로운 부세로서 농민 수탈의 성격을 지니게 되었다. 거기다가 환곡의 목적과 기능의 변화는 원곡에 더하여 받는 곡식의 비율(취모율[取耗率])의 적용에도 변화를 일으켜 원곡의 1/10이던 것이 상환되지 못한 환곡에 대하여는 "모곡을 원곡에 더하여 원곡"으로 삼는 방식, 즉 모상첨모(耗上添耗)의 방식을 적용하였다. 따라서 환곡의 총량이 기하급수적으로 증가할 수밖에 없었다.

또한 환곡을 운영하는 기관별로 재정수입원으로 유용성을 알게 되자 한 걸음 더 제도적 일탈을 시도하였다. 이른바 진분곡(盡分穀)이 일상화된 것이다. 원래 환곡을 운영하는 관청은 보유한 곡식의 절반은 어려운 농민들을 위하여 나누어 주고(분급곡[分給穀]), 전쟁, 한해 등 비상시를 대비하여 절반은 창고에 두도록 되어 있었다(유고곡[留庫穀]). 그러나 이 원칙을 어기는 경우 엄격한 처벌 규정이 있었음에도 불구하고 거의 대부분 관청에서는 창고에 비축해 두어야 하는 곡식을 모두 원곡으로 사용하여 취모곡(取耗穀)을 늘리는 데 혈안이 되었다. 그러므로 거의 모든 관공서가 고리대의 재미에 빠져든 것이다. 환곡을 이용한 모리(謀利) 현상은 여기에 그치지 않았다.

3) 분급의 증가와 지방 수령 및 아전들의 부정 · 부패

환곡은 제도의 변질과 그 허점을 파고든 사악한 지방 수령과 아전들의 부정 · 부패 · 횡령의 놀이마당이 되었다. 특히 "지방의 감영과 병영에서는 대동법과 균역법 실시 이후 재원을 중앙에 많이 잠식당하였기 때문에 이들 관청들이 재정난 타개를 위하여 조성한 환곡은 설치 초부터 진분(盡分) 규정을 적용하여 분급하였다. 이러한 진분곡은 정조 때에 급격하게 증가하였다. 따라서 환곡 총량 중 분급곡의 비율도 66%로 증가하였다. 이러한 분급률은 공식적 조사를 근거로 한 것일 뿐 실제 분급률은 이보다 훨씬 높았을 것이라고 본다. 왜냐하면 환곡 운영의 실질적 담당자인 수령의 가분(加分), 서리들의 농간에 따라 분급량이 증가하였기 때문이다. 그리고 분급량의 증가나 진분은 농민 부담의 증가를 의미하였다. "그러나 창고의 곡식이 비게 된 가장 결정적인 요인은 서리들의 중간 횡령이었다. 그들은 농민들로부터 받은 환곡으로 자기 배를 채우고 장부 위에만 받은 것으로 기록하기 일쑤였다. 이를 전체적으로 '포흠(逋欠)'이라 한다. 그 때문에 장부상으로는 환곡이 원액 그대로 있지만, 실제 창고에는 곡식이 남아 있지 않게 되었다"(김준형, 2001: 16).

분급률의 증가로 지방 수령들에 의하여 농민의 의사와 상관없이 강제적으로 분급되었기 때문이다. 정조 6년 전라감사 박우원의 상소문의 내용이 그러한 상황을 말해준다.

> … 명색은 비록 유고(留庫)라 해도 실제는 진분(盡分)하여 백성들이 괴로움을 받으며 수령들이 죄를 범하는 것도 계속되니, 부득이 분급을 많이 하고 유고를 적게 하여야 할 지경입니다(비변사담록, 양진석, 1989: 253 인용).

결국 상환 능력을 상실한 농민들이 유리(流離), 도망 또는 납부 거부 등으로 인하여 포흠이 발생하였다. 이렇게 포흠이 원곡의 양을 넘어서면 시방 관청에서는 봄철에 농민에게 장부상으로만 환곡을 지급한 것으로 처리하여 가을에는 모조(耗條)만 받는 이른바 백징(白徵: 납세 의무가 없는 사람에게 부과·징수하는 일)이 이루어졌다. 백징에 이르러서는 환곡제도의 모순이 극도에 달하였음을 나타내는 것이다.

그러나 지역에 따라 환곡을 감면받거나 환곡을 받지 않으려는 자들도 나타났다. 주로 토호, 양반, 관속 등으로 이들은 지위나 뇌물을 이용하여 환곡을 받지 않으려고 하였다(양진석, 1989: 251-253). 이렇게 조세처럼 모든 군·현민이 부담하게 되자 토호나 양반, 관속은 아전들에게 뇌물을 바치고 환곡을 피하게 되었다. 그 결과 가난한 농민들에게 그 환곡 부담이 전가되었다. 그렇게 하여 더욱 가난해진 농민들은 가을걷이를 하여도 빈손이 되었다. 그래서 "몰락한 빈농층, 농촌 임금 노동자층은 토호, 부민(富民), 상인의 고리대 수탈로 인하여 토지를 잃고 몰락하였다. 그 수효는 농민의 7,80%를 넘어 농민의 절대 다수를 이루었고, 그들은 소작농, 농촌 임금 노동자, 좌고행상(坐賈行商), 영세 수공업자, 어업 등으로 생계를 이어가야 하였다. 그들은 또한 국가적 수탈에 시달리면서 지주, 상인, 고용주의 수탈이라는 이중적 수탈을 당하였다"(이영호, 1988: 428-429).

지금까지 조선 후기 삼정의 문란상을 살펴보았는데, 이러한 상황은 조선 전역의 지방사회에서 보편적인 현상이었다. 그러므로 진주도 예외 없이 이런 상황을 겪고 있었다. 그러나 진주는 이러한 보편적 상황 외에도 특수한 지역적 요인들이 관련되어 상황을 더욱 악화시키고 있었고, 진주민들은 견디다 못하여 마침내 항쟁을 일으키게 되었다. 다음에 진주농민항쟁의 발생과 이에 영향을 미친 진주의 특별한 상황 요인들을 살펴본다.

제 2 절 서리 작폐와 농민의 각성: 지역적 요인

지역적 요인이란 당시 진주에 특유한 상황으로서 농민항쟁의 발생과 관련된 조건을 가리킨다. 그것은 세 가지를 들 수 있다. 하나는 두 지방 관청, 즉 진주목과 경상우병영의 소재지로서 부정하고 부패하고 타락한 수령과 이서들의 가혹한 착취와 수탈 요인이며, 또 하나는 유계춘, 이명윤, 이계열 등 헌신적인 리더십과 농민의 각성, 끝으로 진주의 전통문화 요인을 들 수 있다. 그 밖에도 여러 요인이 진주농민항쟁의 발생과 관련이 있겠지만, 여기서는 이 두 가지를 중심으로 살펴본다.

Ⅰ. 두 관청 수령과 아전의 경쟁적 착취

진주에는 두 지방관청이 자리 잡고 있었다. 그리고 남명의 단성소에서 소개한 대로 남명이 1568년 선조에게 써 올린 「무진봉사」에서 지방관서 서리들의 작폐가 나라를 망친다는 '서리망국론'이 1862년 진주농민항쟁의 핵심 요인으로 작동하여, 임진왜란 예비 경고에 이어, 그의 선견지명이 또 한 번 확인되었다.

먼저, 진주목에는 정3품의 목사가 있었고, 그 아래에 판관(종5품)과 교수(종6품)를 두는 지방관아였다. 진주목사는 병사가 잠시 겸무할 때도 있었으나 곧 겸무를 해제하고 문관을 따로 임명하였다. 원래 진주목은 임진왜란 후 103개 리(里)를 63개로 통합하여 관할하였다.

다음으로, 경상우병영이다. 종2품 무관이 우병마절도사, 줄여서 병사를 맡는 군사기관이었다. 경상우병영은 원래 창원부(昌原府)의 합포에 설치하였으나 임진왜란 후 1603년 진주목의 촉석성으로 이전하여 폐지될 때까지 진주에 있었다(네이버 지식백과, 진주목 및 경상우병영).

진주목이나 경상우병영은 왕을 대신한 지배기관으로서 직위 점유자가 어떤 욕구-동기-가치를 바탕으로 사고하고 행동하느냐에 따라 더러 선정이 이루어지기도 하였으나 대개 악덕 수령과 아전으로 평가되기도 하였다. 조선 후기에 대부분 후자였다. 진주가 특히 그랬다.

1862년을 전후로 진주민(晋州民)의 삶은 목사와 병사, 그리고 아전들에 의하여 파괴되는 경우였다. 진주민들은 두 관청의 유지 비용을 기본적으로 부담하여야 했을 뿐만 아니라 두 기관 수령과 아전들의 사악한 욕구를 채우기 위하여 이중삼중의 수탈을 겪어야 하였으므로 진주민의 생존은 파괴되거나 심각하게 위협받았다.

진주농민항쟁 바로 전 해 1861년 11월 목사 홍병원(洪秉元)이 관내의 창고 조사를 한 결과 환곡을 떼어먹는 포흠(逋欠)이 1847년부터 일어난 것으로 밝혀졌다. 포흠이 있더라도 중앙관청에 납부하여야 할 환곡 이자와 지방관청 경비로 쓰는 환곡 이자는 또 반드시 마련하여야 하였으므로 서리들은 서류상 환곡을 나누어 준 것처럼 꾸며 놓고 가을에 이자를 거두었다(김준형, 2001: 16-17). 이렇게 거둬먹은 환곡 이자가 6만 여 석이었다(송찬섭, 2003: 16-17).

1만 5천 호가 사는 진주에 축난 많은 곡식을 채우려고 홍병원 목사는 1861년 6만 5천 냥을 당시 부세(賦稅) 담당자인 훈장들 수십 명을 불러서 도결(都結)을 결정하였다. 이때 종전 목사들이 토지 결당 거두던 2냥 5전보다 거의 세 배나 되는 6냥 5전을 부과하였다. 또 지난 10년 간 진주에서는 횡령·착복한 환곡을 채우기 위하여 12만 5천 냥을 거두었다(이영호, 1988: 432).

거기다가 1862년 경상우병영 환곡 결손이 3만 9,218석인데, 그 60%인 2만 4,154

석 4두 5승 7작은 1846년부터 김희순 등 서리들이 훔쳐 먹은 분량이었다. 이걸 채우기 위하여 1862년 1월에 진주읍 두민(頭民: 지도자)들을 불러 회유와 협박을 동원하여 6만 냥을 통환(統還)으로 내도록 결정하였다. 진주목의 도결에 이은 경상우병영의 통환의 결정으로 진주 농민들의 분노는 폭발 직전이었다(송찬섭, 2003: 23). 진주민들에게는 그야말로 엎친 데 덮친 격이었다.

경상우병사 백낙신은 탐관오리로서 전과가 있었다. 즉, 1859년 전라좌수사 때 환곡의 포흠분, 즉 횡령과 착복으로 축난 부분을 그곳 농민들로부터 거두어 상당한 액수를 착복하여 처벌받았다. 그런 자가 안동 김씨 세도정치의 혼란 속에 구제되어 경상우병사로 부임하였고, 그 버릇대로 1861년 겨울 환곡을 거둘 때 돈으로 환산하여 많은 액수를 거둔 다음 남는 돈 약 4만 1천 냥을 착복하였다. 그는 또 제멋대로 병고전(兵庫錢) 3,800냥으로 쌀 1,266석을 마련한 다음 농민들에게 강제로 받아 먹게 한 다음 가을에 한 석에 5냥 5전씩 모두 6,900냥을 거두었고, 3,100냥을 착복하였다.

백낙신은 또 남강 둔치 군사조련장으로 쓰던 땅에 군사 조련이 없자 땅이 아쉬운 농민들이 개간하여 농사를 지었는데, 이를 불법 경작으로 몰아 2천 냥을 거두어서 착복하였다. 또 인근 부자들을 잡아다가 불법 광산 채굴을 죄목으로 씌워서 형벌을 가하였고, 양반도 잡아다가 주리를 틀어서 2천 냥이나 뜯어내었다(김준형, 2001: 105-108; 송찬섭, 2003: 23).

사악한 수령과 아전들의 착취와 수탈을 겪던 진주의 농민들은 1858년과 1859년 두 해 사이에 3,300호나 삶의 터전을 빼앗기고 정든 곳을 떠났다(김준형, 2001: 18). 오죽하면 정든 고향을 버리고 떠나게 되었을까? 그러므로 백낙신을 비롯한 김희순, 문영진, 권준범, 김윤두 등 사악한 무리들은 진주민들의 삶을 무참하게 파괴하고 오랜 터전을 빼앗아, 정처없이 떠돌아다니며 빌어먹도록 내몰았던 것이다.

Ⅱ. 헌신적인 지도자들과 농민의 각성

진주에서 삼정의 문란의 문제는 어느 날 갑자기 생긴 것이 아니다. 특히 환곡 문제로 인한 진주 농민들의 반발은 일찍부터 있었고, 처음에는 허용된 제도의 틀 안에서 농민들의 불만을 표현하였다. 진주목에 호소하고, 경상감영에 정소(呈訴)를 하였고, 중앙정부 비변사에 격쟁(擊錚)을 시도하였으나 진주의 농민과 그 지도자들에게 돌아온 것은 지방관청의 보복이었다.

첫 사례는 1805년(순조 5년) 진주의 사족(士族)과 농민들을 대표하여 하진영(河鎭英), 박천건(朴天健) 등의 사족들이 비변사에 호소하였다가 병영에 끌려가 거의 죽을 지경으로 형을 받은 일이다. 그 이후 진주민들은 우병영의 환곡에 대한 감정이 악화되었다(김준형, 2001: 22).

두 번째 사례는 1849년에는 박수익 등이 조정의 비변사에 격쟁의 방법을 통하여 호소한 것이다. 10년 사이에 환곡의 양이 5만 석에서 15만 석으로 늘어나자 가난한 농가에서는 감당할 수 없다는 것이 격쟁의 타당한 이유였다. 그럼에도 불구하고 민은(民隱)에 관한 문제를 함부로 격쟁하였다는 이유로 처벌을 받았다. 그 이후 박수익은 진주농민항쟁의 중심 인물이 되었다(송찬섭, 2003: 17).

세 번째 사례는 1859년에 진주민들이 집단으로 상경하여 비변사에 연장을 올려 호소한 일이다. 그러나 축난 곡식을 농민으로부터 거두는 것(結斂)은 불법적 수취라는 점을 인정하는 정도에 그치고 포흠에 대한 실질적 대책은 나오지 않았다(송찬섭, 2003: 18).

네 번째 사례는 1861년 5월에 이루어졌다. 새로 부임한 목사 신억이 횡령과 착복 등으로 축난 환곡을 농민들에게 토지 1결당 2냥 5전씩을 거두려 하자 진주의 농민들은 거부하였고, 유계춘이 중심이 되어 비변사에 등소(等訴)하려고 준비를 하였다(김준형, 2001: 53; 송찬섭, 2003: 19). 그러자 신억은 도결을 포기하였다.

이처럼 진주 사람들은 환곡 등 삼정문란으로 인한 적폐가 쌓이고 농민들의 삶이 가난하고 어려워지는 상황을 타개하기 위하여 온갖 노력을 기울였으나 상황이 개선되기는커녕 오히려 수령과 아전들의 무소불위의 횡령과 착복으로 악화되었다. 이런 때에 유계춘은 1861년 5월 조정에 호소하였다는 이유로 처벌을 받았다(이영호, 1988: 434). 앞에서도 소개한 대로 대개 진주 농민들의 고통을 보고 제도적 틀을 지키며 등소, 격쟁 등으로 이끌어 대변한 이들은 양반 출신들이었다.

이영호는 "몰락하여 평민화되는 양반(殘班)은 정치적·경제적 기반을 상실함으로써 봉건 체제의 모순을 좀 더 직접적으로 인식하게 되고, 이것이 이념화되어서 체제 개혁사상을 형성하게 된다. 19세기 농민항쟁의 이념적 지도성이 이러한 부분에서 도

출되는 것으로 이해된다"(이영호, 1988: 428)고 하였다. 진주에는 토호들의 농민 착취와 관료들의 수탈에 따른 농민들의 가련한 처지에 동병상련하면서 새로운 사회·경제 체제를 모색하려고 자신과 진주 농민들의 생각과 행동을 인도하는 가치, 즉 이념을 정립한 이들이 있었다. 앞에서도 소개한 대로 박수익, 유계춘이 대표적이다. 수령과 아전들의 횡포에 분노를 느낀 양반으로서 이명윤, 이계열 등도 있었다.

진주농민항쟁의 발생을 결과 요인 또는 종속 요인으로 보고, 앞에서 고찰한 내용들을 안팎의 원인 요인으로 보고 그림으로 그려보면 다음과 같다.

진주농민항쟁의 관련 요인

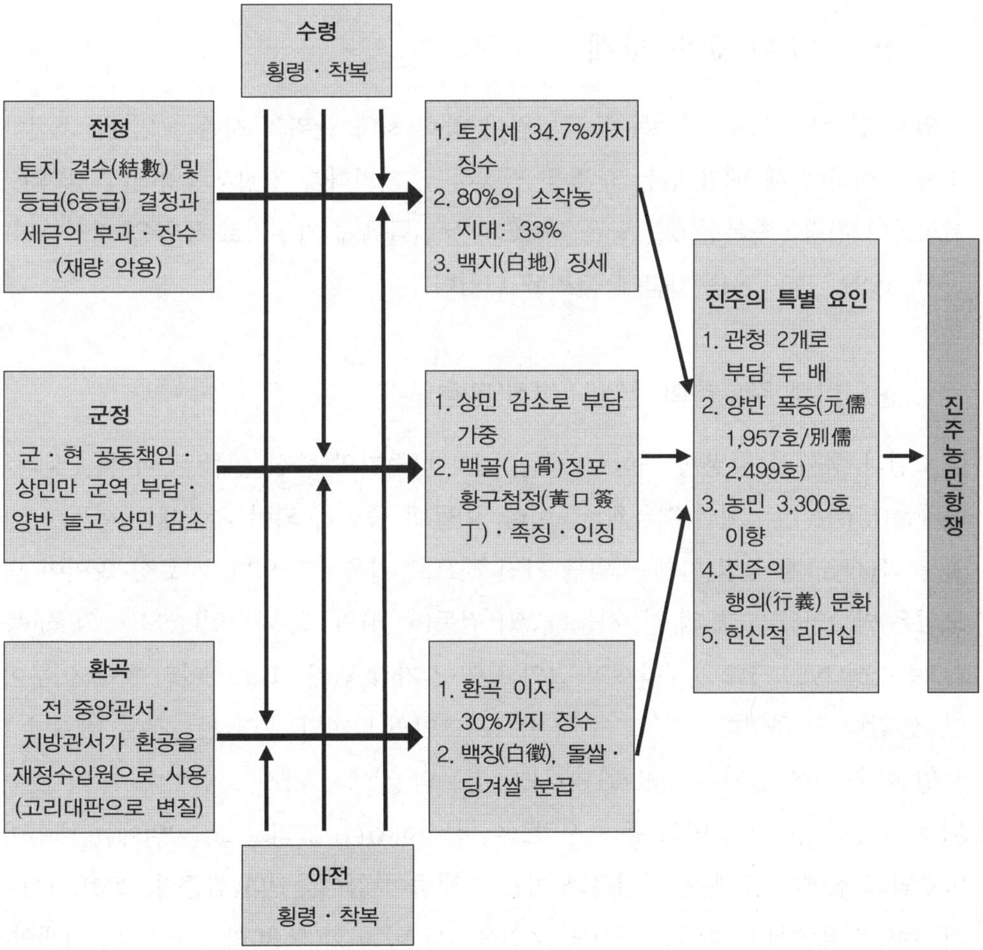

제 3 절 진주농민항쟁의 전개 과정

진주농민항쟁을 준비 단계와 실행 단계로 나누어서 정리한다. 준비 단계는 진주농민항쟁이 일어난 1862년 2월 14일을 기점으로 그전에 모여서 의논하는 과정을 말하고, 실행 단계는 2월 14일 수곡장과 덕산장을 철시하는 일부터 23일까지 벌어졌던 바로 그 내용을 먼저 소개한다. 여기 내용은 김준형(2001), 이영호(1988), 김용섭(1996), 송찬섭(1989; 2003)을 중심으로 소개한다.

Ⅰ. 농민항쟁의 준비 단계

앞서 살펴본 대로 "진주목사 홍병원이 향회(지역 단위의 사족 모임)를 소집하여 종전에 비하여 세 배가 넘는 도결을 결정하고, 거기다가 경상우병영에서 김희순 등 서리들이 횡령 · 착복한 6만 냥을 각 호의 농민들에게 거두기로 통환을 결정하여(송찬섭, 1989: 330-331) 기름에 불씨를 던졌다.

1. 농민항쟁 주도층의 형성: 이회(里會)

도결과 통환의 결정에 대한 대책을 논의한 초기의 중심 인물은 이명윤(李命允), 유계춘(柳繼春), 이계열(李啓烈) 등이다. 이들이 중심이 되어 처음에는 이들이 사는 곳 축곡(杻谷)에서 몇 차례 회의를 가진 것으로 기록하고 있다. 사료상 확인이 되는 모임은 박수익(朴守益)의 집, 사노(私奴) 검동(儉同)의 집, 박숙연(朴肅然)의 집 등이다. 송찬섭(1989: 342)은 "박수익 집의 모임이 가장 먼저 그리고 여러 차례 이루어졌던 것 같다"고 하였다. 그리고 구체적으로 모임의 날짜가 드러나는 것은 1862년 1월 31일 이웃 마을 산기촌(山岐村)의 사노 검동의 집에서 가진 모임이다. 여기에는 유계춘, 이명윤 등 여러 명의 동리 사람들이 참석하였다. 그리고 2월 2일에는 내평마을 박수익의 집에서 유계춘, 이명윤과 마을 사람들이 참여하였다(김준형, 2001: 11). 초기 준비 단계에서 이루어진 마을의 모임을 이른바 이회(里會)라고 부르며, 이때의 이회에서 농민항쟁 주도층이 형성되었다. 초기 주도층은 유계춘과 이계열을 비롯하여 강승백(姜承白), 강쾌(姜快: 유계춘의 이종사촌), 강수복(姜守福), 정치회(鄭致會), 정순계, 정지우, 정지구, 박수익 등이다(이영호, 1988; 송찬섭, 1989; 김용섭, 1995; 김준형, 2001).

2. 농민항쟁의 대중화: 수곡도회(水谷都會) 또는 민회(民會)

송찬섭은 "농민항쟁을 수행하기 위하여 대중의 역량을 바탕으로 하여야 하였으며, 이를 위하여 농민 대중이 공개적으로 참여할 수 있는 대중 집회가 필요하였다. … 2월 2일 모임에서 유계춘 등은 2월 6일 수곡 장터에서 도결과 환총의 문제를 다루기 위하여 회의를 갖는다는 내용의 회문(回文: 알리는 글)을 작성하여 요소에 붙였다. 2월 6일 수곡에서 열린 도회(대집회)는 기존의 향회(사족들 만의 모임)와는 달리 농민 대중이 참여할 수 있는 집회였다"(송찬섭, 1989: 347). 수곡장터의 집회를 대개 수곡도회(水谷都會)라고 한다.

수곡도회는 읍 전체 회의였기 때문에 고을 안의 각지에서 사람들이 참여하였다. 거주지가 확인되는 인물로는 축곡리의 유계춘·이계열, 부화곡리(지금의 사천시 축동면)의 김윤화(金允化), 북평리(지금의 하동군 옥종면 북평리) 김계용(金桂用), 가이곡리(지금의 진주시 귀곡동)의 정자약(정수교) 등이었다. 그 밖에도 조학면(趙學勉), 김세업(金世業), 성계주(成啓周), 강화영(姜華永), 장진기(張震基), 장진권(張震權), 하달명(河達明), 조학오(趙學五), 강우묵(姜宇默), 하임원(河任源), 조성진(趙聲振) 등 대표자 30여 명이 함께하였고, 또 수많은 군중이 지켜보았다.

수곡도회 초반에는 경상감영(대구)에 의송(議送)을 내고, 감사에게 호소하자는 온건한 안이 채택되어 장진기, 조학오 등을 의송 대표로 뽑아 감영으로 파견하였으나 중간에 유계춘이 계획한 '철시(撤市)' 주장이 다시 제기되면서 논의는 반전을 맞았다. 그 과정은 명확하지 않으나 집회 대중들에게 지도부가 선전 활동을 전개한 때문으로 추정된다. 유계춘 등이 만든 한글 방문(榜文)이 집회에 반입되면서 강경 대책이 다시 제기되고, 수곡의 성계주가 처음으로 철시를 하여야 한다고 주장하였고, 하임원, 하달명, 김세업 등 많은 사람이 동조한 것으로 알려졌다. 이러한 분위기에서 집회는 다음날까지 이어졌고, 여기서 지도부의 계획이 대중의 지지를 받았다(김준형, 2001: 88-89; 송찬섭, 1989: 329).

한편 수곡도회 이후 7일 유계춘은 경상우병영에 잡혀 갔다가 13일 제사 때문에 풀려난 뒤 14일 농민항쟁이 시작되자 병영으로 돌아가지 않은 것으로 알려졌다.

Ⅱ. 농민항쟁의 실행 단계

1. 농민항쟁의 날짜별 활동

〈2월 14일〉

진주농민항쟁은 알리는 글(회문 回文)을 돌려 초군들이 집합하면서 항쟁의 막이 올랐다. 농민들은 주로 각 면리별로 조직적인 행동을 시작하였다. 이들은 예정하였던 대로 1차 목표를 장시(場市)로 정하였으며, 마동과 원당 농민들은 수곡장을, 백곡과 금만면 농민들은 2차 집회가 열렸던 수청가 인근의 덕산장을 공격하였다. 합세해서 덕산장을 점거한 농민들은 진주목이 도결을 결정할 때 참여하였던 훈장 이윤서(李允瑞)의 집을 부수었다. 항쟁에 나선 농민들이 장날 장시를 택한 것은 많은 사람이 왕래하는 곳이므로 농민들의 궐기를 널리, 빠르게 알리는데도 유리한 점과 함께 당시 대상인(大商人)들이 지방 권력과 결탁하여 향촌의 상권을 장악하고 이득을 취한 행위에 대한 응징의 의미도 있었다. 이렇게 진주농민항쟁은 시작되었다.

그런데 진주농민항쟁은 어떤 문헌에도 15일부터 16일까지 활동 기록이 한글판 서책이나 학술지 어디에도 드러나지 않고 있다. 이른바 '진주민란의 안핵 문건'을 구체적으로 분석한 김용섭의 글에도 위 날짜의 농민항쟁 활동은 소개되지 않는 것으로 보아서 지금까지는 활동 기록을 찾지 못한 것으로 추정된다. 그러므로 여기서도 국내 서책에서 기술하는 바에 따라 2월 17일 활동부터 소개한다.

〈2월 17일〉

14일 덕산장을 장악하여 훈장 이윤서의 집을 부수고, 농민들의 호응과 참여를 촉구함으로써 시간이 흐르면서 온갖 수탈을 함께 겪던 농민계층에 동병상련의 정서가 확산되고 또 시위를 주도하는 쪽에서는 면리동의 풍헌(風憲)·두민(頭民)·동임(洞

任) 또는 반민(班民)으로 하여금 초군, 즉 농민들을 동원하는 일을 맡겨 조직적으로 동원령을 전하고 불참하는 마을에 벌금을 부과하겠다는 알림을 통하여 참여자는 늘어났을 것으로 추정된다. 시위 주도자들은 "머리에 흰 건을 두르고 몽둥이를 들어라", "머리를 풀고, 흰 건을 두르고, 지게 작대기를 들라"는 지침도 내렸다.

그리고 시위는 진주 전역으로 번졌고, 시위대는 덕천강 변을 따라서 여러 면리를 거치면서 악질 토호들을 공격하여 집을 부수는 등 징벌하는 한편 농민들을 규합하였다. 그리고 이들은 진주성 서쪽 5리 밖에 주둔하였다. 이렇게 농민들의 세력이 커지자 애초 항쟁에 반대하거나 소극적이던 양반이나 부잣집도 이들의 세력에 눌려 태도가 달라졌다. 이때에 이르러 진주 인근의 농민들도 함께하여 세력이 매우 커졌다. 그리고 이들은 마침내 진주농민항쟁이 처음 모의되던 내평마을에 들어왔다. 그곳의 농민들은 시위대를 맞아들여 음식을 대접하였는데, 항쟁 모의 초기 참여자인 양반이자 전직 교리 이명윤의 입에서는 가마솥 4,5개에 밥을 지어 시위대 농민들을 대접하였다.

〈2월 18일〉

진주농민항쟁 시위대 수천 명은 18일 오전 진주읍과 진주성(晋州城) 서쪽 평거역(平居驛) 부근까지 나아갔다. 여기서도 시위대는 도결(都結)과 통환(統還)의 철폐를 외치며 시위도 하고, 또 일부는 인근 부잣집들을 공격하여 집을 부수었다. 나아가 이들은 진주목의 도결과 경상우병영의 통환을 철폐할 것을 요구하였다.

이명윤을 통하여 홍병원 목사의 도결 철폐 약속문을 받아든 시위대는 진주읍으로 진출하여 갓을 쓴 양반들을 구타하거나 평소 처신이 안 좋았던 부자들을 공격하였다. 그리고 환곡 문란의 장본인인 우병영의 이방 및 포리(逋吏: 환곡 등을 처리할 때 허위 기재하고 사사로이 축낸 아전) 등의 가옥을 파괴하고 또 기타 서리들, 서울에서 수금차 내려온 고리대금업자, 개성 상인 등의 집을 부수고 재물을 빼앗았다. 이들은 서리들과 짜고 진주민(晋州民)을 착취하여 과도한 이익을 올렸기 때문이다.

진주농민항쟁 시위가 이때에 이르러서 진주 읍민들도 상당수 시위에 참여한 것으로 보인다. 김준형(2001: 102)은 "하철용은 서리의 집을 공격할 때 앞장섰고, 재임(齋任: 서재나 제각의 임원)이던 염선암도 관까지 벗어던지고 초군과 같이 수건을 머리에 동여매고 이들의 대열에 끼어들었으며, 김왕목 · 신갑손 · 조이종 등은 모두 읍에 거주하는 관속이었는데도 공격에 참여하였다"고 하였다.

〈2월 19일〉

수만 명으로 불어난 농민항쟁 시위대는 진주목 관아에서 가까운 대안리 읍내 장터에서 농민대회를 열었다. 우병영 관아가 있는 촉석성(진주성)과 접하고 북으로는 진주목 객사와 접하며 길게 형성되는 광장에 읍내장이 서는데, 여기 모여서 시위를 벌인 것이다.

그런데 우병사 백낙신은 운집한 농민 시위대를 회유한답시고 농민들 앞에 나타났다가 격앙된 시위대의 기세에 눌리고 궁지에 몰린 나머지 중영(中營: 촉석성을 별도로 관할하는 진영)에 소속된 서리 김희순(金希淳)을 환곡 문란의 장본인으로 지목해 시위대 앞에서 곤장을 쳐서 때려 죽였다. 이러한 병사 백낙신의 조치에도 불구하고 시위대는 통환의 철폐를 요구하였다. 이에 따라 백낙신은 통환 철폐 약속문을 써 주었다. 농민 시위대는 백낙신을 붙잡아 두고 그의 탐학과 서리들의 부정부패를 따졌다. 백낙신은 결국 시위대에 붙잡힌 채 그곳에서 그들과 밤을 새우게 되었다.

농민항쟁 시위대는 그들 앞에서 백낙신이 김희순을 때려 죽이는 것을 본 다음, 관리와 서리에 대한 공격은 이때부터 표면화되었다. 시위대는 김희순보다 더 죄가 더 크다고 본 병영 이방 권준범을 처단하였다. 이를 보고 아버지를 보호하려던 권준법의 아들 권만두도 흥분한 시위대에게 맞아 죽었다. 농민 시위대는 또 이날도 진주민(晋州民)의 경제에 타격을 준 서리와 상인, 고리대금업자들에 대한 공격을 계속하였다.

〈2월 20일〉

농민 시위대는 날이 밝자 일부가 진주목 관아로 들어가서 진주목 본부에 대해서도 처벌을 시도하였다. 그들은 병영 이방은 처단하였으므로 진주목 본부 이방도 내놓으라고 요구하였다. 그러나 진주목 이방 김윤두는 낌새를 채고 이미 도주한 뒤였다. 그런 가운데 시위대는 목사를 계속 압박하였고, 마침내 목사가 더 버티지 못하고 나오자 시위대는 그를 교자에 태우고 우병사 백낙신이 있는 곳으로 왔다. 진주목사의 농민대회장 강제 출장에도 김수만이 앞장서고 원세관, 우양택, 심의인 등이 적극 가담한 것으로 알려졌다. 시위대는 홍병원과 백낙신을 점심 때 쯤 풀어주었다.

한편, 진주목 이방 김윤두가 도망치자 농민 시위대는 이귀재를 추적하기 위한 지휘자로 삼아 최용득, 안계손, 조성화, 강인석, 사노 순서(順瑞) 등이 함께 추적에 나섰다. 그리고 이들은 관아의 동북쪽 신당리(車院)까지 쫓아가서 김윤두를 포획하였고, 추격자들에게 처단되었다. 그 아들 김재호도 추격자들에게 무차별 구타를 당하였을 정도로 진주목과 우병영의 서리들을 향한 농민들의 분노는 컸다. 그리고 우병영의 저리(邸吏: 경저리나 영저리의 약칭)로서 고리대로 농민들을 착취하였던 문영진을 내놓으라고 병사를 협박하고 문영진의 집을 부수었다.

또 농민항쟁 시위대는 20일 오후에는 다음 단계의 행동 방안에 관하여 토론을 갖고 대오를 정비하였다(송찬섭, 2003: 50). 이들은 진주 읍내에서의 항쟁 활동은 어느 정도 이루어졌다고 보고, 진주읍 외곽 지역으로 항쟁 활동을 확대하는 방안을 논의하였다. 이날 오후 농민들은 각 지역별로 농민들을 괴롭힌 부자들을 지목하면서 그들의 집을 파괴한 뒤 다시 진주읍에 모일 것을 선언하고, 항쟁 시위대는 각 지역별로 일을 나누어서 외곽으로 활동을 확대하였다(김준형, 2001: 112).

농민항쟁 시위대는 20일 밤 소촌으로 나아갔다. 이 지역 주민들은 농민항쟁 시위대를 정성껏 접대한 것으로 알려졌다.

〈2월 21일〉

농민항쟁 시위대는 소촌리(지금의 문산)의 역에서 시위를 가졌다. 다만, 소촌역의 찰방은 청렴한 사람으로 지목되어 욕보이는 일은 하지 않았다.

〈2월 22일〉

시위대는 동남쪽으로 진출하면서도 평소 농민들을 괴롭힌 양반 토호들을 공격하였는데, 공격을 받은 자로는 양반 성석주(成奭柱)와 생원 최운(崔雲)이다. 22일 새벽 시위대는 대여촌리(지금의 금산면 북부지역) 남성동(南星洞)으로 나아가 성석주의 집을 부수었다. 또한 같은 날 영천강을 거슬러 올라가 개천리 청강마을의 최운의 집도 부수었다(김준형, 2001: 114). 농민항쟁 시위대는 또 마동의 정영장(鄭營將), 남강원(南岡院) 주사(主事), 각지의 요호부민(饒戶富民), 즉 부잣집들을 공격하였다. 특히 마동의 정영장은 긴급하지도 않은 서원(書院) · 사우(祠宇) 건립을 위한 사역에 농민들을 무절제하게 동원하여 원성을 샀던 자이고, 남강원은 철종의 외척인 안동 김씨 김수근에게 아부하여 벼슬을 얻으려는 자들이 도모한 일이었다(이영호, 1988: 445; 김준형, 2001: 117).

옥천사도 시위대의 공격 대상이었다. 이 절은 산지의 땔나무 채취를 금하여 농민들의 원성을 샀고, 또 절에 속하는 토지의 환곡 분급을 면제받아 상대적으로 이 지역의 농민들이 더 큰 부담을 지게 만들었기 때문이다. 이러한 낌새를 알아챈 옥천사에서는 승려 4,5명을 보내어 시위대가 절에 유숙하도록 권하며 회유하였다. 따라서 시위대는 옥천사에 하룻밤을 묵으면서 음식도 대접받았다. 이때 옥천사에서는 농민항쟁 시위대를 접대하면서 쌀 62섬, 짚신 50죽, 담뱃잎 50파가 들었다(김준형, 2001: 117).

〈2월 23일〉

이날 아침 농민항쟁 시위대는 옥천사를 떠났고, 이날 오후 같은 시간에 해산하였다(이영호, 1988: 446; 김용섭, 1998: 67; 김준형, 2001: 117; 송찬섭, 2003: 52). 시위대는 옥천사를 떠나면서 개천리에서 거둔 벌금 200냥을 옥천사의 객사 수선 비용으로 기탁하기도 하였다.

2. 농민항쟁이 남긴 결과

10일 간의 진주농민항쟁은 당시 사회에서 매우 충격적인 사건이었다. 왕조 입장에서는 피지배층 농민이 지배구조를 무너뜨리는 파괴적 · 범죄적 상황으로 보았겠지만, 착취 · 수탈당하는 조선 후기 농민들의 입장에서는 유랑 걸식하며 떠돌다 죽으나 절대 권력과 그 하수인들에게 맞서다 죽으나 어차피 죽는 것이라면 스스로를 지키다 죽으려는 갸륵한 저항의 모습이라고 볼 수 있는 것이다. 그 결과는 대개 안핵사 박규수의 안핵 관련 문서에 남은 기록을 중심으로 기술하고 있다.

농민항쟁의 시위대가 휩쓸고 지나간 자리에는 인명 살상이 10명, 가옥을 부수거나 태운 것이 126호, 재산이나 곡식을 빼앗긴 집이 78호(김용섭, 1998: 67)였다. 이 가운데 진주읍의 가옥 파괴는 70호였고, 농민항쟁 시위대가 진주를 넘어 인근 22개 면을 지나면서 56채의 집을 부수고, 40호에서 재물을 압수하였다(이영호, 1988: 442; 김준형, 2001: 118-119; 송찬섭, 2003: 50).

제 4 절 진주농민항쟁의 역사적 의의와 평가

송찬섭(1989: 369)은 "1862년 진주농민항쟁은 우리나라 농민운동의 수준을 한 단계 제고하였다"는 평가를 내렸다. 이영호(1988: 477)는 진주농민항쟁을 "근대 사회의 수립을 위한 하나의 활동으로서 반봉건 투쟁의 성격을 지닌다"고 하였다. 김준형(2001: 145)은 "진주농민항쟁은 봉건적 사회 체제의 해체기에 그 해체를 촉진하는 농민운동의 시작을 알리는 역사적 사건으로 중요한 의미를 지니고 있다"고 평가하였다. 이러한 총괄적 평가는 모두 타당하다. 연구자들은 또 진주농민항쟁은 봉건 체제를 끝내기 위한 운동의 지속성을 보여주지 못한 점을 한계로 지적하였다(이영호, 1988; 송찬섭, 1989; 김용섭, 1995; 김준형, 2001; 송찬섭, 2003). 진주농민항쟁의 한계에 대한 이들의 지적도 타당하다고 본다.

그러나 이러한 총괄적·포괄적 언명으로 진주농민항쟁의 역사적 의의나 가치를 충실하게 드러내어 일반인들의 이해를 돕기는 어렵다고 생각한다. 좀 더 구체적인 의미나 가치를 적시할 필요가 있다. 좀 더 구체적 항목으로 나누어 보면 1) 불의한 계급 지배와 수탈·착취에 맞선 점과 2) 스스로의 생존을 위하여 부패·타락한 관권(官權)에 맞선 점, 3) 피지배층의 각성과 연대, 그리고 공의(公義)의 실천, 4) 조선사회 최초의 농민운동, 5) 진주농민항쟁이 근대 사회로 나아가는 첫걸음을 뗀 점 등을 들 수 있다.

Ⅰ. 불의한 계급 지배·수탈·착취에 맞섬

"봉건적 수탈과 계급적 지배는 인간의 가치를 부정하는 불의(不義)한 일이다"라는 명제를 오늘의 우리는 모두 잘 안다. 현대의 우리가 누리는 보편 가치로서 평등과 자유에 비추어 보면 자명한 일이다. 그러한 평등과 자유를 누리기 위한 투쟁의 과정은 길고도 험난하였다.

진주농민항쟁 당시 진주민들이 지주-전호(田戶) 간의 수탈, 그것이 내포된 국가-농민 조세 수탈의 문제, 그리고 급격하게 늘어나는 양반계급과 군역(軍役) 부담자로서 상민(常民: 양민)의 급격한 감소와 그로 인한 군역 부담 폭증의 문제는 옳지 않음을 깨닫고, 그것을 해소하기 위하여 진주민들이 과감하게 행동으로 옮겼다는 점은 조선 역사에서, 또 인간의 평등에 이르는 소중한 한 걸음이 되었다는 데 역사적 의미가 있다.

Ⅱ. 스스로의 생존을 위하여 부패·타락한 관권에 맞섬

유학(儒學)은 '사람에게 필요한 학문(人+需)'이요 '교육과 경세(經世)의 학문 체계'이며, 유학사상의 근본 종지(宗旨)라 할 수 있는 수기치인(修己治人)에서 궁극적 목적은 치인(治人)이다(권인호, 2002: 257-259). 유자(儒者, 왕까지 포함)는 모두 수기치인을 책무의 완성으로 간주하였고, 유자인 임금의 치인(治人)은 백성을 적자(赤子)로 보듬어 보살피는 것이다. 유학을 공부하여 등용된 관인의 책무 또한 전적으로 같다.

그럴진대, 진주를 비롯한 조선 후기 왕과 모든 관인의 농민 수탈과 착취는 그 무엇으로도 설명이 되지 않는 불의(不義)한 일이다. 수령과 서리들은 사리사욕을 채우기 위하여 백성을 보듬고 살피기(공의[公義])를 팽개친 불의한 집단이 되었다. 백성을 군왕의 적자(赤子)로 보듬고 보호하는 것을 책무로 삼는 자들이라면 어떻게 1만 5천 호의 진주민 가운데 22%에 해당하는 3천 300호가 생존의 터전을 잃고 정든 고향을 떠나게 만들었을까? 그러므로 그 시대 왕과 지방 수령과 서리들이 저지른 지배와 수탈과 착취는 불의한 일이었고, 그것이 임계점을 넘었기에 진주민들은 그러한 불의에 맞서 먼저 스스로의 생존을 도모하기 위하여, 또 지배와 수탈과 착취의 질곡을 벗어나기 위하여 감연히 함께 맞선 것이다.

Ⅲ. 피지배층의 각성과 연대, 그리고 공의의 실천

인간에게 가장 소중한 가치는 자신의 생명이다. 봉건적 질서와 착취, 비인간적 계급 지배, 그리고 사악한 수령과 서리들의 부정・부패와 수탈과 가학은 모두 인간의 가치를 부정하는 짓이다.

이러한 지배와 수탈, 착취구조를 가진 조선 사회라는 공동체에서 극소수 양반(초기 양반은 전체 인구의 9.7%)과 관인에게는 천국이었을지 몰라도 절대 다수를 차지하는 양민과 천민에게는 질곡이었다. 그러한 질곡을 수백 년 참고 견뎌온 조선의 백성들에게 그러한 신분구조와 지배, 착취에 대한 의문이 없을 수 없다. 조선 후기에 이르러 수많은 양민이 어떤 경로를 택해서든 양반이 되는 길을 택하였고, 그렇게 하여 양반이 70.7%로 늘어난 사실 자체가 봉건적 질서와 착취, 계급적 지배에 관한 집단적 문제 제기이고, 양반 지배론에 대한 통렬한 일격이며, 각성된 인지(認知)의 소산이다.

경제적 지위와 사회적 지위의 격하로 몰락한 양반 지식인들의 봉건적 수탈과 신분적 지배의 허구에 대한 각성이 선행되었고, 이어서 향권(鄕權)의 약화와 그로 인하여 수령과 서리 등 관권에 의하여 양반들의 경제적 이익이 침해되면서 진주민들의 1차적 연대가 이루어졌다. 가혹한 수탈의 피해자로서 영세 농민들은 몰락한 양반 지식인과 부유한 양반(饒戶富民)들과 넓은 이익의 연대를 이룬 것도 자연스러운 일이다. 봉건적 지배와 수탈의 피해자 농민집단은 몰락한 양반 지식인들과 이익 연대를 가지면서 그들의 사회적 신분 질서와 처참한 경제적 지위와 관련되어 잠재되어 있던 인식은 깨어났고, 깨어난 인식은 더 크고 더 높은 수준의 각성으로 이어지게 된 것이라고 본다. 그러한 각성의 귀결은 스스로를 구하기 위한 자기 보호의 사고와 행동, 나아가 불의를 징치하고 공의(公義)를 실천하는 행동, 즉 농민항쟁 참여와 사악한 가해자들에 대한 저항으로 나타났다.

Ⅳ. 조선 사회 최초의 집합적 농민운동

봉건적 착취와 계급 지배, 지방 관인들에 의한 수탈은 그 자체로 오랜 역사를 가지고 있다. 조선 사회에서도 진주농민항쟁이 일어나기까지 수백 년 간 착취와 수탈은 이루어져 왔다. 그런데도 조선 사회 어느 지방에서도 집단에 의한 농민항쟁이 일어나지 않았었다.

그러다가 사전 준비 단계를 거쳐서 1862년 2월 4일 단성에서 김인섭 부자의 인도로 항쟁이 일어난데 이어 14일 마침내 수곡과 덕산 장시에서 시작된 진주농민항쟁은 23일까지 절대왕조와 지방 수령과 서리들의 관권에 맞서 진주읍을 거쳐 외곽까지 확대되어 조선 사회를 발칵 뒤집어 놓았다. 진주에 이어서 3월에는 인근 함양과 거창으로, 그리고 경상도 나머지 지역과 전라북도로 이어졌으며, 5월에는 충청도까지 농민항쟁은 거의 조선 전역으로 확산되었다. 급기야 조선왕조는 농민항쟁의 원인을 삼정의 문란으로 보고 그 개혁 대책을 내놓기에 이르렀다. 진주민들이 결코 쉽지 않은 일인데도 불의에 맞서 집단적 농민항쟁을 일으켜 공의를 실천하는 행동을 조선 사회 최초로 이루어 낸 것이다.

Ⅴ. 근대사회로 나아가는 첫걸음, 농민항쟁

진주농민항쟁이 일어날 즈음 이미 사회적으로 양반의 계급 지배구조는 상당히 헐거워진 상태였다. 그것은 조선 사회 전반적으로 양반의 급격한 증가 현상으로 나타났다. 그 결과 상민 또는 양민의 급격한 감소와 부세와 군역세 부담의 과도한 부담으로 모순은 첨예화되어 임계점을 향하고 있었다.

그러다가 1862년 진주에서 진주목이 시도한 도결과 경상우병영이 시도한 환총이 격발장치(triggering device)가 되어 항쟁 기간 지배를 일시적으로 와해시키고 양반을 조롱하거나, 양민 착취를 자행한 양반들의 집을 부수고, 재물을 빼앗아서 계급 너머의 평등과 자유를 맛보게 된 것이다. "이래도 되는가?"라는 두려움 또는 망설임이 연대의 힘을 통하여 해소되면서 평등과 자유를 만끽한 상태를 누렸던 진주의 농민들이었다. 이들이 누렸던 평등과 자유는 조선 전역으로 확대되어 각처의 농민들이 그것을 누려보게 되었고, 집단기억 속에 강렬하게 각인되고 학습되었을 것이다.

1862년 진주와 각 도 농민항쟁은 집단적 경험과 학습이 되었고, 드디어 1894년 동학농민혁명으로 이어졌다. 이때의 농민항쟁은 곧 동학농민혁명의 징검다리가 된 것이다. 김은정(1999: 46) 등은 “19세기 민란(농민항쟁)을 실패한 운동이었다고 평가할 수 없다. 왜냐하면 민란은 대규모 농민항쟁이 일어날 수 있는 사회적 분위기를 형성시켰고, 실패에서 얻은 경험들은 마침내 1894년에 반봉건 · 반외세의 동학농민혁명을 꽃피우는 토양이 되었기 때문이다”라고 썼다. 이 점은 농민항쟁 연구자들이 대개 지적하는 부분이다. 따라서 진주농민항쟁은 정신과 경험과 학습을 동학농민혁명으로 건네주었고, 오늘의 우리가 누리는 평등과 자유정신으로 흐르고 있다고 본다.

그러면 진주농민항쟁의 역사적 의미나 가치에 관한 논의를 어떻게 간결하게 정리할 수 있을까? 또 간결하게 정리된 명제에 내포 또는 함축될 핵심 가치는 무엇일까?

저자는 진주농민항쟁에 내포된 가치로서 “지도자의 헌신과 피해 농민들의 각성”을 엿보았고, “공의(公義)를 표방하고 불의에 맞선 실천(행동)”을 읽었다. 그리고 지도자의 헌신은 후자, 즉 공의를 행하는 실천의 가치에 포섭된다고 볼 수 있기에 진주농민항쟁의 핵심 가치는 ‘공의의 실천’ 또는 ‘행의(行義)’라고 할 수 있다. 그래서 저자는 진주농민항쟁의 역사적 의의와 평가를 “불의한 봉건 · 계급적 지배와 착취, 사악한 수령 · 서리들의 수탈에 맞서 각성된 지도층과 피지배층 농민이 연대하여 자구(自救)하는 저항을 실천하여 근대화의 징검다리를 놓았다”라고 한 문장으로 정리한다.

제 6 장

진주 형평사, 백정을 저울대에 얹고 평등을 외치다

평등과 자유는 보편 가치로 누리지만, 오늘에 이르기까지 피 흘리고 눈물 나는 역사적 과정의 결과물이다. 마치 공기처럼 여겨지는 평등과 자유를 100년 전 이 땅의 '백정(白丁)'들은 누리지 못하였다. 그들도 지금은 평등과 자유의 바다를 맘껏 헤엄치며 산다. 진주의 형평사(衡平社) 창립과 형평운동은 그들의 달랐던 처지에 관련된 가슴 아픈 이야기이다.

조선조 내내 거의 인간 이하로 취급받던 백정, 그들에 대한 차별과 학대가 누백년 쌓여 있던 1923년 4월 23일 진주에서는 백정들의 신분 차별을 없애자는 형평사 창립과 형평운동이 이 나라 최초로 일어났다. 수백 년 쌓이고 쌓인 백정들의 눈물과 분노가 있었고, 인간으로서 그걸 묵과할 수 없었던 인의(仁義)의 진주 선각자들이 있어서 형평사 창립과 형평운동을 이 땅에 외치고 펼치는 활화산을 이루었다.

진주는 다른 지역보다 특별히 백정이 많은 곳도 아니었는데, 어째서 이곳에서 형평사가 창립되고 형평운동이 시작되었을까? 사회과학 분야에서는 "비판적 사고나 문제 의식이 없는 자는 사회과학자가 되지 말라"는 경구가 있다. 저자가 굳이 사회과학자라서가 아니라 위와 같은 물음은 학자라면 어느 분야의 누구나 가질 수 있는 의문이다. 그래서 형평사 창립과 형평운동을 연구한 많은 이가 대부분 이러한 의문을 제기하여 그에 대한 답을 모색하였다.

형평운동 연구자들이 문헌들을 통하여 산발적으로 여러 배경 또는 요인들을 제시하고 있다. 우리나라 형평운동 연구를 이끈 김중섭(1988: 237-247)은 형평사 창립과 형평운동이 진주에서 시작된 조건들을 '사회적 구속성', '사회적 허용성', '새로운 사상의 퍼짐'으로 크게 나누고, 구체적인 내용을 제시하고 있다. 김중섭 외에도 이명길(1986), 김준형(1993: 31-61)도 진주 형평운동과 관련 요인을 검토하였다.

저자에게 형평사 창립과 형평운동에 영향을 미친 요인으로는 크게 두 가지가 보인다. 하나는 당시 조선 땅 "어디에나 공통적으로 존재하는 상태나 조건"으로서 보편적 요인(보편성)이다. 예컨대 계급적 신분제의 완화 또는 해체와 같은 사회적 요인, 또 1894년 갑오농민전쟁과 1894년 갑오개혁으로 실현된 법제적 요인, 사회 구성의 변화, 백정에게는 조세 부과가 없는 가운데 이윤의 축적으로 인한 그들이 경제적 역량, 자본주의의 도입과 평등사상의 전파 등이다. 이러한 요인들은 보편성 요인이라 할 수 있다.

또 하나는 "진주에만 특별하게 확인되는 상태나 조건"으로서 지역적 요인(지역성)이다. 지역적 요인은 진주에서 맨 먼저 형평사가 창립되어 형평운동이 시작된 현상을 설명할 때 드러나는 진주에만 특유한 요인이다. 예컨대, 백정들과 함께 형평사 창립뿐만 아니라 3·1운동을 비롯한 농민·노동운동을 포함하는 사회운동을 주도한 선각자들의 존재, 또 진주라는 지역사회는 이 책의 앞에서도 살펴본 대로 삼우당 문익점의 목화 도입, 남명 조식의 단성소, 진주성을 지켜낸 의병 활동, 각성된 피지배층 농민이 저항하여 전 조선으로 확산된 농민항쟁, 전국 최초로 지방 일간지 경남일보의 창간에 이르기까지 공공의 이익을 지향하여 실현하는 특별한 역사·문화적 요인들이다. 거기다가 실제로 백정 또는 그 자녀들이 교회와 학교에서 차별받은 사례가 있었다. 이것은 지역성 요인이라고 할 수 있다.

그래서 저자는 제1절에서 형평사 창립과 형평운동이라는 결과 현상을 먼저 서술한 다음, 제2절과 제3절에서는 그 원인변수 또는 영향 요인들을 살펴보는 순서로 이 글을 전개한다. 먼저 보편성 요인에 해당하는 1) 백정의 차별·학대와 분노, 2) 계급적 신분제의 와해, 3) 법제의 개혁, 4) 자본주의 사상과 평등사상의 전파, 5) 백정들의 경제역량 등을 서술한다. 이어서 지역성 요인으로는 1) 인의의 선각자 지도층의 존재, 2) 진주 사람들의 역사적 경험과 문화적 요인, 3) 공론의 장 언론의 역할, 4)

차별적 사건의 존재 등을 살펴보고자 한다.

그런 다음, 제4절에서는 형평운동을 주도하였던 선각자들과 또 선각자나 지도자가 아니더라도 그 시대 민중들이 이루어 낸 결과 등을 통해서 형평운동의 역사적 의의를 요약 · 정리한다.

제 1 절 형평사 창립과 형평운동의 출발

형평사(衡平社)는 수백 년 동안 학대와 차별을 받으며 인간적인 대접을 받지 못하던 백정들의 처지를 벗어나 평등한 상태를 이루기 위하여 1923년 4월 24일 진주의 백정 지도자들과 백정이 아닌 양민(良民: 양반, 중인, 상민) 선각자들이 뜻을 모아 설립한 단체 이름이다. 그리고 형평운동은 위와 같이 뜻을 같이하는 사람들의 모임, 즉 형평사를 설립한 지도자들이 중심이 되어 백정에 대한 차별과 학대가 사라지고 모두가 인간적으로 평등한 관계를 이루려는 취지와 활동의 목표를 당시 사회 모든 이에게 널리 알려서 받아들이고, 나아가 함께 차별과 학대가 없는 사회를 만들려는 집단적 · 지속적 활동, 즉 사회운동을 가리킨다. 이러한 형평운동은 형평사 창립 이후 1935년 단체 이름을 대동사(大同社)로 바꿀 때까지 계속되었다.

진주에서 형평사가 창립되어 형평운동이 전개되는 과정은 이명길의 글(1986)과 김중섭의 글(1994: 97-134; 1988: 231-273; 2001; 2012)에서 자세하게 소개되고 있다. 고숙화(1995)와 김재영(2007)의 박사학위 논문까지 다양한 연구자들이 형평운동을 조명하였다. 이 글을 위하여 국내 여러 문헌을 읽었지만, 김중섭의 연구를 주로 많이 참고하였다는 점을 미리 밝혀둔다.

제1절에서는 이명길의 글과 김중섭의 글을 바탕으로 1) 형평사 창립과 그 취지, 2) 창립 축하 및 홍보, 3) 형평사 조직의 확대, 4) 형평운동의 결말 등으로 나누어서 소개한다.

Ⅰ. 형평사 창립과 그 취지

1. 형평사 창립

본격적으로 조직 결성을 위하여 활동한 것은 1923년 봄, 구체적으로는 4월이었다.[1] 형평사 창립을 주도한 사람들은 백정들을 찾아다니며 설득하고 권유하였다. 그 결과 1923년 4월 24일에 70여 명의 백정과 사회운동가들이 진주의 대안동 청년회관에[2] 모여 형평사 발기회를 갖고,[3] 그 다음날 같은 장소에서 약 80여 명의 참석자가 모여 정식으로 형평사의 발기 총회를 열게 된 것이다. 임시의장 강상호 주재로 진행된 이 모임은 단체의 규칙을 통과시키고, 임원 선거, 유지 방침, 교육기관 설치, 발회식 거행, 회관 설치, 각 지역에 출장하여 취지를 선전하는 일, 발회식의 신문광고 등의 안건을 결의하고 밤 12시에 폐회하였다. 이때 선출된 임원은 다음과 같다(김중섭, 1988: 249).

위원: 강상호, 신현수, 천석구, 장지필, 이학찬
간사: 하석금, 박호득
이사: 하운조, 이봉기, 이두지, 하경숙, 최명오, 유소만, 유억만

---

1) 신현수의 증언: 3월에 재정 지원을 받으려고 보천교를 다녀왔고, 정읍에서 돌아오는 길에 강상호와 함께 백정들의 처지를 통감하고 형평사 창립을 논의하였다고 증언하였다(김중섭, 1994: 100, 각주 11 참조).

2) 김재영(2007: 39)은 발기인 모임의 장소를 구체적으로 적시하고 있는 바, "… 드디어 1923년 4월 24일 형평사 기성회를 조직하고 진주 대안동에 사는 백정 정찬조(鄭贊祚)의 집에서 창립총회를 개최하고 사칙을 제정하기에 이른 것이다"라고 썼다. 그러나 그는 전거를 명확하게 밝히지 않았는데, 당시 조선일보 기사를 인용한 것처럼 읽을 수 있겠는데, 그렇다면 다른 연구자들은 이 기사나 사실을 읽지 못하였을까, 읽었다면 인용하지 않았을 리가 없다는 생각이 든다. 이 점은 좀 더 확인이 필요하다.

3) 형평사 발기에 관하여 이명길의 기술은 날짜와 참석자 등에서 구체적이고, 또 약간 다르다. "드디어 (1923년: 저자) 4월 15일 진주청년회관에서 일반 사회단체인으로서 신현수, 강상호, 천석구, 곽기찬, 이주현, 정성호, 조우제, 김재홍, 강대창, 정창화, 이덕수, 강달영, 한영준 박진환, 김찬성, 박태형, 김기진, 김의진, 장두권, 정몽석, 강두형(뒤에 서정우도 참가함), 장지필, 이학찬, 이성순, 하석금, 유소만, 김점수 등이 집합하여 진주 형평사 발기회를 개최하여 조선 신분제를 붕괴시키는 역사적인 형평사가 탄생하였다"(이명길, 1986: II. 16)고 써서 발기인들의 이름을 나열하였는데, 전거는 밝히지 않았다. 그리고 이학찬, 장지필 등 백정으로서 형평사에 참여한 이들도 일반 사회단체인들과 함께 나열하고 있다.

재무: 정찬조
서기: 장지문

이날 회의는 백정의 처지를 밝히며 인간으로서의 평등과 해방을 주창하는 “형평사 주지(主旨)”도 발표하였다.

2. 형평사 창립의 취지

형평사를 창립한 취지는 발기인들이 채택한 ‘형평사 주지’에 절절하게 나타나고 있는데, 그 내용은 다음과 같다.4)

> 공평은 사회의 근본이요 애정은 인류의 본양(本樣)이라. 그러므로 우리는 계급을 타파하며, 모욕적 칭호를 폐지하며, 교육을 장려하여 우리도 참사람이 되기를 시작하는 것이 형평사의 핵심이니라.
>
> 오늘 조선의 우리 백정은 어떠한 지위와 어떠한 압박에 처하였는가! 과거를 회상하면 종일 통곡의 피눈물을 멈추지 못할 바라. 이에 지위와 조건 문제 등을 제기할 틈도 없이 눈앞의 압박을 절규함이 우리의 실정이요, 이 문제를 먼저 해결함이 우리의 급선무로 인정하는 것이 가장 바른 것이라.
>
> 낮으며, 가난하며, 열등하며, 약하며, 천하며, 굴종하는 자 누구인가? 슬프다! 우리 백정이 아닌가! 그런데 이와 같은 비극에 대한 이 사회의 태도는 어떠한가.
>
> 소위 지식계급에서 압박과 멸시만 하였도다. 이 사회에서 우리 백정의 연혁을 아는가, 모르는가? 결코 천대를 받을 우리가 아닐지라. 직업의 구별이 있다 하면 짐승의 목숨을 빼앗는 자 우리 백정뿐이 아닌가 하노라.
>
> 본사는 시대의 요구보다도 사회의 실정에 응하여 창립되었을 뿐 아니라 우리 조선민족 2천만 중의 한 사람으로…. 애정으로써 단결하여 서로 부조하여 생활의 안정을 꾀하며, 공통의 존립 방법을 꾀하고자 이에 사십여 만이 단결하여 본사의 목적을 설정하고 그 주지를 천명해 널리 알리고자 하노라.
>
> —형평사 발기인 일동

그리고 발기 총회에 참석한 사람들은 앞으로의 활동을 위하여 600여 원의 의연금

---

4) 형평사 주지는 이명길(1986: (I), 17)과 김중섭의 책 『형평운동연구』(1994: 327) 자료 1을 참조할 것.

을 즉석에서 모으기도 하였다. 이렇게 형평운동은 공식적으로, 또 실질적으로 출발하였다.

Ⅱ. 형평사 창립 축하식 및 홍보

형평사 창립을 공식적·실질적으로 마친 형평사 지도자들은 그 취지를 알리고, 또 창립한 사실도 알리며, 또 형평사를 통해서 그들이 하고자 하는 일을 알리는 것은 물론 형평운동을 진주에서 그치지 않고 전국에 걸친 형평운동으로 확대하기 위한 노력을 기울였다. 그것은 형평사 창립을 공표하는 일, 그 효과를 극대화하기 위해서 추진한 이벤트가 바로 진주는 물론 전국 경향 각지에서 참석한 백정사회 지도자들과 함께하는 '축하식'이었다. 이에 관하여 다시 김중섭의 글을 살펴본다(김중섭, 1994: 101-103; 1988: 250-251).

1. 형평사 창립 축하식

형평사 지도자들은 단체 목적을 알리기 위하여 크게 두 방법을 이용하였는데, 하나는 적극적 홍보 방법으로서 경남을 중심으로 남부지역의 백정들을 찾아가 형평사 취지를 설명하며 참여를 권하는 방법이었다. 또 취지문을 담은 수천 장의 안내장을 마을마다 배포하였다. 형평사 창립 소식과 함께 이들의 활동이 각 언론에 보도되면서 형평운동은 더욱 효과적으로 전국에 알려졌다.

다른 하나는 대규모 집회의 개최를 통한 자긍심 고취와 세력 과시 방법이었다. 대표적으로 형평사를 창립한 지 3주일 만에 열린 1923년 5월 13일의 형평사 창립 축하식이었다. 당시 진주에서 제일 큰 건물인 진주좌(진주극장)에서 열린 창립 축하식은 백정 역사에 이정표가 되는 큰 행사였다. 전국에서 400여 명이 참석한 이날의 행사는 규모나 성격 면에서 백정들에게 획기적인 것이었다. 수백 년 동안 격심한 차별과 억압을 받아온 백정 수백 명이 공개적인 장소에서 함께 모여 자신들의 해방을 추구하는 단체의 결성을 축하한다는 것 자체가 상상도 할 수 없었던 일이었다.

이날 아침 10시경부터 형평사원들은 자동차 세 대로 시내를 돌며 형평사 취지와 축하식 행사를 알리는 선전지 7,000여 장을 시민들에게 배포하였다. 이 방법은 전통 사회에서 상상할 수 없는 것으로서 이후 각 지역의 형평사 행사 때마다 이용되었다. 오후 1시경 위원 강상호의 개회사로 시작된 형평사 창립 축하식에는 적어도 경남 22개 지역의 백정 대표자들과 충남의 오성환, 천명순, 경북의 김경삼 등 백정공동체의 유력자들이 참석하였다. 순서는 위원 신현수의 취지 설명과 위원 정희찬의 축전 낭독으로 이어졌다. 나라 안팎의 여러 사회운동단체들이 축전을 보내주었다. 또 내빈으로 참석한 진주지역의 여러 사회운동가는 축사를 통하여 형평사의 창립과 그 역사적 의미를 높이 평가해 주었다. 이 축하식은 오후 5시경에 "형평사 만세" 삼창으로 막을 내렸고, 여흥은 오후 6시 60분경까지 이어졌다.

2. 형평사 창립 관련 후속 회의

창립 축하식에 참석한 각 지방의 백정 대표 300여 명은 다음 날인 5월 14일 진주 청년회관에 다시 모여 회의를 열었다. 임시 의장 신현수의 사회로 진행된 이 회의에서 참석자들은 형평운동의 장래를 결정하게 될 주요한 안건들을 논의하였다.

조직 확대를 결정하고, 도에는 지사를, 군에는 분사를 설치하여 전국 규모의 조직을 갖추기로 하였다. 우선 경남(부산), 경북(대구), 충남(논산), 충북(옥천)의 지사 설치와 지사장 선임을 즉석에서 결정하였다. 그리고 중앙본부인 본사에는 서무부, 재무부, 외교부, 교육부, 정행부(正行部)의 다섯 부서를 두기로 하였다. 그리고 발기 총회 때 진주 출신 인사로 구성하였던 본사 임원을 확대・개편하여 다른 지역의 활동가들을 새 임원으로 보강하였다. 그리고 매달 수당을 받으며 실무를 총괄할 상무위원을 두기로 하고, 그 자리에 장지필을 선임하였다.

한편 창립 축하식 참석자들은 형평사 본부의 재정 확보를 위하여 자발적인 의연금 모금과 의무적인 회비의 납부를 결정하고, 그 자리에서 참석자들은 개인 또는 단체 명의로 약 2,200원의 의연금을 모으기도 했다.

이렇게 형평사는 적극적 홍보를 시도하였다. 이러한 적극적 홍보 활동은 백정에 대한 차별의 틀을 깨고, 평등한 존재로서 인간 선언을 다른 계급 구성원들에게 선언하는 의미, 그리고 평등을 위하여 앞으로 형평사가 어떤 목적을 지향하면서 어떤 행동 방안들을 실천할 것인지를 알리는 수단으로 삼았다. 그리고 홍보를 겸한 축하식 같은 대규모 집회를 통하여 형평사가 의도한 바는 형평사원들에게 자긍심을 고취하고 세력을 과시하려는 것이었다.

Ⅲ. 형평사 조직의 전국 확대

진주의 선각자들과 피눈물 나도록 천시를 당하며 한 맺힌 백정 지도자들이 1923년 4월 24일 발기하고, 25일 창립대회를 마친 형평사는 마침내 5월 13일 진주와 전국 경향 각지에서 관련자들이 참석한 가운데 축하식까지 치러서 형평사 창립을 알렸고, 또 장차 이루고자 하는 바를 온 세상에 널리 알렸다. 비록 뜻깊고 성대하게 축하식까지 마쳤지만, 형평사를 통한 형평운동은 이제 출발선을 떠난 것에 불과하였다. 진주에서 경남으로 넓혔던 것처럼 형평사 조직과 활동은 진주에서 경남으로, 경남에서 전국으로 조직과 활동을 넓히는 것은 자연스럽고 당연한 일이었다. 전국 조직으로 확대되는 과정을 김중섭의 글을 통하여 살펴본다(김중섭, 1988: 231-273; 1995a: 104-108; 1995b: 122-125).

"형평사 진주본사에서는 창립 축하식이 끝난 뒤에 각 지역의 백정들에게 참여를 권유하고, 곳에 따라 지사나 분사 설립을 직접 지원하기 위하여 선전대를 각 지역에 보냈다. 처음에는 선전대를 두 대로 편성하여 경남지역에만 보내려고 하였으나 각 지역의 호응이 높아 선전대를 네 대로 늘리고, 대상 지역도 삼남지역으로 넓혔을 정도였다. 조선일보 등 신문 보도를 통하여 형평사 진주본사 임원들의 활동을 재구성하면, 신현수와 장지필을 제1대로, 강상호와 이학찬을 제2대로 구성하여 충청, 전라지역에 파견하였다. 제1대인 신현수와 장지필은 진주를 출발하여 5월 21일 대전에서 충남북과 전남북 대표들을 중심으로 열린 형평사 남조선 대회에 참석하였다. 그리고 5월 22일에 형평사 대전분사 설치를 도왔다. 그 뒤에 그들은 전북 정읍분사(5월 23일), 전남 광주지사(5월 25일), 목포분사(5월 27일), 전북 김제의 서광회(5월 28일), 군산분사(5월 30일) 전북 익산군 이리의 동인회(5월 30일) 같은 하위조직의 창립 발기회나 창립 기념식에 참석하였다.

신현수는 이리에서 본사의 사무 집행을 위하여 진주로 떠나고, 장지필은 다시 전북 전주지사의 창립(5월 31일)을 도운 뒤 충남 공주에 와서 강상호와 이학찬의 제2 선전대에 합류하였다. 그들은 임시로 논산에 설치되었던 충남지사를 당시 충남의 도청 소재지인 공주로 옮겨 창립 총회를 열었다(6월 6일). 그리고 청주, 조치원, 천안(6월 9일)에서 본사 발회식을 가진 뒤 경북 대구지사의 발회 축하식에 참석하였다(6월 10일). 그들은 그곳에서 본사 위원 천석구를 만난 뒤, 장지필, 천석구, 이학찬은 밀양을 거쳐 6월 15일 진주로 돌아오고, 강상호는 삼랑진을 거쳐 부산에 와 있던 본사위원 하석금을 만나 6월 15일에 진주로 돌아왔다"(김중섭, 1988: 231-273).

임원들의 활동에서 볼 수 있는 것처럼 각 지역의 지사나 분사 설립 과정은 진주의 형평사 창립과 비슷하였다. 먼저 진주의 기성회에 해당하는 발기인 모임을 가진 뒤, 여건에 따라 공식적인 창립 총회나 발기 총회를 열었다. 그 뒤에 조직이 정비되면 창립 사실을 대외적으로 널리 알리기 위하여 창립 축하식을 갖는 것이 상례였다. 이런 과정에서 본사나 지사의 지도자들은 축하나 강연을 통하여 형평운동의 취지를 널리 알렸다. 이들의 노력과 중부와 삼남지방의 백정들과 사회운동가들의 적극적인 참여에 힘입어 형평운동은 이제 진주나 경남의 테두리를 벗어나 전국적인 사회운동으로 발전하게 되었다.

경상도와 전라도, 충청도 지역의 순회를 마치고 돌아온 본사 임원들은 본사 사무소에서 위원회를 열어 활동에 대한 평가와 앞으로의 운동 방향을 심도 있게 논의하였다. 정희찬 사회로 열린 위원회의 토의 내용은 형평운동 초기 관심사와 활동 방향을 잘 반영해 주고 있다. 토의 내용은 크게 네 가지였다.

첫째는 조직 문제로서 새로 조직된 각 지역의 지사나 분사와 유대 관계를 지속적으로 맺기로 하였다. 둘째는 활동의 내용으로서 본사 기본금을 이용하여 인쇄업 같은 일을 먼저 시작한 뒤, 자금이 늘어나는 대로 다른 사업을 확충해 나가기로 하였다. 특히, 직업이 없어 고통을 겪는 사원들에게 직업을 알선해 주기로 하였다. 셋째는 사원 계몽에 관한 것으로 사원들의 교양을 위하여 신문과 잡지 구독을 적극 권장하며, 사원들의 교육을 위하여 야학 강습소를 운영하기로 하였다. 마지막으로 일반인들의 공격에 대비하여 사원 보호의 방안을 강구하였다. 이렇게 "형평사의 조직은 급속도로 확대되어 1년 안에 전국에 지사 12개, 분사 67개라는 거대한 사회단체로 성장"(이명길, 1986: (Ⅲ). 21)한 것이다.

형평사 본부의 이러한 노력과 함께 형평운동은 백정에 대한 비인간적 차별과 천시를 끊고 백정을 평등하게 처우하여 인간화를 실천하며, 또 그것을 수용하여 실천함으로써 백정이 아닌 자 스스로의 인간화를 실천하는 활동이다. 사회운동으로서 형평운동은 인류의 진운(進運)에 합당하는지라 필요와 각성에 의한 호응이 전국적으로 자연스럽게 일어난 것으로 보인다. 그러한 내용으로는 1924년 3월 13일 진주 형평청년회가 창립된 이래, 1925년 11월 29일에는 개성 형평청년회가 창립되는 등 자료를 통하여 확인된다(고숙화, 1995: 175, 표 2).

형평운동의 취지나 목적은 청년회 활동뿐만 아니라 함경남도 어민청년동맹 창립총회, 북청 청년연합회, 봉산 청년동맹 창립대회 등 전국 경향 각지에서 창립된 청년연맹의 창립대회에서는 거의 빠짐없이 안건으로 '형평운동에 관한 건'을 올리고 있으며(고숙화, 1993: 181: 표 3), 사상단체들의 창립에서도 '형평운동에 관한 건'을 결의(고숙화, 1993: 188: 표 5)하였을 정도이다. 그러므로 진주에서 시작된 형평운동은 공간적으로는 전국으로 확산되었고, 또한 이념으로 볼 때도 민족주의를 벗어나 진보적인 사회단체들을 망라함으로써 확산된 것이 확인된다.

Ⅳ. 형평운동의 결말: 사상단체와 결합 · 대립 · 갈등

형평사를 창립한 백정 지도자들과 진주의 선각자들은 형평운동의 취지를 알리고 전국 곳곳에 지사와 분사를 설치하며 조직 기반을 넓히고 다지는 일에 매진하였다. 그러는 가운데, 형평운동의 취지와 목적을 두고 지도자들은 복잡한 상황을 맞아 해석과 선택이 엇갈렸다.

지도자들 간에는 1) 백정의 신분 차별과 학대를 끊고 평등한 사회를 만든다는 본질적 목표를 강조하는 지도자들, 2) 당시 일본제국주의에 침탈당한 나라의 상황을 두고 민족의 가치를 강조하는 지도자들, 3) 때마침 러시아에서 짜르 체제를 무너뜨리고 노동자 · 농민혁명의 흐름을 타고 국내에 전파된 사회주의를 평등 실현 · 민족독립과 결합시키려는 지도자들, 4) 본사를 진주에 두고서 형평운동을 전개하자는 지도자들, 5) 본사를 서울 또는 중심부로 옮겨서 형평운동을 전개하자는 지도자들로 견해가 달랐다. 이러한 복잡한 상황 요인은 형평운동의 추진 과정에 많은 영향을 미쳤다. 1923년 4월 24~25일 형평사 창립과 함께 전개된 형평운동이 1935년 명칭을 대동사로 바꾸며 일단의 막을 내릴 때까지 추이를 살펴본다.

1. 사회운동의 선각자들

이명길은 "신현수, 강상호, 천석구, 곽기찬, 이주현, 정성호, 조우제, 김재홍, 강대창, 정창화, 이덕수, 강달영, 한영준 박진환, 김찬성, 박태형, 김기진, 김의진, 장두권, 정몽석, 강두형(뒤에 서정우도 참가함), 장지필, 이학찬, 이성순, 하석금, 유소만, 김점수 등이 형평사 설립을 발기하였다"고 썼다(이명길, 1986: II. 16). 이들 중 강달영, 강상호, 김재홍, 박진환, 정몽석, 정성호 등은 1919년에 진주의 3·1운동 참여자로서 재판에 회부되어 복역한 지도자들이다. 이 밖에도 진주의 3·1운동으로 체포되어 재판을 받고 복역한 지도자는 "강주한, 권채근, 김영조, 김재화, 김태동, 박성오, 박용근, 심두섭, 이강우, 이영규, 장덕익, 전인회, 정봉근, 정용길, 정준교, 천명옥, 최용림, 한규상 등이다"(김중섭, 2012: 57-58).[5)]

김중섭(2012: 66-68)은 김중섭·유낙근(1986), 면담자료 등을 종합하여 단체 이름과 참여자 명단을 <표 2>로 정리하고 있다. 이 표에는 1920~25년 사이 창립해서 활동한 진주의 사회단체가 61개이며, 여기에는 모두 114명이 참여하여 역할을 수행한 것으로 나타났다. 그 가운데서도 가장 참여단체의 빈도가 높은 지도자는 조우제로 진주청년회, 조선노동공제회 진주지회, 진주 소유원, 진주공존회, 사상단체로서 동우사(同友社), 진주기자단, 진주각단연합회 등 무려 9개 단체에 참여하였다. 그다음으로 신현수가 형평사 등 8개 단체에 참여하였고, 강달영, 김재홍, 박진환, 심두섭이 각각 6개 단체, 서진욱, 황석호가 각각 5개 단체에 참여하였다.

여기서 지적할 점은 참여단체 빈도가 높은 지도자가 있는가 하면, 빈도가 높지는 않더라도 소수 단체에서 집중적으로 활동한 지도자가 있다는 점이다. 즉, 강상호와 천석구는 3개 단체에만 참여하였지만, 형평사 창립과 형평운동에 집중적으로 활약하였고, 3·1운동 참여자 한규상은 기독교단체를 중심으로 활동하였다. 이 밖에도 그

5) 김중섭(2012: 57-58)은 여기서 1919년 진주의 3·1운동 참여로 재판에 넘겨진 이들의 출생 연도나 나이, 직업, 1심 구형과 언도 내용, 2심 언도 내용, 학력 및 사회운동 참여단체 등을 표로 정리해 두었다.

당시 진주의 재산가로 알려진 정상진, 김기태, 허만정 등도 일정한 역할을 한 것으로 보인다.[6)]

또 한편 진주노동공제회와 진주청년연맹 등 진주지역 사회단체에서 활동한 강달영,[7)] 강대창, 고경인, 김기호, 김재홍,[8)] 조우제,[9)] 박태홍,[10)] 이도영, 정준교, 남해룡(남홍), 박진환, 김종명, 김찬성, 허경용, 강치열, 강상호(다른 이름 경호)[11)] 등은 사

---

6) 참고로 1920~25년 당시 진주지역 2개 단체 이상 참여하여 활동한 지도자들 이름은 다음과 같다. 4개 단체 이상 참여자는 강대창, 박봉의, 박재화, 박태홍, 정규용이고. 3개 단체 이상 참여자는 강상호, 강주한, 김경명, 김장환, 김찬성, 이현중, 천석구이며. 2개 단체 이상 참여자는 강선호, 강윤영, 강주석, 고경인, 김경숙, 김경홍, 남홍(남해룡), 박영환, 박윤석, 오경표, 이강우, 이범욱, 이상석, 장영정, 정준교, 정태범, 탁정하, 한규상 등이다. 여기서 일본인들도 단체를 만든 것이 있으나 그 단체와 참여한 일본인은 넣지 않았다.

7) 강달영은 1886년생으로 진주 제1보통학교(전 중안초, 현 진주초)를 졸업하고, 직업은 대서인이었다. 그는 고경인(1889년생), 조우제(1885), 김재홍(1887), 남해룡(남홍, 1894), 강상호(1887) 등과 함께 1922년에서 1925년까지 사회주의 단체인 진주노동공제회와 진주청년연맹에서 활동하였고, 진주지역 대중운동의 지도부 인사였다(김희주, 2016: 346-347). 강달영은 진주의 3·1운동을 주도하고 실형을 받아서 3년을 복역한 다음 1921년 3월 6일 만기 출소하였다. 그리고 곧 출옥 후 김재홍, 심두섭과 함께 진주청년회에 가입하였다. 강달영은 이후 진주지역 사회주의 단체의 핵심 지도자가 되어 활동하였으며, 형평사 운동에도 참여하였으나 전자의 활동에 더 비중을 둔 것으로 보인다. 그는 나중 조선공산당 제2차 재건 때 책임비서를 맡는 등 전국 단위 활동가가 되었다.

8) 김재홍은 진주에서 1886년에 태어났고, 33세 때 3·1운동에 참여하여 1심에서 징역 1년 6월을 언도받았다. 형평사 발기인이 되었고, 재무부장을 맡았다. 또 조선노동공제회 진주지회 창립을 강달영, 심두섭 등과 발기(김중섭, 2005: 42-43)하였고, 천주교청년회장을 맡는 등 당시 진주의 6개 사회단체에 참여하였다. "그는 진주시 본성동 15번지에서 3·1을 거꾸로 놓는 상호 '일삼여관'을 경영하면서 독립운동가들에게 자금을 제공하였으며, 6·25전쟁 때 보도연맹 사건으로 죽었다"(외손녀 하미혜의 말). 그는 2006년 독립운동가로서 대통령 표창을 받았다.

9) 조우제는 박태홍, 고경인, 남해룡(남홍) 등과 함께 청년회, 동우사 등에서 활동하였고, 당시 동아일보나 조선일보 등의 언론에 종사하였다(오미일, 2003: 123). 조우제는 직업적 사회운동가로서 신문사 지국의 기자였다(김중섭·유낙근, 1986: 38-40). 그런데, 조우제는 9개 단체에 참여하여 사회운동을 한 분인데도 그의 출생과 경력 등의 자료는 자세하게 제시되지 않은 것으로 보인다. 그에 관한 자료 발굴·정리가 필요하다고 생각한다.

10) 박태홍은 1892년 2월 28일 진주면 평안동(현 수정동) 박성서와 문화 유씨 사이에 장남으로 태어났다. 22세에 천도교에 입교하였으며, 3·1운동에도 동참하였고, 천도교 청년회에서 활동하였다. 그는 진주지역에서 천도교 활동을 통하여 황태익, 강달영과 함께 민족운동을 이어간 대표적 인물이다(성강현, 2020: 167-168). 그리고 "박태홍은 지역 최초의 농민운동단체인 진주노동공제회에 박태준, 고경인 등과 함께 참여하였고, 사회주의 사상단체인 '구이동맹회' 조직, 사회주의 단체 '동우사'에도 참여하였고, 신간회 진주지회에 가장 뚜렷한 족적을 남겼고, 제2차 조선공산당사건으로 검거되어 1년 6월형을 선고받았다(김희주, 2020: 208-214).

11) 강상호(姜相鎬, 구명 璟鎬)는 1887년 진주에서 나서 1975년 9월 20일(음) 경남 진양군(진주·진양 통합 전) 반성면에서 세상을 떠났다. 그는 진주 제1보통학교(전 중안초등학교, 현재 진주초등학교)

회주의자들로 분류되는 지도자들이다. 이들 가운데서 3·1운동과 사회주의 단체 활동가이면서 형평사 창립과 형평운동에 참여한 지도자들을 드러내어 보면, 세 영역에 모두 적극 참여한 지도자는 강달영, 강상호, 조우제, 김재홍이다. 형평사 창립과 형평운동과 관련해서는 3·1운동 참여자로 재판 기록에는 나타나지 않지만 형평사 창립과 형평운동에 핵심 지도자로 참여한 신현수[12]는 주목하여야 할 백정이 아닌 지도자이다. 백정 지도자로는 이학찬과 장지필이 중요하게 참여하였는데, 이 가운데 장지필[13]은 당시 일본에서 대학을 다니다가 중퇴한 고학력의 소지자이다.

위의 내용에서 알 수 있는 것처럼 형평운동의 주도자들은 배경을 달리하는 이들이 함께하고 있었다.

첫째, 오로지 백정의 신분 차별을 실질적으로 사라지도록 함으로써 공정하고 평등한 인간 사회를 실현하는 것을 눈앞의 가장 중요한 목적으로 삼는 장지필과 이학찬 등 백정 신분의 사람들이 있었다.

둘째, 형평사 창립 주도자들 가운데서 나라가 일제에 병탄된 불법불의한 상황을 맞아 민족의 자주와 독립을 목적은 가장 크고 중요한 목표로 삼는 지도자들로서 3·1운동 참여와 그로 인하여 복역한 사람들이 있었다. 이들은 바로 강달영, 강상호, 김재홍, 박진환, 정몽석, 정성호 등은 1919년에 진주의 3·1운동 참여자로서 재판에 회부되어 복역한 지도자들, 강주한, 권채근, 김영조, 김재화, 김태동, 박성오, 박용근,

---

를 졸업하였고, 1910년 진주 최초의 중등교육기관으로 설립된 진주실업학교(교명은 그 뒤 진주농림중학교, 진주농림고등학교 등을 거쳐서 현재의 경남과학기술대학교로 변경)에 수학하였다. 그는 학창 시절에 국채보상운동에도 참여하였고, 아버지가 설립한 진주봉양학교(진주 제2보통학교, 현재의 봉래초등학교)를 운영하기도 하였다. 3·1운동에 주도자로 참여하여 6개월 복역하였으며, 그 뒤 동아일보 초대 진주지국장을 역임하였으며, 여러 사회단체 창립에 참여하여 지도자로 활동하였고, 마침내 1923년 형평사 창립과 형평운동에 집중적인 노력을 기울였던 진주의 선각자이다(자세한 내용은 김중섭, 2012: 54-59; 217-262; "백촌 강상호", 『문화고을 진주』 제3호, 2009를 참조할 것).

12) 신현수는 1893년 7월 28일 진주에서 태어나 1961년 6월 9일에 세상을 떠났다. 그는 1911년 3월 진주 제1보통학교(전 중안초등학교, 현재 진주초등학교)를 졸업하고 진주청년회 등에서 활동하였다. 김중섭은 "신현수가 경술국치와 3·1운동을 겪으며 투철한 민족 의식을 갖고 교육, 언론, 형평운동에 열성적으로 참여한 진주지역의 이름난 사회운동가"(김중섭, 2012: 235)였고, 또 "주로 친일 세력이 참여하는 진주면 협의회의원" 선거에 당선되기도 하였다"(동아일보, 1923. 11. 20)는 사실을 인용하고 있다. 그렇다면 신현수는 민족의 가치와 약간 상충되는 프로필을 가진 인물로 생각된다.

13) 장지필은 "의령 출신으로 일본에서 대학 3년을 중퇴한 뒤 총독부에 취업하려고 등본을 떼어보니 '도한(屠漢, 백정)'이라고 적혀 있었다(동아일보, 1923년 5월 2일). 그래서 민적의 신분 표시 삭제는 형평사 창립 초기 요구 사항의 하나였다(조선일보, 1923년 5월 14일)"(김중섭, 2012: 223).

심두섭, 이강우, 이영규, 장덕익, 전인회, 정봉근, 정용길, 정준교, 천명옥, 최용림, 한규상 등이다.

셋째, 진주지역 사회주의 1세대들이다. "3 · 1운동을 주도하고 실형을 받은 강달영, 강상호, 김재홍, 박진환, 정준교 등 다섯 명이 주목받은 1세대 사회주의자들이다. 강달영, 정준교, 박진환은 3 · 1운동 후 체포되어 대구감옥에서 복역 후 1921년 3월 6일 만기 출소 후 김재홍, 심두섭과 함께 진주청년회에 모두 가입하였다. 복역자는 아니었지만 고경인, 박태홍, 남해룡(남홍)과 같은 초기 사회주의자들도 동참하였다" (김희주, 2016: 345-349). 그러므로 형평운동은 창립 때부터 진주의 1세대 사회주의자들과 연관되어 있었던 셈이다.

2. 형평운동의 경과

형평사 창립과 함께 시작된 형평운동은 전국적으로 조직화가 이루어진 가운데 "백정 신분 차별의 실질적인 철폐를 통한 인간적 평등 실현을 위한 지속적 · 집합적 활동, 즉 사회운동"을 전개하여 나갔다. 김중섭이 정리한 형평운동 일지를 따라 진주에서 시작된 형평운동이 어떤 일정과 내용을 보이며 그 활동을 전개해 나갔는지를 알 수 있다(김중섭, 1994: 331-381, 자료 4).

1) 조직 확대와 지역 대립

우선 형평사 창립의 해인 1923년에는 4월 24일 발기모임에 이어 25일 발기 총회를 가졌으며,[14] 5월 13일 각 지역대표 100여 명이 참석한 가운데 창립 축하식을 가졌고, 이것은 14일까지 이어졌다. 즉, 14일에는 발기인 모임 때의 조직을 전국 참여자들로 확대하여 임원 조직을 구성하고, 부서조직을 갖추었으며, 활동 방침 등 매우 중요하고 기본적인 규정을 만들었다.

이렇게 조직이 확대되면서 대처하여야 할 문제들이 생기기 시작하였다. 먼저 형평

---

14) 형평사 창립과 관련하여 발기와 발기 총회라는 용어가 약간 혼란스럽게 사용되고 있다. 어떤 조직이나 정당 등을 만들 때, 표준화된 절차는 1) 발기 또는 발의로써 뜻을 같이하는 사람들을 찾고, 2) 주비위원회(籌備委員會) 구성과 발기인 모시기, 3) 발기인 모임, 4) 조직 또는 정당의 창립 준비위 구성, 5) 취지문(안)과 강령(안) 기초, 6) 창립 총회의 공고, 7) 창립 총회 등의 순서로 진행되는데, 형평사 창립은 이런 절차와 다른 점이 있어 연구자들도 용어 사용에 어려움을 겪고 있다.

사가 창립된 1923년 11월 7일 대전 형평사대회 때였다. 명칭은 전조선 형평대표자 대회였지만 "주로 충남북과 전남북에서 온 49명의 대표자 모임이었다. 이 모임은 진주본사의 강상호가 사회를 보았지만 주도권은 중부지역의 대표자들에게 있었다. 이 회의에서 다룬 주요 사항은 본사 이전과 사업 내용이었다. 본사가 최남단 진주에 있기 때문에 효율적인 활동에 지장을 받는다며 본사를 내년 3월 말까지 대전으로 옮기기로 결정하였다"(김중섭, 1994: 116).

진주 형평사 창립 이듬해 "1924년 2월 10일과 11일 양일 간에 걸쳐 부산 태평관에서 '형평사 조선 정기대회'가 개최되었다. 49개 지분사 대표자 300여 명이 참석한 이 자리에서 강상호의 개회사, 장지필의 대회 취지 낭독과 경과 보고가 있었으며, 형평사의 교육 문제, 사교 문제, 헌장 문제, 본사 유지 문제 등이 의안으로 상정되었다. … 이 자리에서는 본사의 위치를 경성 또는 부산으로 이전하자는 문제가 제기되어 부산으로 결정되었으나 진주본사 측의 반대로 제2회 정기대회까지 보류되었다"(이명길, 1986: Ⅲ. 21). 본사의 소재를 놓고 대립한 결과 형평사 창립 1주년을 맞아 진주 측은 1924년 4월 24~25일에, 서울 측에서는 하루 늦은 4월 25~26일에 각각 따로 행사를 가졌다.

그러다가 형평사 임원들은 본사 위치 문제, 그리고 본사 위치 및 형평사의 혁신을 두고 진주 측과 혁신동맹 측이 맞섰으나 백정의 인권과 평등을 실현하려는 주지(主旨)를 중시하는 차천자(車賤者) 등의 통합을 강조하는 여론에 따라 1924년 7월 23일 대전에서 진주본사의 강상호, 이학찬, 하석금이, 혁신동맹의 장지필, 오성환, 조귀객 등이 회합을 가졌다. 1924년 8월 15일 대전좌(극장)에서 형평사 통일대회를 열어 통합 문제를 만장일치로 가결하였다. 이 자리에서 진주 측의 강상호는 신상 발언을 통하여 형평운동에서 손을 뗄 것을 선언하였고, 따라서 혁신동맹 측의 장지필도 퇴진을 선언하였다. 그리고 잇따라 8월 16일, 조선형평사 중앙총본부 임시대회를 소집하여 중요한 의제를 의결하였다. 그 이후에도 형평사는 재분열과 재통합을 거듭하였다.

그러나 형평사의 혁신동맹 준비모임이 1924년 2월 12일 대전에서 열리면서 형평사는 진주파 대 그 외 지역파, 보수파 대 진보파, 민족주의 대 사회주의 등 함께 섞여 있던 이해와 이념들이 표출되기 시작하면서 복잡한 양상으로 전개되기 시작하였다. 그리고 결국은 진주에서 처음 형평사 창립 때 함께하였던 장지필이 그 외 지역파 · 진보파 · 사회주의로 입장을 정하면서 진주본사파 · 보수파 · 민족주의파는 그 입장이 약화되었고, 마침내 형평사 혁신동맹으로 묶인 그 외 지역파 · 진보파 · 사회주의파가 형평사를 주도하는 세력이 되었다.

2) 조선형평사 중앙총본부의 형평운동

"1922년 사회주의자는 민족주의 진영에서 분리되었고, 1924년에는 조선청년총동맹과 조선노동총연맹이 결성되어 사회주의도 정체성을 드러내며 세력화되어 간 것이다"(김희주, 2016: 346). 민족주의와 사회주의의 결별은 민족과 국가를 넘어 세계에 노동자계급과 자본가계급이 있을 뿐이며, 세계의 노동자를 하나의 계급(세력)으로 묶는 데 민족은 극복되어야 할 실체일 뿐이었기 때문이다.

형평사 안에서도 1924년 2월 12일 대전에서 형평사 혁신동맹 준비회의를 거쳐, 3월 12일에는 천안에서 형평사 혁신동맹 창립 총회를 열고, 본사를 서울로 옮기는 것을 결정하였다. 이어서 4월 21일 서울에서 열린 조선노동총동맹에서 형평운동을 논의하고, 24일 서울의 조선청년총동맹 임시대회에서도 형평운동을 논의하였다. 진주와 서울에서 따로 형평사 창립 1주년 행사를 가졌고, 서울은 25일 1주년 행사 다음 날인 4월 26일 형평사 혁신동맹회의를 열었다. 그리고 5월 19일 서울 형평사 혁신동맹 중앙집행위원회를 열었다. 이렇게 하여 사회주의 계열에서 형평운동에 관여하는 정도가 더 넓고 깊어진 내용이 드러나게 되었다. 혁신동맹이 중심이 되어 진주본사파, 민족주의파, 보수파 형평사원들의 입장과 다른 입장으로 조선형평사의 형평운동을 주도하여 나가게 된 것이다.

앞에서도 소개한 바와 같이 조선에 사회주의는 1921년에 들어왔고, 진주에는 일찍 강달영, 조우제, 김재홍, 강상호 등의 진주지역 사회단체 지도자들에 의하여 도입 · 전파되었다. 그리고 이들이 진주의 사회단체 활동이 주도하였다는 사실은 앞에서 참여 빈도 자료를 통하여 소개하였다. 김희주는 "민족운동이든 사회운동이든 1920년대 진주지역 운동 세력의 활동과 궤적은 사회주의 사상의 수용과 실천이라는 국면에서 재조명되어야 한다"(김희주, 2016: 344)고 강조했다.

그러나 이들은 형평운동 참여를 두고 약간의 다른 참여 빈도 또는 내용을 엿볼 수 있다. 즉, 강달영, 조우제 등은 형평사 창립 발기인으로는 참여하였지만, 더 깊이, 더

넓게 개입하지는 않은 것으로 보인다. 진주의 사회단체 참여 빈도가 가장 높은 강달영, 조우제, 김재홍은 형평사의 임원으로 이름을 올리지 않았다. 이들은 진주노동공제회와 진주청년동맹 등 사회주의 사상단체에서는 활동을 계속 이어갔다. 강달영은 조선노동총연맹 중앙위원을 거쳐 나중에는 제2차 조선공산당 책임비서까지 맡았다. 김재홍은 조선노동연연맹회 중앙위원, 조선공산당 경남도당 집행위원이 되었으며, 조우제는 전조선 민중운동자대회 준비위원, 진주농민조합집행위원장 등을 맡았다. 초기 사회주의자 가운데 오로지 강상호만이 형평사 창립과 형평운동에 깊게 관여하여 활동하였다. 그렇지만, 강상호는 초기 형평사 창립과 형평운동에 지대한 공헌을 하였음에도 불구하고, 형평사의 분열 상황에서 장지필과 함께 퇴진을 선언하여 형평운동 대열에서 이탈하게 되었다.

이렇게 해서 진주 형평사 임원 가운데 이학찬만 형평사 중앙총본부의 집행위원으로 이름을 드러내었을 뿐, 대부분의 임원들은 진주 형평사 지사의 활동으로 축소되었다. 이후 형평운동은 사회주의 계열의 인사들이 주도하는 가운데 이루어졌다. 그런 가운데 일제는 사회주의가 주도하는 형평운동을 주목하고 감시하였으며, 마침내 형평사 창립 제12주년인 1935년 4월 24일 평평사 제13회 전국대회에서 그 명칭을 대동사(大同社)로 바꾸면서 형평사에 의한 형평운동은 종지부를 찍었다. 김중섭은 1923년 형평사 창립부터 1935년 4월 24일 대동사로 명칭이 바뀌는 기간의 활동을 형평운동이라고 썼다.

제 2 절 형평운동의 발생: 보편성 요인

제2절에서 조선시대 이후 수백 년 간 이어진 백정에 대한 비인간적 차별과 천대를 끊고 백정을 평등하게 처우하는 인간화와 백정이 아닌 자들이 그것을 수용하고 실천함으로써 스스로의 인간화를 실천하는 사회운동으로서 형평운동이 진주에서 시작되어 전국으로, 그리고 진보적 단체를 비롯하여 사회 각 분야로 확산되는 현상을 살펴보았다.

이제 왜 그 시기에 형평운동이 일어났는가를 살펴보기로 한다. 형평운동이 1923년에 일어나게 된 조건 또는 상황은 어느 날 갑자기 만들어진 것이 아니다. 그 시점에 형평운동이 일어나는 데는 여러 가지 필요한 조건이 있었기 때문이다. 그러한 요건을 간추리면 1) 백정의 차별·학대와 분노, 2) 계급적 신분제의 와해, 3) 법제의 개혁, 4) 자본주의와 자유·평등사상 전파 등이다. 이러한 조건이나 요인들을 보면, 대개 당시 사회 전반에 보편적으로 확인되는 현상이거나 적용되는 규범들이다. 그러므로 형평사 창립과 형평운동이 그 시기에 전개된 것은 보편적으로 위에 든 조건들이 생성되어 있거나 생성되고 있었기에 가능한 일이었다.

Ⅰ. 백정의 차별·학대

형평사 창립과 형평운동이 시작된 배경 요인은 인간으로서 자행되어서는 안 될 차별과 학대, 그로 인한 백정들의 분노이다.[15] 조선 사회 어디에서나 백정들은 보통의 사람들과 어울려 살지 못하고 공간적으로는 밀려나 살아야 했고, 인간으로서 온당한 대접을 받지 못하는 것은 물론이고 온갖 학대를 겪으며 살았다.

유교의 이념을 따라 계급적 지배의 틀을 가지고 나라를 세운 조선에서 백정은 천민(賤民)으로서 양반(문반, 무반), 중인(中人), 상민(常民) 다음의 가장 아래층 계급이었다. 양반, 중인, 상민은 양민(良民)으로 통칭하였다. 그런데, 천민은 모두가 한 가지 천민이 아니었다. “천민은 다시 칠반공천(七班公賤)과 팔반사천(八般私賤)으로 나뉘었다. 칠반공천은 ① 기생, ② 내인(內人), ③ 이족(吏族), ④ 역졸(驛卒), ⑤ 노령(牢令), ⑥ 관노비(官奴婢), ⑦ 유죄 도망자 등을 일컫고, 팔반사천은 ① 승려, ② 영인(伶人), ③ 재인(才人), ④ 무녀(巫女), ⑤ 사당(捨堂), ⑥ 거사(擧史), ⑦ 혜장(鞋匠), ⑧ 백정 등을 가리켰다”(김중섭, 1994: 42-43). 그러므로 백정은 천민 중에서도 가장 낮아서 인간 취급도 거의 받지 못하던 존재였다.

그들은 구체적으로 어떤 차별적 취급 또는 학대를 받았을까? 김중섭(1994: 50-53)은 차천자(車賤者)(1924), 이규태(1971), 강만길(1964) 등의 글을 인용하여 백정

15) 여기서 차별과 학대, 분노라는 용어를 선택하였지만, 김중섭의 지적대로 백정들은 워낙 최하층민으로 살면서도 집단적으로 분노를 드러낸 기록은 없다. 그러나 그들이라고 분노가 없을 리 있을까 싶어서 저자가 드러내어 사용한 용어이다.

들이 받은 차별과 학대상을 소개하고 있다. "가장 낮은 천민 백정들은 모든 사회 구성원에게, 특히 양민들에게 극도의 예의와 복종심을 보여야 하였다. 이러한 관계가 더 발전되어 그들은 개인적인 관계뿐만 아니라 사회제도적으로 여러 형태의 차별 대우를 감수하여야 하였다. 공공장소에서 일반인들과 함께 집회를 가질 수 없으며, 그들과 함께 술을 마시거나 그들 앞에서 담배를 피우지도 못하였다. 그들과 함께 길을 갈 때도 적당한 간격을 두고 뒤따라 걸어야 하였으며, 그들 집에 가서도 뜰 아래에서 머리를 조아리며 아뢰어야 하였다. 이러한 차별은 대화에서도 나타났다. 백정들은 어른이건 어린아이건 모든 일반인에게 존댓말을 쓴 반면에, 일반인들은 나이에 관계없이 백정들에게 반말을 하였다."

"사회적 차별의 차이는 이름, 의복, 심지어 가옥에도 나타났다. 조선시대에 다른 천민들과 마찬가지로 성이 분명하지 않았던 백정들은 이름을 지을 때 인(仁), 의(義), 효(孝), 충(忠)과 같은 뜻이 고상한 글자로 이름을 지을 수 없었고, 그 대신에 석(石), 피(皮), 돌(乭) 같은 좋지 않은 뜻의 글자를 사용하여야 하였다. 그리고 백정들은 옷차림도 제한을 받았다. 상투를 틀 수 없었고, 모자도 일반인들이 부모상을 당하였을 때나 쓰는 평량자(平凉子, 패랭이)를 써야 하였다. 또 두루마기도 입을 수 없었으며, 갓끈도 대나 구슬, 베 조각을 쓸 수 없고 종이를 꼰 것만 써야 하였다. 가죽신을 만드는 것이 직업이면서도 가죽신도 못 신고, 비단옷을 입지 못하였다. 그 대신 짚신이나 헝겊신을 신어야 하였다. 옷차림과 마찬가지로 집도 가옥에 채색을 할 수 없었고, 기와를 올릴 수도 없었다."

"차별은 결혼이나 장례에도 존재하였다. 백정들은 일반인과 결혼이 엄격하게 금지된 것은 물론 자기들끼리 배우자를 선택하였는데, 결혼 때도 백정인 신랑과 신부는 안장 놓인 말이나 가마를 탈 수 없었다. 결혼한 백정 여자라도 비녀를 꽂을 수 없었고, 둘레머리를 하여야 하였다. 백정들은 장례 때, 상여를 사용할 수 없었다. 백정에 대한 차별은 관청에서도 있었는데, 그들은 호적도 없이 국가 구성원으로 대접을 받지 못하였으며, 따라서 납세나 군역도 대상이 아니었다. 그랬지만, 북방에서 적이 쳐들어오면 백정들은 용맹스럽고 전투기술이 뛰어나다는 이유로 징집되기도 하였다."

"이러한 차별과 억압 속에서도 백정들이 저항하였다는 기록은 찾아볼 수 없다. 아마 규범을 어겼을 때 받게 되는 가혹한 처벌 탓으로 짐작된다. 일반인들은 농청(農

廳)과 같은 마을 내의 규율 유지 조직을 통하여 관습을 어긴 백정들을 불러다가 집단적으로 사형(私刑)을 가하였고, 심지어 지방관청도 사회 질서를 깨뜨렸다는 죄로 해당 백정을 처벌하였다. 게다가 관청의 처벌 방법도 일반 죄수들은 곤장대 위에 올려놓고 때렸는데, 백정 죄수들에게는 곤장대 없이 맨땅 위에서 처벌하는 등 차별을 두었다"(김중섭, 1994: 50-53).

위에서 조선시대 양민에 의하여 가해진 백정에 대한 차별과 학대를 기술하였지만, 세세한 내용을 어떻게 다 표현할 수 있겠는가. 그리고 그들은 왕조 설립 이후 점점 더 가중되는 인간 이하의 대접과 학대에 떨며 속으로만 끓어오르는 설움과 분노를 켜켜이 쌓아서 삭힐 수밖에 없었다. 그렇게 백정들은 탈출구가 없는 질곡 속에서 살았다.

Ⅱ. 계급적 신분제 와해

유학(儒學)의 이념에 따라 세워진 나라 조선은 그래서 양반과 상민, 천민으로 구성된 철저한 신분제 계급사회였다. 이런 점에서 고대 도시국가 간 전쟁에서 정복당한 사람들을 노예로 삼거나 사람들을 포획하여 노예로 팔던 서양의 방식과는 차이가 있다(홍익희, 2013: 45-54).

그러나 그렇게 강고하던 신분제 계급사회도 헐거워지고 있었다. 예견된 결말이었다. 조선사회의 신분계급제는 중국이나 일본보다도 더 강고(정석종, 1974: 328)하였는데, 헐거워지는 과정을 살펴보자. 계기는 임진왜란(1592년)과 병자호란(1636)이다. 전쟁이라는 비상 상황에서 병력의 확보와 승전을 통한 전쟁 극복을 위하여 조선 조정은 적병의 목을 베어 바치면 면천(免賤) 등 다양한 포상을 내걸었고, 따라서 노비층의 구성원들이 여기에 호응하였던 것이다. 조선은 1592년부터 7년 왜란을 겪고, 1636년에 병자호란을 겪었으니 백성들이 겪은 참상은 이루 말할 수 없었고, 군역을 통한 하층 신분층의 신분 상승이 늘어날 수밖에 없었던 것이다.

진주농민항쟁에서도[16] 소개한 바 있지만, 대구지방 조선 후기 신분별 인구 변동을

16) 양반의 증가와 상민의 감소로 인한 군역의 문제, 환곡의 문제가 생기는 현상은 이미 진주농민항쟁 장에서 소개한 바 있다. 이명길은 일본인 사방박(四方博)의 조사를 인용하였는데, "숙종 16년의 신

보면, 숙종 16년(1690) 양반 9.2%, 상민 53.7%, 노비 37.1%이던 것이 영조 5년(1729) 양반 18.7%, 상민 54.7%, 노비 26.6%로 변하였으며, 정조 7년(1783) 양반 37.5%, 상민 57.5%, 노비 5.3%였고, 철종 9년(1858)에는 양반이 무려 70.3%, 상민은 28.2%, 노비는 1.5%에 불과하였다(네이버 지식백과; 학생백과). 또 정석종(1974: 283-326)의 울산 호적대장 연구에 따르면, 1729년 총 호(戶)수 639호 중에 양반은 168호로 26.29%, 상민 382호로 59.78%, 노비 89호로 13.93%였다. 그러나 138년 후인 1867년 신분 계층별 호수 변동을 보면 총 호수 533호 중 양반 349호 65.48%, 상민 181호로 33.96%, 노비는 3호에 0.36%로 크게 달라져 있다. 이 시기에는 솔거노비(率去奴婢)를 제외하고는 노비는 거의 소멸 상태였다. 그렇게 해서 양반은 늘고 상민은 급격하게 줄어들었다.

또한 노비들의 신분 변조와 상승도 상민 못지않게 극심하였던 것으로 알려졌다. 도망하는 노비가 점점 늘고, 늘어난 노비들이 동병상련하며 도망자를 숨겨주고 보호하면서 거의 촌락을 형성하였으며, 노비 추적에 나섰다가 피살되는 사례들이 생겼으므로 추적과 체포는 거의 불가능한 상황이 되었다(정석종, 1974: 334). 수령들도 워낙 많은 수의 도망한 노비로 인하여 함부로 다루지 못하였으며, 이렇게 하여 조선 후기 신분계급제는 거의 붕괴한 것으로 본다. 그래서 신분계급제는 물론 조선 사회 전체를 크게 흔들었다. 획기적 사회 변혁을 위한 임계점은 1894년 갑오농민전쟁(동학농민혁명)에서 정점을 이루었다.

1894년 5월 7일(양력 6월 10일) 동학농민군 전봉준(全琫準) 대장과 전라관찰사 김학진(金鶴鎭) 간에 전주화약을 성립시켰다. 농민군은 자진하여 전주성을 관군에게 내어주고 해산하는 형식을 취하였다(신용하, 1996: 14). 그 후 “동학농민군은 집강소(執綱所)를 설치하여 폐정 개혁의 ‘농민 통치’를 단행하면 다음과 같은 12개조의 폐정 개혁 요강을 제정하여 이에 의거하였다(신용하, 1990: 79-80). 이 가운데서 신분계급제 철폐와 형평운동에 관련된 항목을 보면 ⑤ 노비문서를 소거할 사, ⑥ 칠천반인의 대우는 개선하고 백정 두상에 평량립을 탈거할 사”(신용하, 1990: 79-80; 이명길, 1986: (I): 8)의 두 가지이다. 이렇게 해서 백정 신분 차별 철폐는 쟁점으로 제기

분별 호수를 보면 양반 8.3%, 상민 51.1%, 노비 40.6%이던 것이 철종 9년에는 양반 65.5%, 상민 32.8%, 노비 1.7%로 바뀌어 있었다”고 하였다(이명길, 1986: I. 16).

되었다. 그렇게 하여 조선 사회가 전근대사회에서 근대사회로 접어들었다.[17)]

Ⅲ. 신분 차별 폐지법

“1894년 온건 개화파의 갑오경장 정권, 즉 김홍집(金弘集) 내각은 6월 25일 군국기무처를 설치하자 사흘 뒤인 6월 28일(양력 7월 30일) 드디어 사회신분제도를 위로부터 법제적으로 폐지하는 10가지 사항을 의안으로 가결하였다”(신용하, 1990: 45-46). 군국기무처는 이어서 7월 초(양력 8월 2일)의 의안에서는 다음과 같이 사회신분제도 폐지를 보완하는 조항을 통과시켜 법령으로써 공포하였다.

1) 역인(驛人)·창우(倡優)·피공(皮工)의 면천을 모두 허가할 사
2) 무릇 관인이 비록 고등관을 지낸 자라도 휴관한 후의 편의에 따라 “상업을 영위”할 수 있게 할 사

군국기무처의 이 법령은 6월 28일자의 사회신분제 폐지를 보완하여 신양역천(身良役賤) 제도와 천민제도를 폐지하고 칠반천인(七班賤人)을 해방시킨 획기적인 개혁 조치였으며, 종래 말업(천업)으로 취급해 오던 상업에 퇴직한 구양반 관료들이 종사할 수 있도록 개혁하여 직업의 신분 차별을 폐지한 것이다(신용하, 1990: 47).

이로써 조선 사회에는 법령에 의하여 공식적으로 신분계급제가 폐지되고, 따라서 백정에 대한 신분 차별도 폐지되어 사회 전역에서 보편적으로 적용되는 규범이 되었다.

Ⅳ. 자유·평등사상

서학이나 천주학은 일찍 조선후기에 신 앞에서 인간의 평등사상을 전파하였다. 거기다가 일제가 침탈하면서 자본주의를 끌고 들어왔다. 그러면서 신분제 와해와 결합되어 사회에 구조적 변화를 만들었다.

양반들의 경제적 몰락과 부농 상민층의 대두 역시 조선 후기 사회를 충격적(?) 변

17) 신용하는 우리나라가 ‘전근대사회’에서 ‘근대사회’로 이행하는 계기와 전환점을 만드는 것은 사회신분제도의 폐지라고 할 수 있다며, 1894년은 한국 사회사에서 사회신분제도가 폐지된 역사적인 해라고 하였다(신용하, 1996: 53).

동으로 이끌어 갔다. 경제력에서 몰락하는 양반들이 늘어났다. 이들은 “먹고 살아 남아야 한다”는 절박한 조건에 몰렸다. 그 방편의 하나가 상민 부자와 양반이 통혼하는 것이었다. “… 몰락한 양반들이 부농계층과 통혼을 시도하는 사례까지 나타났다. 급기야 몰락한 양반들은 상민 부농층의 땅을 빌려 농사를 짓는 일에 나서게 되었다. 때로는 부농의 땅을 빌리기 위하여 양반끼리 서로 다투는 상황까지 이르렀다”(정석종, 1974: 313-316).

한편, 몰락한 양반들의 신분 하강으로 힘없는 농민들이 더 나쁜 상황으로 내몰렸다. 농민들은 터전을 빼앗기고 임노동 또는 떠돌이 노동자, 유랑 걸식자로 내몰렸던 것이다. 그러면서 한편으로, 부자 농민들은 아전들과 결탁하여 부당한 혜택을 누려서 더 부자가 되었다. 거기다가 농업생산성이 높아지면서 부자들은 한층 더 부자가 될 수 있었다. 그러는 사이 도시에는 수공업이 발생하고, 이들 수공업자가 임노동자나 농토를 잃은 농민들을 고용하는 등 이른바 초기 형태의 자본주의적 경제 활동이 나타나기 시작하였다.

그런 가운데 일제의 조선 침탈로 미숙하게, 또 사악한 목적으로 자본주의가 도입되었다. 자본주의는 일본인들에 의하여 지배 의도를 감추고 이 땅에 들어왔다. 그것도 영국 등에 훨씬 뒤처진 상태의 후발 자본주의 국가 일본의 미숙한 자본주의는 자국 자본주의의 문제를 해결하기 위하여 조선 사회를 노골적으로 착취·탈취·수탈의 마당으로 삼았다. 국권을 침탈하여 원천적으로 조선 백성의 자유를 억압하였으니, 선진 자본주의 사회의 경제 활동과 달랐고, 조선총독부의 강제력으로 토지를 거의 빼앗다시피 하였으니 이 또한 제대로 된 자본주의 사회에서는 가당찮은 일이다. 그러나 왜곡된 일본 자본주의도, 오늘날처럼 세련된 자유주의와 자본주의가 아니더라도, 조선 사회 선각자들에게 자본주의 자체에 대한 지적 호기심을 자극하여 이해가 점차 커지는 가운데, 차별과 학대에 피멍 들어 사는 백정들에게 자유와 평등의 사상을 넓혔다.

앞서 서술한 대로 질곡의 삶을 살았던 백정집단은 불씨만 닿으면 언제든 화염을 일으키며 폭발할 기름이었다. 거기다가 조선 사회의 후기로 오면서 신분계급제도 더 헐거워졌고, 거기다가 직접 계급 차별을 철폐하라는 요구를 내건 1894 갑오농민전쟁에 이르렀으므로 평등한 사회를 위하여 주창할 수 있는 조건이 개선된 것이다. 마침내 갑오개혁을 통하여 법령으로 규정되어 신분계급제 폐지는 공식제도가 되었고, 자유와 평등의 이념을 바탕으로 삼는 종교와 자본주의까지 전파되면서 비로소 형평사 창립과 형평운동이 시작되는 때를 맞은 것이다.

제 3 절 형평운동의 발생: 지역적 요인

그러나 앞에서 살펴본 보편적 요인으로 '진주'형평운동의 출범을 모두 설명할 수는 없다. 제1절 시작하는 글에서 쓴 대로 여기에서는 왜 진주에서 형평사 창립과 형평운동이 일어났는가를 설명하기 위하여 지역적 요인을 살펴보기로 한다.

형평사 창립과 형평운동이 진주에서 처음 일어난 배경 또는 조건들은 이명길(1986), 김중섭(1986; 1993; 1994; 2001; 2012), 김준형(1993) 등이 다루었다. 그런데, 저자가 생각하기에 위 연구자들이 그 영향 요인으로 떠올리지 못하였거나 떠올려 다루었더라도 그 밀도가 아쉬운 부분이 좀 있다. 앞에서도 적시한 바로서 진주에서 형평사 창립과 형평운동이 처음 시작되게 만든 조건들, 즉 지역성 요인으로 1) 사회운동 지도층의 활동, 2) 진주 사람들의 역사적 경험과 문화적 요인, 3) 언론의 역할, 4) 백정 차별 사건의 존재 등으로 나누어 살펴보고자 한다.

Ⅰ. 사회운동 선각자 활동

경허 스님은 어느 월간 잡지 글에서 세상에는 이끄는 사람 2할이 있고, 따르는 사람 8할이 있다고 하였다. 따르는 8할의 질적 수준도 중요하지만 이끄는 사람들의 질적 수준은 어떤 공동체든 그 공동체의 존망을 결정하는 요소이다. 이 책의 앞에서 쓴 내용으로도 그것은 증명되고도 남는다. 고려의 지배층이 나라를 잘 못 이끌어 한 해에 500명씩 공녀(貢女)를 바쳐가며 원나라의 지배를 받은 일, 명종 등 어리석은 군주와 그를 둘러싼 사대부들이 내세운 파당적 이해(利害) 때문에 7년 왜란을 불렀던 일도 그렇다. 또 주자학을 세상의 전부라고 잘 못 알고, 어설픈 지식으로 왕조를 농단한 "노론 지도층은 19세기 말 나라를 일제에 넘겼다"(이덕일, 2006). 국가사회의 지도층의 역할은 백성들의 운명을 결정한다.

우리 역사에서 나라를 적국에 팔아넘긴 사악한 지도층이 있었다면, 진주에는 인의를 따른 훌륭한 지도자들이 있었다. 원래 인(仁)은 측은지심(惻隱之心)을 바탕으로 삼아서 "다른 사람의 고통을 차마 견디지 못하는 심성"이다. 그리고 "의(義)는 수오지심(羞惡之心)을 바탕으로 삼아서 옳고 그름을 가름하는 심성"이다. 그래서 맹자는 "의를 사람의 올바른 길"이라고 하였고, 또 사람은 인(仁)에 살며, 의(義)를 통하여 행하는 것이 대인(大人)의 일이라고 하였다(동양고전연구회 역주, 『맹자』 공손추 상, 이루 상, 2016). 진주에는 백정의 가련한 처지를 자신의 아픔으로 여기며, 이를 바로 잡으려고 한 인의의 지도자들이 있었다.

그들은 백정이 아니면서도 형평사 창립과 형평운동을 주도한 지도자들이다. 이들은 백정에 대한 차별과 학대는 공평하지도 않고, 인간적이지도 않은 일이니 이를 그치고, 나아가 백정을 공평하게, 인격적으로 대하여 모두 함께 평등하고 자유롭게 사는 공동체를 이루어야 인간다운 세상이 된다는 사실을 남들보다 일찍 깨달은 이들이었다. 그들은 남보다 앞서 그것을 깨닫기만 한 것이 아니라 인의를 가치를 실천에 옮긴 지도층 인사들이었다.

이들은 국권이 일제에 넘어가자 불의한 외세에 맞서 3·1운동에 투신하여 복역하였고, 또 외세를 몰아내고 민족의 독립을 이루고자 '도구적' 사회주의자[18)]가 되어 민족의 독립과 형평운동을 이끌었다. 그들이 바로 강상호, 강달영, 조우제, 김재홍, 신현수, 천석구, 남홍, 고경인, 강대창 등 1920년대 형평사 창립과 형평운동 등 진주의 사회운동을 시도하여 이끌어 낸 지도자들이다. 이들이 인의(仁義)의 마음과 평등과 자유로운 세상, 인류의 진운(進運)을 먼저 깨닫고 백정 지도자 이학찬과 장지필 등과 함께 형평사를 창립하여 형평운동을 이끌었기에 우리나라 최초의 근대 인권운동 형평운동이 진주에서 시작되어 전국으로 확산될 수 있었던 것이다.

저자는 양반 출신 강상호, 강달영, 조우제, 김재홍, 신현수, 천석구, 남홍, 고경인, 강대창, 그리고 백정 지도자 이학찬과 장지필 등 백정의 문제를 해결하기 위하여 형

---

18) 여기서 도구적 사회주의자라고 한 것은 그들이 사회주의 그 자체를 지식·사상·신념으로 받아들여서 사회주의자가 된 것인지 확신은 없는 가운데, 근대사 연구자들은 민족독립운동을 위한 도구나 수단으로 사회주의를 선택한 경향이 있었다고 밝히고 있기 때문이다.

평사를 창립하여 형평운동을 시작한 그들에게 문익점, 조식, 수많은 임진왜란 의병장, 유계춘 · 이명윤 · 박수익 · 이계열 · 이귀재 등 농민항쟁의 지도자들이 겹쳐서 떠올랐다. 위의 선각자들은 백정 문제와 함께 민족의 가치는 물론 그 당시 노동자와 농민의 처지를 계급의 문제로 받아서 인간 평등의 가치까지 실현하려던 지도층에 그것을 이어준 헌신적 행의(行義)가 있었기에, 일본은 수평사(水平社)를 1922년에 만들었지만 여전히 백정 문제를 벗어나지 못하고 있는데도, 우리는 우리 스스로를 인격화하고, 평등한 인간사회를 실현할 수 있었다고 여긴다.

Ⅱ. 진주의 역사와 문화

이명길은 "백정들과 함께 형평사를 창립한 진주의 민중 세력은 하루아침에 형성된 것이 아니다. … 진주지방의 정치문화 속에는 자생적 민중 세력이 고려시대부터 정치가 문란하거나 부패할 때에는 정부나 집권자에 항거하고 사회개혁을 요구하고 나섰으며, 국가 변란에는 구국운동에 앞장섰다. 또한 조선의 개항과 근대화에 정치제도의 개혁, 사회 부조리의 혁파 등 정치, 사회, 경제면에 지방 세력의 민중 투쟁이라는 조직적인 행동 형태를 취하면서 역사적 사건을 제기한 특수한 정치 · 사회사적 배경을 지닌 곳이다"(이명길, 1986: I. 14)라고 썼다. 김준형도 "진주농민항쟁을 비롯해서 동학군의 활동 등을 거론하며 진주는 개혁운동의 거점이 될 수 있는 역사 · 문화적 요소를 지닌 곳"(김준형, 1993: 38-45)이라고 하였다.

사실 진주는 지금까지 살펴본 대로 삼우당 문익점의 목화 도입, 남명 조식의 단성소와 『무진봉사』, 임진왜란 때 의병 활동을 통한 진주성전투 승전, 진주농민항쟁 등 조선 역사에서 공의(公義)를 드높인 큰 사건들이 잇따라 집중적으로 일어난 곳이다. 삼우당의 안위를 무릅쓴 선택, 남명의 목숨을 건 단성소를 거쳐서 백성을 위한 정치를 주창한 일은 '목숨(生)'보다 '옳음(義)'을 중히 여기는 선택(捨生取義)을 실천한 일(行義)이다. 진주를 중심으로 한 경상우도 사람들의 행동양식을 간파한 성호(星湖) 이익(李瀷)은 "경상우도 사람들은 의(義)를 본으로 삼으니, 이는 남명의 영향이다"라고 하였을 것이다.

이러한 행의(行義)의 정신과 가치는 점성(漸成)되어 남명학파 의병단의 목숨을 걸고 재산을 터는 의병 활동으로 더 무겁게, 더 강하게 나타났고, 진주농민항쟁에서 헌신적인 농민 지도층은 목숨을 바쳤다. 이쯤에 와서 진주 사람들에게는 어느 사이에 행의는 지역의 지도층과 함께 집단적 선택과 실천의 사고와 행동양식이 전파·전승되어 행의문화라고 불러도 좋은 것이었다. 즉, "진주 사람들의 집합적 사고와 행동양식, 즉 진주문화=행의문화로 정형화"되었다고 보겠다. 이렇게 해서 진주에서 나라 최초로 형평사 창립과 형평운동이라는 집합적 패턴으로 구현해 낸 것이라고 보아도 이상하지 않다.

Ⅲ. 공론의 장 언론의 역할

김중섭은 형평사 창립과 형평운동의 배경으로서 조선일보와 동아일보 등 언론의 역할을 들고 있다(김중섭, 2012: 241-244). 그렇다. 형평사 창립과 형평운동을 시작하는 단계에서부터 계속적으로 조선일보(1920년 3월 5일 창간) 진주지국과 동아일보(1920년 4월 1일 창간) 진주지국[19]은 적극적 관심을 가지고 기사로, 또는 논설로 형평운동을 다루어서 진주지역과 전국에 공론을 일으키는 중요한 역할을 하였다. 형평사 창립과 형평운동에 관련된 당시 조선일보와 동아일보의 역할은 오늘날 형평운동에 관하여 연구하는 학자들이 빠짐없이 두 신문의 기록을 인용하는 데서도 알 수 있다. 그만큼 두 신문이 형평사 창립과 형평운동에 관련된 활동을 기사나 논설로 다루었고, 그것은 기록 수단이 별로 없던 때에 가장 소중한 기록 또는 역사적 사실(historical facts)을 기록하여 남겨 두었기 때문이다.

그런데 형평사 창립과 형평운동 연구자들이 스쳐 보내기 쉬운, 그러나 매우 중요한 언론매체가 진주에는 하나 더 있었다. 그것은 바로 1909년 10월 15일에 창간된 우리나라 최초의 지방일간지 경남일보(慶南日報)이다. 경남일보 창간에는 이 장의 앞부분 1920년대 진주지역 사회운동 부분에서 세 차례 소개된 바 있는 김기태가 중요한 역할을 담당하였다. 그는 1923년 12월 소작인 조합에, 1920년 5월 1일 일신고보 발기인으로, 1921년 3월 5일 발기한 관변단체로서 진주자선회에 참여하였다. 이

19) 김중섭(2012)에 따르면, 처음부터 적극적으로 형평사 창립과 형평운동을 다룬 조선일보에 비하여 동아일보는 다소 시차가 있었으나 결국 형평운동을 적극적으로 다루었다고 썼다.

렇게 보면 그는 분명 사회주의 사상가는 아니었으며, 오히려 일제의 관과 협력하는 부류의 인사로서 부자였던 것으로 보인다. 김기태는 김영진 등과 함께 1909년 초부터 신문 창간을 의논하였고, 8월에 일제 총독부의 인가를 받아 경남일보를 창간하였다.

경남일보는 금세 재정난을 겪거나 일제에 의하여 국권이 침탈되자 '시일야방성대곡(是日也放聲大哭)'이라는 논설을 게재하여 정간 등 우여곡절을 겪었다. 그렇지만, 경남일보는 형평사 창립과 형평운동이 시작되던 시기에도 지방신문으로서 이슈를 드러내고, 미디어 담론의 발화자라고 할 수 있는 형평사 창립 쪽의 의견을 전하고, 의견 교환이 이루어지게 하는 등 공론의 장(public sphere)으로서 역할을 하였다. 경남일보를 창간해 낸 문화적 지향과 선택을 보인 지역 역량이 우리나라 최초의 근대 인권운동으로서 형평사 창립과 형평운동의 발원지에 걸맞은 것이었음을 확인시켜 주는 것이다.

Ⅳ. 백정 차별의 사례

정책학자들은 특정한 사회 문제가 많은 사람의 관심을 끌어서 정책의제로 되는 데는 특별한 사건들이 계기가 된다고 한다. 계기가 되는 문제를 점화장치(triggering device)라고 부른다. 형평사 창립과 형평운동에도 점화장치로 볼 수 있는 사건이 있었다.

1920년 대 조선 후기 사회에서 차별과 학대를 견디며 분노를 억누르던 백정들에게 진주에서 일어난 두 가지 사건은 점화장치가 되었다. 하나는 봉래동 진주교회에서 일어난 '백정과의 동석 예배 거부 사건'이고, 다른 하나는 '백정 자제 학생과의 수업 거부 사건'이다. 먼저, '백정과의 동석 예배 거부 사건'은 "1909년 5월 두 번째 주일에 나대벽 선교사의 인도로 백정 남녀 15명이 입장하여 예배에 참석하였을 때, 교회의 유력한 남녀 신도들이 퇴장하여 버렸다. 찬반으로 편이 갈려 원망과 질시가 극도에 달하여 교회가 소란할 수밖에 없었다. 우여곡절 끝에 동석 예배는 취소된 사건(조헌국, 2019: 110-111; 진주교회 70년 연혁사, 1976: 20, 이명길, 1986: II.: 11)이다. 김홍집 내각에서 법령으로 백정에 대한 차별을 폐지한 지 15년이 지나도 여전히 차별의 관행은 강고하였고, 또 만민 평등을 설파하는 교회에서 그랬으니 백정 사회의 절망과 분노는 오죽하였을까?

또한 백정 자녀들에 대한 교육 기회를 차별하는 사건도 있었다. 원래 진주에 온 거열휴 목사나 나대벽 선교사 모두 교육에 관심을 가지고, 진주교회 안에 남학생을 위한 안동학교, 여학생을 위한 정숙학교를 세워서 교육을 시작하였다. 그러다가 이 두 학교를 합쳐서 1909년 8월 30일 광림학교(光林學校) 설립이 승인되었다. 이 광림학교 출신들이 1920년대 진주의 사회운동에 중요한 활동을 하게 되었다. 나아가 진주에는, 비록 진주농림학교가 1910년에 개교하였지만, 인문계 중등교육기관을 설립할 목적으로 일신민족교육재단의 설립이 추진되었다. 그리고 "1922년 4월 백정으로서 부자이던 이학찬은 그도 공립학교에 자제를 입학시키려 하였으나 거절당하자 제3야학교에 1백 원의 기부금을 내고 자녀를 입학시켰다. 그러나 일반 학부모들이 자제들의 등교를 거부하자 학교에서는 이학찬의 자녀를 퇴학 조치하였다. … 그러다가 1923년 3월 이학찬은 일신고등보통학교의 교사 부지 정리의 부역에 나갔다가 백정의 자제는 입학시키지 않으므로 백정의 부역은 대금으로 청산한다면서 부역을 거부당하였다"(이명길, 1986: II. 16).[20] 백정 한 사람의 분노가 형평사를 창립하고 형평운동을 일으켰다고 볼 일은 아니지만, 동석 예배 거부 사건도 있었던 데다가 백정들의 자제들이 학교 교육에서 기회가 제한되거나 입학하였다 하더라도 차별을 받는 상황은 분명 문제의 상황이고, 이학찬 개인의 부역 거부 같은 사건은 분노를 촉발시키는 점화장치로서 작동할 수 있는 일이다.

지금까지 1) 1923년 4월 24일 형평사 창립 발기인 모임과 25일 발기인 총회가 열리면서 형평운동이 시작되어 1935년 일제에 의하여 중단되기까지의 상황, 이어서 2) 당시 우리 사회에서 형평운동이 일어나게 만든 보편성 요인, 그리고 3) 진주라는 곳에서 형평운동이 일어나는 데 영향을 준 지역성 요인을 서술하였다. 1)은 결과 현상으로 보고, 2)와 3)은 영향 요인으로 보아서 인과적 그림으로 그려보면 다음과 같다.

---

20) 이학찬의 자제 입학과 관련하여 분노한 그가 형평사를 창립하여 형평운동을 시작하였다는 일본 총독부의 기록도 존재한다. 김중섭은 총독부의 그러한 기록에 신빙성이 떨어진다고 지적하고, 그 이유로 이학찬은 천연두를 앓은 딸이 하나 있었을 뿐이라는 당시 사람들의 채록 내용을 들었다. 그리고 형평사 창립과 형평운동이 이러한 개인의 분노에서 시작되었다고 보기는 어렵다는 것이다(김중섭, 1994).

■ 진주형평운동의 인과적 그림

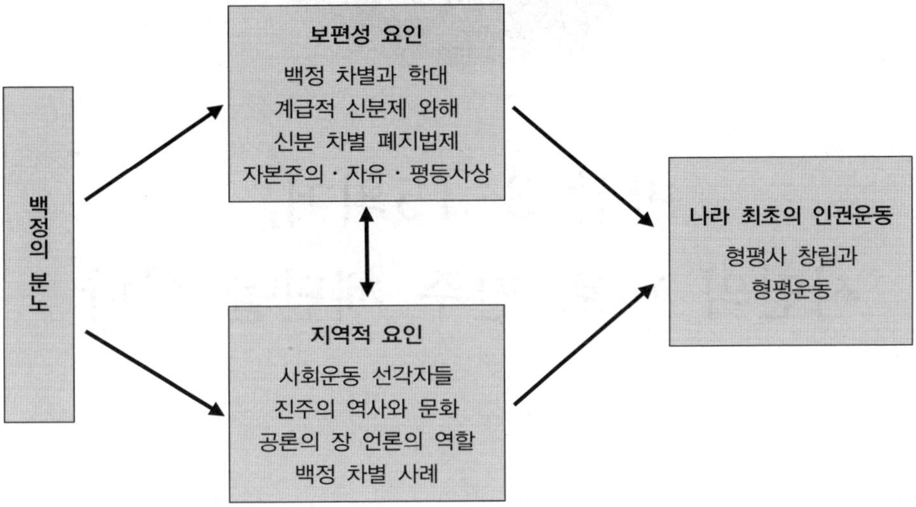

제 4 절 진주형평운동의 역사적 의의

진주에서 일어난 형평운동은 오늘의 우리가 누리는 평등과 자유에 녹아서 흐르는 가치이다. 당시 어느 누구도 시도하지 않았던 일이다. 그러면서도 형평운동을 구상하고 실천한 선각자들의 정의로운 마음과 인간 사랑의 마음은 진주에서도 일부 양반들의 손가락질을 받았을 정도로 돌파하기가 쉽지 않은 일이었다. '새 백정'이라는 손가락질을 받아야 하였기 때문이다.

그러면서도 양반 선각자들은 주춤거리지 않고 형평사 설립을 발기 · 창립하였고, 또 전국 조직으로 확대시켜 형평운동을 전개하였다. 형평사 본사의 대전 이전, 부산 이전 등 논란이 일어서 우여곡절을 겪기는 하였지만, 그때마다 제기되는 현안을 논의하여 해결하며 일제에 의하여 강제로 종료되기까지 12년 동안 지속된 형평운동은 매우 획기적인 사건이었다.

그래서 저자는 진주형평운동에 대한 평가의 의미를 담아서 "인의로운 진주의 선각자들이 형평운동을 펼쳐서 백정 차별을 근절하고, 나라 최초의 근대 인권운동으로써 평등을 실현하였다"라고 한 문장으로 요약 · 정리하고자 한다.

제 7 장

마산 3·15의거, 시민의 피로 민주 제단을 쌓다

현대 이전, 비합리적·비인간적 계급 지배의 절대왕조 시대를 거쳐 국민 주권의 정치, 자본과 노동의 경제, 자유와 평등의 시민사회에 이르기 전 경남에서는 불의한 일에 맞서 공의(公義)를 지향하여 실천하는 역사의 줄기를 확인할 수 있다. 그러다가 시간과 공간이 달라지고 확장되면서 역사의 줄기는 마산 3·15의거와 부마항쟁으로 이어졌다. 마산 3·15의거는 바로 그러한 경남 역사의 맥을 잇는 사건이다.

3·15는 마산의 학생·시민이 이 나라 최초로 민주 제단에 숭고한 피를 바친 의로운 사건이다. 4월 11일 드러난 김주열의 주검으로써 마산 시민·학생의 분노는 한 차례 더 증폭되어 4·19로 이어졌다. 그리하여 마침내 반민주·반민족적 이승만 독재정권은 무너졌다. 그러므로 마산 3·15의거는 19년 뒤 부마항쟁으로써 박정희 독재정권까지 쓰러뜨렸고, 마침내 광주민주항쟁으로 이어졌으니 마산은 우리 민주주의를 발전시키는 공의로운 파도의 진원이 되었다.

우리 역사에서 큰 획을 긋는 마산 3·15의거이지만, 반세기 넘게 시간이 흘러 오늘의 세대들은 이러한 역사적 사건을 거의 알지 못하거나 구체적 연관 사실들을 접하지 못하였고, 추상적 논설로 접하게 된다. 그러다 보면 제대로 알지 못하고 왜곡하여 알게 되거나 심하면 아예 모르기도 한다. 그래서 필자는 이러한 문제 의식을 갖고 마산의 3·15의거를 경남 사람은 물론 국민들이 읽을 수 있도록 정리할 필요가 있다고 생각하였다.

그래서 제1절에 3 · 15의 사건일지를 정리 · 소개함으로써 역사적 사실을 접할 수 있도록 하고, 그런 다음 제2절에서는 이승만 정부의 반민족적 · 반민주적 정치 · 행정 작태를 온 나라가 또 같이 겪었는데도 "어째서 경남의 마산에서 목숨을 건 민주적 시위가 일어났을까?"를 인과적으로 살펴본다. 제3절에서는 마산 3 · 15의거의 역사적 의의와 평가로써 마무리하고자 한다.

제 1 절 마산 3 · 15의거의 일지

마산 3 · 15의거는 이승만 정권의 독재와 자유당 · 친일 경찰 · 관료 체제가 구상하여 저지른 불법 · 부당한 선거에 대한 마산 시민 · 학생의 분노가 폭발한 사건이다. 이승만 정부가 저지른 그 행악(行惡)의 대강만 적어 보자. "이승만 정부와 자유당 · 친일 경찰 · 관료 체제는 1959년 6월 29일 자유당 전당대회에서 이승만과 이기붕을 정 · 부통령 후보로 결정하였고, 내무부는 그해 11월부터 이듬해 2월까지 각급 기관장에게 구체적 부정선거 계획을 극비로 지시하였다. 즉, 기권표 · 유령 유권자 활용 · 금전 매수 등으로 유권자 표의 4할을 확보하고, 3인조나 5인조로 묶어서 공개 투표로 표 이탈 막기, 조폭 등 완장부대를 가동하여 야당 압박과 공포분위기 조성, 부모 사망 등 전보를 이용하여 투표장에서 야당 참관인 유인하기 등으로 모든 투표구에서 자유당 후보가 85% 이상 득표하도록 만드는 계획이었다. 이런 계획 속에서 야당 후보의 등록 방해, 집회 방해, 연설 방해, 야당 선거운동원 폭행, 투표 참관 방해가 이어졌고, 특히 선거운동 막바지에 여수에서는 야당계 인사가 살해되기도 하였다.

그 결과 마산에서는 많은 시민이 투표에 필요한 번호표를 받지 못하여 민주당 마산시 지구당으로 찾아왔고, 47개 투표구 가운데 2~3개소 외 모든 투표구에서 민주당 참관인들의 출입이 막혔다. 또 안에서 서로 통하도록 투표소를 만들어 장막 뒤에서는 투표자가 누구를 찍는지 알 수 있게 공개 투표로 만들었고, 3~5인조로 묶은 투표단의 투표를 선거위원에게 보여주도록 하였으며, 자유당 후보를 찍지 않은 투표지를 찢어버리고 자유당 지지표로 바꿔버리는 짓을 저질렀다. 이러한 사실이 민주당 참관자들을 비롯한 당 인사들에 의하여 폭로되었다"(안동일, 2010: 81-91).

그렇게 하여 민주당 마산시 지구당은 3월 15일 오전 10시 30분 전국에서 처음으로 선거 포기를 선언하게 되었다. 그리고 오후 3시 30분 민주당 경남도 의원과 마산시의원 등 민주당 인사들과 부정선거에 분개한 학생과 시민 1천여 명이 민주당 마산지구 당사를 출발하여 시위를 시작하였다. 3·15의거는 이렇게 시작되었다.

사단법인 3·15의거기념사업회(2004: 775-805)가 간행한 자료집 『3·15의거사』 "투쟁의 발자취"에는 1960년 3월 15일의 제1차 마산의거는 시간대별로, 4월 11일부터 13일까지의 제2차 마산의거는 날짜별로 사실들을 다음과 같이 정리하고 있다.

Ⅰ. 제1차 마산의거 발발(1960년 3월 15일)

오전 10시 30분

– 민주당 마산시당 선거 포기 선언

오전 10시 30분~오후 2시

– 부정선거 무효 선언, 오동동 당사에서 가두방송

오후 2시 30분~4시 30분

– 민주당 시당 간부 30여 명 "부정선거 다시 하라"라는 구호를 외치며 최초 시위 주도, 시민들 합류, 600여 명의 시민이 불종거리에서 경찰과 대치 투석전 전개, 민주당 간부 정남규, 황칠규, 정진철, 정경도, 강경술 등을 경찰이 강제 연행[1)]

오후 5시

– 남성동, 부림동, 창동 가두시위 종결, 마산시청 개표장으로 모일 것을 약속함.

---

1) 경찰은 당시 도의원 정남규를 "남로당 비밀당원이면서도 신분을 위장하여 도의원이 된 정남규는 전국 각지에서 학생 시위가 빈발하자 선거날인 3월 15일을 기하여 군중 봉기를 획책하였다. 15일 밤 정전사고도 미리 계획된 것이며 정남규의 지휘를 받은 폭도들이 북마산 파출소에 방화를 하였고, 다른 지방과의 연락을 위하여 산에 봉화를 올렸다"고 용공사건으로 조작하였다. 경찰은 또 총상으로 유혈이 낭자한 어린 학생들을 개머리판과 곤봉으로 두들겨 팼으면서도 그들의 시민 학살을 자위권 발동으로 강변하였다(안동일, 2010: 97-98).

오후 6시 30분

– 부정선거 개표장인 마산시청을 점령하기 위하여 무학국민학교부터 도립마산병원에 이르는 연도에 수천 명의 시민이 운집, 경찰과 투석전 전개, 남성동파출소 앞, 북마산파출소 앞 수천 명이 집결 투석전 전개

오후 8시

– 시위 시민을 향하여 난입하던 소방차가 전주와 충돌, 마산시 일원 정전으로 암흑 상태

오후 8시 10분

– 마산시청 앞, 남성동파출소 앞 시위 시민에 경찰이 발포

오후 9시

– 북마산파출소 앞 시위 군중에 경찰이 발포
– 마산시청, 남성동파출소, 북마산파출소 앞 경찰 무차별 발포로 8명 사망 및 100여 명 총상, 수백 명 부상 및 체포 구금됨.

오후 9시 30분경

– 북마산파출소 전소
– 완월동 소재 민의원 허윤수 집 습격, 파괴

오후 11시경

– 완월동 소재 남전마산지점을 습격하여 유리창과 정문 파괴

오후 11시 30분 경

– 시위 군중 해산

여기에 덧붙여 소개할 내용은 마산시 지구당이 오전 10시 30분 선거 포기를 선언하고 모든 참관인을 철수시킨데 이어 “민주당 경남도당에서도 오후 1시 30분 선거무효를 선언하였다. 한편 민주당 중앙당에서도 서울 중구 순화동 부통령 공관에서

당 최고위 및 간부회의를 열고, '3 · 15 선거는 불법 · 무효임을 선언'하고 '성명서'를 냈다. 그리고 민주당은 당의 결정을 전문(電文)으로 전국의 각 지구당에 보냈다"(안동일, 2010: 85).

Ⅱ. 제2차 마산의거 발발(1960년 4월 11일~4월 13일)

〈4월 11일〉

오전 11시

– 1차 의거 때 행방불명되었던 김주열 군이 얼굴(눈)에 최루탄이 박힌 시체로 마산 중앙부두 앞 바다에서 떠올라, 시체를 인양하여 도립 마산병원에 안치

오후 5시

– 시체를 보고 분노한 시민과 학생들이 시위 시작, 남성동, 불종거리, 오동동파출소 앞 등 시내 일원에서 시위 계속

오후 7시경

– 도립 마산병원 앞 30,000여 명 운집

– 마산시청, 마산경찰서, 창원군청 앞 시위

오후 8시 30분

– 마산경찰서장 지프차 전소

– 마산경찰서 발포 2명 사망 및 수십 명 부상

△국회 속개, 야 불법선거를 규탄

△민주당, 선거무효소송 제출

△정부, 전국 경찰에 대기령

△검찰조사단을 급파함.

〈4월 12일〉

오전 10시~오후 4시 30분

– 마산고교 · 마산상고 · 마산공고 · 마산 창신고 · 마산여고 · 마산 성지여고 · 마

산 제일여고·마산간호고등학교(현, 마산대학) 3,000여 명과 시민 1만 여명 시내 일원에서 평화적 시위, 시민들도 함께하여 시위대는 3만 여 명에 이르렀고, 김주열 시체가 안치되어 있는 도립 마산병원에 집결하여 해산

오후 7시~11시

– 시민 1만여 명 마산경찰서 앞 집결, 시위, 해산
– 각 관공서는 휴무 상태

△제2차 국회 조사단 파견
△국회 발포명령자 추궁
△이 대통령 마산사건에 조속한 선처 대책 지시

〈4월 13일〉

오전 11시~

– 해인대학 200여 명 시내 일원에서 시위
– 상가는 계속 철시 상태
– 2천여 명의 시민이 경찰과 맞서고, 여학생들은 조화를 들고 시위
– 김주열의 시체 해부, 최루탄 적출, 비가 내리는 밤 11시경 시민들 몰래 무장경찰 경호 속에 김주열의 시체 고향 남원으로 이송

△미국 아이젠하워 대통령 6월 22일 내한 결정
△장면 부통령, 마산사건에 대한 긴급 수습책을 대통령에게 건의
  – 사태 진압을 위하여 경찰이 발포하거나 군대를 출동시키는 것을 피할 것
  – 제1차 사건 당시의 발포 명령자, 발포 및 고문한 경관 등을 조속히 구속 처벌할 것
  – 제1차 사건 당시 시체에 대한 잔학행위와 그 불법 유기자를 즉시 체포, 처벌할 것
  – 사건 이후 행방불명된 시민이 소재를 밝혀 국민의 의혹을 풀어줄 것

△자유당, 마산사건에 강경책 결론

△마산사태 피해를 경찰은 억대로 추산
△정부, 마산의 적색분자 수사를 위하여 '대공3부 합동수사위' 설치

이상으로 최루탄이 눈에 박힌 채 4월 11일 오전 11시쯤 김주열의 시체가 마산 중앙부두에서 떠올라서 증폭된 마산시민학생의 분노는 4월 13일까지 이어졌고, 이러한 사실이 인근 지역과 전국으로 알려지면서 전국의 학생들과 국민의 분노로 확산되었다.

Ⅲ. 마산의거의 전국 확산

4월 14일에는 마산 시민학생의 시위에 호응하여 진주와 진양에서 학생들이 시위를 일으켰고, 4월 15일에는 전북 전주에서, 4월 17일에는 진주와 창녕, 하동에서 시위가 있었으며, 마침내 4월 18일 서울의 고려대 학생 3천여 명이 데모를 벌였다.

그런데, 자유당 정권은 80여 명의 깡패를 동원하여 고려대 학생들이 데모를 마치고 학교로 돌아가는 중에 종로 4가에서 학생들에게 무차별 폭행을 가하였고, 40여 명의 부상자가 발생하였다. 이 폭행사건은 김주열의 처참한 주검으로 증폭된 제2차 마산의거와 그로 인하여 확산된 분노에 기름을 부은 결과가 되었다. 결국 4월 19일 서울·부산·광주·인천·목포·제주 등 전국 주요 도시에서 대학생, 교수, 고교생 수십만 명이 총궐기하여 유사 이래 전무후무한 큰 시위가 펼쳐진 것이다.

제 2 절 마산 3·15의거의 인과적 이해

1960년 제4대 정·부통령 선거에서 자유당과 이승만 정부의 악랄한 부정선거는 마산에서만 자행된 것이 아니다. 많은 연구 문헌에서도 썼듯이 전국적 현상이었고, 그래서 그에 대한 저항이 산발적으로 도처에서 일어나고 있었다. 그런데, 왜 마산이었을까? 자연 현상이든, 사회 현상이든 어떤 현상에는 반드시 원인이 있게 마련이다. 3·15의거와 같이 우리 민족사에서 뚜렷한 한 획을 긋는 역사적 사건임에랴!

이런저런 연구자들도 마산 3 · 15의거를 인과적으로 살펴보려는 시도는 있었다. "왜 마산인가?"를 말하는 글로 제목을 설정한 경우도 있다. 그러나 단편적이거나 서술적이거나 산발적인 내용으로 일관하고 있어서 일목요연하게 마산 3 · 15의거를 이해하는 데 아쉬움이 없지 않았다. 그래서 필자는 마산 3 · 15의거를 다룬 내용을 바탕으로 삼으면서 인과적 관계를 염두에 두면서 내용을 정리해 보고자 한다.

제1절에 서술한 마산 3 · 15의거의 사실자료를 '결과 현상'이라고 보고, 그러한 결과 현상이 일어나는 데 영향을 끼쳤다고 주장한 글을 통하여, 또 필자가 인식하기에 그렇게 보이는 요인들을 떠올려서 갈래를 지어 정리해 보려는 것이다.

마산 3 · 15의거가 일어나게 만든 요인은 크게 보면, 그 원인 요소가 마산 바깥에서 생겨서 이입되었기 때문에 마산 자체에서 통제할 수 없는 요인도 있고, 마산과 직접 관련되거나 마산이 아니면 생길 수 없거나 다른 지역에는 없어 보이는 요인도 있다. 전자는 외부 요인, 후자는 내부 요인이라고 말할 수 있다.

전자의 예, 즉 외부 요인으로서 마산 3 · 15의거의 가장 핵심 요인이라고 할 수 있는 것은 장기 독재의 길을 연 1954년의 3선 중임 제한 철폐 개헌(사사오입 개헌)과 이승만 정권의 반민주성과 반민족성, 거기에서 배태된 경찰의 폭압성 등이 있다. 이것은 애초에 마산의 시민사회와 관련 없는 일이다. 개헌 내용과 이승만 정권의 반민주성과 반민족성, 폭압성 등은 마산뿐만 아니라 전국에 걸쳐서 존재한 현상이므로 그것은 보편성 요인이기도 하다.

후자의 예, 즉 내부 요인으로서 마산이기 때문에 할 수 있었거나 마산에만 특유하고 다른 지역에서 찾기 어려운 요소들이 있다. 예컨대 가장 전형적인 것으로 마산의 자연 조건을 들 수 있다. 즉, 배산임수의 조건을 갖추었고, 그래서 항구이고, 해산물의 생산처인 호수처럼 잔잔하게 펼쳐진 바다는 산지 내륙과 다른 자연 조건이다.

"이러한 자연환경과 인간이라는 유기체는 지속적인 소통이요 평형이며, 의존 관계를 맺을 수밖에 없는 것이다"(김경일, 2013: 51). 이러한 자연 조건은 그 공동체 구성원의 욕구와 동기와 가치관과 사고양식, 그리고 행태와 상관된다. 즉, 한 지역의 자연 조건은 그것이 지리적 조건이기도 하면서 또 인문 · 사회적 · 경제적 조건을 성형(成形)한다. 마산 3 · 15의거와 관련지어 말하자면, 마산에 특유한 요인이라고도 하겠다.

그래서 다음에 마산 3·15의거를 외부적 요인(보편성 요인)과 내부적 요인(지역적 요인)으로 나누고, 그런 다음 더 구체적 요인들을 찾아서 살펴보고자 한다.

Ⅰ. 외부적 요인: 보편성 요인

이승만 정권의 사사오입 개헌과 반민주성과 반민족성, 그리고 경찰의 폭압성은 마산 3·15의거의 핵심 요인으로 연구자들이 이미 적시하였다. 필자가 인식하기에도 애초에 권력 잡기에 사로잡힌 이승만과 그 하부 세력들은 민족 통합의 가치를 외면하고 단독정권을 수립하였고, 반민특위를 해체하며 친일 경찰·관료·군인들을 핵심 기반으로 삼았다. 이승만 대통령과 이들 친일집단은 이익을 공유하는 가운데 권력 유지를 위하여 반민주적 정책을 자행한 것은 이미 잘 알려진 사실이다. 그것이 바로 '선거'라고 이름을 붙이기조차 부끄러운 1960년 3·15 제4대 정·부통령 선거였다. 이것은 이승만 대통령과 반민족적 친일의 세 집단이 저지른 온갖 행악의 총화였다. 이것은 마산 3·15의거의 제1차 외부 요인이다. 다음에 개헌 내용을 제외한 이승만 정부와 그 하부 세력들의 속성을 먼저 살펴보고, 이어서 그들이 마산 3·15의거를 전후하여 저지른 온갖 선거 부정과 부패 현상을 살펴본다.

1. 이승만 정부의 반민족·반민주·폭압적 속성

1) 이승만 정부의 반민족성

해방 후 남쪽의 분산적인 독립운동 세력들이 미군정의 정당정책에 의하여 정통성의 분절화를 겪었고(최장집, 1989: 124-131), 이것은 민족 분단의 계기가 되었다. 당시 이승만은 권력 획득에 필요한 네 개의 기본 수단, 즉 무력, 정치자금, 조직, 이념(김정원, 1985: 11) 가운데서 이념밖에 가진 게 없었다. 그런 때에 자금이나 조직, 무력을 가졌으면서도 생존의 위기감을 느끼던 부일(附日) 또는 친일 세력은 이승만과 이해가 맞아 떨어졌다. 즉, 해방 후 청산 대상으로 지목되던 일부 한민당 인사들, 친일분자들이 포진한 관료조직과 경찰기구는 권력을 노리는 이승만에게 꼭 필요한 것들이었다. 이승만과 이들 친일 세력들이 손잡은 결과는 남한 단독정부 구성과 반민특위의 해체로 이어졌다. 그러므로 반민족성은 이승만 정부의 출범과 함께 배태된 속성이라고 하겠다.

2) 이승만 정부의 반민주성

"이승만 정부의 반민주성은 발췌 개헌, 사사오입 개헌을 통하여 확인된다"(김영기, 1997: 251). 좀 더 구체적으로 살펴보자.

첫째, 발췌개헌에 드러난 반민주성이다. "이승만은 한민당의 도움으로 의회가 선출하는 초대 대통령이 될 수 있었지만"(진덕규, 1981: 20-21), "대통령이 된 후 이승만의 독주·독선으로 한민당과 갈등을 빚었고, 따라서 국회에서 간접선거로 재당선이 어려운 상황이 되자 1951년 11월 28일 대통령 직선제와 양원제 개헌안을 제출하였다. 그러나 내각제를 선호하던 야당의 반대로 부결되고 말았다.

그러나 이승만 행정부는 내각제 요소와 대통령 직선 조항을 각각 발췌하여 개헌안을 만들었고, 1951년 5월 14일 다시 국회에 제출하였다"(김영기, 1997: 257). 이것이 발췌개헌안이다. 그리고 이승만 정부는 계엄령을 선포하고 깡패를 동원하며, 반대하던 국회의원에게 간첩 혐의를 씌워 공포 분위기를 조성한 다음 7월 4일 발췌개헌안을 통과시켜 버렸다.

둘째, 사사오입 개헌에 나타난 반민주성을 보자. "선거사상 처음으로 정당공천제를 실시한 1954년 5월 20일 제3대 국회의원 선거에서 자유당이 재적 203석 중 과반수가 넘는 114석을 차지하였다"(3·15의거기념사업회, 2004: 199-200).

이승만과 그 추종 세력들은 이런 상황에 자신감을 얻고, 초대 대통령에 한하여 3선이 가능하도록 하는 개헌을 추진하였다. 그들은 무소속 국회의원 당선자 67명과 반대당 소속 의원을 대상으로 개헌선을 확보하기 위한 무차별 포섭과 회유에 나섰다. 그렇게 하여 재석 2/3인 136명을 확보하였다고 생각한 이승만과 자유당은 1954년 11월 27일 개헌안을 국회에서 표결에 부쳤으나, 1표가 부족한 135표로 개헌안은 부결되고 말았다.

이때 이승만과 자유당이 가동한 해괴한 수학 논리가 사사오입이다. 그들은 재석의원 203명의 2/3는 135.333…이고, 반올림하면 135명이라는 것이다.[2] 그러므로 대통

---

2) 세계적인 회의규칙서(Robert's Rules of Order)는 이미 1800년대부터 이런 경우 획득하여야 하는

령 3선 제한 폐지 헌법개정안은 명백하게 부결된 것인데도, 그들은 민주적 결정을 파괴해 버린 것이고, 그런 만큼 반민주적 행태를 자행한 것이다.

3) 이승만 정부 권력의 폭압성

이승만 정부 권력의 폭압성은 이승만에게 권력자원을 제공하여 지탱시키며 스스로의 보호막을 만든 친일 경찰과 관료들이 지닌 속성이었다. 친일 경찰과 관료들은 일제에 복무하며 동족을 사찰하거나 가해하던 자들이었고, 이승만 정부에서 살아남아 그들의 속성을 온존시켰다. 그러면서 자신들의 보호막인 이승만의 정치 권력을 유지하기 위하여 필요할 때는 언제든 전가(傳家)의 보도(寶刀)처럼 폭력적 속성을 꺼내어 휘둘렀다. 1949년 제정한 국가보안법이 전형적이다.

국가보안법은 그 잠재적 위험성 때문에 야당이 강력하게 반대하였으나 야당 의원들을 감금하거나 억류한 가운데 자유당은 날치기로 통과시켰다. 이 법을 근거로 그들이 조립한 반공 이데올로기는 이승만 정부 · 박정희 정부 내내 국가 이념으로서 자유민주주의보다 더 상위의 이념으로서 국가사회를 압도하고, 더 나아가 정치적 반대세력을 통제하고 짓누르는 수단으로 쓰였다. 이승만 정부의 친일 경찰 출신들은 일제가 우리 민족을 욱죄이고 고문할 때 썼던 정치 · 고문 기술을 국민이나 반대 세력에게 그대로 썼다. 이승만 정부 때 경찰의 정보조직인 '사찰계(査察係)'는 일제 때 '고등계(高等係)'라는 말처럼 국민들에게 공포감을 불러일으키는 말이 되었다.

2. 이승만 정부의 불법하고 타락한 선거

이승만 정부의 3 · 15선거 필승대책은 '비밀 대책'과 '노골적인 야당 선거운동 방해'의 두 가지로 엿보인다. 먼저 불법 · 타락선거를 위한 비밀 대책을 간추리고, 다음에 야당의 선거운동 방해를 살펴본다.

표는 정수라고 규정하였는데, 이러한 내용은 윤치호 선생이 이 회의규칙서 번역본이 국내에서 나왔다. 국회법은 이 회의규칙서를 토대로 제정된 것인데도, 자유당이 주도하던 국회는 억지를 부린 것이다.

1) 자유당 필승을 위한 비밀 대책

사사오입 개헌(1954년) 이후 이승만 정부 말기에 보여준 정치는 불법 자체이고 극도로 타락한 양상을 보여주었다. 오죽하면, "영국 「런던 타임스」의 허그로프 기자는 1952년 한국에서 민주주의를 바라는 것은 쓰레기통에서 장미꽃을 구하는 것과도 같다"(안동일, 2010: 23)고 꼬집어 표현함으로써 한국을 세계의 웃음거리로 만들었을까? 말기의 이승만 정부는 그야말로 부정 · 부패 · 타락 그 자체였다고 할 정도였으므로 경찰과 관료조직이 생각해서 꾸며내는 일은 행악이었다. 그래서 서중석(2010: 122)은 "이승만 정권은 부정선거 정권"이라고 불렀다.

"자유당은 1957년 3월 전당대회를 개최하여 당 조직을 당무위원이 운영하는 당무회 중심 체제로 개편하였다. 당무회는 이기붕을 정점으로 하여 소수의 원내 인사 중심으로 구성되어 노쇠한 이승만을 대신하여 권한을 확대시킴으로써 보안법 파동, 3 · 15 부정선거 등 자유당 말기 실정을 주도하였다"(3 · 15의거기념사업회, 2004: 206-207).

"최인규 내무부 장관은 자유당 기획위원회가 입안한 부정선거 방법과 계획, 자금의 조달 방침을 구체화하여 추진하였다. 자유당 득표율을 83%로 설정한 최인규는 3 · 15 부정선거를 진두지휘하면서 공갈, 협박, 탈권은 물론 독찰대(督察隊)를 내세워 4할의 사전 투표, 통반장 조직을 통한 릴레이식 투표에 3인조, 9인조 공개투표 등의 면밀한 계획을 세웠고,[3] 이것을 '매3호'라는 비밀문서를 작성하여 이강학 치안국장에게 전하고, 선거 압승을 이루도록 엄명을 내렸다. 그리고 전국의 경찰관은 선거 전에 미리 사표를 제출케 하고, 선거인 유령명부의 작성과 사전 투표, 민주당 참관인을 매수하고 불응한 자는 직계가족의 사망 전보를 쳐서 참관에서 빠지도록 하는 등 13개 항의 자유당 필승 지침을 내렸다"(3 · 15의거기념사업회, 2004: 228-232). 이러한 지침들은 철저하게 경찰조직이 중심이 되어 전국 자유당 조직과 행정조직을 동원하여 추진하였다.

---

3) "1960년 1월 23일 영일 을구 선거에서 1) 공포 분위기 속에서 유권자의 자유당 완장 착용 강요, 2) 부락별 인솔 및 시간제 투표, 3) 투표함의 부락별 지정, 4) 투표장 100미터 이내 출입 금지, 5) 3인조 공동 기표, 6) 기표 상황 상호 확인 가능케 한 기표소 시설, 7) 자유당 후보에게 기표한 것 보이고 투입케 하는 등 3 · 15부정선거 수법을 다 보여주었다"(서중석, 2010: 122).

2) 야당의 선거운동 방해

"선거전이 본격화되자 자유당의 야당 선거 방해 사건이 잇따라 발생하였고, 그 양상은 공포 분위기였다. 폭력 사태를 빈발시키는 바람에 공포에 짓눌린 두려움이 날로 증폭되어 가고 있었다. 이승만 정권은 국민으로부터 도덕적 기반과 윤리적 정당성을 상실한 나머지 최후 단계로서 폭력과 탄압에 의하지 않고는 정권을 도저히 창출할 수 없음을 간파하였다.

그래서 각종 집회의 사전 신고, 사전 허가제를 악용하여 야당의 선거 집회를 물리력을 통한 제지가 아니면 아예 선거 집회를 봉쇄하였다. (민주당 조병옥 후보가 미국 병원에서 사망하였기 때문에) 이승만의 당선은 확실한 판국에도 내무부와 경찰은 이기붕의 부통령 당선을 위하여 광분하였다"(3 · 15의거기념사업회, 2004: 250).

이승만 정부와 자유당이 이기붕 당선을 위하여 결사적으로 매달린 것은 이승만의 나이 때문이었다. 그리고 이들은 제3대 정 · 부통령 선거에서 대통령은 자유당의 이승만, 부통령은 야당의 장면이 당선되어 노심초사할 수밖에 없었던 상황을 이미 겪었기 때문이다. 그래서 "이승만 정권은 유권자의 자유당 입당을 강요하는가 하면, 전국의 폭력배는 거의 모두 자유당 완장을 차고 기세가 등등하였을 정도였다. 선거 종반기에 들면서 3월 9일과 10일 전남 여수와 광산에서 테러를 자행하여 야당계 인사가 죽는 사건까지 발생하였다"(3 · 15의거기념사업회, 2004: 251-252).

Ⅱ. 내부적 요인: 지역적 요인

연구자들이 "3 · 15의거가 왜 마산에서 일어났을까?"에 관심을 갖고 살폈는데, 강만길은 마산 시민의 진취성을 들었고, 차철욱은 교육열과 언론 활동, 야당 지지 성향, 일제에 대한 저항 활동 등을 들기도 하였다. 필자가 생각하기에 너무 포괄적이기는 하나 '진취성'은 보수성과 대비되는 개념으로 마산인의 기질을 드러내는 데 적합한 용어로 생각된다. 어찌 보면, 마산이라는 공동체가 지니고 있는 사회적 자본론으로도[4] "3 · 15의거가 왜 마산에서 일어났을까?"를 설명할 수 있겠다는 생각도 든다.

---

4) 정승안은 "민주주의 운동사나 항쟁사를 연구하면서, '저항의 당사자'와 '피해 범위' 그리고 '지역적 성향'과 '사회적 관계망'들과 같은 사회적 자본들은 매우 중요한 변수로 영향을 미친다는 사실에 주

1. 마산인의 기질: 진취성

강만길은 항구도시와 관련된 마산인의 기질로 진취성을 꼽았다. 진취성의 사전적 의미는 “어떤 일을 적극적으로 나아가서 일을 이룩하는 성질”이다. 마산인의 진취성을 설명하는 요인으로 강만길은 항구도시라는 점, 공업도시라는 점, “천시받았던 상인층”이라는 사회 · 경제적 요인, 구마산과 신마산이라는 도시 내 이질성 요인을 들었다. 다음에 그러한 요소들을 살펴본다.

1) 항구도시 요인

강만길은 마산인들이 진취성을 갖게 된 요인으로 항구도시라는 점을 먼저 다음과 같이 말하였다.

> “마산은 전근대 시대에 조창(漕倉)이 있는 하나의 포구였다가 개항 이후 식민지 시기를 거치면서 근대적인 항구도시로 변모하고 8 · 15 이후 다시 공업도시로 발전하였다. … 항구도시로서의 마산이 상인층 중심이었다고 할 때 전근대시대에 천시받았던 상인층은 당연히 지배계층인 양반층보다 진취적이었을 것이다”(강만길, 2010: 11).

마산의 자연 조건은 항구로서 최적이다. 무학산 품에 안긴 땅으로 앞에는 바다가 펼쳐져 있다. 그런 점에서 마산은 음양이 조화된 배산임수(背山臨水)[5]의 터전이다. 앞바다는 고성과 통영, 거제가 태평양의 거친 파도를 막아 주어서 호수 같고 정원 같이 평온하다. 그래서 일찍이 좋은 항구도시였다. 항구도시는 곧 바깥 세상과의 통로가 육로와 바닷길의 두 가지로 늘어나는 조건이고 그만큼 교류가 늘어나며, 늘어난 교류는 정체된 곳보다는 사람들에게 더 많은 변화를 보고, 듣고, 겪게 만들어 준다. 세상을 보는 눈이 넓어지고 생각도 넓어지게 된다. 변화나 변동에 개방적 · 수용적이게 하는 요인이다. 이는 진취성의 한 차원이다.

그다음으로, 마산의 바다는 안온하지만 바다는 역시 바다일 수밖에 없다. 때로는 잔잔하지만 또 폭풍과 파도는 바다의 일상이다. 그런 바다를 끼고 있는 곳을 삶터로

목한다”(정승안, 2018: 192)고 하였다.

5) “음양이라는 말에서 양(陽)은 ‘산의 남쪽, 물의 북쪽(山之南, 水之北)’이고, 음(陰)은 그 반대의 의미이다. 즉, 풍수에서 말하는 최고의 길지인 배산임수(背山臨水)이다”(김경수 · 신상화, 2014: 30).

삼는 마산 사람들이 바다를 닮지 않을 수 있을까? 바다는 내륙의 땅, 즉 논밭과는 다르게 시시각각으로 출렁이는 특성이 있고, 따라서 안정적이지 않은 속성을 지니고 있다. 그런 바다는 과감하게 뛰어들어 수평선을 넘고 도전하는 인간(항해자나 어부)에게 갖고 싶은 것을 갖게 해 주는 속성을 갖고 있다. 그러므로 바다를 삶터로 삼는 마산 사람들은 '과감한 도전'에 익숙하고, 이것은 또한 진취성의 다른 차원이다.

2) 상업도시 요인

강만길은 또 항구도시 · 해양도시에서 비롯된 마산 사람들의 기질을 생성하는 데 영향을 미친 요인으로 '상업'을 말하였다. 그것도 '천시받았던 상인층'이라는 말의 의미가 필자에게 중요한 부분으로 여겨진다.

> "항구도시로서의 마산이 상인층 중심이었다고 할 때 전근대시대에 '천시받았던 상인층'은 당연히 지배계층인 양반층보다 진취적이었을 것이다"(강만길, 2010: 11).

여기서 강만길은 '천시받았던 상인층'이라는 표현을 통하여 두 가지 차원을 동시에 거론하며 마산 사람들의 '진취성'을 설명하고자 하였다. '천시받았던'이라는 말은 계급성 차원이고, '상인층'이라는 말은 경제 · 사회적 차원을 가리킨다.

조선시대 지배층 양반은 "그들의 계급적 지배로서 비합리적 · 비인간적인 가치를 지키려는 속성의 집단"이고, 그래서 당연히 보수성의 가치 지향을 가질 수밖에 없다. 그러나 양반이 아니어서 '지배받고, 천시당하는 현실'의 계급이라면 그들에게 계급 지배는 타개하여야 하는 것이다. 1923년 진주의 형평운동(백정의 신분 차별 철폐운동)은 양반의 지배를 타개하려는 운동의 전형이다. 그러므로 마산의 천시당하던 상인층 시민들은 "비합리 · 비인간적 지배라는 현실을 깨뜨리고 새로운 질서를 구현하려는 '진보성 또는 진취성'의 가치 지향"을 갖지 않으면 이상한 일이다. 따라서 '진보성 또는 진취성'은 마산이라는 인간 공동체의 집합적 가치 지향을 이해하거나 설명할 수 있게 된다.

또 하나는 '상인층'이라는 경제 · 사회적 차원이 갖는 의미도 주목할 부분이다. 농민들은 상시적 · 대면적 관계망 속에서 정의적(情誼的) 삶을 산다. 그러나 상인층의 삶은 대개 일시적으로 스치는 관계망이고, 관계의 지속성이 짧으며, 상거래는 '가치의 계량화', '관계의 합리화'가 진전되어 농촌공동체보다는 더 시민사회 속성을 갖게 된다. 그러므로 상인층이 많은 마산 사람들의 삶에서 이 또한 진취성 또는 합리성의 가치 지향을 부추기지 않았을까?

3) 이질성과 경쟁 요인

강만길은 구마산과 신마산의 형성으로써 마산의 이질성과 경쟁을 설명한다. 거기다가 인구가 증가하는 등 도시의 규모가 커지는 것도 이질성을 증가시키는 요인이다. 마산은 구마산과 신마산 경쟁 요인에다 일본 패망 이후 귀환 동포와 피난민의 정착으로 경남의 다른 도시에 비하여 인구 증가 폭이 컸다. 다음에 구마산과 신마산의 형성과 경쟁, 그리고 귀환 동포와 피난민으로 인한 인구 증가 두 가지를 통하여 마산의 공동체 내의 이질성을 살펴보기로 한다.

(1) 구마산과 신마산의 형성과 경쟁

강만길에 따르면, 전통적인 항구 · 해양도시 쪽은 구마산이고 일제시대 일본인의 이주와 정착으로 이루어진 곳은 신마산이다. 두 지역의 이질성과 경쟁은 진취성을 생성시키는 요인이 되었다는 것이다. 강만길의 글을 보자.

> "한편 일제 식민지 시기를 거치면서 형성된 마산의 역사성 역시 마산인의 진취적 기상을 형성하는 데 영향을 미쳤다. 포구로서의 합포가 마산이라는 항구도시로 변화하면서 종래의 포구지역은 구마산(마산포)으로 불리었고, 다른 한 부분에 일본인 중심의 신마산이 형성되었다. 한 도시 안에 있었지만 구마산과 신마산은 서로 이질적이라 할 만큼 일정한 차이가 있었다. 왜색 짙은 신마산의 사회 · 문화가 조선인과 잘 어울릴 수 없었으리라는 점은 충분히 추측할 수 있었다. 둘 사이에는 서로 접촉이 별로 없었지만 은연중에 두 생활권 사이에는 지배민족과 피지배민족이라는 민족 간의 차별이 있었고, 따라서 경제 · 교육 · 문화 등 모든 면에서 서로 대립 경쟁하면서 살았을 것이다. 이 영향인지는 몰라도 가장 진보적인 민족운동이었던 사회주의 계통의 민족해방운동 내에서도 마산 출신을 적지 않게 볼 수 있으며…"(강만길, 2010: 12).

마산이라는 한 지역 안에 생성된 구마산과 신마산이라는 이질성과 경쟁성은 정체성이나 보수성 요소와 상반된다. 그러므로 마산 사람들의 외세에 대한 저항성과 함께 '다른 것'에 익숙하고 '경쟁'에 익숙하며, 그래서 역동성을 속성으로 하는 진취성에 익숙하게 되었을 것이라고 볼 수 있다.

(2) 귀환 동포 및 피난민의 정착과 인구 증가

1940~50년대 마산에는 귀환 동포와 6 · 25전쟁 피난민의 정착에 따라 인구가 급격하게 늘어났다. 차철욱(2005)은 귀환 동포와 피난민의 정착으로 인하여 마산은 인구가 크게 늘었고, 이러한 요인은 공동체로서 마산의 개방성을 의미한다고 하였다.

1945년 마산 인구를 6만 명으로 추정하고, 1947년 8만 2천여 명으로 추정할 경우 약 2만 2천여 명의 인구 증가 현상이 보인다. 그러므로 1946년 2월 귀환 동포 거주자 3만여 명의 2/3 이상이 마산에 정착하였다(민중주보, 1946.5). 거기다가 1953년 말 현재 마산에는 피난민 18,267명, 전재민 5,718명, 원주민 30,190명, 군사시설로 인한 이재민 1.070명이 있었다. 전쟁 전 약 9만 명이었던 마산의 인구와 비교하면 전쟁 피난민 약 2만 여 명이 마산에 정착하였음을 알 수 있다.

토박이 마산 사람에다 귀환 동포와 피난민의 정착은 국내에 경제적 토대가 없는 귀환 동포, 그리고 북한에서 자유를 찾아온 피난민 등 세 가지 다른 사회 · 경제적 위상과 입장이 섞이게 되었다는 것을 말한다. 이것은 서로 '다름'이고, 각 집단은 서로 다름을 받아들이고 보듬어야 한다는 의미이다. 그럴 때 개방적 사고와 행동이 요구된다.

지금까지 살펴본 바로서 강만길이 마신인의 기질을 진취성으로 들고, 그러한 진취성이 우리 민족사에서 뚜렷한 획을 긋는 마산 3 · 15의거를 일으킨 요인이라고 적시한 점에 필자는 공감한다. 그러면서도 진취성, 즉 적극성 한 요인만으로써 마산시민 · 학생의 목숨을 건 의거를 모두 설명할 수 있다고 생각하지 않는다.

필자가 생각하기에 마산 3 · 15의거는 "① 자유당 정부가 제4대 정 · 부통령 선거에서 저지른 행악의 작태를 시민들이 정확하게 인지하는 요소(지식과 정보력)", "② 인지를 바탕으로 그것이 도리를 벗어나서 올바르지 않다고 생각하고 판단하는 요소(정치의식과 정의감)", "③ 경찰과 관료들이 시민 · 학생들에게 자행한 폭거에 맞서서 저항하는 강한 의지와 행동의 요소(용기와 실천)"가 함께 있다고 생각되기 때문이다.

그래서 필자는 마산시민의 교육열과 언론 활동은 '지식과 정보력'으로, 야당 지지 성향과 정의감은 '정치 의식'으로 설정하고, 여기에 '경남의 역사와 전통: 행의문화'와 '용기 있는 실천'을 새로 더하여 3 · 15의거가 마산에서 일어나도록 만든 마산 특유의 요인을 서술해 보고자 한다.

2. 지식과 정보력

위에서 ①의 요소는 '아는 힘'과 관련된다. 먼저 민주주의나 민주정치를 아는 것이고, 또 당시에 자유당 정부에 의하여 저질러지고 있는 작태를 알아차리는 것이다. 그리고 당시 전파매체는 고작 라디오이고 1956년 5월에 개국한 TV는 일반 시민들이 쉽게 접할 수 없는 매체였다. 따라서 신문을 읽어야 정치를 비롯한 사회상을 파악할 수 있었다. 그렇다면 마산의 교육 수준과 신문 보급률이 높은 것이 선행 요건이라고 하겠다.

차철욱에 따르면, "초등학교 졸업자 진학률－1951년과 1952년 마산의 중학교 지원율－이 높았고,[6] 생존이 어려웠던 귀환 동포나 피난민들이 현실의 어려움을 타개하는 돌파구를 교육에서 찾은 것으로 보인다. 진학률 외에도 문자 해득률도 마산이 높았다. 이러한 교육열은 마산 사람들의 사회 의식을 높이는 계기가 되었다. 교육열이 높고 그래서 문명률이 높아진 것이고, 그것은 또 모순을 인식할 수 있는 능력을 갖춘 구성원들이 증가함을 의미한다"(차철욱, 2005: 18)는 것이다.

차철욱은 또 "문명률 확대는 그만큼 세상의 민심을 전달하는 매체로의 접근이 쉬워졌음을 의미한다. 당시 마산에는 마산일보, 마산타임스가 일간과 주간으로 발행되었고, 부산일보와 국제신보 총국, 그 외 58개 신문과 잡지사의 지사가 존재하였다. 당시 야당지로 알려진 국제신보는 2월 29일 대구사건 기사를 시작으로 서울, 부산, 대전, 청주 등 전국의 시위 소식을 간단하게나마 전달하고, 심지어 3월 7일에는 "학생들에게 데모할 자유를 주라"는 사설을 게재하였을 정도였다. 동아일보는 더 적극적이었다. 사회면 3면은 전면 자유당의 부정선거 현과 전국으로 확산되던 학생 및

6) 송성안(2016: 744)은 마산의 중학교 진학률이 부산이나 진주보다 높고 인근 농촌지역과 비교할 수 없을 정도로 높았다고 하였다.

시민들의 시위에 관하여 자세하게 소개하였다. 1958년 현재 마산지역에 배부되었던 신문 부수를 보면, 마산일보 5,000부, 마산타임스 3,000부, 동아일보 4,150부, 국제신보 2,000부, 부산일보 1,300부, 경향신문 1,600부였다. 마산에서 발행되던 신문을 제외하고 반자유당의 성격인 신문이 많이 보급되었다는 점이 특징이다"(차철욱, 2005: 24). 이들 신문이 소개하는 전국적 반자유당 분위기가 그대로 마산 시민들과 학생들에게 전달되었을 것이라는 것은 쉽게 추정할 수 있다. 이러한 전반적인 분위기에 마산지역의 시민과 학생들의 움직임도 변화하였다고 하겠다.

차철욱에 따르면, 3·15를 전후하여 마산은 다른 지역들보다 교육열이 높았고, 높은 교육열은 신문 보급과 구독률을 높였다. 그리고 신문 보급과 구독률이 높다는 것은 곧 마산시민들이 민주정치에 대한 이해와 함께 이승만 정부의 반민주적 행태들에 대한 인식과 판단력을 높였을 것으로 본다. 그러므로 마산시민들은 높은 지식과 정보력으로 일련의 정치적 사태에 대하여 생각하고 판단하는 능력을 상대적으로 더 잘 갖추게 되었을 것이라고 보겠다.

3. 정치 의식

정치 의식의 사전적 의미는 "정치 일반 또는 특정한 정치 문제에 대한 견해, 신념, 사고방식 따위를 통틀어서 이르는 말"(표준국어사전)이다. 정치적 대상에 대한 견해나 신념, 사고방식으로서 정치 의식이 없으면 정치적 선택이나 행동도 없다. 정치적 선택이나 행동은 대개 일반 시민이나 유권자에게는 전형적으로 투표로써 나타난다.

마산시민의 정치 의식은 1960년 3·15 정·부통령 선거 이전에 이미 자료로써 잘 확인된다. 마산시민들은 높은 지식과 정보력을 바탕으로 이승만의 장기 지배와 그 지배를 위한 자유당의 변칙이나 반민주적 조치들에 대한 비판 정신을 갖게 되었을 것으로 추정할 수 있다.

그래서 마산시민들의 정치 의식은 다른 지역과 달랐다. "마산은 1899년 개항장이 되었고, 러시아와 일본과 교류가 이루어졌으며, 활발한 교류로 의식이 깨이고, 진취적이고 개방적인 성격이 강하다. 거기다 바닷가 사람들이 가진 열정과 거친 성격이 결합되면 정의감을 갖게 된다. … 귀환 동포의 정착, 전쟁 피난민 정착 등으로 마산은 복잡한 사회가 되었다. 1952년 8월 5일 정 · 부통령 선거 때부터 마산은 부산, 대구와 함께 야당 지지표가 상대적으로 많이 나온 곳인데, 1956년 선거에서는 야당 후보 조봉암 20,156표, 이승만 22,270표로 엇비슷한 지지를 보였다"(서중석, 2010: 123-124).

거기다가 자유당 정부의 독주나 독선적 정치에 대한 비판과 정의감 등 마산시민의 정치 의식은 야당인 민주당 국회의원 후보 허윤수의 당선으로 이어졌다. 그뿐만 아니라 "마산시민들의 반(反)자유당 정서는 1956년 제2대 시의원 선거에서 무소속 당선자 11명, 민주당 4명, 자유당 2명이었고, 도의원 선거에서도 민주당과 무소속 각각 1명이고 자유당은 당선자를 내지 못하였을 정도였다. 마산시민들의 정치적 성향으로 자유당은 1950년대 중반 이후 그 기반을 완전히 상실하고 있었고, 자유당이 마산에서 무리수를 범하는 계기가 되었다"(차철욱, 2005: 23-24). 이러한 반자유당 정서는 마침내 1958년 제4대 국회의원 선거에서 야당인 '민주당의 허윤수'[7]를 당선시키는 결과로 나타났다. 이렇게 보면, 마산시민의 정치 의식과 정의감은 다른 지역에 비하여 매우 높았다고 생각된다.

4. 경남의 역사와 전통: 행의문화(行義文化)

박철규에 따르면, "마산은 일제의 탄압에도 굴하지 않고 강력한 항일운동을 전개한 전통의 고장이기도 하다. 즉, 멀리는 임진왜란 시기로부터 생성된 항일정신은[8] 3 · 1운동 이전부터 반봉건 농민항쟁과 반외세 민족운동으로 계승되었으며, 3 · 1운동 당시에도 각계각층의 만세운동으로 이어졌다. 또한 1920년대의 청년운동과 노동

7) "허윤수는 자유당 이용범에게 차기 국회의원 선거에서 자유당 공천 보장, 동양주정 경영권 약속을 받고 1960년 1월 5일 민주당 탈당 후 1월 11일 자유당에 입당하였으며, 3월 4일 동양주정을 인수하였다가 경쟁 업체인 무학주정에 매각하였다. 3 · 15의거 이전 마산의 정국에 가장 큰 혼란을 초래한 인물이다"(이정희, 2010: 73).

8) 박철규가 임진왜란 때 의병 활동을 직접 연구해서 논거로 삼은 것으로는 생각되지 않으나, 이 책의 제2편에서 살펴본 경남의 역사적 사건들 가운데 제4장 남명학파 의병단과 진주성전투 승전에서 마산과 지척인 의령의 곽재우 의병단이 일어나서 의령과 낙동강, 창녕 등지의 활동 내용을 소개하였으므로 참고할 수 있을 것이다. 경상우도 남명학파 의병단은 제1차 진주성전투를 승전으로 이끌어 왜군의 호남 진입을 막았고, 호남이 살아남아서 조선은 7년 왜란을 극복하였다. 그러므로 오늘날 경남(경상우도)은 임진왜란에서 조선을 구하는 데 일익을 담당한 것이다.

자들의 각종 쟁의, 신간회운동, 1930년대의 적색노동조합 건설운동 등 다양한 형태의 민족해방운동이 끊임없이 전개되었다. 이들 민족해방운동은 조직의 강고성이나 투쟁의 치열성 등 그 어느 모로 보아도 전국에서 유례를 찾아보기 어려운 훌륭한 것이었다."[9] 송성안도 마산지역 항일운동에 관하여 확인하고 있다. 그는 "일제 강점기 근대학교 설립, 근대교육의 시행과 학생층 형성에 의하여 항일운동이 일어났고, 마산 3 · 15의거는 일제강점기 학생들이 기억하고 경험한 근대 의식을 자유 · 민주 · 정의의 정신으로 계승해서 역사적으로 실천한 민주화 운동"(송성안, 2016: 731)이라고 하였다.

박철규가 "멀리는 임진왜란 시기로부터 생성된 항일정신은 3 · 1운동 그 이전에 반봉건 농민항쟁과 반외세 민족운동으로 계승되었으며, …"라고 하였는데, 경남지역의 역사를 보면 이것은 사실이다. 또 역사의 줄기를 읽은 한 연구자는 마산의 3 · 15의거에 분출된 정의감을 경남의 역사적 사건들과 관련시키며 점성론(漸成論)을 제기한 바 있다. 그가 사용한 점성이라는 말은 곧 하나씩 쌓여서 이룬다는 뜻이겠다. 경남의 역사에는 그러한 논의가 가능한 근거를 충분히 가지고 있다.

경남은 삼우당 문익점의 목화 도입과 전파(1367)－남명 조식의 단성소(1555)－임진왜란 때 남명학파 의병단(1592)－진주농민항쟁(1862)－진주형평운동(1923)이 불의에 맞서 목숨을 걸고 떨쳐 일어났던 의로운 사건들이 일어난 곳이다. 그리고 각 사건을 관류하는 핵심 가치는 '공적으로 의로운 것, 즉 공의(公義)'로 읽을 수 있기 때문이다.

경남일보 · MBC경남 · 진주포럼 · 경남지역사회연구원은 2019년 남명 조식과 퇴계 이황, 율곡 이의 등을 연구하는 전문학자 100명에게 위에 든 경남의 역사적 사건의 공의도(公義度)를 묻는 설문조사를 실시한 바 있다. 그 결과 임진왜란 때 남명학파 의병 활동의 공의도를 10점 만점에 9.60으로 가장 높게 부여하였으며, 남명 조식의 단성소 9.24, 삼우당 문익점 목화 도입과 전파 9.12, 진주농민항쟁 8.52, 진주형평운동 8.00, 마산 3 · 15의거 7.76, 부마항쟁 7.54로 평가함으로써 일곱 개 역사적 사건의 핵심 바탕 가치가 '공의(公義)'라는 점을 확인하였다(김영기, 2020: 279－284). 그

9) 3 · 15의거기념사업회, 3 · 15의거사에 3 · 15의거 전사로 잘 정리되어 있다.

런 만큼 일곱 개 사건은 서로 닮았고, 이것을 친연성(親緣性)이라고 부른다.[10)]

그러므로 마산시민들은 박철규의 말대로 임진왜란 시기부터 경남의 정신문화의 줄기를 받아서 잇고 있었으며, 국민의 공분을 자아내는 자유당 정부의 불의한 관권개입과 불법을 저지르는 선거를 맞아 역사정신과 가치가 마산시민들의 집단기억 속에 쌓이고 흐르다가 1960년 3 · 15를 계기로 분출되어 민주 제단에 의로운 피를 뿌리게 되었을 것이라고 추정할 수 있다. 그리고 이들의 공의로운 정신은 점성(漸成)되어 1979년 부마항쟁으로 이어졌을 것이라고 보는 데 이론이 있을까?

5. 용기 있는 실천

박철규는 "한국 현대사의 전개 과정 속에서 '억압이 있으면 반드시 저항이 있다'는 항쟁의 전통을 확인할 수 있었으며, 독재정권은 반드시 붕괴된다는 보편적 진리가 존재함을 증명하였다"(박철규, 2010: 87)고 하였다. 마산 3 · 15의거는 이러한 명제를 정립하는 첫 사례가 되었다고 필자는 생각한다.

3 · 15를 전후해서 이승만 정부와 자유당 · 친일 경찰 · 관료 체제가 야당과 선량한 국민을 대상으로 자행한 억압과 공포와 공갈, 그리고 폭행의 모든 사실을 빠짐없이 서술하기에는 지면의 한계가 있다. 이 장(章)의 제1절 '사실 일지'는 3 · 15의거의 일시별 전개 과정을 단순히 나열한 것일 뿐, 마산 시민 · 학생이 현장에서 피 흘리며 겪어낸 폭압의 사실과 그것에 대한 마산시민의 분노와 저항을 어떻게 제대로 서술할 수 있으랴!

마산시민들을 분노하게 만든 요인은 여러 가지가 있었다고 본다. 그 가운데 하나는 관권선거의 압박 속에서도 민의를 모아서 당선시켜 낸 민주당 국회의원 허윤수의 배반이다. 그의 배반은 마산시민의 공분을 불러일으켰다. 그러했기에 그의 집은 분노한 시위대에 의하여 3월 15일 밤 파괴될 수밖에 없었다. 허윤수는 자유당 강경파 실력자 이용범에게 포섭되어 정 · 부통령 선거를 앞두고 어느 날 갑자기 자유당 마산시당 위원장이 된 것이다(안동일, 2010: 89). 그래서 "마산시민들은 자신들이 찍어준 표를 팔아 동양주정을 삼켰다고 격분하였으며, 정치 신의를 저버린 허윤수 개인

---

10) 친연성이라는 용어는 손병욱(2019: 44-61; 2019: 90-95)의 연구에서 가져온 것이다.

에 대한 증오와 공작정치를 일삼는 자유당에 대한 반감이 더욱 확산되었다”(이정희, 2010: 73).

또 강만길이 지적한 대로 “조직적이라기보다 즉흥적 성격이 강했던 3·15항쟁이 갖는 힘은 …”(강만길, 2010: 15)이라는 부분과 박철규의 “3·15의거는 그 발단이 조직적인 것이라기보다 즉흥적인 것이었다”(박철규, 2010: 98)라는 지적을 주목할 필요가 있다. 이승만 정권이 주도면밀하게 부정선거를 기획·실천한 것과 달리, 마산시민의 시위는 미리 계획된 일이 아니다. 그랬기 때문에 시민들은 자신의 안위를 따지지 않았고, 경찰이 시민을 학살할 것이라고는 꿈에도 생각지 않았다. 부정선거를 바로잡으라는 시민들의 정당한 요구가 짓밟히고 경찰의 발포로 시민이 학살되자, 죽음을 무릅쓰고 더 순수한 분노와 격정이 발현된 것이다. 사람들의 큰 용기는, 공동체의 안위나 공의(公義)에 합당하다면, 자신의 선택이나 행동이 자신에게 어떤 결과를 가져올 것인지를 미리 계산하여 따지지 않기 때문에 터져 나오는 것이다.[11)]

3·15의거에서 마산시민들은 자유당 정부가 오로지 이승만과 친일 경찰·관료들의 권력욕을 충족시키기 위하여 민주주의를 파괴하며 저지르는 온갖 해악을 불의로 규정하고, “사심 없이, 이것저것 따지고 계산하지 않은 채 시위에 나선 용기”를 보여준 것이다. 그러다가 경찰이 무차별 난사하는 총탄에 학생들이 쓰러지는 것을 보면서 충격과 분노로 인하여 더 거센 함성으로 즉응한 것이 3월 15일 밤의 시위대였고, 마산시민들이었을 뿐이다.

그러나 마산의 경찰은 무차별 발포로써 학살을 저지르고, 또 시민들을 마구 잡아들여서 용공조작을 획책하였다. 자유당 정부와 경찰의 이러한 적반하장 격 대처에 마산시민은 더 큰 분노를 드러내었다. 그러다가 4월 11일 김주열이 처참한 시신으로 떠올라 경찰의 극악무도한 죄악이 드러나자 걷잡을 수 없이 더 큰 분노와 용기로 시위는 격발되었다. 마산시민들의 분노와 용기는 증폭되었고, 진주를 비롯한 경남지역의 호응 시위로, 나아가 서울의 대학생 시위로 이어졌으며, 또다시 경찰의 발포로 수

11) “자연계는 스스로의 동작(動作)이 자기에게 무슨 결과를 가져오는지 고려하지 않는다. 그래서 무위자연(無爲自然)이라고 한다. 여기서 무위는 ‘사심이 없다’는 의미이다. 사람도 자연계의 사물이니 만약 자기의 동작이 자기에게 무슨 결과가 있을지 고려하지 않으면 용감히 매진하게 된다. 무위자연이라는 표현은 ‘사심이 없는’ 자연이라는 뜻이고, 이런 자연의 품성을 성(誠)이라 한다”(펑유란 지음, 박성규 옮김, 『중국철학사 하』, 2017: 449).

많은 시위대의 목숨을 빼앗고서야 이승만의 하야 성명으로 이어졌다. 마산시민의 민주주의를 외치는 정의로운 분노와 용기는 이승만 독재의 종식으로 매조지하였다.

지금까지 서술한 바, 마산시민들이 피 흘려 우리 민주주의의 초석을 쌓아 올린 3 · 15의거의 사건 일지를 필자는 '결과 현상'으로 보았다. 그리고 이승만 정부의 정치제도와 친일 경찰 · 관료 체계가 획책하여 자행한 행악을 마산 3 · 15를 불러온 '외부적 또는 보편적 요인'으로 설정하였다. 외부적 요인이 그렇더라도 더 많은 도시, 더 큰 도시를 제쳐놓고 왜 마산이었을까를 설명할 수 있는 '내부적 요인 또는 지역적 요인'으로는 마산인들의 진취성, 마산시민들의 지식과 정보력, 정치 의식, 경남의 역사와 전통 요인(행의문화), 그리고 용기 있는 실천을 설정하여 정리하였다. 이제 마산 3 · 15의거와 관련된 요인들의 관계를 다음과 같이 그림으로 나타낼 수 있을 것이다.

마산 3 · 15의거의 인과적 그림

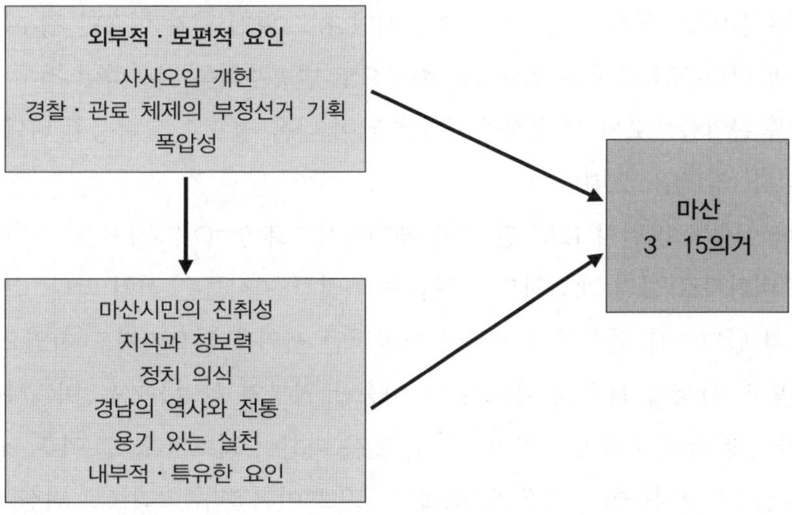

제 3 절 마산 3 · 15의거의 역사적 의의와 평가

필자는 이 글을 시작하면서 "3 · 15는 마산의 학생 · 시민이 이 나라 최초로 민주

제단에 숭고한 피를 바친 의로운 사건이다. 4월 11일 드러난 김주열의 주검으로써 마산 시민·학생의 분노는 한 차례 더 증폭되어 4·19로 이어졌다. 그리하여 마침내 반민주·반민족적 이승만 독재정권은 무너졌다. 그러므로 마산 3·15의거는 19년 뒤 부마항쟁으로써 박정희 독재정권까지 쓰러뜨렸고, 마침내 광주민주항쟁으로 이어졌으니 우리 민주주의를 발전시키는 공의로운 파도의 진원이 되었다"라는 문장으로써 마산 3·15의거를 규정하였다.

필자의 위와 같은 인식과 이해와 다른 연구자들이 제시한 내용을 결합시켜서 마산 3·15의거가 갖는 역사적 의미(평가)를 정리해 보고자 한다.

첫째, 마산 3·15의거는 우리나라 최초로 민주주의라는 공의를 위하여 시민·학생들이 목숨을 바친 사건이라는 역사적 의미가 있다. 이승만 정부는 그의 권력 획득을 위하여 야합하여 온존시킨 반민족적 친일 세력인 친일 관료, 경찰, 군부 인사들로 인하여 역사적 정당성이 없었다. 거기다가 6·25전쟁 중에도 발췌 개헌을 관철시켰고, 또 사사오입 개헌으로 민주적 절차마저 무너뜨리는 등 오로지 권력 유지를 지상의 과제로 삼았고, 민심도 급격하게 이반되었다. 그렇게 되자 이승만 정부는 "반민족적 속성과 반민주적 속성을 호도하는 수단으로 반공주의를 사용하여 정부 비판 인사나 야당을 탄압함으로써 '깡패정권'이라는 말이 나올 정도로 도덕성이 바닥에 떨어진 정권이었다"(강만길, 2010: 14).

그러한 이승만 정권의 12년 간 지배 체제에서 조봉암(曺奉岩)처럼 정적(政敵)이거나 정부 비판자로 몰려 개인적으로 목숨을 빼앗긴 인사들은 적지 않다. 그리고 이승만 정권의 반민주적 선거에 저항하여 산발적인 시위를 일으키기도 하였으나, 한 도시의 시민과 학생이 목숨을 걸고 함께 이승만 정부의 불법선거를 비판하며 시위를 벌이다가 경찰의 발포로 인하여 학살당한 일은 마산이 최초이다. 그 이후 서울에서 경찰의 총격으로 학생들이 목숨을 잃었고, 4·19로 이어졌다. 그러므로 마산 3·15의거는 시민의 피로써 이 땅의 독재정권을 무너뜨린 첫 사례로서 중요한 역사적 의미가 있는 것이다.

둘째, 마산 3·15의거는 우리나라 민주화운동사에서 가장 앞자리에 놓이는 역사적 사건이 되었다. 민주화운동기념사업회법 제2조(민주화운동의 정의)에는 "이 법에서 '민주화운동'이라 함은 3·15의거, 4·19혁명, 부마항쟁, 6·10항쟁 등 1948년 8

월 15일 대한민국 정부 수립 이후 헌법에 보장된 국민의 기본권을 침해한 권위주의적 통치에 항거하여 국민의 자유와 권리를 회복 · 신장시킨 활동"으로 규정하였기 때문이다.

셋째, 마산 3 · 15의거의 정신과 실천은 1979년 부산 · 마산 시민학생들이 박정희 독재에 맞서서 민주주의를 외쳤던 부마항쟁으로 점성되어 이어졌다. 그러다가 12 · 12로 정부 권력을 빼앗은 전두환 신군부에 맞서 또 한 번 민주 제단에 고귀한 시민의 피를 바친 5 · 18 광주민주항쟁으로 이어졌다. 그리고 마침내 1987년 전두환 정권을 물러나게 함으로써 형식적으로나마 민주적 선거로써 정권을 수립하는 계기를 만든 6 · 29 항복으로 면면히 이어졌다. 그러므로 마산 3 · 15의거의 정신과 실천은 우리나라 민주주의 정신과 실천의 시원(始原)을 이루었다는 점에서 역사적 의미가 크다.

넷째, 마산 3 · 15의거는 제3세계 국가들의 민주정치사에서도 초유의 일로 기록될 역사적 사실이다. 그래서 정근식 · 권형택(2010: 21)은 "1960년을 전후한 세계적 냉전의 시기에 '자유' 진영에서 최고의 권력자가 아래로부터의 압력에 의하여 퇴진하는 사례는 찾아보기 어렵다"고 썼다. 마산시민들은 제2차 세계대전 후 독립한 어느 국가, 어느 민족도 이루지 못한 '아래로부터의 시민항쟁'을 통하여 국가의 최고 권력자를 퇴진하도록 만든 '시민의 힘'을 보여준 최초의 사례로서 평가될 수 있다.

다섯째, 마산 3 · 15의거는 우리의 역사에서 공공 부문까지 장악하고 해악을 저지르던 반민족 세력을 시민의 힘으로 퇴진시키는 일을 최초로 이루어 낸 쾌거로 기록될 일이다. "민족 해방이 이루어진 후 우리 역사가 가진 당면 과제는 우선 정치 · 경제 · 사회 · 문화 전반에 걸쳐 반민족 세력, 즉 친일 세력을 철저히 숙청하고 국민주권주의를 수립하는 일, 즉 우리 사회 전반에 걸친 민주주의를 발전시키는 일이었다. 그러나 남북이 분단되어 이승만 정권 아래서는 친일 세력이 오히려 득세하는 상황이 되었던 것이다"(강만길, 2010: 18). 비록 만주군관학교와 일본 육사를 졸업한 관동군 출신 박정희 등 5 · 16쿠데타 세력들에 의하여 또 한 차례 친일 세력 청산이 저해되고 장기 독재가 자행되기는 하였지만, 마산 3 · 15의거와 4 · 19에 의한 이승만의 퇴진으로 정부 곳곳에 포진해 있던 친일 인사들을 일단 공식적 위치에서 퇴진시켰다. "우리의 민주화운동은 통일운동으로 연결되었는데, 분단국가 출발 이후 통일운동의 최초의 움직임이 마산 3 · 15항쟁에서 나타났다는 점에서 일정한 역사적 의미를 갖는다"(강만길, 2010: 16)는 강만길의 언표는 그 의미가 크다.

여섯째, 지역사(地域史)이면서도 국가사(國家史)이기도 한 공의(公義)로운 사건들이 경남의 역사와 정신 · 문화의 줄기를 이루는 가운데 마산 3 · 15의거는 역사의 맥을 이은 사건이다. 1) 문익점의 목화 도입과 전파, 2) 남명 조식의 실천유학, 3) 남명학파 의병단 활동, 4) 진주농민항쟁, 5) 최초의 지방 일간신문 경남일보 창간, 6) 진주형평운동, 7) 우리나라 최초의 민간 주도 예술축제 영남예술제(현재의 개천예술제) 창제가 그것이다. 마산 3 · 15의거의 정신과 실천은 그 공의도(公義度)에서 1), 2), 3), 4), 6)의 정신과 실천을 잇고, 점성(漸成)시켜서 부마항쟁으로 잇게 하였다. 그러므로 비록 "4 · 19혁명에 가려서 그 독자적 위치와 의미가 (제대로) 평가되고 있지 못한 현실"(강만길, 2010: 13)이라는 아쉬움도 없지 않지만, 마산 3 · 15의거는 경남 지역사의 줄기를 키우고 이어서 점성시켰다는 점과 함께 우리나라 역사에서 4 · 19와 함께 반드시 기록되고 기억될 공의로운 역사적 사건이라고 하겠다.

지금까지 살펴본 마산 3 · 15의거의 역사적 의미와 평가를 담아서 "마산의 학생 · 시민이 민주 · 자유를 외쳐서 나라 최초로 민주 제단에 피를 뿌리고, 독재정권을 무너뜨려 4 · 19혁명으로 승화시켰다"라고 한 문장으로 요약 · 정리하고자 한다.

제 8 장

부마민주항쟁, 18년 독재를 무너뜨리다

부마민주항쟁은 우리나라 민주정치사에서 마산 3·15의거와 함께 학생과 시민들이 힘을 모아 불의한 정치에 저항함으로써 독재정치를 종식시키는 두 번째 사례이다. 말하자면, 부마민주항쟁은 "친일 잔재 세력과 반민주·반인권 세력 및 반통일·반민족적 세력이 응집되어 이룩한 '복합 괴물' 유신 체제(이만열, 2013: 16)를 시민의 힘으로 무너뜨린 역사적 사건이다. 차성환(2012: 43)은 "유신 체제하에서 일어났던 최대 규모의 투쟁인 동시에 유신 체제 붕괴의 방아쇠를 당겼던 역사적 대사건이었다"고 하였다.

부마민주항쟁에 관해서는 한국학중앙연구원이 주도하여 만든 『향토문화전자대전』에 차성환이 잘 정리하고 있으므로 그 편제와 내용을 중심으로 부마항쟁을 소개하되 마산항쟁 부분만 저자가 읽고 보태어서 서술하고자 한다.

제 1 절 부마민주항쟁의 배경

임현진은 "유신 체제에 내재되어 있는 국가 중심적인 종속적 발전의 민중 배제적 성격을 배경으로 급속하게 추진된 중화학공업화에 따른 경제적 모순, 부산과 마산지역의 수출 지향적 경공업을 떠받쳐준 저임금 장시간 노동의 조건, 장기 집권에 의한 체제 경직과 부정부패에 대한 사회적 불만, 그리고 야당의 간판으로서 김영삼의 억압에 대한 지역적 정서 등이 합쳐짐으로써 부마항쟁이 일어났다고 할 수 있다"(임현진, 2000: 2)고 하였다. 이러한 항목들을 정치적 요인과 경제적 요인 등으로 묶어서 생각해 볼 수도 있을 것이다.

차성환은 부마항쟁의 원인을 다음과 같이 정치적 원인, 경제적 원인, 사회 문화적 원인으로 나누었다(부마민주항쟁 기념사업회 홈페이지). 아래에 차성환의 서술을 따라 가면서 필자가 읽은 자료를 더하여 서술해 보기로 한다.

첫째, 정치적 원인은 유신 체제의 억압성이었다. 유신 체제는 대통령 1인에게 고도로 권력이 집중되어 정상적인 정권 교체가 불가능한 체제였다. 또, 유신 체제에 대한 반대와 비판을 원천적으로 봉쇄하는 지속적인 긴급 조치를 통하여 변화와 개혁을 바라는 국민들의 요구를 철저히 억압하였다. 이런 상황에서 유신 체제에 반대하는 각계각층 국민들의 저항과 투쟁이 긴급 조치하에서도 끊임없이 전개되었다.

1961년 5·16쿠데타 이후 1979년까지 18년 장기 지배는 이승만 독재를 경험하였고, 아래로부터 정권을 무너뜨린 경험을 가진 국민들에게는 식상할 수밖에 없는 요인이다. 거기에 더하여 언론과 대학생 등 지식인들에게 민주적 가치를 각성하고 수용하는 범위가 확산되었고, 거기에 대하여 박정희 정권은 더 강한 폭압적인 유신 체제를 구축하였다. 거기다 야당의 김영삼 총재를 제명하는 사건은 정치적 탄압의 상징적 사건이 되어 국민의 정치적 반감을 촉발하는 요인으로 작용한 것이다.

둘째, 경제적 원인은 1973년부터 본격적으로 개시된 중화학 공업화 정책이 1979년 제2차 오일 쇼크를 계기로 불어 닥친 세계적 불황과 함께 심각한 파탄 상태에 빠진 것이었다.

김원은 부마민주항쟁의 경제적 배경으로서 "1970년대 말 한국 경제는 자본 축적의 내적 모순이 제2차 오일 쇼크라는 세계 자본주의 체제의 위기와 결합해 심각한 위기에 빠졌다. 특히 중화학공업의 과잉 중복 투자는 한국 경제를 심각한 위기로 몰고 갔고, 결국 국제통화기금(IMF)의 구제금융과 함께 1979년 4월 긴축 등을 골자로 한 '경제안정화정책'을 수용하였다. … 국가는 정치·경제적으로 취약한 중소자본가, 봉급생활자, 도시노동자와 농민 등에게 안정화 비용을 부과할 수밖에 없었다. 중소

기업들의 도산을 더욱 부채질하여 기업의 부도율이 사상 최고치로 치솟고 가뜩이나 어려운 도시 하층민들의 생활을 더욱 어렵게 만들었다”(김원, 2006: 425-426)고 하였다.

정승안도 부마민주항쟁의 경제적 배경으로서 “부산은 1971년도 부도율이 전국 평균의 2.4배, 마산지역의 1979년 부도율은 전년에 비해 37%나 높아졌다. 이렇게 해서 1979년 제조업체의 연쇄 부도와 실업률 증가로 인한 도시빈민, 실업자, 노동자들의 고통은 가중되었고, 양극화도 심화되었다. 1970년대 후반 부산과 마산지역 노동운동도 고조되었다. 그런 가운데 청계피복노조로부터 시작된 민주노조운동은 새로운 노조를 결성하거나 노조민주화를 위한 노력들로 표출되었다. 중첩된 경제 위기와 함께 ‘부가가치세 인상’이라는 요소까지 맞물리며 장바구니 물가의 폭등이 일어나고 사회 심리적으로 광범한 불만의 진원지로 작용하였다”(정승안, 2018: 217)는 것이다.

셋째, 사회문화적 요인은 급격한 산업화 및 도시화와 함께 성장의 과실이 불평등하게 분배됨으로써 빈부의 격차가 심화되고, 이것이 대중의 고통과 불만을 야기한 것이었다. 또한 유신 체제의 권위주의와 군사 문화는 새로운 문화적 감수성을 가진 청년 세대들을 용납하지 않았다. 청년 세대는 합리성, 민주성, 주체성을 내용으로 하는 새로운 문화를 요구하였고 이를 거부하는 유신 체제에 끊임없이 반발하였다.

김석준과 차성환은 또 부마민주항쟁의 사회심리적 배경을 제시하기도 하였다. 유신 체제는 “… 반공주의와 군사주의, 금기와 배제를 통하여 대중에게 ‘거세 위협’을 가하고 ‘자아의 퇴행’을 강요하였다. 이러한 심리적 억압이 극에 달했을 때 대중은 권력의 공포에 억눌려 왔던 ‘강박 장애’를 벗어던지고 욕망의 억압에서 해방되어 사회 질서라는 초자아에 맞서 억압과 배제에 대한 분노를 표출시켰다”(김석준, 2003, 차성환, 2012: 44)는 것이다.

위와 같은 요인들을 감안하면 부마민주항쟁은 정치적으로는 정상적인 민주정치로부터 크게 벗어나서 장기 집권과 강압적 통치 또는 권위적인 지배 체제였고, 거기다가 박정희 정부가 계속하여 유권자의 구미를 달콤하게 자극하던 경제적 성과도 소진되었고 하층민의 고통으로 다가왔다. 이러한 장기의 권위적 지배 체제에 대한 염증과 경제 위기를 온몸으로 받아내어야 했던 하층민의 분노, 거기에 사회심리적 요인까지 결합되어 부산·마산의 민심은 시한폭탄이었다. 그러던 차에 소위 ‘유신대학’으로 비아냥거림을 겪던 부산과 마산의 대학이 폭탄의 심지에 불을 붙이자 김정호·김대환의 증언대로 "부산과 마산 양 지역에서는 첫날 야간 시위부터 시위 주동자는 이른바 '유격대'라 불리는 20대 초반의 젊은이들이었고, '부산에서는 끝까지 투쟁한 사람들은 노동자, 룸펜, 빈민, 노동자였고', 마산의 경우도 '앞장서서 시위 대열을 이끈 것은 깡패들이었다. 항쟁의 지도자는 그들이었다"(김정호·주대환 증언: 『자료집』, 2015: 123, 212)고 할 정도로 도시 하층민들이 부마민중항쟁에 영향을 끼쳤다.

제 2 절 부마민주항쟁의 전개

부마항쟁은 1979년 10월 16일 부산대학교 학생들의 시위로 시작되었다. 시위가 일어났던 16일 이전, 정국은 소용돌이치고 민심은 이미 유신정권을 떠나 있었다. 경제 상황은 무리한 중화학공업화의 후유증과 제2차 오일 쇼크의 충격으로 심각한 위기에 직면해 있었다. 1979년 5월, 당시 야당인 신민당의 전당대회에서 김영삼이 총재로 당선되면서 유신 정권과 야당의 대결이 격화일로를 걸었다. 8월에 있었던 YH 여공들의 신민당사 농성에 대한 경찰의 폭력 진압, 9월의 신민당 김영삼 총재 직무정지 가처분 신청에 대한 법원의 판결, 10월의 김영삼 총재에 대한 의원직 제명 등이 이어지면서 유신정권의 야당 탄압은 절정에 이르렀다.

Ⅰ. 부산의 민주항쟁

1. 부산대학교 학생시위대의 교문 밖 진출

오랫동안 시위가 일어나지 않았던 부산대학교에서 10월 16일 학생들이 시위를 시작하였다. 시위 하루 전날인 15일에도 시위 기도가 있었으나 실패로 돌아갔다. 그날 부산대학교 경제학과 정광민이 데모 주동을 자청하고 나섰다. 정광민은 김종세를 통하여 부산대학교 내의 학생운동 그룹들에게 조직 동원을 요청하였다. 그리고 선언문을 만들 등사기를 구하러 분주히 움직였고, 그날 밤 자신의 집 다락방에서 친구 전도걸과 함께 선언문을 만들었다.

10월 16일 오전 9시 30분, 정광민은 상대 강의실에서 친구들과 함께 선언문을 배포하면서 학생들을 모았다. 정광민은 인문사회관 앞에 모인 학생들을 이끌고 '자유'라고 쓴 종이를 두 손에 든 채 상대 건물을 지나 도서관으로 행진하였다. 그들은 "우리의 소원은 자유"라고 노래 불렀다.

오전 10시경, 도서관 앞에서 동래경찰서 소속의 이성희, 김성수 형사가 주동자 정광민을 붙잡으며 시위를 중지시키려 하였다. 그들이 경찰인 걸 알게 된 학생들을 격분시켰다. 시위 대열은 삽시간에 500~600명 수준으로 불어났고, 금방 숫자는 2,000명 선으로 불어났다. 시위대는 '유신 철폐'라는 구호를 외치며 교문 밖으로 진출을 시도하였으나 진압 장비로 무장한 전투경찰이 진을 치고 있었다.

오전 10시 15분을 지나 문창회관 앞에 집결한 700명 정도의 시위대가 구 정문(舊正門)으로 행진하였다. 학생들은 거의 1,000명을 넘어섰다. 학생들은 산업 도로로 진출하여 중앙 차선을 점거하고 걸어서 동래 방면으로 행진하였다. 이 대열이 최초로 교문 밖으로 나간 시위 대열이었다. 연도의 시민들과 버스에 탄 시민들도 열렬히 호응하였다.

한편 오전 11시경, 학교 안에서는 2,000명 이상의 학생이 모인 가운데 정광민이 선언문을 낭독하고 "유신헌법 철폐하라!", "학원 사찰 중지하라!", "구속 학생 석방하라!", "독재 정권 물러가라!" 등의 구호를 선창하였다. 그러자 교내 곳곳에서 모인 7,000여 명의 학생들은 성난 파도처럼 "유신 철폐, 독재 타도"를 외치며 운동장을 돌았다. 그러다가 사대부고 담장을 무너뜨리고 산업 도로 쪽으로 내달렸으며, 약 2,000여 명의 학생이 산업 도로를 거쳐 온천장으로 달려갔다. 교내에 있던 시위대 제3진은 사대부고 출입문을 통과하여 무너진 블록 담을 넘고 주택가 골목길을 지나 산업 도로로 진입하였다.

2. 부산대 시위대의 도심 진출

학생들은 도심 진출을 가로막는 경찰과 투석전을 벌였으나 쉽지 않았다. 일부는 거제리 군부대 앞까지 진출하여 진압 부대와 접전하면서 '2시 부산역 집결'을 알리며 각기 시내로 흩어져 이동하였다. 제3진 500여 명의 시위대는 앞서 흩어진 2진의 일부를 흡수하며 명륜동-동래 로터리-동래경찰서-교대 입구까지 무난히 진출할 수 있었다. 거리를 지나는 기사나 승객 모두가 손을 흔들거나 박수를 쳤다. "유신 철폐, 독재 타도, 언론 자유, 학원 자유!" 등의 구호를 반복하면서 행진하였으나 질서 유지에도 노력하였다. 차선의 중앙을 차지하고 갔어도 운전기사나 승객, 누구도 불평하지 않았다. 행진 도중 부득이 해산당할 때에는 "오후 2시 시청 앞에서 다시 만나자"는 약속이 대열 속에서 일사불란하게 전달되었다.

학생들은 삼삼오오로 교문을 나서 18, 19번 버스를 타고 시내로 이동하였다. 버스는 학생들로 초만원이었고, 전 속력으로 내달렸다. 버스 운전기사도 안내양도 한 마음이었다. 제1방어선인 교문이 무너지자 경찰은 서면을 제2방어선으로 정하고 버스를 세워 학생 차림의 남녀 승객들을 끌어내리기 시작하였다. 그러나 곧 엄청난 교통체증을 유발하자, 경찰은 검문을 포기하고 부산역을 제3방어선으로 정하여 부산역 광장 등에 병력을 배치하였다. 그리고 부산역에서 대기하던 학생들을 연행하기도 하였다. 학생들은 시청, 남포동으로 이동하기 시작하였다.

3. 부산대생들의 도심지 시위

오후 1시 30분, 시청 앞은 부산대학교 학생들로 붐볐다. 학생들은 즉석 토론회를 열고 '2시 부영극장 앞'에 다시 모이기로 결정하였다. 오후 2시경, 부영극장 앞, 미화당백화점, 동아데파트, 시청 앞 등 네 곳을 중심으로 약간의 시차를 두고 학생들의 시위가 시작되었다. 300여 명의 학생이 어깨를 걸고 연좌시위에 돌입하여 "독재 타도!", "유신 철폐!"를 외쳤다. 시민들은 학생들에게 아낌없이 박수갈채를 보냈다. 이때 전경대의 진압행위로 일대는 아수라장이 되었다.

보수파출소 앞과 창선파출소 앞에서도 학생들이 스크럼을 짜고 시위를 시작하였다. 이때부터 경찰과 시위대 간에 일진일퇴의 공방전이 남포동, 광복동, 창선동 국제시장 전역에서 벌어졌다. 경찰이 한 시위대를 해산시켰다 싶으면 어느새 또 다른 시위대가 다른 골목에서 쏟아져 나왔다. 이 일대의 시가지는 소위 '도시 게릴라식' 시위가 이루어졌다.

오후 3시, 미화당백화점 앞에는 최소한 3,000명 이상의 시위대가 형성되었다. 학생들은 태극기를 흔들며 「선구자」, 「우리의 소원」, 「애국가」 등의 노래를 불렀다. 얼마 후 경찰의 최루탄과 곤봉 세례가 쏟아졌다. 그래도 시위대는 지치지 않고 시위를 이어갔다. 이 무렵 500여 명의 고신대학교 학생과 동아대학교 학생들도 합류하였다.

오후 3시 30분경 시위대에 마산고 출신으로 한국외대생이던 황성권이 뛰어들어 시위대를 이끌었다. 여덟 명이 한 줄을 이룬 대열은 삽시간에 2,000명으로 불어났다. 이 대열은 시청 앞과 미화당 사이에서 전진과 후퇴를 반복하였다. 그러나 황성권은 대열 속에서 형사들에게 잡혀갔다. 오후 4시 이후 시위의 범위가 확대되어 갔다. 크고 작은 시위대가 흩어졌다 결집되고 흩어졌다 또 결집되면서 남포동, 광복동, 국제시장의 미로 같은 골목길을 휩쓸었다. 시위는 학생과 시민이 한 덩어리가 된 민중항쟁의 성격으로 발전하고 있었다. 시간대별 양상으로 볼 때 투쟁은 오후 2~5시 사이에는 시위형 투쟁이었고, 5~7시 사이에는 항쟁형 투쟁으로 변화되는 과정이었으며, 7시 이후부터는 항쟁형 투쟁으로 변화되었다.

마침내 시청 앞과 충무동 로터리 사이 중앙로의 6차선 대로로 3~5만 인파의 장렬한 행렬이 밀려왔다 밀려가는 거대한 조수처럼 넘실거렸다. 시위대 속에는 넥타이를 맨 퇴근길의 회사원, 노동자, 상인, 유흥업소의 종업원, 재수생, 교복 입은 고등학생과 중학생 등 다양한 신분과 계층의 사람들이 어울려 "독재 타도!", "유신 철폐!", "언론 자유!"를 외치며 함성을 울렸다.

4. 시위에서 항쟁으로

저녁 6시경 300여 명의 학생이 스크럼을 짜고 구호를 외치며 중앙로 큰길로 나섰다. 귀갓길의 직장인과 노동자, 고등학생들까지 합세하여 시위대는 삽시간에 수천 명이 되었다. 저녁 7시경 도심의 대로가 시위 인파로 흘러넘쳤다. 시청 앞에서 충무동에 이르는 6차선 대로와 광복동 일대를 꽉 메운 5만여 인파가 구호를 외치고 노래를 불렀다. 이제 대학생은 소수였고 퇴근길의 회사원, 노동자, 상인, 접객업소의 종업원, 재수생, 교복 입은 고교생도 포함된 다양한 인파가 계층과 신분을 뛰어넘어 혼연일체가 되어 "유신 철폐", "독재 타도", "언론 자유", "김영삼 총재 제명 철회" 등의 구호를 외쳤다.

밤 8시경, 경찰 진압대가 공격해 오자 곧바로 민중들의 격렬한 저항이 시작되었다. 도심의 밤하늘이 온통 희뿌연 최루탄 가스로 뒤덮였다. 민중들은 돌과 병으로 대항하였고, 곤봉에는 가로수 버팀목을 뽑아 맞섰다. 경찰의 진압이 가혹해지면 민중의 적대 의식도 그만큼 높아져 갔다. 시위대는 물리적인 목표물을 겨냥하여 더욱 과감하게 행동하기 시작하였다. 파출소와 언론기관이 시위대의 표적이었다. 이날 시위대는 수백 명씩 게릴라식으로 몰려다니며 파출소를 공격하였다. 8시 40분경 남포파출소를 습격, 파괴하였다. 경찰의 순찰차와 작전차는 오히려 시위대의 목표물이 되었다. 시위대가 포니 순찰차와 작전차를 불태웠다. 밤 9시가 넘어가면서 경찰의 진압작전은 더욱 갈피를 잡지 못하였다. 격화된 항쟁을 진화하기 위하여 경찰이 '통금 시간 연장'을 알리며 "밤 10시부터 통행 금지를 실시한다"고 발표하였지만 항쟁의 불길은 더욱 확산되었을 뿐이다.

밤 10시경에는 시위 군중에 의하여 부평파출소가 박살났다. 밤 10시 30분에 보수파출소가 파괴되었다. 밤 10시 50분에는 제1대청, 흑교, 중앙파출소가 시위대의 습격을 받았다. 항쟁 대열은 보이는 대로 파출소를 부수고 불 질렀다. 한 시위대가 부수고 간 후 다른 시위대가 남은 것을 파괴하였으며, 다시 다른 시위대가 그것을 이어받았다. 밤 12시가 가까워지자 시위대는 대부분 스스로 해산하기 시작하였다. 새벽 1시 넘어도 산발적으로 계속된 항쟁으로 남포, 부평, 보수, 중앙, 제1대청, 흑교파출소 등 모두 11개의 파출소가 파괴되었고, 부산일보, 부산MBC의 유리창이 깨졌다. 박정희 대통령의 사진도 불탔다.

부산민주항쟁은 유신 선포 7주년인 10월 17일에도 이어졌다. 오전 10시 30분경 1천여 명의 학생이 구 정문 쪽으로 집결하여 "유신 철폐!", "학원 자유!", "학원 사수!" 등의 구호를 외치고 노래를 부르며 행진하기 시작하였다. 동아대학교 학생들도 17일 아침 도서관 앞 잔디밭에 모였다. 그리고 11시 30분경 구호를 외치기도 하였다. 점심 시간에 학생들은 500여 명으로 늘어났다. 학생들은 오후 5시 국기 하강식 때 부영극장 앞에서 시위를 전개하기로 약속하고 흩어졌다. 그리고 육성의 애국가를 시작으로 삼아 시위가 시작되었다.

시위대는 동부경찰서 관내 제1초량파출소, 제2초량파출소를 부수었고, 8시 55분경 동부경찰서로 가서 "독재 타도!", "유신 철폐!" 등의 구호를 외쳤다. 시위대는 또 동부경찰서 300미터 거리의 KBS부산방송국으로 가서 방송중계차를 부수었다. 그리고 경남도청 쪽으로 가서 돌을 던졌다. 흑교파출소를 습격하였고, 서부경찰서를 공격하였다. 이때 시위대의 주체는 학생들이 아니라 영세상인, 종업원, 노동자들이었다. 시간이 흘러 17일 자정 무렵 서부경찰서 구덕파출소를 습격하였다. 시위대는 2천여 명이었으며, 서부경찰서가 전 병력을 동원하여서 이들을 18일 새벽 2시경 시위대를 해산시켰다. 그리고 18일 자정 부산지역에 비상계엄령이 선포되었다. 2개 여단의 공수부대가 투입되었고, 탱크와 장갑차를 앞세운 계엄군이 각 대학과 관공서에 배치되었다.

Ⅱ. 마산의 민주항쟁

10월 18일부터 부마항쟁의 불길은 마산으로 옮겨 붙었다. 부산민주항쟁 사흘 뒤 "부산에서 경남대로로 유학을 다니는 학생들에 의하여 전파되었다(정주신, 2019: 6). 이후 정주신의 서술을 따라서 마산민주항쟁을 살펴보기로 한다.

정주신은 경남대를 '유신대학'으로 지칭하며 시위 전개 양상을 서술하였다. 이런 이미지는 박정희 대통령의 "경호실장이던 박종규가 박정희 정권의 권세를 업고 경남대와 마산MBC를 헐값으로 사들여서(김진, 1992: 167) 군부정권의 하수인으로 있던 시절에 시위를 한다는 것은 있을 수 없는 일(정주신, 2019: 171-172)이었기 때문이다. 그래서 정주신은 경남대 교내 시위에 대하여도 긍정적인 시각이 아니다. 오히려 몇몇 학생에 의하여 시위 발발 사실이 왜곡·조작되었다는 강한 주장을 전개하고 있다.[1)]

마산민주항쟁은 10월 18일 오후 5시 20분경 창동 네거리에서 첫 도심 시위가 시작되어 불종거리-가야백화점-불종거리를 오갔는데, 오후 6시 40분경에는 대략 2천여 명의 시민이 시위대를 이루었다. 이 과정에서 시위대에 쫓겨 간 경찰이 버려둔 경찰 트럭을 오동동 다리에서 밀어서 떨어뜨렸다. 그리고 박종규 공화당 의원의 사무

1) 정주신의 이러한 주장이 전혀 근거 없이 나온 것은 아닐 것으로 간주한다. 박정희 독재정권을 무너뜨리고 민주화 운동의 기폭제가 된 부마민주항쟁의 한 부분이 왜곡·조작되는 것은 용납될 일이 아니기 때문이다. 그래서 대학의 교내 시위는 생략하고 시민항쟁을 중심으로 마산민주항쟁을 서술한다.

실에 돌팔매질을 하였고, 파출소를 태웠다. 부산민주항쟁처럼 마산민주항쟁도 처음에는 대학생들이 주도하였으나 불특정 다수의 민중들, 도시 하층민이 항쟁의 주력이 되었다. 오후 7시 30분까지 시위대가 도심을 장악하였으나 경찰력의 부족으로 시민들은 게릴라 전술을 사용하며 밤 9시까지 치고 빠지기의 시위가 지속되었다. 시위대는 '유신 철폐!'와 '독재 타도!'라는 구호를 외치기도 하였다.

한편 박정희 유신정부는 부산에 비상계엄령을 내렸고, 박찬긍 계엄사령관에게 현지 군부대장과 협조토록 하였으며, 39사단장을 위수사령관으로 하고 사단 병력과 제5공수 여단을 19일 마산지역에 투입하였다. 그러나 마산에는 19일 새벽 01시 30분에 마산경찰서에서 박종규 공화당 의원, 김재규 중앙정보부장, 이균범 경남도경 국장, 전천수 교육감, 성해기 마산시장, 최창림 마산경찰서장, 조옥식 제39사단장 등이 참석한 가운데 비상시국회의를 가졌고, 마산시장이 경남도지사를 통하여 마산·창원지역 위수사령부에 요청하여 10월 20일 낮 12시 기점으로 위수령을 발동하였으므로 사실 군 병력 투입은 거의 37시간 동안 불법적인 조치였다. 군 병력은 시위대에 대하여 폭력적인 방법을 동원하여 무자비하게 진압하였다(정주신, 2019: 171-195).

제 3 절 부마민주항쟁의 역사적 의의

Ⅰ. 부마민주항쟁의 결말

정주신에 따르면, "10·26사건 직전에 벌어진 10월 부마민주항쟁에 공수단을 투입한 것은 차지철이었다(이상우, 1985: 245). 이때 차지철은 당연히 육군참모총장의 명령이 있어야만 병력 이동이 가능한 군령 계통을 무시하고 자기 명령으로 특정 병력을 투입하는 등 월권행위를 저질렀다. 또한 국회나 행정부, 그리고 군부 쪽에서 차지철이 박정희 대통령을 끼고 돌면서 인사에 관여하고 상관에 대하여도 횡포와 오만을 저질렀다. … 10·26 뒤 군사재판정에서 김계원은 차지철의 월권 문제에 대하여 '정치 문제에 대하여 대통령을 직접 보좌하는 청와대 근무자 외에는 정치에 개입하지 말아야 하나 차지철 실장은 정치에 깊게 개입하였으며, 군 관계에서도 지휘 계통을 문란하게 만들 위험성이 눈에 띄었다"고 진술하였다(조갑제, 1987: 125, 정주신, 2019: 130).

차지철의 이러한 월권과 규범을 무시한 행동들은 지배 권력 내부에서 갈등과 대립을 낳을 수밖에 없었다고 본다. 그 당시 권력의 핵심 기관이던 중앙정보부의 김재규 부장과 부마민주항쟁 상황을 놓고 엇갈린 인식은 대처 방안에도 파열음을 일으킬 수밖에 없었다. 10월 26일 궁정동 안가에서 가진 박정희 대통령, 차지철, 김재규, 김계원 등의 만찬에서 발생한 대통령 시해사건은, 부마민주항쟁 현장을 직접 둘러본 김재규의 상황 판단을 박정희 대통령과 차지철이 오판하였고, 김재규가 격정적으로 감정을 드러낸 결과로서 필연적인 파국이었다. 이렇게 불의의 사건으로 박정희의 권위적 지배 18년은 종말을 맞았다. 물론 그 종말의 기폭제는 부산과 마산의 학생과 시민들이 한마음으로 시작하여 이룬 민주항쟁이다.

Ⅱ. 부마민주항쟁의 역사적 의의

이만열이 규정한 대로 "친일 잔재 세력과 반민주 · 반인권 세력 및 반통일 · 반민족적 세력이 응집되어 이룩한 '복합 괴물' 유신독재 체제"(이만열, 2013: 16)가 부마민주항쟁의 결과로 무너졌다. "1979년 10월 16일부터 20일 사이에 '저항연합'이 일으킨 부마민주항쟁이 기폭제가 되었고, 그 결과 복합 괴물 유신독재 체제는 '지배연합'이 균열을 일으켜서 마침내 박정희 대통령이 죽었다. 지배연합은 박정희 · 차지철 등의 강경론자와 김재규 등의 온건론자가 대립하였고, 김재규가 준비되지 않은 반란을 시도하였다"(조희연, 2007: 211). 그렇게 하여 1960년 5 · 16 쿠데타로 권력을 잡은 박정희는 부하의 총격으로 죽으면서 18년 그의 지배가 종식되었다. 부마민주항쟁은 우리의 민주주의 역사에서 갖는 성과와 의미를 살펴본다.

첫째, 유신독재 체제를 무너뜨리는 기폭제가 되었다는 점을 들 수 있다. 폭압적인 유신 체제가 1972년 국민에게 강압된 이후 7년 동안 서울을 중심으로 크고 작은 저항이 이루어져 왔지만, 부산과 마산에서 일어난 물리적인 대규모 시민의 저항으로 봇물이 터진 듯 자유와 민주를 외치는 함성은 컸고, 시민의 물결은 거리에 넘쳤다. 부마민주항쟁은 결과적으로 지배연합의 균열을 일으켰고, 대통령이 총격을 받아 유신의 심장이 멈추게 만든 것이다. 일단 이것은 의미 있는 성과이다.

둘째, 유신독재 체제를 종식시킨 부마민주항쟁을 통하여 눈여겨볼 의미 있는 성과들이 포함되어 있다. 차성환은 부마민주항쟁을 연구하면서 핵심 키워드를 '민중'이라고 설정하고, 심층면접을 통하여 그들의 사회심리를 고찰하였다. 그런 만큼 부마민중항쟁에서 민중 또는 도시자영업자를 비롯한 '여성 노동자', '도시 하층민' 등 사회영역이 중요한 역할을 담당하며 저항연합의 주체가 되었다. 그래서 차성환은 "이 기간 중에 폭발적인 노동운동의 고양이 있었다. 그리고 부마항쟁의 역사적 의의로는 대한민국 수립 이후 최초로 민주운동사에서 민중이 주체로 등장한 것"(차성환, 2014: 291)이라고 하였다.

조희연은 "1970년대 후반에 학생운동·지식인운동·재야운동 등을 포함한 저항운동의 확대와 함께 주목하여야 할 것은 '민중시대'의 출현이다. 소위 공돌이와 공순이들은 개발 동원 체제가 동원하는 산업 역군으로서의 정체성을 더 이상 자기화하지 않았다. 순응적 노동자의 시대는 가고, 독재정권에 대한 비판 의식과 권리 의식을 가진 저항적 주체의 시대가 출현하기 시작한 것이다. 이때부터 저항 진영 내부에서 '민중'이라는 개념을 쓰기 시작하면서, 민주화운동 혹은 재야운동도 모두 '민중운동'이라는 인식을 갖게 되었다. 이렇게 하여 노동자·농민·도시 하층민 등이 저항적 주체가 되면서부터, 그동안 체제에 적극적인 지지층으로 남아 있던 도시 구 중간층도 점차 이반하기 시작하였다"(조희연, 2007: 211-215)는 것이다.

차성환과 조희연의 논의를 통하여 박정희 유신독재 체제를 종식시키는 계기가 된 부마민주항쟁은 처음 대학생들이 캠퍼스에서 예열을 한 다음 도심으로 진출하였고, 이들을 맞이한 도시 하층민 또는 민중은 서로의 동력을 보태어서 폭발적인 힘을 만들었고, 민중의 지팡이가 아니라 유신독재 체제의 하수인으로 기능하던 파출소를 부수고 경찰차를 불 지르는 등 폭력성을 더하였다. 이쯤에서 학생과 시민들은 각성과 함께 민중으로 통합되어 18년 간 1인 지배 체제에 짓눌렸던 피동의 존재집단으로부터 자율성과 정체성을 깨달은 자유와 민주의 주체로서 우리의 민주화 도정을 시작한 것이다. 참으로 우리나라 민주주의에서 의미가 큰 역사의 진전을 이루었다고 하겠다.

셋째, 부마민주항쟁은 마산 3·15의거의 정신과 실천이 재현으로 의미가 있다. 특히 마산시민들에게는 19년 전 1960년 3월 15일부터 시작된 의거에서 점성(漸成)된 가치와 사고와 행동의 유형을 보여준 것이다. 3 · 15가 마산 사람들의 진취성을 비롯한 기질과 항일운동 등 역사적 조건들이 응축되어 표현된 것처럼 마산에서의 부마민주항쟁 또한 과거의 그것과 맥이 닿아 있다. 더 멀리 거슬러 올라가면 경남의 역사와 문화의 줄기와 같은 맥이라고 볼 수 있다. 그렇게 하여 마산 사람이요 경남의 우리는 우리나라 민주화에서 3 · 15의거와 부마민주항쟁을 통해서 그 주체적 역량을 분명하게 보여준 것이다.

지금까지 살펴본 부마항쟁 속의 마산시민의 민주화 활동에 대한 역사적 의의와 평가를 담아서 "마산시민들이 민주 · 자유 · 정의를 외쳐서 유신 독재를 종결짓고, 이 나라 민주주의를 한 단계 더 성장 · 발전시켰다"라고 한 문장으로 요약 · 정리한다.

제 9 장

경남, 행의문화(行義文化)의 산실이더라

여기서는 제2편에서 서술한 경남의 일곱 개 역사적 사건의 핵심 내용, 즉 한 문장으로 요약한 내용을 모두 모아서 중요 가치들을 적시한 다음, 모든 사건에 관류하는 근본 가치(핵심 가치)를 찾는다. 그런 다음, 역사적 사건의 주체들이 보여준 사고와 행동 유형을 찾아서 정형화한다. 이것을 경남문화로 규정하는 논의를 갖는다.

제 1 절 역사적 사건의 중심 가치 읽기

삼우당 문익점의 목화 도입과 전파, 남명 조식의 단성소를 거쳐 마산 3·15의거와 부마항쟁까지 일곱 개 역사적 사건마다 맨 뒤에는 평가하는 의미를 담아서 한 문장으로 정리하였다. 그 내용을 모아서 다음에 표로 정리한다.

역사적 사건들	한 문장 요약	중요 가치
문익점 목화 도입 (1367)	인・의・애의 선비 삼우당은 안위를 무릅쓰고 목화를 도입하여 만백성을 따뜻하게 입히고 나라를 부유하게 하였다.	애민/인의/공익/헌신/용기/실천/단독
조식의 단성소 (1555)	우국상민의 인의로운 선비 남명, 높고 깊은 학문으로써 시대를 통찰하여 문제를 적시하고, 군왕에게 민본의 왕도정치를 목숨 걸고 주창하였다.	애민/인의/공익/헌신/용기/실천/단독
남명학파 의병단 (1592)	우국・상민하는 남명의 혜안과 남명학파 의병단이 목숨을 걸고 재산을 털어 불의한 왜침에 맞서 향토를 지키고 구국의 방벽이 되었다.	애민/인의/공익/공동체/헌신/용기/실천/집합
진주농민항쟁 (1862)	불의한 봉건・계급적 지배와 착취, 사악한 수령과 서리의 수탈에 맞서 각성된 지도층과 피지배층 농민이 연대하여 자구하는 저항을 실천하여 근대화의 징검다리를 놓았다.	애민/인의/공익/헌신/용기/실천/집합
진주형평운동 (1923)	인의로운 진주의 선각자들이 형평운동을 펼쳐서 백정차별을 근절하고, 나라 최초의 근대 인권운동으로써 평등을 실현하였다.	애민/인의/공익/헌신/평등/용기/실천/집합
마산 3・15의거 (1960)	마산의 학생・시민이 민주・자유를 외쳐서 나라 최초로 민주 제단에 피를 뿌리고, 독재정권을 무너뜨려 4・19혁명으로 승화시켰다.	인의/공익/자유・평등/용기/실천/집합
부마항쟁 (1979)	마산시민들이 민주・자유・정의를 외쳐서 유신독재를 종결짓고, 이 나라 민주주의를 한 단계 더 성장・발전시켰다.	인의/공익/자유・평등・정의/용기/실천/집합

제 2 절 핵심 가치 찾기

Ⅰ. 역사적 주체들이 주창한 가치

저자는 삼우당 문익점의 목화 도입에서 용기/애민/인의/공동체/공익/헌신/실천의 가치를 읽었고, 남명 조식의 단성소에서 용기/애민/인의/공동체/공익/헌신/실천을 읽었다. 그리고 남명학파 의병단 활동에서 용기/애민/인의/공익/공동체/헌신/실천을, 진주농민항쟁에서 용기/애민/인의/공동체/공익/헌신/용기/실천을, 진주형평운동에서 애민/인의/공익/헌신/평등/실천을, 마산 3・15의거에서 용기/인의/공동체/공익/자유・평등/실천을, 부마항쟁에서 용기/인의/공동체/공익/자유・평등・정의/실천을 읽었다.

정리하면, 첫째, 일곱 개 사건의 주체들이 바탕으로 삼은 가치에서 공통점이 나타난다. 즉, 용기/인간사랑/인의/공동체와 공익/헌신/실천이다. 이것은 경남에서 일어난 일곱 개 역사적 사건의 주체들이 하나같이 이들 가치를 공유하고 행동으로 보여주었다는 사실에서 친연성(親緣性: 서로 닮은 속성)이 확인된다.

둘째, 삼우당 문익점과 남명 조식은 우리 민족사에 뚜렷한 영향을 미친 공의로운 일을 혼자의 사고와 판단을 바탕으로 실천하였으나, 남명학파 의병단 활동 이후 부마항쟁까지 다섯 개 사건의 주체들은 '여럿이 함께 실천한 점'에서 다르다. 사회운동의 관점에서 보면 이것은 진보요 발전이다. 그리고 공의로운 일을 함께할 때 더 파급력이 커지고, 공감을 일으켜서 목표 실현의 가능성이 높아진다는 점을 사건의 주체들은 각성해 낸 것이다.

셋째, 시간이 흐르면서 사건의 주체들은 그 시대에 필요한 가치를 찾아서 주창하였다는 점이다. 진주의 형평운동에서 보편 가치인 평등과 정의를 읽어서 주창하고 구현하였으며, 마산 3·15의거에서 학생과 시민들은 자유와 민주의 가치를 주창하고 구현하였으며, 부마항쟁의 주체들은 자유와 민주, 그리고 그 시대 경제적 정의를 외쳤다. 그런 점에서 부마항쟁의 주체들은 시대의 가치를 놓치지 않았던 것이다.

Ⅱ. 핵심 또는 근본 가치

경남 역사의 주체들이 바탕으로 삼아서 가치들을 주창하면서 보여준 행동 방식과 그것을 통하여 실현하고자 한 가치는 무엇일까? 먼저, 역사의 주체들이 그들의 사고와 행동을 드러내는 방식을 보면 그들이 지키고, 지향하고, 실현하려는 핵심 가치 또는 근본 가치가 읽혀진다.

첫째, 일곱 개 역사적 사건의 주체들은 하나같이 백성 사랑(인간 사랑)을 근본 가치로 삼았다는 점이 나타난다. 공자에게 인간 사랑은 인(仁), 즉 측은지심이다. 유자(儒者)로서 문익점의 고려 백성 사랑, 백성을 7차나 쓴 남명의 단성소에 확인된다. 어디 그뿐인가? 불의하게 왜노들이 조선을 침략했을 때 떨쳐 일어선 의병들은 가족과 향리와 나라 지키기도 가족 사랑·백성 사랑(인간 사랑)이다. 또한 형평운동에서 백정도 인간임을 선포한 이들의 인간 사랑, 3·15와 부마항쟁에서 자유와 정의 모두 바탕은 인간 사랑이다. 그들은 인간 사랑을 근본 가치로 삼았을까? 왜 그랬을까? 당연하게도 인간(사랑)이 모든 가치의 근본 중의 근본이기 때문이다.

둘째, 경남 역사의 주체들은 '옳음 또는 마땅함'을 지향하고 실천하였다. '옳음(義)'은 유학에서 '사람으로서 하여야 할 바른 도리'라는 뜻이고, 맹자는 "의를 인간의 바른 길(義, 人之正路也)"이라고 하였다. 경남 역사의 주체들은 인간의 바른 도리를 지켰고, 올바른 길을 찾아서 실천하였다. 불의한 일을 만나면 목숨을 버릴지언정 도리를 벗어나지 않았다(捨生取義). 이러한 사실은 일곱 개 모든 역사적 사건에서 확인된다. 인간이 인간일 수 있는 것은 "옳거나 마땅한 것을 가려서 실천하는 데 있다"고 하겠다. 이것은 고금과 동서를 가리지 않는 가치이다. 사람의 생각과 행동에서 '옳음이나 마땅함'을 잃으면 짐승과 무엇으로 다르다고 할 것인가?

그러므로 경남의 역사적 주체들은 '인간 사랑'과 '옳음 또는 마땅함' 두 가지 핵심 가치를 근본 중의 근본으로 삼아서 지향하고 실천하였다고 하겠다. 그런데, 이런 가치 지향이 비단 경남의 역사적 주체들만의 전유물일까? 아니다. 인간은 누구나 인간 사랑과 옳고 그름을 판별할 수 있는 존재이다. 그렇다면, 경남의 역사적 주체들이 잇따라 공의로운 역사적 사건을 일으켜서 역사의 진운을 이룬 것은 근본 가치 말고도 또 다른 무엇을 가졌다는 뜻이다. 그렇다. 근본 가치를 안다고 바로 실천으로 연결되는 것은 아니다. 거기에는 다른 무엇인가가 부가적으로 반드시 필요하다.

Ⅲ. 역사 주체들의 실천에 관한 부가적 논의

저자는 경남의 역사와 인물을 읽으면서 인간의 사고와 행동을 결정하는 데는 그들이 마음 바탕에 지녔다고 생각되는 '인간 사랑(仁 또는 愛)'과 '옳음 또는 마땅함(義 또는 宜)'이라는 근본 가치의 바깥 분출을 결정하는 '연관 가치 또는 덕목'이 있다고 생각하게 되었다. 그것은 '용기'였고, 또 '먼저(생각)하기'였고, 또 '함께하기'였고, '앞장서기'였다. 이런 가치 요소나 덕목이 역사의 주체들이 가진 두 가지 근본 가치와 결합되어서 경남이라는 공간적 집중 현상을 만들어 냈다고 생각하게 되었다. 이들 연관 가치 또는 덕목에 관한 저자의 생각을 서술한다.

첫째, 역사 주체들이 보여준 용기를 주목하여야 한다. 용기의 사전적 의미는 "씩씩하고 굳센 기운" 또는 "사물을 겁내지 않는 기개"이다. 공자는 "의로운 일을 보고도 실행하지 않으면 용기가 없는 것이다(見義不爲, 無勇也)," 『논어』 위정 2.24(동양고전연구회 주역, 2016: 57)라고 하였다. 하나뿐인 생명인데, 어떻게 하면 겁내지 않을 수 있을까? "자연계는 자기의 동작이 자기에게 무슨 결과를 가져올지 고려하지 않는다. 사람도 자기의 동작이 자기에게 어떤 결과를 초래할지 고려하지 않으면 용감히 매진하게 된다(자연의 용기)"(펑유란 지음, 박성규 옮김, 2017: 449)고 하였다. 저자가 보기에 문익점도, 조식도, 또 경남 역사의 주체들은 자신의 안위, 목숨, 재산의 손해 등 자기에게 돌아오는 결과를 생각하지 않았다. 그래서 그들은 옳은 일을 겁내지 않고 용기로써 실천할 수 있었던 것이다.

둘째, 경남 역사의 주체들은 남들보다 '생각하여 먼저 하기'를 보여주었다. 이들의 '생각하여 먼저 하기'는 삼우당과 남명의 우환 의식에서 비롯되었다고 생각한다. 삼우당은 스스로 지은 호에 '근심 우(憂)'를 썼고, 남명의 '우국상민(憂國傷民)'은 유명하다. '우(憂)'는 항상 또는 미리 생각한다는 뜻이다. 공자는 "사람이 앞날을 생각하지 않으면 금방 반드시 걱정이 생긴다(人無遠慮, 必有近憂)라고 하였다. 맹자는 "인간은 근심 속에서는 살고, 안락 속에서는 죽는다(... 然後知生於憂患, 而死於安樂也)"고 하였다. 그러다 보니 남명은 왜란을 예고하였고, 서리(胥吏)의 작폐를 300년 앞서 예견하였던 것이다. 경남의 역사 주체들이 이룬 아홉 개 역사적 사건은, 우리나라 어린이날의 기원을 이룬 진주소년회(晋州少年會)까지, 모두 나라 최초의 일이다. 폭넓은 지식을 아우르면 세상을 읽는 눈이 밝아져서 남보다 넓고 깊게 생각할 수 있게 되고, 그렇게 하여 논리적으로 예견·예측할 수 있게 된다. 남명이 왜란을 예견하고, 서리 작폐를 예견한 것은 우환 의식과 광폭 학문과 몰입 단계의 사고력의 소산이다.

셋째, 경남의 역사 주체들은 또 '여럿이 함께 하기'를 보여주었다. 오늘날 사회운동에서 '1인 시위'도 가끔 보이지만, 이 1인 시위도 전체 속의 1인인 경우이다. 여럿이 함께 하여야 운동의 취지나 지향의 파급도 크고, 주창의 힘도 커진다. 여럿이 함께하면 두려움도 줄어들거나 버릴 수 있다. 목화 도입과 단성소를 제외한 경남의 모든 역사적 사건은 '여럿이 함께하기'로써 임팩트를 크게 하여 조선을 뒤흔들었고, 독재정권을 무너뜨렸다. 그들은 일찍부터 여럿이 함께하기의 지혜를 터득하여 가동시켰던 것이다.

제 3 절 경남문화 패턴 읽기

경남의 역사 주체들이 우리 민족사에서 실천한 역사적 사건들을 놓고 '한 문장 요약 · 평가하기'를 하였고, 그러한 내용들을 모아서 그 주제들이 사고와 행동을 결정할 때 쓴 '중요 가치'들을 적시하였다. 거기서 한 단계 더 사고를 심화시켜서 '근본 가치(핵심 가치)'와 '연관 가치 또는 덕목'을 찾아서 그 내용과 관계를 서술하였다. 이제 경남의 역사 주체들이 시간을 종단하여 인의로운 역사적 사건들을 주도할 때 보이는 가치와 덕목의 연관 관계이거나 사고와 행동의 규칙성까지 읽어 내어 보기로 한다. 먼저, 문익점과 조식이 보여준 사고와 행동(선택)과 관련된 내용을 정리하고, 패턴을 찾아보자.

Ⅰ. 문익점 · 조식의 사고와 행동에서 패턴 읽기

"인 · 의 · 애의 선비 삼우당 문익점은 안위를 무릅쓰고 목화를 도입하여 만백성을 따뜻하게 입히고 나라를 부유하게 하였다.", "우국상민의 인의로운 선비 남명 조식, 높고 깊은 학문으로써 시대를 통찰하여 문제를 적시하고, 군왕에게 민본의 왕도정치를 목숨 걸고 주창하였다."

우리 민족사에서 전쟁 하나를 막아낸 것 이상으로 공헌한 일이 삼우당 문익점의 목화 도입과 전파이며, 다스림의 도가 무너진 시대(無道時代)에 남명 조식이 높고 깊은 학문을 이룬 다음 시대의 문제를 읽고 경의사상(敬義思想)을 정립하여 올바른 도를 세웠으며, 다음 단성소에 바른말과 대책을 써서 목숨 걸고 절대군주에게 주창한 일에는 공유된 패턴이 있다.

이 두 역사 주체의 사고와 행동에서 앞에서 서술한 '백성(인간) 사랑(仁과 愛)'과 '옳음 또는 마땅함(義 또는 宜)'이 가장 핵심 가치로 생각 속에 자리를 잡은 것이 보인다. 문익점은 반출이 금지된 목화씨를 자신의 안위를 무릅쓰고 가져왔고, 조식은 절대권력 명종, 그 어머니 문정왕후와 그 동생이자 명종의 외삼촌 윤원형의 미움을 사면서 에두르지 않고 바른말로써 문제를 적시하고 대책을 써 올렸다. 두 인물의 이러한 사고와 행동을 정리하면, "삼우당 문익점과 남명 조식은 진정한 '백성 사랑(인간 사랑)'을 위하여 '옳거나 마땅하다고 생각하는 바'를 자신의 안위를 무릅쓰고, 또 '목숨을 거는 용기'를 가지고 '유사 이래 처음'으로 '실천'하였다"라고 하겠다.

Ⅱ. 문화, 그리고 경남문화

1. 문화의 개념

1871년 타일러(Edward B. Tylor)가 문화(culture)는 개념을 정의하여 사용한 이후 여러 학자가 인간의 삶의 다양한 측면을 두고 저마다 문화의 정의를 내리면서 175개나 될 정도로 다양한 정의가 있다(한상복 외, 2004: 63; 송성대, 1997: 25-26). 그런 가운데 김태길은 "한 사회 안에 표준화하고 축적되어 널리 받아들여진 사고와 행동의 방식 및 그러한 사고와 행동의 결과로서 생산된 인간의 창조물 전체"(김태길, 1982: 330-331)라고 문화를 정의하였다. 지리학 쪽에서는 비달(Paul Vidal de la Blache)이 "공동체 구성원들의 생활양식"(송성대, 1997: 26)이라고 짧은 문장으로 문화를 함축적으로 정의하였다. 김태길과 비달의 문화 정의를 정리하면, 문화는 "공동체 구성원들의 사고와 행동양식, 그리고 유·무형의 결과물"이라고 하여도 틀리지 않는다. 무형의 결과물이라면 우리의 판소리나 언어가 해당될 것이고, 유형의 결과물이라면 우리 조상들의 집에 대한 생각과 그러한 생각을 바탕으로 지어서 남겨 놓은 초가집이나 기와집을 예로 들 수 있겠다.

2. 경남문화

경남문화는 "경남 사람들의 사고와 행동양식, 그리고 유·무형의 결과물"이다. 앞에서 저자는 경남의 역사적 사건으로서 마산 3·15의거를 "마산의 시민들이 민주·자유를 외쳐서 나라 최초로 민주 제단에 피를 뿌리고, 독재정권을 무너뜨려 4·19혁명으로 승화시켰다"라고 한 문장으로 정리하였다.

이것을 근본 가치와 연관가치 중심으로 정리하면, "마산시민들이 이승만 정부와 자유당의 불법 · 타락한 선거를 불의라고 생각하고, 마땅히 투표의 자유가 보장되는 민주적 선거를 목숨 걸고 외쳤으며, 경찰이 이들에게 총을 쏴서 학살을 자행하였으나 굴하지 않고 시위를 확대 · 지속하였으며, 4 · 19시민혁명으로 확대되었다"라고 하겠다. 여기서 근본 가치는 민주주의의 핵심 '자유'이고, 그러한 자유를 파괴한 불법 · 타락한 선거는 불의(不義)이고, 민주와 자유선거라는 '옳음 또는 마땅함을 위하여' 나라 최초로 용기 있게 목숨을 걸고 외쳤으며, 그 결과 '4 · 19 시민혁명'을 이루었다. 비교하면, 마산시민들은 여럿이 함께하였다는 사실 하나가 다를 뿐 삼우당 문익점과 남명 조식이 보여준 사고와 행동양식의 판박이가 아닌가.

경남의 역사 주체들은 왜노의 불의한 침략을 당하자 내 가족과 향토와 나라를 마땅히 지켜야 하고, 그것이 옳다고 생각하였으며, 목숨을 걸고 재산을 털어서 용기를 다하여 의병 활동에 나섰고, 진주성을 지켜냈으며, 호남을 지켜냈고, 조선을 구하였다. 이러한 사고와 행동양식은 그 후에 진주농민항쟁에서도 달라지지 않았고, 진주형평운동에서도, 부마항쟁에서도 달라지지 않았다. 삼우당 문익점에서 시작되어 남명 조식으로 이어진 '사고와 행동양식'은 중세와 근대를 거쳐 현대의 마산 3 · 15의거와 부마항쟁까지 전승 · 전파되어 왔다. 경남문화라는 말 외에 달리 표현할 글이나 말이 있을까?

경남의 역사 주체들이 대물림하며 잇고 이어서 간직하게 된 사고와 행동양식, 그리고 그 결과물을 경남문화라고 한다면, 다른 요소들이나 차원을 지나서 그 알갱이 또는 정수를 찾아 들어가면 무엇이 남을까? 경남의 역사 주체들의 인간 사랑을 만나게 될 것이다. 그러나 인간 사랑은 삶의 근본 가치이기는 하지만, 경남 사람들만이 가지고 있다고 말할 수는 없는 것이다. 그러면 인간 사랑 말고 우리는 또 무엇을 읽어낼 수 있을까? 실학자 성호(星湖) 이익(李瀷)이 하였던 말이 있다. 바로 경상우도 사람들은 "의를 주로 삼는다(主義)"고 하였다. 제대로 읽어냈다고 생각된다. 경남 역사에서 나타난 일곱 개 사건의 주체들은 '인간 사랑'이라는 근본 가치를 맘속에만 품고 산 것이 아니라 "인간 사랑을 위하여 필요하고 옳다고 생각하면 용기 있게 행동으로 드러내어 실천하는 양상"을 보여주었다. 이것은 '옳은 일, 마땅한 일을 행함', 즉 행의(行義)이다. 경남문화의 알갱이(精髓)는 행의이다.

그러므로 경남 역사의 주체들 — 문익점 · 조식, 곽재우 · 정인홍 · 김면 · 조종도와 무수한 의병들, 유계춘 · 이계열 · 이귀재와 농민들, 그리고 강상호 · 신현수 · 천석구 · 이학찬 · 장지필, 마산 3 · 15의거 민주 영령들, 부마항쟁의 주역들 — 은 공동체의 핵심 가치의 실현을 위하여 필요한 옳은 일, 마땅한 일을 남보다 앞장서서, 여럿이 함께, 두려움 없이 용기 있게, 실천하는 일을 거듭거듭 보여준 사람들이다.

제 3 편

경남의 역사와 남명의 상관성

제 10 장

경남은 의(義)를 주로 삼으니, 남명의 영향이라

제 1 절 경남의 역사와 문화 현상

제2편에서 경남에서 일어난 공의로운 일곱 개 역사적 사건을 일곱 개 장으로 나누어서 간략하게 서술하고, 역사적 의미를 담아서 요약·정리한 바 있다. 한 문장으로 요약한 내용을 통하여 각 사건 주체들이 사고와 행동의 바탕으로 삼은 중요 가치를 찾아서 핵심 가치로 정리하였다.

저자는 경남의 역사를 읽고, 그 주체인 역사의 인물을 읽는 동안 이들 모든 사건을 꿰는 핵심 가치를 찾을 수 있었고, 그 핵심 가치를 공유하는 역사의 줄기를 발견하였다. 제2편을 읽고 저자의 말에 공감하여 수긍하는 분들이 있으리라 생각된다. 다음에 다시 한번 경남 역사의 줄기를 세워서 써 본다.

공의로운 역사적 사건은 삼우당 문익점의 '목화 도입과 전파'에서 시작하여 남명 조식의 '단성소(丹城疏)'로 이어지고, '임진왜란 때 남명학파 의병단 활동', '진주농민항쟁', '경남일보 창간', '진주형평운동', '진주의 영남예술제 창제', 그리고 '마산 3·15의거'와 '부마항쟁'이 후대로 점성적(漸成的)으로 이어졌다. 저자가 '점성적'이라고 한 것은, 삼우당과 남명이 의로운 일을 혼자서 하였다면, 뒷 세대들은 선대는 보여준 바를 잇되 혼자가 아니라 '여럿이 함께' 실천하는 모습으로 발전시켰기 때문이다.

경남의 역사적 줄기에서 저자가 읽어낸 또 하나가 있다. 그것은 "역사적 사건의 주체들이 인간 사랑을 바탕으로 삼아서 옳음 또는 마땅함을 여럿이 함께 생각하고 실천하는 행동의 패턴(行義)"을 보여주었다는 점이다. 그 패턴의 정수(精髓)는 옳음 또는 마땅함의 실천, 즉 행의(行義)이다. 비달은 문화를 "공동체 구성원들의 사고와 행동양식"(송성대, 1997: 26)이라고 하였으므로 경남의 역사적 사건 주체들이 보여준 사고와 행동양식은 경남문화이고, 그 정수는 행의이므로 경남문화는 다른 말로 행의문화(行義文化)라고 할 수 있다.

독자들께서는 경남 역사의 줄기, 핵심 가치, 그리고 경남의 행의문화를 경남 또는 경상우도라는 '공간적 집중 현상'에 궁금증을 가졌을 것이다. 사회과학자로서 저자도 '공간적 집중 현상'이 예사롭지 않게 생각되었다. 그리고 경남의 역사적 줄기의 발견 이후 또 하나의 궁금증이 생겼다. "원인 없는 결과는 없다"는 공리(公理)를 신봉하는 것은 과학하는 사람들의 정형화된 사유의 버릇이기 때문이다. 그렇게 경남의 역사를 읽고, 남명을 읽다가 실학자 성호 이익이 한 말(言表)에서 그 실마리를 찾았다.

제2절 경남의 역사와 남명의 영향

Ⅰ. 성호 이익의 말

조선 후기 실학자 성호 이익(星湖 李瀷, 1681~1763)은 "경상우도 사람들은 의를 주로 삼는다(下道主義)"는 말을 『성호사설(星湖僿說)』에 썼다.[1] 그 내용을 좀 더 살펴보면 각주에 소개한 바와 같으며, 그는 남명 조식의 가르침(영향)을 받은 것이라고 썼다.

성호가 그 말을 쓴 때는 임진왜란(1592년) 이후이고, 진주농민항쟁(1862년) 이전

1) 좀 더 자세한 내용은 "퇴계는 소백산 아래에서 태어나고, 남명은 두류산 동쪽에서 태어났는데, 모두 영남 지역이다. 상도는 인(仁)을 숭상하고 하도는 의(義)를 주로 하였다. 그리하여 유교의 교화와 기절이 바다처럼 넓고 산처럼 높게 되었다. 이에 우리나라 문명이 두 분에 이르러 지극하게 되었다(退溪生於小白之下 南冥生於頭流之東 皆嶺南之地 上道尙仁 下道主義 儒化氣節 如海濶山高 於是乎 文明之極矣)"(최석기, 2019: 402).

의 시기이다. 그는 삼우당 문익점이 안위를 무릅쓴 목화 도입과 전파로 고려와 당시 조선의 백성들이 엄청난 혜택을 입고 있었고, 남명은 명종에게 단성소(1555년)를 써 올려 백성을 위한 정치를 하고 왜구의 노략질을 막아 백성을 지키라고 목숨 걸고 촉구하였다는 사실을 알았을 것이다. 그런 그에게 남명의 제자들은 의병 활동으로 조선을 구한 사실을 또 읽었으므로 그러한 사건의 핵심 가치 '행의(行義)'는 바로 남명의 가르침을 따른 것이라고 보고, 그런 말을 썼다고 본다.

Ⅱ. 경남 역사에 대한 남명의 영향

1. 연결고리 지식 찾기

오늘의 우리와 우리의 후대가 경남의 역사와 인물의 상관성을 읽을 문헌은 없다. 이처럼 경남의 역사적 사건들과 인과적 상관을 말해 주는 문헌은 필요한데, 어떻게 하여야 할까? 성호의 언표대로 경남의 역사적 사건들에 대한 남명의 영향을 말하며 거기서 그치거나, 아니면 성호가 그렇게 말하였으므로 믿고 따라야 할까?

고심 끝에 저자는 사회과학의 설문조사를 떠올렸다. 누구에게 설문을 할 것인가를 고심하다가 남명 조식을 비롯하여 퇴계 이황과 율곡 이이, 남명의 평생 절친 대곡(大谷) 성운(成運), 화담(花潭) 서경덕(徐敬德) 등 그 시대 조선의 학문과 사상을 이끌었던 다섯 유학자를 연구하는 학자들을 떠올렸다. 책이나 논문을 쓴 학자 100명을 선정하여 2019년 9월 2일부터 10월 10일까지 설문조사를 실시하였다. 국민 1,331명에게는 다섯 유학자에 대한 인지도와 인지의 경로 등을 물었고, 전문학자에게는 분석과 함께 소개할 설문을 드렸다(자세한 설문 내용과 해석의 결과는 졸저 『남명 조식의 학문과 사상과 실전』, 2019, 우락재) 부록을 참조).

저자가 고심 끝에 채택한 방법은 역사 연구 방법의 핵심으로서 1차 사료를 가지고 분석하는 방법은 아니다. 그러므로 나타난 결과를 가지고 단정할 수 있는 연결고리 지식을 얻기는 힘들다. 그렇지만, 경남의 역사적 사건과 영향 요인을 알고 싶은데, 방법이 없다고 하여서 손 놓고 있는다면 아무것도 얻지 못한다. 그 분야 연구의 전문가들이므로 '학자들의 인식'을 물어서 조심스럽게라도 추정할 수 있는 연결고리(지식)를 구하는 의미도 상당하고, 또 100명을 모집단으로 삼아서 인식을 물은 것이므로 응답(지식)의 '간주관성(inter-subjectivity)'을 확보하는 장점도 있다고 생각하여 설문을 시도하였다.

설문조사를 통하여 얻고자 한 지식은 첫째, 문익점의 목화 도입과 전파부터 부마항쟁까지 아홉 개 역사적 사건을 선정하는 방법이 타당한지를 물었다. 선정의 타당성을 판단하는 기준으로 '인간 사랑', '공의도(公義度): 사리사욕의 반대로서 공동체의 가치를 지향하고 실천하는 정도'와 '선도성(先導性) 또는 창도성(唱導性)', 즉 남이 하지 않은 좋은 일을 먼저 행하는 정도 세 가지를 가지고 아홉 개 사건이 닮은 점(친연성[親緣性][2])을 구하였다. 그러므로 저자가 사용한 친연성 판별의 차원은 '인간 사랑'과 '공의도', 그리고 '창도성' 세 가지이다.

미리 밝혀 둘 것은 경남에서 일어난 아홉 개 역사적 사건은 하나같이 전부 '선도성 또는 창도성' 차원을 지니고 있다. 그래서 설문을 할 필요가 없다고 생각하였다.

2. 역사적 사건과 남명의 상관성 찾기

저자는 경남일보 창간 110주년 기념 기획사업으로 MBC경남과 진주포럼, 경남지역사회연구원이 공동으로 연구단의 연구책임자로서 "남명 조식의 학문과 사상의 계승 양상"이라는 제목으로 2019년 한 해 동안 연구를 추진하였다. 앞에 말한 설문조사는 이 연구의 일환이었다. 그리고 연구 결과는 졸저 『남명 조식의 학문과 사상과 실천』(2020, 우락재)으로 출간한 바 있다. 어기서는 경남의 역사적 사건과 관련된 설문만 골라서 분석 결과를 제시하고, 해석을 덧붙여서 남명 조식과의 상관성 추정에 쓰기로 한다. 설문조사 때 썼던 설문 번호를 그대로 쓰기로 한다.

2) 친연성은 "서로 닮아서 유사하게 보이는 현상"을 가리킨다. 친연성은 손병욱이 김대문(金大問)의 『화랑세기(花郎世紀)』에서 '가야파: 가야문화'와 1천 년 뒤 조선 중기 '남명학파'의 닮은 점을 판별하는 개념으로 쓴 것을 저자가 차용하였다. 손병욱은 혜강 최한기의 기학(氣學) 논의에서 네 가지 요소를 원용하여 '가야파'와 '남명학파'의 친연성을 구하여 연구하였다. 이러한 내용의 소개는 졸저 『남명 조식의 학문과 사상과 실천』(2020: 314-315)을 참조.

1) 경남의 역사적 사건의 주체들과 인간 사랑

[설문 17] 경상우도(오늘의 경남)에서 문익점의 목화 도입, 조식의 단성소, 임진왜란 의병 활동과 진주성 지키기, 진주농민항쟁, 경남일보 창간, 형평운동, 영남예술제 창제, 3·15 의거, 부마항쟁 등 역사적 사건이 일어났습니다. 인간 사랑(또는 백성 사랑)이 이 사건들의 바탕이라는데 대하여 어느 정도로 동의하십니까?

경상우도 역사적 사건 주체들의 인간 사랑 정도

		빈도	퍼센트	유효 퍼센트	누적 퍼센트
유효	전적으로 동의함	32	50.0	50.0	50.0
	상당히 동의함	27	42.2	42.2	92.2
	잘 모르겠다	4	6.3	6.3	98.4
	별로 동의하지 않음	1	1.6	1.6	100.0
	전체	64	100.0	100.0	

[설문 17]은 경상우도(경남)에서 일어난 역사적 사건들이 지니고 있는 친연성(親緣性: 서로 닮아서 유사하게 보이는 현상)을 읽으려는 노력이다. 먼저 이들 사건의 역사적 의의를 서술한다.

문익점의 목화 도입과 전파는 고려 백성들의 동사(凍死)를 막고 의생활 혁명을 불러온 공의로운 사건이며, 조식의 단성소 또한 훈척 세력의 발호로 백성들의 삶이 가난하고 고달파지는 모습을 군왕에게 전하며 백성을 위한(爲民) 정치를 목숨 걸고 촉구한 사건이다.

남명학파 의병 활동 역시 양반에게 군역 의무가 없는 시대임에도 목숨을 걸고 재산을 털어 떨쳐 일어나 향토 방위는 물론 합세하여 왜군의 호남 진입을 막아서 마침내 조선이 버티고 전란을 극복하는 버팀목이 되었다.

진주농민항쟁은 당장은 진주목과 경상우병영 두 관청의 혹독한 수탈과 횡령에 맞선 피지배 백성의 의기(義氣)가 폭발한 현상이지만, 이는 결과적으로 강고한 봉건 지배 질서를 흔들어서 동학농민전쟁의 징검다리를 놓았고, 조선 근대화의 물꼬를 튼 사건이다.

전국 최초의 지방 일간지 경남일보 창간은 문화운동의 하나로서 '공론의 장(public sphere)'를 열었다는 의미가 크고, 형평운동은 우리나라 근대 인권운동의 발원을 이루었고, 영남예술제의 창제 역시 전국 최초의 일로서 단순히 먹고사는 생존 영역(차원) 위에 정신문화 영역의 가치를 구현해 낸 일이라는 의미를 가진 사건이다.

현대로 시간을 종단하고 경남 안의 진주권에서 마산권으로 공간을 확장시켜서 마산 3·15 의거와 부마항쟁은 역시 경상우도(경남) 사람들이 자신의 권력욕을 위하여 살인도 마다하지 않는 독재자와 그 정권에 맞서 자유의 가치를 주창하며 자신의 생명을 내던진 사건이다.

이러한 역사적 사건들의 주체들이 지향하였으며 자신의 목숨과도 바꾸고, 재산을 털어서 이루고자 한 목표는 무엇이며, 그러한 사고와 판단과 실천에서 바탕으로 삼은 가치는 무엇일까? 그것은 왕조시대에서의 사유(思維)에서는 '백성의 삶'일 것이고, 현대 사회에서의 사유라면 국민의 자유와 평등과 연관된 것이다. 백성과 국민, 그 원초는 '인간'일 터이다. 인간 사랑이 역사적 사건 주체들이 바탕으로 삼은 가치라고 가정하고, 전문학자들의 인식을 묻는 것이 [설문 17]이다.

응답 결과를 보면, 전문학자 32명(50.0%)이 "아홉 개 역사적 사건의 바탕 가치가 인간 사랑"이라는 데 "전적으로 동의"한다고 하였다. 그리고 27명(42.2%)이 "상당히 동의한다"고 응답하였다. 이렇게 보면, 응답자 64명 중에서 59명(92.2%)이 동의하였다. 이에 반하여 "별로 동의하지 않음"은 1명(1.6%), "잘 모르겠다"에 4명(6.3%)이 응답하였을 뿐이다.

2) 경남의 역사적 사건 주체들과 공의도

[설문 18] 경상우도(오늘의 경남)에서 문익점의 목화 도입, 조식의 단성소, 임진왜란 의병 활동과 진주성 지키기, 진주농민항쟁, 경남일보(우리나라 최초 지방 일간지) 창간, 형평운동, 영남예술제 창제, 3·15 의거, 부마항쟁 등 역사적 사건이 일어났습니다. 이 사건들에 내포된 공의로움(사익 지향의 반대)의 정도를 점수로 써 보아 주시면 고맙겠습니다.

아홉 개 역사적 사건 주체들의 가치 지향: 공의로운 정도

	N	최솟값	최댓값	평균	표준편차
문익점의 목화 도입과 전파	59	2	10	9.12	1.620
남명 조식의 단성소	63	5	10	9.24	1.160
임진왜란 때 의병 활동	62	6	10	9.60	.778
진주농민항쟁	61	4	10	8.52	1.545
경남일보 창간	56	2	8	4.99	1.871
진주형평운동	61	2	10	8.00	2.106
영남예술제 (현재의 개천예술제) 창제	56	2	10	4.95	1.949
마산 3·15의거	59	3	10	7.76	1.924
부마항쟁	59	1	10	7.54	2.192

[설문 18]은 아홉 개 역사적 사건의 바탕을 이루는 가치의 공통성(또는 친연성)을 물어보기 위한 것이다. 1300년대 문익점의 목화 도입과 전파에서 현대의 부마항쟁까지 그 주체들이 사사로운 이익을 지향한 것이 아닌 것은 본명하다.

오히려 그 반대로 공의를 위한 것이라고 보는 것이 맞다. 그야말로 사생취의(捨生取義)의 실천이었다고 생각된다. 그렇다면, 개별적 사건마다 그 사건의 주체들이 집합적으로 드러낸 공의로움의 정도를 전문학자들은 어떻게 인식하였을까? 복수 응답을 허용하였으며, 10점을 만점으로 하였다.

설문 결과 592개의 복수 응답이 이루어졌다. 선택지 순서대로 결과를 보면, 그 가운데 '문익점의 목화 도입과 전파'는 59개의 응답이 부여되었고, 평균점은 9.12를 얻었다. '남명 조식의 단성소'는 63개의 복수 응답에, 평균점은 9.24를 얻었으며, '임진왜란 때 의병 활동'은 62개의 복수 응답에 평균점은 9.60을 얻었고, '진주농민항쟁'은 61개의 복수 응답과 8.52의 평균점, '경남일보 창간'은 56개의 복수 응답에 4.99의 평균점, '진주형평운동'은 61개의 복수 응답에 8.00의 평균점, '영남예술제 창제'는 56개의 복수 응답에 4.95의 평균점을 얻었고, '마산 3·15의거'는 59개의 복수 응답에 7.76의 평균점, '부마항쟁'은 59개의 복수 응답에 7.54의 평균점을 얻었다.

이러한 내용을 '공의로움'의 평점 순위별로 정리하면, '임진왜란 때 의병활동'이 가장 사익을 버리고 공의로움을 드러낸 사건이며, '남명 조식의 단성소', '문익점의 목화 도입과 전파', '진주농민항쟁', '진주형평운동', '마산 3 · 15의거', '부마항쟁', '경남일보 창간', '영남예술제 창제'의 순서를 보였다. 이러한 응답의 내용 분석을 보면, 전문학자들은 일관성 있게 공의도를 기준으로 경남의 역사적 사건들을 인식하였다고 보겠다.

조선의 역사와 대한민국 현대사에서 경상우도 사람들은 국가 공동체 구성원인 백성 또는 국민의 공공적 가치를 위하여 자신의 안위를 무릅쓴 문익점과 조식이 수범(垂範)을 보인 이래 '경상우도 사람들'은 사사로운 이익을 버리고 불의에 맞서거나 공의를 위하여 자신을 던졌다는 사실을 전문학자들은 응답으로 확인해 준 것이다.

지금까지 살펴본 대로 경남에서 일어난 역사적 사건 아홉 개는 '인간 사랑' 차원의 기준은 응답한 전문학자 64명의 92.2%(50명)가 매우 높거나(31명, 48.4%) 상당히 높다(19명, 29.7%)고 응답하였다. 경남에서 일어난 역사적 사건의 주체들은 인간 사랑을 사고나 행동의 바탕 가치로 삼았다는 점에 동의한 것이다.

또한 경남에서 일어난 아홉 개 역사적 사건의 주체들이 공동체의 공익을 지키거나 창출하기 위하여 생각하고 행동한 정도(공의도)를 물은 결과도 '영남예술제 창제'와 '경남일보 창간'을 제외하고는 모두 공의도 평균 5점을 넘어서고 있어서 일곱 개 사건에서 공의도 차원의 친연성을 전문학자들이 응답으로 확인해 주었다.

이 설문조사의 결과를 바탕으로 이 책에서는 일곱 개 역사적 사건만 포함하게 되었다. 꼭 덧붙여 강조할 것은 이 책에서 다루지 않는다고 하여 한국 언론사의 한 부분을 차지하는 경남일보 창간과 우리나라 축제의 효시인 영남예술제 창제가 역사적 가치가 적거나 없다는 뜻은 결코 아니므로 오해가 없기를 바랄 뿐이다.

3) 경남의 역사적 사건에 대한 남명의 영향도

[설문 15] 조선의 실학자 성호 이익은 "경상우도 사람들은 의를 본으로 삼는다. 그것은 남명의 영향이다"라고 썼습니다. 그러면 경상우도(오늘의 경남)에서 일어난 의로운 역사적 사건들에 남명 조식(학문 · 사상 · 실천)이 미친 영향은 어느 정도라고 생각하십니까?

이 설문의 의도는 고려 · 조선시대부터 현대에 이르기까지 경상우도(경남)에서 일어난 공의로운 역사적 사건들에 미친 남명의 영향을 전문학자들을 통하여 추정해 보려는 것이다.

물론 당연하게도 한 응답자(교수)는 추정의 '근거가 없음'이라는 글을 설문 응답지에 썼을 정도로 추정 자체가 어렵고 무리한 점이 없지 않았다. 그럼에도 불구하고 응답 결과를 살펴본다. 이 설문도 복수 응답을 허용하였고, 10점 만점이다.

경상우도(경남) 역사적 사건에 미친 남명의 영향도

	N	최솟값	최댓값	평균	표준편차
임진왜란 의병 활동	64	7	10	9.36	.675
진주농민항쟁	62	2	9	7.45	1.554
형평운동	59	2	9	6.64	1.700
경남일보 창간	53	1	8	4.13	1.871
영남예술제 창제	51	1	7	4.02	1.643
3·15 의거	57	2	9	5.86	1.757
부마항쟁	56	1	9	5.82	1.974

응답은 7개 역사적 사건 항목에 걸쳐 453개의 복수 응답이 이루어졌다. 이 가운데서 '임진왜란 의병 활동'에 대한 남명의 영향이 어느 정도라고 생각하느냐에 64개의 복수 응답이 부여되었고, 10점 만점에 평균점은 9.36으로 나타났다. 그런 만큼 전문학자들은 임진왜란 의병 활동에 남명의 영향이 컸다고 본 것이다.

그다음으로, '진주농민항쟁'에 대한 남명의 영향에 관련해 복수 응답 62개가 부여되었고, 평균점은 7.45로 나타났다. 사실 진주농민항쟁에 바로 앞서 단성농민항쟁은 김인섭(金麟燮) 부자가 핵심적 역할을 담당하였고, 김인섭 부자는 바로 남명사상을 숭모하여 실천한 유학자라는 점에서 연관이 상당하다고 본다. 응답한 전문학자들은 이러한 점을 고려하였을 것이라고 추정한다.

그리고 역사적 사건별로 평균점을 살펴보면, '형평운동'은 6.64점, '3·15 의거'에 5.86점, '부마항쟁'에 5.82점, '경남일보 창간'에 4.13점, '영남예술제 창제'에 4.02점을 부여하였다. 앞의 설문 17에서 살펴본 대로 "남명의 경의지학(敬義之學)이 경상우도 행의(行義) 학풍의 연원을 이루었다"는 점에 전문학자들은 10점 만점에 평균 8.46점을 부여하여 남명의 학문과 사상과 실천이 경상우도(경남)에서 일어난 공의로운 역사적 사건들과 남명의 상관성을 인정하고 있었다. 각 역사적 사건마다 부여한 평점의 평균점은 차이가 있을지라도 전문학자들은 경상우도(경남)에서 일어난 역사적 사건들과 남명의 상관성을 부인하지 않았다.

4) 우리나라 역사에 대한 남명의 영향도

[설문 16] 남명 조식의 학문 · 사상 · 실천이 우리 '역사 전체'에 미친 영향의 정도를 선생님께서 생각해 보신다면 다음 중 어디에 해당될까요?

[설문 16]은 남명 당대에 단성소를 비롯한 다섯 차례의 상소문을 올렸고, 앞에서 소개한 대로 임진왜란 때 남명학파의 의병 활동으로 조선이 국난을 극복해 낼 수 있었고, 또 남명이 무진봉사에서 제기한 서리망국론은 조선 말까지 조정에서, 또는 유생들의 상소에서, 사관의 기록에서 거론될 정도였다. 또 탐관오리의 수탈이라는 불의에 맞선 백성들의 저항으로서 진주농민항쟁의 저류에 흐르는 남명사상 등을 성호 이익은 읽어내지 않았을까? 이런 점을 감안하여 전문학자로서 남명이 조선 역사에 미친 영향을 가늠하여 보도록 제안한 것이다.

남명이 우리 역사 전체에 미친 영향의 인식

		빈도	퍼센트	유효 퍼센트	누적 퍼센트
유효	매우 크게	31	48.4	48.4	48.4
	크게	19	29.7	29.7	78.1
	보통	14	21.9	21.9	100.0
	전체	64	100.0	100.0	

지금까지 서술한 내용으로써 우리 민족사에서 획을 긋는 역사적 사건들이 경남이라는 공간에서 집중적으로 일어난 현상은 우연한 일이 아니라는 것을 알 수 있다. 오히려 이들 사건은 삼우당과 남명이 그랬듯이 백성 사랑과 공동체의 이익을 창출하고 지키려는 지향성을 공통적으로 지니고 있다는 점을 전문학자들의 인식을 통하여 확인할 수 있었다. 그뿐만 아니라 경남에서 일어난 역사적 사건들은 인간 사랑과 공의

도뿐만 아니라 우리나라 어느 곳에서도 시도하지 않은 공의로운 일들을 가장 먼저 해냈다는 점까지 모두 닮아 있다는 점도 확인할 수 있었다.

경남의 이러한 역사와 역사적 사건에서 확인되는바, 백성 사랑 또는 인간 사랑이 가득하고, 공의로우며, 남보다 먼저 이런 일을 해내는 경남 사람들의 집합적 사고와 행동양식은 언제, 누구에게서 시작되어 전파 · 전승된 것일까? 이제 우리는 100명의 전문학자의 인식을 통하여 궁금증을 풀 수 있게 되었다. 그것은 남명 조식의 학문과 사상과 실천에서 시작되어 각 사건의 주체들에게 이어졌고, 또 점성(漸成)하여 오늘에 이른 것이라고 말해도 틀리지 않는 사실 지식이라고 할 수 있는 것이다. 우리는 이쯤에서 대체 남명 조식은 어떤 인물이고, 그의 학문과 사상과 실천은 어땠는지 궁금하지 않을 수 없다.

제4편

민족의 스승 남명 조식

인조반정으로 역사에서 깊숙하게 파묻혔던 남명 조식은 이제 밝은 햇빛 속으로 나왔다. 1990년대부터 남명에 관한 연구가 시작된 후 불과 30년 사이에 책, 박사학위 논문과 학자들의 논문 등 연구물이 2천여 편이나 될 정도이기 때문이다.

제4편에서는 먼저 남명에 대한 평가를 통하여 그의 학문과 사상과 실천이 이룬 결과를 이해한 다음, 그의 생애와 학문, 사상, 그리고 실천을 살펴보고, 이어서 인조정변에 의하여 광해군과 정인홍, 그리고 그 스승 남명이 수백 년 간 금기어가 된 경과와 조작된 폐모살제의 내용 등을 살펴본다. 저자의 졸저 『남명 조식의 학문과 사상』(2020, 우락재)을 축약한 내용과 새로 읽은 부분들을 더하여 제4편의 내용을 구성하였다.

■ 성성자(惺惺子)

남명 조식 선생이 허리춤에 달고 다닌 쇠방울을 성성자라 불렀는데 조금만 방울이 울려도 스스로를 경계하고 꾸짖어서 공경하고 두려워하는 마음을 유지하기 위해서였다.

* 삽화: 조정심. 퇴직 후 그림을 공부하여 공모전에서 10여차 특선 · 입선함.

제 11 장

남명은 조선의 봉황이었다

이덕일(2016: 29-41)에 따르면, 남명 조식은 조선이 버린 천재이며 역사의 선각자이다. 또 한형조(2001: 13)는

> "남명은 퇴계와 더불어 영남의 사림을 좌우로 갈랐던 인물이다. 그런데 그동안 잊혀져 있었다. 아니, 여러 가지 꼬리표와 더불어 묻혀 버렸다는 편이 옳을지도 모른다. 나 자신 그동안 퇴계와 율곡이 있는 줄만 알았지, 퇴계와 더불어 남명이 있는 줄 몰랐다."

고 실토하였다. 한형조뿐만 아니라 이제 우리 사회 상당히 많은 지식인이 경상대학교 남명학연구소와 사단법인 남명학연구원, 서울대학교 남명학연구회, 남명학부산연구원 등이 내놓은 연구물을 통하여 남명을 어느 정도 인지하게 되었다. 그 결과 남명 사후에 인조정변 세력들로부터 터무니없는 음해를 받은 사실도 알려졌고, 또 당시의 군왕 선조와 광해, 후대의 영조와 정조까지 남명을 높게 평가한 사실도 알려졌다. 그렇게 하여 오늘의 학자들은 남명의 수양과 인격, 학문, 사상, 실천의 내용과 그 결과를 놓고 민족의 스승, 선비정신의 표상 등 다양한 칭호를 사용하기에 이르렀다. 다음에 군왕과 사관의 평가, 오늘날 연구자들의 평가 내용을 살펴본다.

제 1 절 군왕과 사관의 평가: 사제문(賜祭文)과 시호(諡號) 등

김경수에 따르면, "특이하게도 남명에게는 사후 세 차례에 걸쳐서 「사제문」이 내렸다. 퇴계나 율곡과 같이 과거에 급제하고 조정에서 높은 벼슬을 한 경우에도 내리지 않은 「사제문」을 남명 사후에 바로 내린 것…"으로 "조정에서 내리는 제문에는 그 인물의 학덕과 행실 등을 표창하여 후세에 모범으로 삼고자 하기 때문에 그 글의 한 구절 한 글자에 매우 신중을 기하는 것이 당연하다"(김경수, 2014: 112-113)고 하였다. 그러므로 남명은 군왕들이 세 차례나 사제문을 내려서 후세의 모범으로 삼으려고 하였다는 점에서 그에 대한 역사적 평가가 매우 높았음을 알 수 있다. 다음에 선조의 사제문부터 광해군, 정조의 사제문에 관해서 소개한다.

Ⅰ. 선조의 사제문

1572년(선조 5년) 2월 8일 남명이 죽자 선조는 제문을 내려 애도하면서 심의겸(沈義謙)을 집전관으로, 김찬(金瓚)을 예관으로 삼아 부의(賻儀) 물품을 보내어 제를 올리게 하였다. 그때 선조가 내린 제문의 내용을[2] 통하여 남명을 향한 선조의 흠모와 평가를 알 수 있다(김충열, 2008: 116-117).

> "하늘이 이토록 문명된 학문과 제도(斯文)를 버리니, 선비가 나아갈 바를 잃었다. 사람들은 진성(眞性)을 아로새기고, 순정(純情)을 무너뜨려 세속에 아부하였지만, 공은 뜻을 더욱 굳게 가져 끝내 변절하지 않았다. 문장은 여사(餘事)로 삼고 오직 대도를 향하여 매진하니 그 도달한 경지가 홀로 높았다. … 자기의 생각을 발표할 때도 의기가 순정하고 말과 글에 위엄이 있었다. 누가 말하였던가, 봉황의 소리라고. 모든 사람의 입에서 재갈을 벗기니, 간신들의 뼈를 서늘하게 하였고, 못 벼슬아치들의 얼굴에 땀이 흐르게 하였다. 위엄은 종묘와 사직에 떨쳤고, 충성스런 분노는 조정을 격동시켰다. 사람들은 조공(曺公)에게 위태롭다 걱정하였지만, 공은 조금도 겁내지 않았다. … 간당(姦黨)이 물러가고 현덕을 찾음에 공을 으뜸으로 부르니 백의로 마주하여 절실하고 긴요한 좋은

2) 선조가 내린 사제문의 내용은 최석기(2009). 『조선왕조실록에 보이는 남명 조식 1』, 195-201에도 실려 있다.

방책을 바치어 묻고 대답함이 산울림 같고 고기와 물이 서로 의지하고 기뻐하듯 하였다. … 내 대통을 이은 뒤 일찍이 성망을 흠모하여 선왕의 뜻을 따라 초빙하였건만 공은 더욱 멀기만 하니 내 정성이 부족하였는지 부끄러웠다. 충성 어린 소장(疏章)은 남이 감히 못할 말을 하였고, 그로써 과인은 공의 학문이 깊고 넓음을 알았다. 이를 병풍 대신 둘러치고 조석으로 읽어보며, 공이 오기만 하면 팔과 다리로 삼으려 하였는데, 어찌 생각이나 하였으리. 한 번 병들자 처사의 별(少微星)이 빛을 잃을 줄이야. … 누구를 의지하여 냇물을 건너며 어디에서 높은 덕을 보고 배울까. 소자(小子)는 어디에 의탁하며, 민생들은 누구에게 기대할까. 생각이 여기에 미치니 슬픈 마음 가눌 길이 없다. 옛날 은둔한 선비들을 되돌아보니 그 시대마다 찬연히 빛났다. 허유(許由)와 무광(務光)이 교훈(風聲)을 세워서 당우(唐虞) 시대가 순하였고, 노중련(盧仲連)은 진나라의 폭정에 항거하였으며, 엄자릉(嚴子陵)은 한나라의 기강을 세웠다. 한 사람의 절개와 지조로도 이같이 일세의 퇴폐를 막았거늘 하물며 금옥같이 곧은 미덕으로야. 비록 몸은 두어 이랑 논밭에 서식하였지만 세상의 경중을 한몸으로 좌우하여 그 빛은 일대를 밝히고, 그 공은 백세에 남을 것이니 비록 사후에 영예직을 수여하지만 어찌 예를 다하였다 하겠는가? 지난날 선왕께서 세상을 하직하지 못하심을 한탄하시더니, 내 이제 그 말씀 되새겨 봄에 마음이 부끄럽다. 음성과 용모를 영원히 못 보게 되었으니 이 한스러움 어찌 헤아리리오. 남쪽 하늘 바라보니 산 높고 물만 길고나. 하늘이 은둔한 선비를 아끼지 않아 나라의 대로(大老)가 잇달아 세상을 뜨니, 온 나라가 텅 비어 본받을 데 없음을 어찌하랴."

김충열(2008: 117)은 "산골 처사에게 내린 국왕의 제문으로는 가히 파격적이라 할 수 있겠다. 국왕 스스로가 제자의 예를 표하였기 때문이다. 그러므로 남명으로서는 사후 최고 영예를 입었고 또한 사림의 긍지가 되살아났다"고 하였다. 그렇다. 저자는 이 사제문에서 "선조가 스스로 남명의 제자로 자처하였고", 또 "나라의 큰 어른"이라는 칭호를 쓴 부분에서 남명에 대한 선조의 흠모가 느껴졌다.

Ⅱ. 광해군의 시호와 사제문

광해군은 남명 조식에게 영의정을 증직하고 도덕을 겸비한 데다 학문을 널리 닦은 것(道德博文)에서 '문(文)'과 "강직한 도리를 굽히지 않는 것(直道不撓)"에서 '정(貞)'을 써서 '문정(文貞)'으로 시호(諡號)를 내렸다. 그리고 관원을 보내 제사를 지내게 하였다(『조선왕조실록』 광해 6년(1614) 12월 15일). 그 사제문은 내용은 다음과 같다.

"생각건대 영령은, 하악(河岳)이 수기(秀氣) 안고 일성이 정광(精光) 내려, 엄격하고 순결하며 정대하고 강직하였다. 만 길 절벽 우뚝하고 세속 멀리 벗어나, 덕은 사과(四科: 유학의 네 덕목 덕행, 언어, 정사, 문학)를 겸하였고 용기는 삼군(三軍)을 제압하였다. 경(敬)에 처한 성인 공부 능히 함양 이루었고, 의(義)와 짝한 정기는 천지간에 가득 찼다. 내외 서로 직방(直方)하여 능히 광휘 드러냈고, 수신제가 모두 이루어 학문이 정밀하였다. 은둔하여도 세상 잊지 않았으니 곤궁 속에 고결함만 원하였을까. 자취 비록 구학(丘壑)에 깃들어도 마음 실로 군민(君民)을 염려하였다. 격언과 지론으로 전후 이어 봉장(封章)할 제, 백구(白駒)이에 매어 두어 단봉(丹鳳) 날지 않았다면, 손 뒤집는 사이에 요순 시절 이루었으리! 임금 부름 헛된 수고 초야에서 불기하니, 함축한 양덕을 끝내 펴지 못하였다. 생각건대 우리 동국 해외의 중화로서, 학문 전파 경서 강론 참으로 넉넉하지, 사업에 적용하면 성취함이 없으랴만, 현인 연하(烟霞) 누웠으니 무슨 베풂 있겠는가! 그러나 백성 혜택 오늘까지 이르러 늠름한 고풍은 완부(頑夫: 완고한 사람) 나부(懦夫: 나약한 사람) 깨우쳤다.

예전 우리 선왕께서 현인 매우 좋아하여, 대사간 크게 내려 구천을 빛냈으나, 좌우에 사람 없어 주달(奏達) 아니 상세터니, 증작이 미흡하고 시호 또한 궐하였다. 사림이 상심한지 또한 수십 년이더니, 이에 실로 흠전(欠典)은 또한 뒷날 기다린 듯! 내 과덕(寡德) 돌아보니 시대 다름 한스러워, 고산 같이 우러러도 저승 좇기 어렵다. 많은 선비 상소하여 답답함으로 호소하고, 대신 힘써 도우니 백년의 공의(公議)로다"(김경수, 2014: 117 인용).

Ⅲ. 영조의 평가와 정조의 사제문

1. 영조의 평가

영조가 대신과 비변사 당상관을 인견한 후 우의정 김치인(金致仁)에게 한 말이다.

"지금 세상에 독서하는 선비 중 어찌 옛날 조식(曺植) 같은 이를 얻을 수 있겠는가? 단지 그런 사람이 없음을 한스럽게 여긴다"(『조선왕조실록』 영조 41년, 1765년 7월 20일; 최석기, 2009: 28).

2. 정조의 사제문

정조는 "내 왕위에 임하여 옛 본받아 다스릴 제, 뉘 광란(狂瀾) 막으며, 뉘 공경

(公卿) 맡으랴! 누가 병폐 고쳐주며 누가 우매함을 깨우쳐 줄까? 만약 경이 있었다면 손바닥 보듯 쉬웠으리!"(김경수, 2014: 118)라고 하며, 어려운 정세를 맞아 특히 남명과 같은 인물을 그리워하는 마음을 표현하였다. 그리고 정조는 "… 생각해 보니 문정공 조식은 규모와 기상이 나약한 사람으로 하여금 뜻을 세우게 하고, 완악한 사람으로 하여금 청렴하게 할 만하니, 심오한 경지에 나아가고 지킨 바가 탁월하다. 오늘날과 같이 풍속이 시들하고 퇴폐한 시대에 어찌 문정공 같은 사람을 얻어 시대 풍조를 바꾸는 일을 맡길 수 있을까?"(최석기, 2009: 57)라고 하며, 정조는 문정공 조식의 집안에 "자신이 직접 쓴 제문을 내리면서 관리를 보내어 제사를 지내라(致祭)"고 하였다(『조선왕조실록』 정조 20년, 1796년 8월 13일).

정조가 내린 사제문 내용은 다음과 같다(김경수, 2014: 123-124).

> "용은 심연 잠겨 있고 봉황 천 길 나르니, 세상 드문 영물은 높거나 깊이 있다. 하물며 (남명 같은) 인걸이야 어찌 자주 나타날까. 기산 허유(許由) 아득하고 상산 사호(四皓) 적막하다. 고절을 우러르니 유수 백운 아련한데, 다행히도 남명이 동국에 태어났다. 깨끗하고 당당하며 높고도 우뚝하여, 일성이 광채 뿜듯 상설(霜雪)이 고결하듯! 내 사책 열람하며 경의 평일 알아보니, 신명 통한 효우에다 세상 덮을 명절(名節)이라! 절륜한 자질과 독특한 안목으로 절간에서 물러날 제 좌유 연모 끊었고, 등불 밝혀 밤을 새며 사자 육경 전념터니, 칼에 새겨 분발하고 방울 차서 각성하였다. 옷깃 걷고 당에 올라 공자 유상 모시었고, 직방으로 가다듬어 표리 함께 함양하였다. 의(義)와 짝한 그 기개 성찰하여 충만하니, 영우에 펼친 풍범 나부 완부 깨우쳤다. 작도다! 제갈량이여, 원하는바 이윤(伊尹)이니, 세상 어찌 잊었으랴. 한밤중 눈물 흘려! 만년 한 번 나아와 큰 계책 펼치고는, 돌아가 은둔하니 산천재 별장일세. 지리산 두류에서 옷 털고 갓끈 씻어, 영남 호남 벗 사귀니 지란 향기 소영(韶韺: 옛 음악) 풍류!

최석기는 정조가 직접 지어서 문정공 남명 조식에게 내린 제문에서 정조가 남명을 평한 부분을 다음과 같이 옮겼다(최석기, 2009: vii).

> 얼마나 다행인가 우리 남명이,
> 동국에 태어난 것이.
> 깨끗하고 맑은 성품에,
> 우뚝하고 우뚝한 기상.

빼어나고 특별한 재질에,
홀로 터득한 탁월한 안목.
밤낮으로 쉬지 않고 공부한 것,
사서와 육경의 경전 공부였네.

허권수(2017: 403)는 “18세기 말 정조대왕이 남명의 사당에 사제문을 내려 남명의 학문을 인정한 이후로 (경상우도에서) 학문적 분위기가 다시 일어나기 시작하였다”고 썼다. 사실 인조정변 이후 남명과 남명학파는 조선의 주자학파에 의하여 학술적으로 금기어가 되었던 것인데, 정조가 남명의 학문과 사상과 실천을 높게 평가하고 제문을 짓고, 관리를 보내 제사를 지내게 하여 숭모하면서 분위기가 달라진 것이다.

Ⅳ. 사관들의 평가

1. 처사 조식의 졸기(卒記)

“처사 조식이 졸하였다. … 어려서부터 용모가 준수하였으며, 어른처럼 조용하고 정중하였다. 장성해서는 어떤 글이든 통달하지 않음이 없었다. … 성현의 학문에 마음을 두고 용맹하게 곧장 실천해 나가며, 다시는 세속의 학문에 동요되지 않았다. … 일찍이 문인들에게 말하기를 ‘학문을 하는 것은 그 예(禮)가 어버이를 섬기고 형을 공경하는 사이에서 벗어나지 않는다. 이를 힘쓰지 않고 문득 성리(性理)의 깊은 이치를 궁구하려 하면, 이는 인사(人事)에서 천리(天理)를 구하는 것이 아니어서 결국 마음에 실득이 없을 것이다. 이 점을 깊이 경계하여야 한다’고 하였다. … 지식이 고명하며 나아가고 물러나는 도리에 밝았다. … 만년에는 두류산 밑에 터를 잡고 살았다. 별도로 정사(精舍)를 지어 ‘산천재(山天齋)’라 현판을 달고서 노년을 끝마쳤다. … 임신년(1572년) 병이 심해지자 … 향년 72세였다. 부고가 전해지자 임금은 크게 슬퍼해서 신하를 보내 제사를 지내게 하고 곡식을 내려 부조하였다. 그리고 사간원 대사간에 추증하였다. 사방에서 찾아와 조문하는 옛 친구들과 제자들이 수백 명이나 되었는데, 사문(斯文)을 위하여 애통해하였다.

조식은 타고난 자질이 맑고 높았다. 두 눈에는 빛이 형형하여 바라보면 세속의 사람이 아님을 알 수 있었다. 말을 영특하게 하여 우레가 치고 바람이 일 듯했다. 그리하여 사람들로 하여금 자신도 모르게 이욕(利慾)의 마음이 사라지게 하였다. 평상시에는 하루 종일 단정히 앉아 게으른 모습을 보인 적이 없었다. 나이 칠순이 넘어도 항상 한결 같았다"(『조선왕조실록』 선조 5년, 1572년 2월 8일 ; 최석기, 2009: 187-188).

2. 사관들의 기록을 통한 평가

명종 10년(1555년, 을묘년) 10월 11일 남명에게 단성현감 벼슬을 내렸고, 그 직을 사직하는 단성소(또는 을묘사직소)를 올린 후 조정은 물론 온 나라가 들썩거렸다. 『명종실록』 11월 19일 기사에 상소문 전문이 실려 있다. 이 상소문에 관하여 사신의 평가는 이미 제2편 제3장 단성소와 관련하여 소개한 바 있으므로 전문은 생략하고, 남명에 대한 평가의 핵심만 소개한다.

〈사신은 논한다. 1〉

" … 유일(遺逸)이란 이름을 칭탁하고 공명을 낚는 자가 참으로 많은데, 어질도다. 조식이여! 몸가짐이 조심스럽고 조촐하게 하며 초야에서 빛을 감추었지만 난초와 같은 향기는 저절로 알려지고 명망은 조정에 진달되어 … 가난을 편안히 여기고 스스로 도를 즐기면서 끝까지 나아가려고 하지 않았으니, 그 뜻을 높이 살 만하다. 그러면서도 세상의 일을 잊어버리는 데 과감하지 못하여 소(疏)를 올려 의(義)를 지키며 당시의 폐단을 극력 논하였는데 사연이 간절하고 의리가 강직하였으며, 시대를 걱정하고 변란을 근심하여 우리 임금의 덕을 밝히고 백성을 새롭게 하는 곳으로 인도하려고 하였으며, … 그 정성이 지극하다."

명종이 상소문의 "자전은 궁궐의 한 과부"라고 한 말을 두고 '불경군상죄'로 다스리도록 명하자 사관은 다음과 같이 기록하였다.

〈사신은 논한다. 2〉

"대개 상소의 내용이 격절하고 강직한 것을 감사가 잘못되었다고 바로잡아 책망하여 물리친다면, 이것은 사람들로 하여금 군상(君上)의 과실을 감히 말하지 못하게 하여 마침내 임금의 총명을 가리는 화가 있을 것이다. … 신자의 체모를 상실하였다고 책망하였으니 상의 뜻하는 바를 누가 감히 어기겠는가. 아, 이것은 성덕에 큰 누가 될 뿐만 아니라 실로 치란과 흥망에 관계되는 것이니 어찌 길게 탄식하지 않을 수 있겠는가."

〈사신은 논한다. 3〉

조식은 오늘날 유일(遺逸) 중에서 가장 어진 사람이다. 재주가 높고 행실이 깨끗하며, 또 학식도 있다. 초야에서 가난하게 살았으나 영리(榮利)를 생각하지 않았다. 조정에서 여러 차례 불렀지만 나오지 않고 그 뜻을 고상하게 하였다. 비록 영광스럽게 수령에 제수되었으나 부임하지 않았다. 오히려 나라를 근심하는 마음을 가지고 곧은 말로 상소(疏)를 올려 시폐를 바로 지적하였다. 그러니 이 사람이 어찌 군신(君臣)의 의리를 모르는 사람이겠는가? … 정승의 자리에 있는 자도 그 잘못을 바로잡아 해결하지 못함으로써 조식처럼 현명한 사람이 등용되지 못하고 초야에 버려졌다. 진언(進言)하는 길이 막히고 어진이(賢人)를 불러들이는 일이 폐지되었으며, 다스리는 도(道)가 없어졌다. 그러니 세도(世道)가 야박해진 것이 어찌 괴이하겠는가?(최석기, 2009: 18-50; 『명종실록』. 10년 11월 19일 기사).

3. 남명의 혜안: 서리망국론에 대한 역사적 평가

즉위한 바로 그해(戊辰, 1568년) 1월 27일 선조는 "어진 이를 높이고 간언을 받아들이는 것은 제왕의 미덕이니, 다시 조식을 부르고 아울러 성운(成運)도 부르는 것이 좋겠다"고 하여 남명은 선조의 교지를 받았다.

조식은 "경상도 진주에 사는 백성 조식은" … 으로 시작하는 상소문만 써 올렸다. 그것이 무진년에 써 올렸으므로 무진봉사(戊辰封事)라고 한다. 무진봉사에서 남명은 "… 오늘날처럼 서리(胥吏)가 나라를 마음대로 했던 것은 아직 들어보지 못했습니다"라고 하며 지방 관아 서리의 작폐를 낱낱이 써서 적폐를 바로잡으라고 주창하였다. 남명의 서리망국론은 선조의 조정에 매우 큰 반향을 일으켰다. 백성을 항상 보듬고 우국상민(憂國傷民)하던 남명은 지방의 관아에서 서리들이 저지르고 있는 수탈을 주목하였던 것이고, 이것을 적시하였다.

남명의 서리망국론을 써 올린 해가 1568년이고, 그의 혜안은 약 300년 뒤인 1862년 서리들의 횡령과 착복으로 수탈당하던 진주 사람들이 함께 일어나 저항한 진주농민항쟁으로 적중하였다. 그뿐만 아니라 남명의 서리망국론은 선조 7년에 유성룡, 선조 28년 이헌국, 29년에는 선조 스스로, 선조 38년 사관이 조식의 서리망국론을 거론하였고, 광해군 1년에는 사간원이, 광해군 2년 박이장이 서리망국론을 거론하였다. 이어 인조 27년, 현종 1년(1660), 숙종 7년(1681), 정조 4년(1780), 고종 11년(1874)

까지 계속해서 조식의 서리망국론을 군왕이나 신하, 그리고 사관이 거론하였다. 그렇게 보면 남명의 통찰력 있는 시대의 문제 적시와 정책대안의 제시로 조선 역사에서 얼마나 크게, 길게 영향을 미쳤는지 알 수 있다.

제 2 절 학자들의 평가: 남명에 부여한 호칭

20세기 중반까지도 16세기 조선의 유학을 연구하는 학자들에게 남명 조식이라는 호명은 거의 알려지지 않았다. "남명이 누구야?"라고 묻지 않았을까 싶다. 그러나 1990년대 초 이후 남명에 관한 연구가 집중적으로 이루어지면서 여러 학자가 남명의 학문과 사상과 실천 등 각 분야에서 드러난 남명의 공헌을 바탕으로 다양한 호칭을 부여하기 시작하였다. 이러한 호칭은 남명의 긍정적 평가를 담은 칭송의 의미를 담고 있음은 물론이다. 다음에 현대의 학자들의 남명을 평가하면서 부여한 몇 가지 호칭을 살펴본다.

Ⅰ. 조선 최고의 교육자

1946년 이만규가 『조선교육사』[3]에 남명 조식의 교육철학과 사상을 비중 있게 다루었다. 여기서 이만규는 "남명은 공자학의 본령인 윤리실천의 공부를 등한히 하는 성리학, 즉 『심경』, 『태극도설』, 『서명』 등의 심성에 관한 학문을 먼저 가르치는 것은 학문됨의 올바른 길을 잃는 것이라고 보고, 그것을 벗어나 성리학 범위 밖에서 교육 방법을 세워서 한 학파의 기치를 세운 것으로 보았으며, 남명의 교육 이념은 교육상 가치로는 퇴계보다 진정한 것이며, 유학 면에서는 퇴계보다 공자학의 바른 길에 가까운 것이다. 그러므로 남명의 교육사상은 퇴계의 교육사상보다 훨씬 압도적인 것이다. … 남명은 경전을 널리 구하고 백가를 자세하게 알며, 음양, 지리, 의약, 도류의 책에서 섭렵하지 않은 것이 없고, 활쏘기, 말타기, 행진(行陣)의 법과 국방의 경비

3) 이 책은 살림터에서 2010년 『다시 읽는 조선교육사』라는 이름으로 다시 출판하였으며, 이 책 324-330에 남명과 관련된 내용이 실려 있다.

와 수비의 기술에도 유의하지 않은 것이 없었다"라고 하였다. 그리고 이만규는 남명의 가르침을 통하여 많은 의병장을 배출하여 나라를 위기에서 구한 점을 들어 '조선 최고의 교육자'로 평가한 것으로 알려졌다.

Ⅱ. 선비정신의 표상

이동환은 "조선 중기 16세기는 우리나라의 학술·사상이 하나의 융기를 이룬 세기인데, 남명은 실천유학의 학풍을 수립함으로써 경상우도의 학문과 사상을 주도하였다. 남명의 남명다움은 호대(浩大)하고 장쾌(壯快)한 정신적 에너지의 충일함이다. 남명은 또 학문을 자기 인격 속으로 주체화하였다. 남명은 공자(孔子)의 수제자 안자(顔子)의 위기지학(爲己之學)을 지향하여 그 절조로써 자신을 지키려 하였다. 남명은 실천을 강조하였고, 실천의 주체가 되기 위하여 심(心)을 매우 중요시하였다. 즉, 경(敬)을 통하여 마음의 주체를 수립하고, 그러한 주체로 하여금 실천 의지를 갖추어서 의(義)를 표준으로 행하는 구도를 생각하였다. 이것을 그의 「신명사도(神明舍圖)」와 「신명사명(神明舍銘)」에 담아냈다. 그런 다음, 남명은 자유 의지에 의한 도덕률의 실현과 자아에 앞서 타자를 배려하는 심성으로써 지성의 핵심을 갖춘 양심적, 비판적, 저항적 처사의 정신, 즉 선비정신을 보여주었다. 남명은 우리나라 선비정신의 표본이다"(이동환, 2006: 13-24)라고 하였다.

Ⅲ. 출처의 대본

조직의 수제자인 정인홍(鄭仁弘)은 그 스승의 출처대절(出處大節)을 남명의 「행장(行狀)」에 다음과 같이 썼다.

> "선생은 구차하게 복종하지도, 구차하게 잠잠히 침묵하지도 않았다. 아는 이는 비록 좋아하나 알지 못하는 자들은 자못 치우치게 이를 미워하였다. 은퇴하였으나 시대(현실)을 자세히 살폈고, 스스로를 지켰지만 사람들에게 이를 자랑하지 않았으며, 깎아지른 요새의 높은 바위 구멍에서 죽어도 후회하지 않았으니, 이를 일컬어 천 길을 나는 봉황새라 하면 가할 것이다."

명종 10년(1555년) 11월 19일 남명의 단성소에 관련한 사관의 글에 "세도가 쇠미해져서 염치가 모두 상실되고 기절이 쓸어버린 듯하여 유일(遺逸)이란 이름을 칭탁하고 공명을 낚는 자가 참으로 많은데, 어질도다. 조식이여! … 명망은 조정에 진달되어 … (제수된 벼슬을) 이미 모두 머리를 저어 거절하였다. 지금 이 수령의 직임은 영광이라 이를 만하여 특별히 제수한 은혜는 드물다고 이를 만한데도, 가난한 것을 편안히 여기고 스스로 도를 즐기면서 끝까지 나아가려고 하지 않았으니, 그 뜻을 높이 살 만하다"고 하였다. 남명의 출처를 높이 평가한 것이다. 남명은 단성현감 외에 열 번 정도의 벼슬을 모두 거절하였다. 남명이 살았던 때는 치도(治道)가 무너져서 벼슬에 나가도 이용만 당할 뿐 백성을 위한 정치를 하기 어렵다고 보았기 때문에 가난할지라도 도를 지키며 처(處)를 택한 것이다. 이것은 관직에 거의 모든 가치가 통합된 조선시대에 엄청난 자기 절제의 결과이므로 모두가 남명을 출처의 대본이라고 평하는 것이다.[4)]

Ⅳ. 민족의 스승

스승은 "가르쳐서 인도하는 사람"이라는 뜻이다. 이만규가 남명을 일컬어 조선 최고의 교육자라고 한 것도 뜻은 같다. 다만 스승이라고 할 때 다소 더 존중의 의미가 있다고 본다. 그러나 '민족의 스승'이라는 말은 좀 더 다르게 사용되어야 한다고 생각한다. 민족을 바탕으로 삼는 공동체 구성원 거의 모두에게 가르침으로써 감동·감화를 일으키거나, 일시에 그치는 것이 아니라 수세대로 이어지는 가르침이거나, 민족 공동체를 위기에서 구함으로써 교훈을 남긴 인물에게 쓰여야 하는 말이라고 본다.

최석기는 남명이 보여준 "성의·정심·수신으로서 자기 실천 또는 몸으로의 실천을 만년까지 꼿꼿한 자세를 흩뜨리지 않고 행(行)하여 세상에 유례가 없으며, 그러한 자기 실천(行)을 사회로 확대시키는 제가·치국·평천하의 추행(推行)에서도 조선에 유례가 없다"(최석기, 2005: 93-105; 2019a: 375)고 하였다. 또 "죽을 때까지 자신의 덕을 새롭게 하다가 눈을 감은 남명의 모습은 만년의 공자를 닮았는데, 남명은 우리

4) 남명의 출처와 출처관에 관해서는 권인호(1995), "남명 조식의 현실 인식과 출처사상 연구: 퇴계 이황의 출처사상과 비교하며", 『남명학연구논총』에서 충실히 논의되고 있다.

의 영원한 스승이 된 이유이다"(최석기, 2019b: 58)라고 썼다.

또 박홍식(2008: 408-441)은 "남명은 '철학사상에서의 자유정신', '사회사상에서의 실천정신', '정치사상에서의 민중정신', '교육사상에서의 실용정신'을 그의 삶에서 이루었고, 그래서 남명은 홍유(鴻儒: 큰 유학자)이자 진유(眞儒: 앎을 실천한 진정한 유학자)이며, 통유(通儒: 트인 유학자)이자 활유(活儒: 살아 있는 가르침을 준 유학자)였다고 하였다. 남명은 이런 모습으로 인재 육성과 임진왜란 극복에 공헌하였고, '영원한 스승'으로 손색이 없다고 하였다. 박홍식은 같은 글에서 남명은 당대의 유자(儒子)들에게도 사표(師表)가 되었다고도 하였다.

최석기와 박홍식의 글을 통하여 오늘의 남명 연구자들은 남명의 학문과 사상과 실천이 우리에게 받아서 새기고 실천하여야 할 가르침을 주고 있는 스승이라는 칭호를 드리며 남명을 평가하고 있음을 확인하였다. 덧붙일 사실은 언론으로서는 경남신문이 처음으로 남명에게 '민족의 스승'이라는 칭호를 쓴 것으로 보인다.

Ⅴ. 그 밖의 호칭

오늘날 남명 연구자들은 남명의 민족사적 공헌이나 기여를 두고 다양한 호칭을 쓰고 있다. 그러한 호칭을 보면, '동양의 인호(人豪)'(김충열, 1995), '조선 최고의 학자요 사상가이며 대현(大賢)'(이상필, 2005), '영호(英豪)한 처사'(박병련, 2001: 143), '도학적 경세가'(2001: 193), '실학의 연원'(권인호, 1990; 박홍식, 2008; 오이환, 2000) 등이다.

또 '동방의 안자(顔子: 공자가 가장 총애한 제자 안회[顔回]를 높여서 부르는 호칭)'라고[5] 부르거나 '실천유학의 창시자'라고도 부른다. 남명의 학문과 사상이 일관되게 '자기 실천과 사회적 실천'으로 이어져 당대는 물론 오늘에도 유자 또는 경세가로서 남명의 정체성은 '실천'이라고 할 수 있기 때문이다. 이 칭호는 퇴계와 율곡을 '이론유학자'로 남명과 구별하여 쓰이는 말이기도 하다.

---

5) 안회(顔回)는 공자가 가장 아끼고 기대하던 제자였으나 30대 중반에 죽었다. 안회는 초야에 머물며 도를 지켰고, 식은 밥과 물 한 공기로도 살았다고 알려져 있다. 안회의 이런 삶에서 '안빈낙도(安貧樂道)'라는 사자성어가 유래하였다. 남명은 안회의 이런 모습을 높이 평가하고 닮고자 하였다.

어떤 유학자는 남명을 처사(處士: 초야에 머물며 도를 지키는 선비)라고도 한다. 이 말은 남명이 대곡 성운, 화담 서경덕 등과 함께 벼슬에 나아가지 않고 초야에서 도를 지키며 그 시대의 양심적 지식인으로 살았기 때문에 존모(尊慕: 존경하여 그리워함)의 뜻을 담아서 쓰고 있으나, 처사는 벼슬에 나간 사대부에 대하여 쓰는 보통명사이므로 남명에게 특별히 배타적으로 쓸 수 있는 말인가를 생각해 볼 필요가 있다.

Ⅵ. 민족의 스승이요 선비정신의 표상

"남명의 학문과 사상의 계승 양상"을 연구할 때 남명 · 퇴계 · 대곡 · 화담 · 율곡을 연구하는 오늘의 학자들 100명을 대상으로 남명에 관련된 칭호를 제시하고 어느 칭호를 선호하는가를 조사하였다(조사기간: 2019년 9월 2일~10월 5일, 조사 대상: 국민 1,331명과 전문학자 100명). 조사 결과의 분석과 해석은 졸저『남명 조식의 학문과 사상과 실천』(2020, 우락재)에 설문지와 함께 실려 있다. 그 당시에 쓴 설문 번호를 그대로 옮긴다.

[설문 22] 이 분야 전문 연구자로서 남명 관련 다음 칭호들 가운데 선생님께서는 선호하는 칭호 1순위와 2순위를 골라 주시면 고맙겠습니다.

[설문 22]는 역사를 통하여 남명이 이룬 학문과 사상과 실천은 많은 연구자에게 다양한 평가적 호칭을 받았는데, 그에 대한 평가를 담은 이러한 용어들 가운데서 어느 것이 남명에 대한 정확한 이해와 평가를 담아내는 것인가를 전문학자들에게 묻고자 하였다. 응답자에게는 13개의 선택지를 제시하고, 1순위와 2순위까지만 선택하도록 하였다.

응답 결과 '선비정신의 표상'이라는 호칭이 17명(26.6%)의 지지를 받았고, '민족의 스승'이라는 호칭이 16명(25.0%)의 지지를 얻었다. 이 밖에도 '조선 최고의 교육자'라는 호칭이 9명(14.1%)의 지지를 얻었다. '출처대절(出處大節)의 대본'이라는 호칭은 6명(9.4%)의 지지를 얻었다.

남명에게 전문학자들이 부여하고 싶은 칭호의 2순위에서는 '선비정신의 표상'이 15명(23.4%)이고, '민족의 사표(師表)'가 9명(14.1%), '민족의 스승'이 7명(10.9%),

남명 관련 가장 부여하고 싶은 칭호 1순위

		빈도	퍼센트	유효 퍼센트	누적 퍼센트
유효	조선 최고의 교육자	9	14.1	15.0	15.0
	조선 최고의 학자 · 사상가 · 대현	2	3.1	3.3	18.3
	천인벽립의 고결한 선비	4	6.3	6.7	25.0
	선비정신의 표상	17	26.6	28.3	53.3
	민족의 스승	16	25.0	26.7	80.0
	출처대절의 대본	6	9.4	10.0	90.0
	실천유학의 창시자	3	4.7	5.0	95.0
	민족의 사표	3	4.7	5.0	100.0
	전체	60	93.8	100.0	
결측	시스템	4	6.3		
전체		64	100.0		

남명 관련 가장 부여하고 싶은 칭호 2순위

		빈도	퍼센트	유효 퍼센트	누적 퍼센트
유효	조선 최고의 교육자	6	9.4	10.5	10.5
	동양의 인호	1	1.6	1.8	12.3
	천인벽립의 고결한 선비	8	12.5	14.0	26.3
	선비정신의 표상	15	23.4	26.3	52.6
	민족의 스승	7	10.9	12.3	64.9
	도학적 경세가	2	3.1	3.5	68.4
	출처대절의 대본	7	10.9	12.3	80.7
	실천유학의 창시자	1	1.6	1.8	82.5
	동방의 안자	1	1.6	1.8	84.2
	민족의 사표	9	14.1	15.8	100.0
	전체	57	89.1	100.0	
결측	시스템	7	10.9		
전체		64	100.0		

'조선 최고의 교육자'가 6명(9.4%)으로 나타났다. 전문학자들이 응답한 결과에서 1순위와 2순위에서 전체적으로 '선비정신의 표상'이라는 칭호가 높게 채택되었고, 그다음은 '민족의 스승'이라는 칭호가 높게 채택되었다.

여기서 유의할 점은 '민족의 스승', '조선 최고의 교육자', 그리고 '민족의 사표'라는 호칭에 내포된 바는 거의 동일하다. 교육자나 스승으로서 남명의 면모를 나타내는 복수의 선택지로 인하여 분산되었기 때문에 응답이 갈라져 나온 것이다. 그러므로 교육자, 스승, 사표 어느 것을 쓰든 지칭하는 내용은 같다고 보아도 된다. 다만 스승이라는 호칭은 좀 더 존숭(尊崇)의 의미를 담고 있다고 본다.

그러므로 전문학자들의 응답 결과를 종합하여 말한다면, 남명에게는 '민족의 스승'이라는 호칭과 함께 다른 차원을 가리키는 '선비정신의 표상' 두 호칭을 아울러 쓰는 것도 괜찮다고 생각된다.

지금까지 남명 조식에 관한 군왕과 사대부, 사관, 오늘의 학자들까지 남명의 학문과 사상과 실천에 관한 평가를 살펴보았다. 정조대왕이 내린 제문에 썼듯이 우리는 남명이 이 땅에서 태어난 것이 큰 복이라고 생각된다. 그의 학문은 선진 유학에서 신유학까지 중국의 유학을 통시적으로 섭렵하였을 뿐만 아니라 주자가 집대성한 성리학을 포함하여 불가와 도가(道家: 노자와 장자의 학문), 양명학(心卽理의 心學)까지 섭렵하였다는 사실이 밝혀졌고, 또 천문·지지·의방·수학·행진·진수 등 당시 잡과(雜科)[6]의 시험 과목에 해당하는 공부까지 넓혔다고 기록되어 있다. 그래서 남명이 죽자 사관이 졸기(卒記)에 "조식은 통달하지 않은 바가 없다." 즉 남명은 모르는 것이 없다고 썼다. 이렇게 폭넓은 공부와 실천을 읽은 박홍식이 남명을 "크게 학문을 이룬 유학자(鴻儒), 트인 유학자(通儒), 진리를 찾아 알고 실천하는 유학자(眞儒), 가르침으로써 공동체를 살려낸 유학자(活儒)라고 하였던 것이다. 이쯤에서 독자들께서는 그러면 어떻게 남명이 어떻게 학문을 이루고 사상을 정립하였으며, 어떻게 실천하였는지 궁금하리라고 생각된다.

6) 박성순에 따르면, "『경국대전』 편찬 당시만 하더라도 기술관은 엄연히 문반에 속하여 무반과 함께 양반에 속하였고, 양반에는 문·무·잡이 다 포함되었으나 성종대 이후 사림의 문치주의가 강화되면서 기술관을 문·무와 구별하여 독립된 반열로 밀어내는 운동이 일어났다"고 하였다(박성순, 2014: 122-123).

제 12 장

남명, 학문의 통섭을 이루다

남명의 생애를 간략하게 편년(編年) 중심으로 정리하고, 남명의 학문을 살펴보기로 한다.

제 1 절 남명의 생애

남명의 생애는 장원철 · 전병철 역주 『남명선생편년』(2011)의 핵심 항목들을 중심으로 하면서 관련된 내용을 덧붙여 소개한다.

Ⅰ. 출생

남명은 1501년(연산군 7년) 6월 26일(음력) (진주목) 삼가현(지금의 경남 합천군 삼가면) 토동 외조부 충순위(忠順衛) 이국(李菊)의 집에서 아버지 조언형(曺彦亨)과 어머니 인천 이씨 사이에 태어났다. 집터에 관한 설화와 태어날 때 산실(產室)에 무지개 기운이 비쳤다는 설화가 있다.

남명의 휘(諱: 돌아가신 분의 생전의 이름)는 식(植), 자(字: 남자가 성인이 되었을 때 부르는 이름)는 건중(楗仲), 호는 남명(南冥) 또는 산해(山海)이다.

Ⅱ. 한양 이주 및 유·소년기의 공부

남명은 5세 때 아버지 조언형이 과거에 급제하여 벼슬에 올랐고, 한양으로 함께 가서 25세까지 살았으며, 26세에 아버지 상을 당해서 삼가로 왔다고 알려져 있다. 7세부터 집에서 아버지로부터 『시경(詩經)』, 『서경(書經)』을 배웠으며, 배운 것을 잘 외우고 잊지 않았다. 몸가짐이 조용하고 점잖아서 어른 같았고, 또래 아이들과 몰려 다니거나 장난감을 갖고 놀지 않았다. 9세에 크게 앓았으나 천명(天命)을 말하며 어머니를 위로한 일화가 있다.

한양에 왔을 때 남명은 훗날 영의정을 지낸 동고 이준경(東皐 李浚慶, 1499~1572), 이윤경 형제와 이웃인 오늘날의 종로 4가 쯤에 살았다. 이때 인근의 학자에게 글을 배웠을 것으로 추정한다. 장의동(현 효자동)으로 옮긴 뒤에는 평생지기 대곡 성운(大谷 成運, 1497~1579)과 이웃이 되었다(최석기, 2019b: 52-53). 김충열은 남명은 이때 이준경 형제가 글을 배운 황효헌(黃孝獻, 1491~1532)에게 배웠을 것으로 추정하였다(김충열, 1983: 77). 남명이 누구에게 배웠는지를 밝혀주는 자료가 없기 때문이다.

18세(1518)에 단천군수 아버지를 모시다가 서울 집으로 돌아왔다. 남명은 단천에 머물 때 깨끗한 대접에 물을 담아 양손으로 받쳐 들고 밤새도록 견디며 뜻을 지키려 하였고, 허리띠에는 쇠방울(惺惺子)을 차고 다니며 정신을 일깨우는 일을 하였다.

글을 읽을 때 열 줄을 한꺼번에 읽었다. 경전·제자백가·역사서를 두루 읽었고, 천문·지지·의방·수학·궁마·행진·관방·진수까지 깊이 알지 못하는 것이 없었고, 세상의 쓰임에 응하려고 하였다.

19세(중종 14년)에 친구들과 함께 절에서 『주역』을 읽었다. 그해 12월에 기묘사화로 정암(靜庵) 조광조(趙光祖)가 죽었고, 벼슬에 나와 있던 숙부 좌랑 조언경(曺彦卿)도 파직되었다. 그리고 남명의 아버지 조언형은 외직인 제주목사로 명을 받았는데, 당시 병이 나서 부임하지 못하였다. 그러자 조정 안의 반대파는 항명으로 몰아서 조언형을 파직시켰다.[1)]

Ⅲ. 산해정에서 학문에 몰입하다

남명은 20세에 특별히 거행된 초시에 나가 생원·진사 및 문과 시험에 모두 합격하였고, 21세에 문과 회시(會試)에 나갔으나 낙방하였다. 22세에는 남평 조씨(南平曺氏) 충순위 조수(曺琇)의 딸에게 장가를 들었다. 그리고는 다시 과거에 필요한 공부를 위하여 25세 벗들과 함께 절에서 『성리대전(性理大全)』을 읽었다. 이 책을 읽다가 남명은 원나라 학자 노재 허형(魯齋 許衡)의 글에서 대각(大覺)을 얻고, 학문으로 성인(聖人)을 배우고자 하였다. 다음은 허형의 글이다.

> "이윤(伊尹)[2]의 뜻을 뜻으로 삼고, 안자(顔子, 이름은 回)[3]의 학문을 학문으로 삼아, 벼슬에 나아가서는 경륜을 펴서 업적을 이루고, 초야에 있으면 지조를 지켜야 한다. 대장부라면 마땅히 이와 같이 하여야 한다. 벼슬에 나아가 아무 하는 일도 없고 초야에 있으면서 아무런 지조도 지키지 않는다면, 뜻을 세우고 학문을 닦아 장차 무엇을 하겠는가?"(허권수, 2001: 43).

허권수(2001: 44)는 "(남명) 그는 과거를 보기 위해서 하는 공부가 그릇되었음을 깨닫고서 마음속으로 매우 부끄러워 자신도 모르게 등골에 땀이 흘러내렸다. 지금까지 자신이 걸어온 길에 대한 부끄러움과 새로운 깨달음을 얻은 즐거움으로 잠을 이룰 수 없었다. 남명은 날이 새자마자 같이 공부하던 친구들에게 작별 인사를 하고 집으로 돌아왔다"고 썼다. 남명은 그때의 심정을 다음과 같이 술회하였다"(최석기, 1991: 63).

---

1) 신병주(2004: 200)는 기묘사화(1519) 이후 벼슬을 포기하고 처사의 길을 선택한 인재들이 늘어났다고 하고, 남명과 화담, 대곡, 성수침, 성제원 등을 들었다.

2) 이윤(伊尹)은 상(商)나라 탕임금을 도와 나라를 크게 융성하게 만든 매우 역량이 높은 재상으로 알려져 있다. 그는 재상으로서 자부심이 대단하여 "백성이 요순시대만큼 행복하지 못하면 내 책임이다"라고 하였다고 전해지는 인물이다. 그러므로 이윤은 벼슬에 나아가 경륜을 펼쳐서 업적을 이룬 인물의 전형이다.

3) 안자(顔子)는 공자의 가장 총애받은 제자 안회(顔回)를 높이는 호칭이다. 안회는 벼슬에 나아가지 않고 누추한 곳에서 식은 밥과 물 한 바가지로 살면서도 도를 닦고 지키는 것을 큰 즐거움으로 삼았던 인물이다. 30대 중반에 요절하였고, 안빈낙도(安貧樂道)라는 사자성어의 유래를 이룬 인물이다.

"어려서 부모를 잃고 돌아갈 곳을 모르다가 어느 날 아침 갑자기 자애로운 어머니의 얼굴을 보고 하도 기뻐서 자신도 모르게 손발이 덩실덩실 춤을 추는 것과 같았다."[4)]

그러나 남명은 26세 3월에 판교공 조언형(1469~1526)의 상을 당하였다. 삼가 갓골(冠洞)-지동(枝洞)이라고도 한다- 선영 아래에 안장하였다. 3년 시묘(侍墓)를 하였으며, 28세 6월에 상복을 벗었다, 가을에 판교공 묘갈문(墓碣文)을 지었다. 29세에 (의령) 자굴산에서 책을 읽었다. 그러다가 30세에 처가가 있는 (김해) 신어산 아래 탄동(지금의 주부동[主簿洞])으로 어머니를 모시고 이사하였다(장원철 · 전병철, 2011). 정사를 지어 '산해정(山海亭)'이라 이름하고 방은 계명실(繼明室)이라 하였다.

최석기(2019a: 51-52)는 "남명이 이 시기에 성리학에 몰입한 것으로 알려졌다. 남명의 삶이 전환되는 국면을 주목하고, 남명은 그때마다 뚜렷한 흔적을 남겼는데, 그것이 바로 그의 거주지에 내건 이름표"라고 하였다. 그것이 산해정(山海亭)이고, 뇌룡정(雷龍亭)이고, 산천재(山天齋)이다. 최석기는 산해정이 "산처럼 높고 바다처럼 깊은 정신세계를 이룩하고자 하는 남명의 정신을 드러낸 것으로 '태산처럼 우뚝하게, 바다처럼 깊숙하게'라는 슬로건으로 볼 수 있다"(최석기, 2019a: 58)고 하였다. 남명은 산해정에서 15년 동안 머물며 공부하고 가르쳤다.

남명이 서울을 떠나 김해로 이주하여 산해정을 짓고 정착하자 대곡 성운, 청향당 이원(淸香堂 李源, 1501~1568), 송계 신계성(松溪 申季誠, 1499~1562), 황강 이희안(黃江 李希顔, 1504~1559) 등 벗들도 이 시기에 남명을 방문하였다. 남명 31세 때 학문에 몰입한 시기에 서울의 벗 동고 이원길(東皐 李原吉, 1499~1572)은 『심경(心經)』이라는 책을 선물로 보냈고, 규암 송인수(圭庵 宋麟壽, 1499~1547)도 『대학(大學)』을, 성중려는 『동국사략(東國史略)』이라는 책을 선물하였다. 남명은 32세 때 한양의 집까지 정리하여 한양 생활을 마무리하였다. 규암 송인수로부터 『대학』을 선물받고, 책갑 안에 쓴 글의 기록과 단성소에 남명이 쓴 낙방의 기록 등을 바탕으로 김경수(2019: 10-11)는 남명이 과거를 접은 시기를 32세로 추정한다. 남명은 또 32세에 한양의 집을 매부 이공량에게 넘겼다는 기록을 고려하면, 한양 생활을 접으면서 과거도 포기하였을 것이라고 추정할 수 있겠다.[5)] 37세 때 정지린(鄭之麟, 1520~1600)

4) 『남명집』 上, 500쪽. 최석기(1991: 68) 재인용.

이 처음으로 배우러 왔고, 유학자로서 남명의 이름이 알려져 38세에 헌릉참봉에 제수되었으나 사임하고 나아가지 않았다.[6] 남명은 자신의 공부를 깊게, 넓게 하면서도 가르치는 일도 함께 하였다. 42세 때 매촌 정복현(1521~1591), 45세 때 원당 권문임(1528~1580), 입재 노흠(1527~1602)이 와서 배웠다.

김충열은 "산해정 시대 남명의 공부를 두고 발분망식(發憤忘食)이라는 표현을 썼으며, 남명이 우뚝한 일가를 이루어 제자를 기르고 널리 사우(師友)를 사귀어 학자로서 터전을 굳힌 것이 김해 산해정(山海亭) 시절"(김충열, 1983: 84-87)이라고 하였다. 그리고 최석기는 "남명이 과거를 포기하고 성인을 배우고자 하여 자신을 닦는 학문에 힘쓴 내용과 그 학문 정신이 경(敬)과 의(義)에 있었다는 것을 알 수 있다. … 따라서 우리는 이 시기를 남명이 성리학에 잠심(潛心)하여 위기지학(爲己之學)에 힘쓴 시기로, 특히 경(敬) 공부에 주력한 시기로 보는 것이 타당할 듯하다"(최석기, 1991: 71)고 하였다.

산해정 시대에 남명이 '경'과 '의'를 접하고, 곱씹어서 자신의 학문의 요체로 삼은 것은 오이환의 서술에서도 확인된다. 오이환은 남명이 31세 때 이준경으로부터 받은 책이 "『심경부주(心經附註)』[7]이며, 그 속에 강조되어 있는 경의(敬義)로써 자기 학문의 모토로 삼았고, 또한 그 책 가운데서 취한 문자로 서실의 좌우명으로 삼았다"(오인환, 2000: 22)고 하였다. 『심경부주(心經附註)』 제1권에는 '경이직내장(敬以直內章)'이 있다(성백효 역주, 2020).

남명은 산해정에서 머물며 15년간 『성리대전(性理大全)』을 텍스트로 삼고 공부하

---

5) 남명이 과거를 접은 시기에 관해서 김경수는 32세 무렵으로 보아야 한다고 주장한다. 그렇게 추정하는 근거로서 규암 송인수로부터 『대학』을 선물받고, 책갑 안에 쓴 글의 기록과 단성소에 남명이 쓴 낙방의 기록 등을 들고 있다.

6) 헌릉참봉은 회재 이언적(晦齋 李彦迪)과 벗 이림(李霖)의 천거를 받아 중종이 제수한 것으로 알려졌다. 헌릉은 태조와 비인 원경왕후의 능이고, 참봉은 가장 낮은 종9품직이다. 이때부터 명종과 선조대까지 남명에게 10여 차례 벼슬을 제수하였으나 단 한 번도 나아가지 않았고, 처사로서의 삶을 지켜냈다.

7) 남명 조식과 조광조, 김안국, 이언적, 이황 등이 『심경부주』를 즐겨 읽었는데, 이 책은 남송시대 주자학자 진덕수(陳德秀)가 선대 유학자들의 글에서 심성 수양과 관련된 내용을 발췌하여 1234년 『심경(心經)』을 편집·간행하였고, 명나라 초기 성리학자 정민정이 진덕수의 『심경』에 주돈이, 장재, 정호와 정이 형제, 주희 등 여러 성리학자의 언론을 대폭 추가하여 1492년에 간행한 책이 『심경부주(心經附註)』이다(황지원, 2008: 39-40).

면서 중요한 부분은 반드시 세 번을 읽고, 그 핵심 내용을 기록으로 남겼다. 독서 노트를 남긴 셈이다. 그 항목 수가 모두 약 900 항목이다. 김충열(2006: 39)은 "남명의 학기(學記)를 볼 때 책의 분량으로 따지면 1천 여 권을 읽은 셈이고, 120개 학파(家)를 망라하여 읽었다"고 하였다. 남명이 남긴 학기를 보면, 주자와 정자가 대종을 이루지만 상수학(象數學)의 대표학자 소강절(邵康節), 심학(心學)[8]의 육상산(陸象山)[9] 등이 망라되어 있고, 그만큼 폭넓게 중국 유학(주자학만이 아니라)을 섭렵하였다. 이러한 학기를 남명의 제자 정인홍이 『근사록(近思錄)』의 체제에 맞추어서 분류·편집한 책이 『학기유편(學記類編)』이다.[10]

Ⅳ. 뇌룡정 시대를 열다

45세에 남명은 윤원형 등 소윤(小尹)이 획책한 을사사화로 대간 이림(李霖), 참봉 성우(成遇), 사간 곽순(郭珣), 헌납 이치(李致) 등 친구들의 부음을 들었다. 11월에는 어머니 상을 치렀고, 12월에 삼가 선영에 장사지냈다. 사화의 여파로 47세 때 벗 규암 송인수의 부음을 들었다.

48세에 어머니 상의 상복을 벗었다. 그리고 그해에 벗 안분당 권규(安分堂 權逵, 1496~1548)의 부음을 들었다. 조정에서는 남명에게 전생서주부를 제수하였으나 나아가지 않았다. 남명은 어머니 상을 마치고 김해로 가지 않고 삼가 토동에 자리를 잡고 계부당(鷄伏堂)과 뇌룡정(雷龍亭)을 지었다.

다시 최석기의 글을 통하여 남명이 삶의 국면을 바꾸면서 붙인 이름 뇌룡정을 통하여 그의 정신 지향을 읽어 보기로 한다. "남명이 붙인 이름 계부당은 닭이 알을 품

8) 육상산의 학문 심학은 "마음이 곧 이(理)이다(心卽理)"의 학문을 가리킨다. 따라서 성즉리(性卽理)의 성리학자들이 경(敬)을 통한 심성수양론을 가리키는 심학과 다른 개념이다.

9) 육구연(陸九淵, 1139~1193)은 중국 송나라 학자로 호는 상산(象山)이다. 그는 주자의 성즉리(性卽理)의 성리학(理學 또는 性理學)에 반론을 제기하고 심즉리(心卽理)를 주장하였다. 그의 이론을 받아 심화·발전시킨 학자가 명나라의 왕수인(王守仁, 1472~1529, 호는 陽明)이다. 이 둘의 학문을 육왕학(陸王學) 또는 양명학(陽明學)이라고 부른다(陳來 지음. 안재호 옮김, 1997). 퇴계 등 조선의 주자학자들은 양명학을 이단으로 배척하였다.

10) 이 책을 경상대학교 남명학연구소가 『사람의 길 배움의 길』(2002)이라는 제목으로 한길사에서 출간하였다.

고 부화하는 집이라는 뜻으로 지극 정성으로 여기서 학문을 하겠다는 것이다. 뇌룡정은 『장자(莊子)』 「재유(在宥)」에 나오는 '시거이용현(尸居而龍見) 연묵이뇌성(淵默而雷聲)'에서 취한 것인데, 시동(尸童)처럼 가만히 있다가도 용처럼 신비하게 나타나고, 연못처럼 고요하다가도 뇌성처럼 크게 울린다는 뜻으로 정(靜)을 바탕으로 하되 때로는 동(動)한다는 의미, 즉 정중동(靜中動)의 정신을 표현한 것"(최석기, 2019a: 61-62)이라고 하였다.

먼저 뇌룡정에 옮긴 후의 연표를 따라가 보자. 50세에 죽각 이광우(1529~1619)와 그 종형 송당 이광곤(1528~?), 옥동 문익성(1526~1584)이 와서 배웠다. 51세에 종부서주부에 제수되었으나 사양하였다. 이 해에 덕계 오건(德溪 吳健, 1521~1574)이 와서 배웠다. 54세에 개암 강익이 와서 배웠다. 55세 2월 송암 박제현(松巖 朴齊賢, 1521~1575)과 그의 아우 황암 박제인(篁岩 朴齊仁, 1536~1618), 영무성 하응도(寧無成 河應圖, 1540~1610)가 와서 배웠다.

55세 때 단성현감(丹城縣監)에 제수되었으나 상소를 올려 사양하였다. 남명이 뇌룡정에서 공부하고 가르치는 동안 그야말로 뇌성벽력처럼 조선 전체를 뒤흔들었다. 명종과 훈구·척신들의 적폐를 적었고, 나라가 망할 조짐이 보인다고 적었으며, 왜구의 노략질을 제대로 다스리라고 썼다. 그리고 백성을 일곱 차례나 언급하면서 임금이 제대로 공부하고 수양하여 백성을 위한 왕도정치를 펼치라고 목숨을 걸고 주창하였다. 남명의 단성소는 그야말로 명종의 조정과 훈구와 사림 모두에게 엄청난 충격과 파장을 일으켰다. 단성소에 관하여는 제2편 제3장에서 이미 따로 다루었으므로 자세한 내용은 생략한다.

56세에 환성재 하락(喚醒齋 河洛, 1530~1592)과 그 아우 각재 하항(覺齋 河沆, 1538~1590)이 와서 배웠다. 58세 때 죽유 오운(竹牖 吳澐, 1540~1617)이 와서 배웠다. 59세 봄에 대소헌 조종도(大笑軒 趙宗道, 1537~1597)가 그 장인 신암 이준민(新庵 李俊民, 1524~1591)을 따라 폐백을 가지고 와서 뵈었다. 모촌 이정(茅村 李瀞, 1541~1613)이 와서 배웠다. 일신당 이천경(日新堂 李天慶, 1538~1610)이 와서 배웠다. 칠봉 김희삼의 부음을 듣고 곡하였다. 훗날 임진왜란 3대 의병장으로 활약하게 되는 송암 김면(松庵 金沔, 1541~1593)이 와서 배웠다.

Ⅴ. 산천재 시대를 열다

61세 때 남명은 진주 덕산의 사륜동으로 옮겼다. 그해 산천재(山天齋)가 낙성되었다. 최석기(2019a: 67)는 “산천재라는 이름을 『주역』 산천(山天) 「대축괘」에서 가져왔다고 하였다. … 자신의 마음을 ‘강건하고 독실하고 빛나게 하여 날마다 자신의 덕을 새롭게 한다’는 바로 이 말에 (남명의) 마음이 있었던 것이다”라고 하였다. 김호진(2017: 605)은 “대축(大畜)은 물건이 산과 같이 흔들림 없이 견고하게 높이 쌓인 상(象)이니 … 흙이 크게 쌓여서 큰 언덕을 이루고, 학문과 경험을 많이 쌓아서 큰일을 행한다는 것이 곧 대축”이라고 해석을 달았다. 남명은 61세의 나이에도 자신의 마음을 새롭게 하여 공부로 인격을 가꾸며, 세상을 읽고 그에 필요한 사상을 숙성시키고, 또 실천하여 덕화(德化)를 이루어 세상을 이롭게 하려고 하였던 것이다.

61세 때 약포 정탁(藥圃 鄭琢, 1526~1605), 7월에 운강 조원(雲岡 趙瑗, 1544~1595), 11월에 동곡 이조(桐谷 李晁, 1530~1580)가 와서 배웠다. 63세 때 설학 이대기(雪壑 李大期, 1551~1628), 동강 김우옹(東岡 金宇顒, 1540~1603), 송암 이로(松巖 李魯, 1544~1598)가 와서 배웠다. 64세 2월에 벗 청송 성수침의 부음을 들었다. 65세에는 당시 한양에서 율곡보다 더 명망이 높았던 수우당 최영경(守愚堂 崔永慶, 1529~1590)이 남명을 흠모하여 천 리 길을 마다 않고 진주로 이사를 왔고, 배우기를 청하였다. 겨울에 성암 김효원(省庵 金孝元, 1542~1590)이 와서 뵈었다. 그리고 66세 때 한강 정구(寒岡 鄭逑, 1543~1620)가 와서 배웠다. 그해 7월에 조정에서 교지를 내려 불렀으나 나아가지 않았다. 같은 해 8월 상서원판관에 제수하고 교지를 내려 부르자 10월 3일 대궐에 나아가 사정전(思政殿)에서 명종을 입대(入對)하였다. 이때는 문정왕후도 죽고, 윤원형도 밀려난 뒤이므로 남명은 명종을 만나기 위하여 한양으로 가서 만나서 문답이 오갔으나, 11일에 사임하고 돌아와 버렸다. 그해 월담 최황(月潭 崔滉, 1529~1603)이 가르침을 받았다.

67세 6월에 명종이 승하하였다. 즉위한 선조가 11월에 교서를 내려 특별히 불렀으나 상소를 올려 사양하였다. 선조가 12월에 다시 교지를 내려 불렀으나 사임하는 상소를 올렸다. 망우당 곽재우(忘憂堂 郭再祐, 1552~1617)가 와서 배웠다.

68세 5월에 선조가 다시 교지를 내려 불렀으나 상소(戊辰封事)를 올려 사임하였다. 7월에 남명의 부인 조씨가 죽었다. 69세에 종친부전첨에 제수되었으나 병으로 사임하고 나아가지 않았다. 책문(策文)의 형식을 빌려 제목을 내어 여러 유생(儒生)에게 물었다. 70세 때도 선조가 내린 두 번의 소명(召命)을 모두 사양하였다.

71세 4월에 임금이 경상도 감사에게 특별히 명하여 남명에게 음식을 내려 주었으므로 상소를 올려 은혜에 감사하였다. 남명은 12월에 병을 얻었다. 72세 정월에 옥계 노진, 동강 김우옹, 한강 정구, 각재 하항 등이 문병하였다. 2월에 죽각 이광우, 영무성 하응도, 무송 손천우(撫松 孫天佑, 1533~1594), 조계 류종지, 모촌 이정, 도구 이제신, 남계 임희무, 설봉 박찬(雪峰 朴潔, 1538~1581) 등이 문병하였다.

72세 2월 8일 정침(正寢: 몸채의 방)에서 고종(考終: 명대로 살다가 편히 죽음)하였다. 부음을 아뢰니 임금이 통정대부 사간원 대사간으로 증직(贈職)할 것을 명하였다. 사제문과 부물(賻物)을 내리고 예관을 보내 제사하게 하였다. 4월에 산천재 뒷산 임좌(壬坐) 언덕에 안장하였다. 대곡 성운이 지은 묘갈을 세웠다.

제 2 절 남명의 학문

Ⅰ. 학문의 개념

막스 베버(Max Weber)는 학문을 "(우리 자신에 대한) 자각과 사실관계의 인식에 이바지하기 위하여 전문적으로 수행하는 활동"이라고 하였다(베버 지음, 이상률 옮김, 2017: 44-67). 학문에 대한 오래된 인식의 하나이다.

또 동양에서 "학문(學問)[11]은 한자 표현 그대로 '배우고 물음'으로써 진정한 앎에 접근해 간다는 의미"를 갖는다. 그리고 학문에서 '학'과 '문'을 구별해 보면, 단순히 지식을 배우는 것은 '학'이고 그 지식을 주체적으로 소화하여 진정한 나의 것으로 만

---

11) 학문(學問)이라는 말의 동양고전 첫 유례는 『맹자』 등문공 상 5-2-5에 등문공(滕文公)이 스승 연우(然友)에게 "나는 지난날에 일찍이 학문을 하지 않고 말 달리기와 칼 쓰기를 좋아했습니다(吾他日未嘗學問, 好馳馬試劍)"라고 말한 데서 볼 수 있다(동양고전연구회 역주, 『맹자』, 민음사, 2016: 164-165).

들기 위하여 비판적인 관점에서 의문을 가지고 반문(질문)하는 것이 '문'이라고 본다. 최석기는 학문을 『논어』「학이(學而)」의 '학이시습지(學而時習之) 불역열호(不亦說乎)'에 대한 주희(朱熹)의 해석 가운데의 학습(學習)에서 풀이를 시작한다. '학문(學問)'에서 '학(學)'이 '본받고 따라하기'라면, '문(問)'은 그런 과정에서 제기되는 문제를 '묻는 행위'이다"(최석기, 2009: 217-221).

오늘날 학문의 사전적 의미는 "학자들이 연구 활동을 한 결과를 축적해 놓은 지식 체계"이다. 학문을 개념적으로 이해하자면 좀 더 부연할 필요가 있다. 지식이란 과거에 어떤 '제한된 시간'과 '제한된 장소'에서 특정 경험과 견해를 가진 '어떤 사람'에 의하여 도달한 결론과 같은 것이다. 그런 지식을 배우는 것이 '학(學)'이다. 지식을 배울 때에는 항상 자신의 입장에서 되짚어 보는 자세(問)가 절대적으로 필요하다. 왜냐하면 어떤 지식이든 그 자체로 완벽한 것은 없고 항상 일정한 한계를 지니고 있는 만큼 그 한계를 알아야 더 나은 단계로 발전시킬 수 있기 때문이다. 요컨대 어떤 지식이든 항상 의문과 의식을 가지고 비판적으로 접근할 때에 참된 나의 지식이 될 수 있다는 것이 '학문'의 의미라고 할 수 있다(『논어』 해제, 2005. 서울대 철학사상연구소).

Ⅱ. 남명은 왜 과거를 버렸을까?

김충열(1983: 76)은 남명의 학문은 네 번의 국면 변화를 거쳐서 형성되었다고 하였고, 최석기(2019a: 51-52)는 남명은 국면이 바뀔 때마다 거주하는 공간의 이름을 산해정·뇌룡정·산천재 등으로 다르게 걸어서 정신의 지향을 나타냈다고 하였다.

사회적 존재로서 개인의 삶에서 보이는 중요한 변화는 저절로 이루어지는 것이 아니라 개인의 선택에 의한 것이다. 이러한 선택은 가치관에 바탕을 둔 생각의 방식을 거쳐서 이루어지는 것이며, 이러한 가치관은 개인의 지식과 정적(情的) 요인에 의하여 영향을 받고, 그 안에는 동기가 있다. 그리고 동기는 욕구에 의하여 촉발된다. 인간의 욕구는 자아(self)에 뿌리를 두고 있다. 자아-욕구-동기-가치관-사고방식-행동(선택)은 하나의 심리학적 도식(schema)으로 제시되었다(핫지킨스 지음, 주삼환 역편, 1985: 138 그림). 남명의 삶에서 중요한 국면의 전환은 그 심층에 있는 자아로부터 선택(행동)으로 이어진 것으로 볼 수 있다.

그 시대 조선의 사대부가 자제들이 대개 신택하는 삶의 경로는 유학의 가르침 순서대로 8세부터 소학을 배워서 기본 소양을 익히고, 15세에 대학을 비롯한 사서삼경 등 높은 단계의 교육을 거쳐서 과거를 보아 벼슬로 나아가는 것이었다. 물론 남명도 7세부터 아버지로부터 글을 배웠고, 바로 이웃 이연경 형제와 함께 공부를 한 것으로 추정한다. 그러다가 독학의 단계를 거치면서 남명도 과거 공부를 하였고, 초시는 좋은 성적으로 합격하기도 하였으며, 회시에 두 차례나 낙방도 한 것으로 편년에 기록이 있다.

그런데 왜 남명은 과거를 접고, 가난이 예견된 학문의 길을 선택하였을까? 남명의 삶에 매우 중요한 것으로 '과거를 버리고 학문의 길을 선택한 것'을 무엇으로 설명하여야 할까? 여러 학자의 글을 읽으면서 저자는 설명 요인으로 두 가지를 떠올렸다. 그것은 (1) 남명의 자아정체성 요인과 (2) 시대와 사회적 요인이다.

1. 남명의 자아정체성 요인

자아정체감(self identity)을 정립하는 것은 개개의 인간에게 매우 중요하다. "나는 누구인가?"를 어떻게 규정하느냐에 따라 욕구와 동기와 가치와 사고와 행동양식이 달라지기 때문이다.

남명의 자아정체성 정립에 영향을 미친 요인들은 무엇일까? 이상필(2005: 13-21)은 가계(家系)와 지리적 요인 등을 들었다.

첫째, 가계는 개인의 생물적 요인과 관련되고 또 성장・발달 단계에 가장 밀접하게 관련을 맺기 때문에 영향이 매우 크다. 조식의 가계[12]는 그의 자아정체성을 형성하는 데 큰 영향을 미쳤다고 본다. 남명은 어른이 되어서도 어머니 인천 이씨(1476~1545)의 인품과 가르침을 말하였을 정도로 섬겼다. 남명은 외가 쪽에 본으로 삼을 분들이 많았다. 증조부 조안습(曺安習)은 삼우당(三憂堂) 문익점의 조카 문가용(文可容)의 딸과 혼인을 하는 등 조식으로부터 4대 안으로 연결되는 선대로서 삼우당 문익점,

12) 남명의 가계에 관해서는 김충열, "생애를 통해서 본 남명의 위인," 『대동문화연구』 제17집, 1983: 67-129)에서 잘 정리하고 있다.

지족당(知足當) 조지서(趙之瑞), 정열공(貞烈公) 최윤덕(崔閏德 1376~1445) 등 역사적 인물이 있는데, 조식은 이들의 후손임을 매우 큰 긍지로 삼았던 것으로 알려졌다.

저자는 편년의 기록을 읽으면서 소년 남명은 "기발하고, 호기심이 많고, 영특하다"고 느꼈다. '밤새 물그릇 들고 인내력 기르기'와 '방울소리로써 각성하기'도 남명의 기발한 모습이다. 남명 소년은 또한 제자백가와 경전, 역사서는 물론 천문·지지·의방·수학·궁마·행진(行陣)·관방(關防)·진수(鎭戍)까지 두루 섭렵하였고, 심지어 유종원의 고문(古文)을 익혀서 다른 이가 그를 따라 하였다는 사실은 지적 호기심의 표현이다. 거기다가 글을 한눈에 열 줄씩 읽었다는 점은 영특함이다. 기발함과 호기심, 그리고 영특함은 창의적 사고와 맥이 닿는다.

이 밖에도 남명은 스스로 "젊은 시절 다른 이에게 오만하게 대하는 것으로써 고상하다고 생각하였으며, 부귀와 재물을 지푸라기나 진흙처럼 하찮게 여겼다"라고 말한 부분은 남명의 기질이다. 심리학에서 기질은 어떤 자극에 대한 민감함이나 정서적 반응을 가리키는 것으로 개인이 성격으로 타고난 부분이다(윈스턴 엮음, 김동광·이용철 옮김, 2006: 175). 거기다가 조언형은 단천군수 시절 함경도 감사인 어릴 적 친구와 절교한 일화가 있다(김충열, 1983: 69).[13] 사실이라면 소년 조식에게 아버지 조언형의 처신은 강렬한 훈육이 되었을 것이고, 소년 남명의 올곧은 기질은 보강되었을 것이다.

그러므로 남명은 부모님으로부터 깨끗하고 굳은(介潔) 성품을 받고, 또 배운 소년, 거기에다 남들이 생각하지 않거나 시도하지 않을 일들을 호기심으로써 시도한 소년, 그러한 호기심으로 그 연령대에 접할 수 있는 지식을 두루 섭렵한 소년, 가르쳐 주면 잊지 않고 기억하는 영특한 소년 남명이었다. 이렇게 보면, 그 당시 한양에서 사대부가의 영특하고, 기개가 넘치며, 그래서 자신감으로 충만한 촉망받는 한 젊은이였을 것으로 추정할 수 있다. 삶과 관련해서 겪는 일에 대하여 생각하고, 판단하고, 반응하는 방식을 개성이라고 한다면, 남명은 앞에 서술한 내용들이 결합된 가운데 남다른 개성을 지닌 소년이었음에 틀림없다.

13) 김충열은 이 일화를 『연려실기술』 9권 중종조 명신 조언형조를 인용하고 있다.

2. 시대와 사회적 요인

한 개인이 사는 시대의 조건은 중요한 영향 요인이다. 예컨대 조선의 주자학자들이 주자학을 지식 전부로 생각하였지만 오늘의 우리는 그것에 크게 의존하지 않는다. 남명이 살았던 시대는 조선 중기로 인구에서 10%도 되지 않던 양반 중에 태조, 태종, 세조, 중종 등의 권력 획득을 지지하고 공신이 된 소수의 훈구파 인사들이 권력과 경기도 지역의 토지를 거의 독차지하고 기득권 세력이 되어서 개혁을 주창하는 사림파를 세 차례나 사화로 떼죽음을 시키던 때였다. 그것도 남명이 19세 때 기묘사화가 일어나 조광조와 연루된 숙부 조언경이 파직을 당하였고, 아버지 조언형도 제주목사를 제수받고 병으로 부임하지 못하였는데 항명으로 몰아 파직당하였다. 다섯 살 이후 한양에 살고, 또 아버지와 숙부가 관직에 있는 사대부가의 소년 남명에게 사화의 공포감이 억누르는 집안의 분위기를 모를 리 없는 일이고, 정서적 반응이 일어나지 않았을 리 만무하다. 그렇게 하여 소년 남명은 그때 훈구와 척신들의 적폐를 눈으로 보고 귀로 들어서 알게 되었을 것은 분명하며, 사림파 집안의 한 자제로서 개혁적 분위기에 관련된 동조감과 소속감을 매우 민감하게 반응하여 남명의 기억과 정서에 새겼을 것이라고 생각된다.

3. 남명, 과거를 버리다

앞에서 서술한 대로 남명의 자아정체성 요인들이 시대와 사회적 요인과 결합되어 어떤 결과를 만들었을까를 추론해 본다. 먼저 남명이 자신의 사고와 행동(선택)을 위한 준거 기준을 제시한다. 제자백가를 비롯하여 경사자(經史子)를 읽고, 또 천문・지지・의방・수학・궁마・행진(行陣)・관방(關防)・진수(鎭戍)를 두루 읽은 남명에게 유학이 가르치는 바, 대학의 3강령 8조목의 수기치인(修己治人: 인격을 수양해서 군자나 대인이 되어 세상을 다스려서 백성을 편안하게 만드는 것) 또는 내성외왕(內聖外王: 안으로 수양을 쌓아 성인이 되고, 군왕이 되어 세상을 평안하게 다스림)을 모를 리 없었을 것이다. 그렇다면, "군왕도, 신하도 모두 군자나 대인의 인격을 갖추어야 하고, 그런 다음 백성을 아들처럼 보듬고 보살피는 정치, 즉 왕도정치"가 실현되어야 하거늘 남명이 본 정치는 패도난정(覇道亂政)이요 무도(無道)의 극치였으니, 소년 남명은 과거와 벼슬길에서 시대를 구하는 답을 찾지 못한 것이다. 그래서 과감하게 과거를 버린 것이다. 혹자는 그런데 왜 37세까지 향시(鄕試)와 회시(會試)에 나갔느냐고 의문을 가질 수 있겠다. 그러나 그것은 편년의 기록이 그러할 뿐, 김경수는 남명이 이미 32세 무렵 과거를 포기한 것으로 추론하였다. 더구나 어머니 인천 이씨의 권유를 거스르지 못한 아들의 응시였다는 그의 고백도 참고가 될 것이다.

4. 남명, 학문의 길을 택하다

『남명선생편년』에서 살펴본 대로 남명은 『성리대전』을 읽다가 허노재(許魯齋)의 글을 읽고 번쩍 깨달음을 얻었다. 세상에 보여주거나 과거를 보아 출세하는 수단으로서 공부가 아니라 진정 자신을 성찰하고 깨달음을 얻는 학문, 즉 위기지학(爲己之學)에 대한 절실한 욕구가 싹튼 것이다. 그리하여 그는 성인(聖人)의 학문에 전심하여야겠다는 생각을 갖게 되었다. 이때의 심정을 남명은 다음과 같이 술회하였다"(최석기, 1991: 63).

> "어려서 부모를 잃고 돌아갈 곳을 모르다가 어느 날 아침 갑자기 자애로운 어머니의 얼굴을 보고 하도 기뻐서 자신도 모르게 손발이 덩실덩실 춤을 추는 것과 같았다."[14)]

임헌규(2016: 11-26)는 남명의 이러한 선택(轉變)을 철학하는 사람이 겪는 반전 상황으로 보았다. 그에 따르면, "지혜를 사랑하고 철학하는 정신은 일반적으로 4단계의 과정을 겪는데, 남명의 삶에서 이러한 대전환이 있었다고 본 것이다.[15)] 남명은 1) 호기를 부리고 자존하던 청년으로서 사대부가의 자제들처럼 과거를 보고 입신하려다가 2) 잇따른 사화에서 패도난정의 적폐를 보았고 또 기묘사화 때 가족이 화를 입으면서 기존의 가치 체계나 믿음에 당혹감과 불안감(우환 의식)을 겪고 회의감을 갖게 되었다. 거기다가 자신의 과거 낙방까지 이어졌으니 삶에 대한 깊은 고뇌를 겪을

14) 『남명집』 上, 500쪽. 최석기(1991: 68) 재인용.

15) 임헌규(2016: 11-26)는 철학적 전환은 "① 기존의 가치나 진리 체계를 맹신, ② 기존의 체계에 당혹감이나 경이감, 또는 불안감(우환 의식)을 느껴서 태도를 바꾸게 되고, ③ 태도 전환을 통하여 궁극적인 것에 대한 절대적인 증득(진리 증득)을 이루며, ④ 자비행(이타행)으로 이어진다"고 하였다.

수밖에 없었다. 그러다가 3) 허노재의 글을 통하여 충격을 받고 태도를 바꿔서 철학하는 길(학문하는 길, 성인이 되는 길)을 선택하여 절대적인 증득(진리 증득, 천인합일의 진실 무망한 경지)을 이루고, 4) 자비행(이타행)으로 이어졌다는 것이다. 남명은 이렇게 과거를 버리고 학문의 길을 걸었다. 그리하여 남명은 자신의 공부(수양)로 도덕적 인격을 이루면서 경의지학(敬義地學)을 정립하였고, 치도(治道)가 무너진 그 시대의 정치와 학술 등의 심각한 문제를 해결하기 위하여 경의를 핵심으로 삼는 경세사상을 정립하여 우국상민(憂國傷民, 즉 자비행 또는 이타행)한 것이다.

Ⅲ. 남명의 학문[16]

1. 학문 몰입기

남명은 일단 학문의 길을 선택한 뒤로 무섭게 공부에 파고들었던 것 같다. 김충열은 그 상황을 '발분망식(發憤忘食)'으로 표현하였다. 이때부터 남명은 "내면의 공부를 해 나가면서 지엽적인 것은 떨쳐버렸다. 오로지 육경(六經)과 사서(四書) 및 주자(周子)·정자(程子)·장자(張子: 張橫渠를 가리킴)·주자(朱子)의 책에 나아가 밤낮 쉬지 않고 마음을 다하고 정성을 쏟았다. 깊이 탐색하는 가운데 반성과 실천에 힘썼다. 사물과 접할 때 몸으로 궁구하였으며, 안과 밖을 함께 수양하였다"(장원철·전병철 역주, 2011: 20-21).

남명의 평생 벗 대곡 성운이 지은 묘갈문(墓碣文)에 남명의 공부 모습이 서술되어 있다. 그 내용의 일부를 소개한다.

> "공의 타고난 자질이 영특하고 그릇이 컸다. 단정하고 근엄하고 곧고 발랐다. 굳세면서도 정밀하였고 지조가 매우 강하였다. 실천을 확실히 하였으며, 처신하는 것은 모두 법도에 맞게 하였다. 눈으로 음란한 것을 보지 않았고, 귀로는 비뚤어진 소리를 듣지 않았다. 장엄하고 공경스런 마음을 속으로 늘 간직하고 있었고 게으른 모습을 밖으로 보인 적이 없었다. … 새벽에 닭이 울면 일어나 갓을 쓰고 옷 띠를 매고서 자리를 바로 하여 곧게 앉아 있으면 어깨와 등이 꼿꼿하였는데, 바라보면 마치 초상화나 조각상 같았

16) 이후의 내용은 남명이 유학을 공부하면서 써서 남긴 독서 노트(學記)를 엮은 『학기유편』을 국내외 학자들이 연구·해석한 것을 소개한다. 이 책의 맨 뒤에 읽거나 건너뛰어도 괜찮다고 본다.

다. 책상을 닦고 책을 펼쳐서는 마음과 눈을 모두 책에 집중하였다. 서재 안이 고요하여 마치 사람이 없는 것 같았다"(장원철 · 전병철 역주, 『남명선생편년』, 2011: 136).

2. 남명 학문의 이해: 『학기유편』을 중심으로

남명은 주자학을 포함하는 성리학을 깊이, 그리고 넓게 공부하였다. 그러니까 성리학에서도 이학(정주학)과 심학(육구연과 왕양명의 학문)을 망라하여 읽었다. 앞에서도 소개한 대로 남명은 주자성리학에 멈추지 않고 천문 · 지지 · 의방 · 군려 · 행진 등 백성의 삶에 실용할 수 있는 지식까지 두루 섭렵하여 이를 바탕으로 그의 학문을 높게 쌓아 올렸다.

남명은 몰입하여 학문에 정진하면서 읽은 내용 중에서 중요하다고 여기는 부분은 반드시 세 번 읽고, 독서 노트(學記)를 써서 남겼는데, 훗날 그것을 제자 정인홍이 『근사록(近思錄)』을 본떠 순서를 갖추어서 출간하였고, 그것이 『학기유편(學記類編)』이다. 그러므로 『학기유편』을 읽으면 남명이 어떤 내용의 문헌들에서 어떤 학자들의 글을 읽고, 중요하게 생각하였는가를 알 수 있게 된다.

1) 『학기유편』과 「학기도(學記圖)」의 의의

『학기유편』의 내용에 관하여 김충열(2008: 140-141)은 "주자학에 치우치지 않고 폭넓게 120여 가(家: 학파)의 학자를 섭렵하였으며, … 그 정수들을 골라 정리한 『학기유편』은 바로 남명학의 기조가 된다고 보아도 무리가 없다. 이에 조식의 성리학 특성이나 경향 및 학문 경지를 이해하는 데는 『학기유편』으로도 부족함이 없다"고 하였다.

또 신창호(2018: 152)도 "남명의 『학기유편』과 「용마도(龍馬圖)」, 「심통성정도(心統性情圖)」, 「소학대학도(小學大學圖)」, 「경도(敬圖)」, 「성도(誠圖)」, 「심위엄사도(心爲嚴師圖)」 등은 유학이론의 진수를 담고 있다"고 하였다. 금장태(2002: 205)는 또 "'기(記)'(차기[箚記])는 주로 성리학 관련 저서에서 인용한 문장이라는 점에서 남명의 학문적 관심을 엿볼 수 있는 중요한 자료이며, 독서하면서 자신에게 절실한 구절을 그때마다 손으로 적은(手錄) 것으로서 그의 평생 독서와 궁리 · 수양에 교본이 되었던 것을 알 수 있다"고 하였다.

남명은 공부한 내용의 중요한 부분을 기록하였을 뿐만 아니라 터득한 이치를 쉽게 이해할 수 있도록 24개의 그림을 그려서 학기와 함께 남겼는데, 그것을 「학기도(學記圖)」라고 한다. 남명이 남긴 학기도 24개 가운데 남명이 손수 그린 그림이 종래 17개로 알려져 있었다. 그러나 최근 이승환의 연구(2012)에 의하여 자작도는 17개가 아니라 5개라는 사실이 밝혀졌다. 그러나 남명은 차용해 온 그림을 그냥 그대로 베끼기만 하였을까? 이승환의 연구에서 좀 더 그런 부분까지 자세하게 비교하여 소개하였더라면 더 학술적 가치가 컸지 않을까 생각하게 된다.

아무튼 위와 같은 의미와 가치를 가지는 『학기유편』 및 「학기도」의 내용을 저자는 『학기유편: 사람의 길 배움의 길』(경상대학교 남명학연구소 역주, 2002)의 상편의 순서와 내용을 참고로 하여 다음에 2) 남명의 역학 공부(易學工夫), 3) 남명의 성리학 공부, 4) 남명의 학문방법론 공부로 나누어서 아주 간략하게 서술한다.

2) 남명의 역학 공부

저자는 한글로 번역된 중국의 『주역』 관련 문헌을 읽어서 남명이 『학기유편』에 쓴 글의 개념을 이해하려고 노력하였다. 그런 책들이 장치청의 『전해 주역』(우수현 옮김, 2018), 『황극경세서』(소강절[邵康節] 지음, 노영균 옮김, 2002), 『선천역학』(고회민 지음, 곽신환 옮김, 2016), 『상수역학』(고회민 지음, 신하령 · 김태완 옮김, 1994), 『하도낙서의 과학적 탐구』(이승재, 2017) 등이다. 그리고 보조적 문헌으로 펑유란(馮友蘭)의 『중국철학사』(박성규 옮김, 2017) 상 · 하도 있다.

저자는 남명이 공부한 내용으로서 학기와 그림이 갖는 의미 등의 자세한 설명은 전문학자에게나 필요할 뿐 일반 독자가 반드시 알아야 할 부분은 아니라는 생각이다. 꼭 읽으려는 경우 졸저 『남명 조식의 학문과 사상과 실천』(2020, 우락재)의 제3장(53-147)에 학자들의 해석 등을 자세하게 소개하였으므로 참고하면 될 것이다.

『학기유편』의 「용마도」와 관련된 학기에 인용된 중국 유학자들을 보면 주자가 2회, 옥재호(玉齋胡: 胡方平) 씨가 1회 인용되었다. 다른 부분보다 인용이 많은 것은 아니다. 그럼에도 불구하고 남명은 학기(學記) 첫머리의 첫 그림 「용마도」와 두 번째 그림 「낙서도(洛書圖)」, 그리고 「제3도」를 통하여 그가 『주역』[17][18]에 있는 중국

17) 『주역(周易)』은 '상고(上古)시대' 중국에 전해오는 점술 관련 책이다. 전설적 황제 복희씨(伏羲氏)

철학과 사상의 원류를 철저히 살핀 점이 나타난다.

첫째, 「제1도 용마도」를 통한 주역 공부의 핵심은 전설적 인물 복희씨(伏羲氏)가 팔괘를 그렸다는 것과 그것이 의미하는 내용이다. 즉, "황하에서는 '용도(龍圖)'가 나오고 낙수(洛水)에서는 '귀서(龜書)'가 나타났으므로 성인이 그것을 모방하였다. 또 성인이 그것을 본떠 팔괘를 만들었다는 것이다. 그것이 바로 유명한 '하도(河圖)'와 '낙서(洛書)'이다. 또 복희씨가 하도를 보고 팔괘를 만들고 … 하도(河圖)는 (음양)오행(五行)의 생수(生數)와 성수(成數)[19]를 나타낸 그림, 즉 오행의 생수와 성수의 방위를 배열한 그림이다"(장치청[張其成] 지음, 오수현 옮김, 2018: 493)라고 하였다는 점이 핵심이다. 그러므로 용마가 황하에는 숫자를 지고 나온 것이 중요한 것이 아니라, 중국의 전설의 인물 복희씨가 우주와 자연 현상을 읽어서 괘로 그리고, 숫자들의 관계로써 나타내어 읽고, 해석하려 하였다는 점이 핵심이다.

주역에서는 "생수(1, 2, 3, 4, 5)와 성수(6, 7, 8, 9, 10)가 조합을 이루어서, 즉 음

가 8괘와 64괘를 만들고, '중고(中古)시대' 중국의 주나라 문왕(文王)이 괘사(卦辭: 괘에 관하여 풀이하는 글)를 지었다는 『주역』은 천자 · 제후 · 귀족들이 점치는데 썼다. 그러나 '근고(近古)시대'에 공자(孔子)가 지었다는 『주역』의 경문(經文: 내용)에 관한 풀이 글, 즉 「계사전(繫辭傳) 상 · 하」 등 일곱 가지 주제에 관하여 10편의 작품을 일컫는 『역전(易傳)』이 주역의 본래 내용과 결합되었다. 그래서 본래의 『주역』과 『역전』을 묶어서 『주역』 또는 『주역』을 높여 부르는 『역경(易經)』은 장치청의 표현대로 "철학적 색채가 묻어나는 점술서"로 이해된다(장치청 지음, 오수현 옮김. 『전해 주역 상』, 2018: 40). 이렇게 이해하는 이유는 『역전(易傳)』 또는 『십익(十翼)』에는 "우주·자연의 구조를 음양의 원리로 이해하는 내용을 비롯하여 오행(五行)과 상(象), 수(數), 방위(方位), 그리고 천(天) · 지(地) · 인(人)의 관계, 인간의 삶 속의 의리(義理) 등 인문적 사상과 철학이 보태어졌기 때문이다.

18) "은허(殷墟)에서 출토된 갑골문에 '상제(上帝)가 비를 내릴 것인가', '… 공격하려는데, 상제가 우리를 도울 것인가' 등의 점친 해석(복사[卜辭])이 있고, 현존하는 10만 여 갑골문이 전쟁, 농사의 흉풍, 기우(祈雨)에 관한 복사(점괘를 해석하는 글)이다. 이로 인하여 중국 고대의 은나라와 주나라 시대가 '역사시대'로 편입되었다"(이선행, 1996: 144-145). 이처럼 고대 중국에서는 조정마다 예외 없이 점치는 부서를 두고 하늘의 뜻(상제의 뜻)을 묻고, 기원하였는데, 이것이 『주역』의 연원이다.

19) "우주 안의 수는 1에서 10가지인데 하도의 안에 그린 1~5를 '생하는 수'라 하여 생수라 하고, 바깥의 6~10을 '이루는 수'라고 해서 성수라고 하며, 생수 중 홀수는 양(陽)으로서 하늘의 수, 짝수는 음으로서 땅의 수로 본다. 이것을 삼천양지(參天兩地)라고 하여 역의 수리에서 가장 기본이 되는 수이다. 생수 중에서 홀수인 1·3·5를 합한 9는 양을 대표하는 노양(태양)이 되고, 짝수인 2·4를 합한 6은 음을 대표하는 노음(태음)이 된다. 주역은 음양학(陰陽學)인 동시에 구육학(九六學)이며, 주역은 변하는 학문이므로 변하는 숫자로써 설명한다"(김호진, 2017: 90-91). 생수와 성수, 음양과 오행에 관해서는 김호진의 책 90-110쪽에 자세한 설명이 있다.

양이 합하여 물(水), 불(火), 나무(木), 쇠(金), 흙(土)의 오행(五行)을 만들어 낸다고 본다. 물은 1과 6의 조합인데, 물은 양에 해당하는 하늘(1)에서 떨어져서 음에 해당하는 땅에 고이는 현상, 즉 하늘의 양에서 생겨 땅의 음에서 이루어지는 자연의 이치를 나름대로 설명한 것이다. 불은 음인 땅에서 타올라(生) 하늘(양)로 올라가고(成), 나무는 하늘(양)에서 씨가 떨어져(生) 땅(음)에서 무성하게 자라며(成), 쇠는 땅 속(음)에서 파내어(生) 세상(양)에 모두 쓰이는 것(成), 흙은 한 알갱이(양)의 흙이 모여(生) 쌓이는(음) 것(成)이라고 설명한다. 이렇게 오행의 순서는 수화목금토이다. 그리고 오행의 상생관계는 수생목(水生木) → 목생화(木生火) → 화생토(火生土) → 토생금(土生金) → 금생수(金生水)로 나타낸다"(김석진, 2017: 103).

둘째, 「제2도 낙서도」를 통한 남명의 주역 공부 내용이다. 남명이 남긴 이 부분의 학기(學記)를 보면 『성리대전(性理大全)』을 중심으로 읽은 것이 확인된다. 여기서 주자(朱子)가 두 차례 인용되었고, 소강절(邵康節)의 역학(易學)을 공부하고 『찬도지요(纂圖指要)』를 지어서 잘 알려진 채원정(蔡元定)과 그 아들이며 주자의 제자인 채연(蔡淵)을 남명은 인용하였다. 그 밖에 원나라 학자 호일계(胡一桂), 수나라 때 학자 왕통(王通)이 각각 한 차례 인용되었으며, 남명 스스로 두 개의 주(註)를 달았다.

이승재에 따르면, "낙서(洛書)는 중국 하(夏)나라의 우왕(禹王)(기원전 2070년에 하나라를 개국)이 홍수를 다스리기 위하여 낙수(洛水)라는 마을에서 치수 공사를 하던 중 신기한 거북(神龜)이 나타났는데, 낙서란 이 거북의 등에 여러 개의 점으로 이루어진 그림을 말한다. 낙서의 출처가 신기한 거북이므로 낙서는 신구낙서(神龜洛書)라고도 한다. 홍범구주에서 홍범은 '큰 법'이라는 뜻이고 '구주'는 아홉 개 조항을 가리킨다"(이승재, 2016: 32). 그러므로 우왕이 낙수에서 치수사업을 하던 중 등에 여러 개의 점이 있는 그림이 그려진 신기한 거북이 나왔고, 우왕은 거기서 나라를 다스릴 법 9개 조항을 만들었다는 것이다"(이승재, 2016: 32).[20]

낙서도 역시 숫자를 가지고 하늘과 땅의 이치를 이해하고 설명하려고 하였다. 하

---

20) 『서경』에는 기자(箕子)가 무왕에게 다스리는 법으로서 아홉 가지를 가르쳐 주었고, 그것이 홍범구주이다(김석진, 2017: 39)라고 쓰고는 "홍범구주의 연원은 멀리 복희씨의 팔괘로부터 자부선사의 삼황문을 거쳐 단황께서 우에게 전수한 오행치수법으로 이어지며"라고 써서 서술이 가지런하지 않다. 우리의 역사와 강역을 고조선이 지배하던 대륙으로 확장하여 서술하는 고대사에는 팔괘를 만든 복희씨(伏羲氏)를 동이족으로 서술하기도 한다.

도와 달리 낙서도는 숫자의 위치가 다르고, 설명하려는 바도 다르다. 하도가 자연의 운행과 규칙에서 상생을 설명하려고 하였다면, 낙서도는 자연의 운행에서 상극(相剋)을 설명하려고 하였다. 즉, 수극화(水克火: 물로 불을 끔) → 화극금(火克金: 불은 쇠를 녹임) → 금극목(金克木: 도끼로 나무를 자름) → 목극토(木克土: 나무는 땅을 뚫고 나옴) → 토극수(土克水: 흙으로 물을 막아 가둠)이다.

셋째, 「제3도」를 통한 주역 공부이다. 남명 학기의 제3도에서 그림은 복잡하지만, 학기는 비교적 간단하다. 학기 1.1에서 남명은 전거를 밝히지 않은 가운데 5행과 8괘와 괘명과의 관계를 쓰고 있다. 그리고 학기 2.1에서 역시 남명은 육갑고허법(六甲孤虛法)에 따른 갑자순(甲子旬),[21] 갑술순(甲戌旬), 갑신순(甲申旬), 갑오순(甲午旬), 갑진순(甲辰旬), 갑인순(甲寅旬)별 고(孤)가 되고 허(虛)가 되는 천간(天干)을 소개하였다.

학기 3.1에서는 "때를 타는 것이 왕(旺)이고, 생(生)하는 것이 상(相)이다. 나를 생하는 것은 휴(休)이고, 나를 극(剋)하는 것은 수(囚)이며, 내가 극하는 것은 사(死)이다"라고 썼다. 또한 학기 4.1에 "남자는 극에서 취하고, 여자는 생에서 취한다. 예컨대 남자가 목일 경우 금은 아들이 되고, 음인(陰人)일 경우 화는 딸이 된다"고 썼다.

넷째, 「제4도 복희 팔괘차서도-문왕 팔괘차서도」를 통한 주역 공부이다. 남명은 팔괘차서도와 관련해서 「복희팔괘차서」와 「문왕팔괘차서」의 두 가지를 함께 인용하여 네 번째 그림으로 제시하였다. 그리고 학기(學記)에는 이정(二程)의 형인 정명도(程明道), 동생인 정이천(程伊川)을 주로 인용하였고, 주자, 공자, 호방평(胡方平), 이순신(李舜臣), 호병문(胡炳文)을 각각 한 차례씩 인용하였다. 그리고 문헌으로는 『성리대전』, 『주역』과 『주자어류』, 『하남정씨유서』 등이 인용되었다.

팔괘가 어떻게 형성되는지를 설명하는 무척 유명한 구절로서 "그러므로 역(易)에는 태극이 있으니 이것이 양의(兩儀)를 내었고, 양의는 사상(四象)을 낳았으며, 사상은 팔괘(八卦)를 낳았고, 팔괘는 길흉을 정하며, 길흉은 대업을 낳는다(是故易有太極是生兩儀 兩儀生四象 四象生八卦 八卦定吉凶 吉凶生大業)"라는 내용이 『주역』 「계사전 상」 제11장에 있다. 『주역』이 서술한 팔괘의 형성 과정에 따라 훗날 소옹(邵雍,

21) 갑자로 시작되는 열흘 간을 나타내는 갑자일 · 을축일 · 병인일 · 정묘일 · 무진일 · 기사일 · 경오일 · 신미일 · 임신일 · 계율일을 가리킨다(『학기유편』 역주자 주 참조).

호는 康節, 1011~1077)은 그림 하나를 제시하였는데, 그것이 바로 복희팔괘차서도(伏羲八卦次序圖)이다”(장치청 지음, 오수현 옮김, 2018: 492). 훗날 소옹(邵雍, 호는 康節)은 복희가 팔괘를 그렸다는 점을 참고하고, 『주역』「계사전」의 내용을 바탕으로 삼아서 태극–양의(음양)–사상(태양·소음·소양·태음)–팔괘(건·태·리·진·손·감·간·곤)로 형성·배열되는 내용의 그림을 그렸고, 이것을 ‘복희팔괘차서도’라 하였다.

남명은 「팔괘차서도」 그림 아랫부분에 ‘문왕팔괘차서(文王八卦次序)’를 그렸다. 그런데 “복희팔괘는 가장 이른 시기에 나온 괘로서 그 상(象)으로 본다면 고대 중국에서 천도사상(天道思想)이 지배하던 시대의 것이다. 시간이 흘러서 주(周)나라 문왕(文王)이 『역』과 관련하여 8괘를 64괘로 펼쳤는데, 이 시기는 하늘과 땅 등 자연에 대한 인지(人智)의 발달로 천도사상의 시대에서 인도사상(人道思想)의 시대로 들어섰다”(고회민 지음, 곽신환 옮김, 2011: 327)고 본다.

그리고 문왕은 복희의 8괘와 위치가 전혀 다른 8괘도를 제시하였다. 소옹(邵雍)은, 복희의 8괘도는 하늘의 도에서 발전한 것이고, 문왕의 8괘는 ‘땅의 도를 드러내는 것’이라고 여겼으며(장치청 지음, 오수현 옮김, 2018: 552), 복희 8괘도를 선천도(先天圖)라고 부르고, 문왕 8괘도는 후천도(後天圖)라고 이름 붙였다.[22)]

그 이후 ‘후천팔괘’ 혹은 ‘문왕8괘’라고 불리게 되었으며, 문왕8괘의 전개 순서 등을 ‘문왕팔괘차서’라고 이름 붙였다.

다섯째, 「제5도 팔괘방위도」를 통한 주역 공부이다. 남명은 ‘팔괘방위도’와 관련하여 다섯 개의 학기(學記)를 남겼다. 여기서는 남명이 소자(邵子: 소옹 邵雍을 높여서 부르는 말)의 사상을 중심으로 공부한 바가 나타난다. 그 내용을 보면, 소옹의 『황극경세서(皇極經世書)』의 글들을 주로 인용하고 있기 때문이다.

1.1. “선천(先天)의 학문은 심법이다. 그러므로 ‘하도’의 그림은 모두 가운데로부터 일어나니, 온갖 변화와 온갖 일이 마음에서 생긴다”고 썼고, 1.2. “선천의 학문은 마음이고, 후천(後天)의 학문은 자취이다. 출입·유무·생사는 도이다”라고 인용하였다.

---

22) 소강절은 선천과 후천을 두고 “요임금 이전은 선천이고 요임금 이후는 후천이다.”라고 주장하였다. 그러나 그는 선천과 후천을 가르는 구체적 기준이나 사유는 적시하지 않았다(소강절 지음, 노영균 옮김, 2002: 250).

학기 1.1.과 1.2. 모두 소옹의『황극경세서』「관물외편 하」의 내용이다. 남명은 팔괘방위도에서 「희선천(羲先天)」이라는 이름과 「문후천(文後天)」이라는 이름을 사용하였는데, 전자는 「복희팔괘방위도」를 가리키고, 후자는 「문왕팔괘방위도」를 가리킨다. 그리고 남명은 이 두 그림에 관하여 따로 서술하지는 않았다.

참고할 점은 비록 명칭에 고대 인물 복희가 들어 있지만 그 시대와 관계없이, 복희팔괘의 방위 배열은 북송시대에 이르러서야 생겨났고, 이것이 강조하는 바는 음양 변화의 법칙이자 하늘의 도가 갖는 법칙이라는 점(장치청 지음, 오수현 옮김, 2018: 551)이다.

왜 남명은 주역을 통하여 역학을 공부하였을까? 남명의 시대에 주역은 점치는 책(占術書)이면서도 중국 철학·사상을 담고 있는 책이었기 때문이다. 인간은 우주 자연에 관한 지식이 거의 없을 때 하늘을 두려워하면서도 의지하는 존재였다. 하늘을 읽어서 인간의 삶을 예측하며 살고자 하였다. 통치자들은 전쟁을 하거나 중요한 일을 할 때마다 점을 쳤으며, 그래서 하늘을 읽고 점치는 복서(卜筮)의 부서를 두었다. 중국의 갑골문 유물에는 점친 내용들이 기록으로 많이 남아 있다.

그런 때 문자가 없던 상고(上古)시대에 복희씨(伏羲氏)라는 전설의 왕이 하늘과 땅과 인간을 3재(三才: 하늘과 인간과 땅)로 인식하였고, 우주와 자연의 상을 그려서 건(乾 ☰ 하늘)·태(兌 ☱ 못)·리(離 ☲ 불)·진(震 ☳ 우레)·손(巽 ☴ 바람)·감(坎 ☵ 물)·간(艮 ☶ 산)·곤(坤 ☷ 땅)의 8괘를 만들었다. 그리고 그때 하늘은 양으로, 땅은 음으로 인식하고, 인간을 포함한 우주 만물은 음양의 조화와 오행으로 돌아간다고 생각하였다. 그리고『주역』은 인간 사회의 가족도 하늘은 아버지, 땅은 어머니로 인식하여 둘이 교합하여 양의 아들과 음의 딸을 낳게 된다고 보아서 8괘에 연관시켜 아버지(☰)와 어머니(☷), 양에 해당하는 장남(☳), 중남(☵), 소남(☶), 그리고 음에 해당하는 장녀(☴), 중녀(☲), 소녀(☱) 등 여덟으로 나타내었다. 그리해서 "천지는 대가족이고 인간은 소가족, 천지는 대우주이고 인간은 소우주, 천지는 대자연이고 인간은 소자연이라고 생각하였다"(김석진, 2017: 31)는 것이다.

그러다가 문자가 생긴 이후 중고(中古)시대의 주나라 때에 문왕(文王)이 8괘의 각 괘(卦)를 해석하는 글, 즉 괘사(卦辭)를 지었다. 그리고 그 아들 주공은 또 효(爻)에다 해석하는 글, 즉 효사(爻辭)를 지었다. 그리고 하고(下古)시대에 공자는 만년에

『주역』을 많이 읽고, 10개의 해설을 붙였다. 그래서 십익(十翼)이다. 공자는 문왕이 괘사를 단 내용에 관한 해설로서 단전(彖傳), 괘의 형상(괘상)과 효의 형상(효상)을 설명한 상전(象傳), 건괘(乾卦)를 해설한 문언전(文言傳)과 곤괘를 해설한 문언전, 문왕의 괘에 관한 해설, 계사상전(繫辭上傳)과 주공의 효사에 관한 해설, 계사하전(繫辭下傳), 팔괘의 선천과 후천 배열에 관한 해설, 설괘전(說卦傳), 주역의 괘 순서를 풀이한 서괘상전(序卦上傳)과 서괘하전(序卦下傳)을 지었고, 끝으로 괘의 순서를 따지지 않고 해설을 붙여서 잡괘전(雜卦傳)을 지었다. 『주역』은 64괘의 부호, 괘명, 괘사, 386개의 효사로 이루어진 경문(經文)과 전문(傳文)으로 이루어졌다. 『주역』을 주로 점치는 기능을 중심으로 이해할 때 '상수역(象數易)'이라 하고, 인문학 중심으로 이해할 때 '의리역(義理易)'이라 하는데, 따라서 『주역』은 중국의 점술서이자 철학·사상을 담은 책이 되었다. 그렇게 『주역』은 유가(儒家)와 도가(道家)에서 귀하게 여기는 경전이 되었다.

남명의 『주역』 공부는 괘와 관련된 전설은 물론 「하도」와 「낙서」에서 생성시키는 수(數)의 원리와 배열, 즉 생수(生數)와 성수(成數), 하늘의 수(天數)와 땅의 수(地數), 그리고 괘상, 음양과 오행의 원리, 상생과 상극의 작용 등을 포함하고 있다. 특기할 점은 『주역』에서 상수학(象數學)의 창시자 반열에 있는 소옹(邵雍, 호는 康節)의 인용에 의한 학기(學記)가 비교적 많다는 점이다. 그러므로 『학기유편』을 보면, 남명이 『주역』의 의리역학도 공부하였지만, 점을 치는 상수역학도 비중 있게 공부하였다는 사실이 확인된다. 이렇게 중국의 점술책이요 철학책인 『주역』을 19세 때부터 읽은 남명은 주역 공부에서 그 시대 조선 최고의 경지를 이루었으며, 후학들에게 『주역』 공부의 길라잡이 역할을 수행한 것이 드러난다. 다만, 남명이 『주역』으로써 점을 쳤는지는 기록이 없어 보인다.

3) 남명의 유학 공부

남명은 「제6도 삼재일태극도」부터 「제15도 충서일관도」까지 그림을 직접 그리거나 소개하며 유학을 공부하였다. 남명이 남긴 「학기」와 「학기도」의 내용을 차례로 간략하게 살펴본다.

(1) 학기와 삼재일태극도

남명은 「제6도 삼재일태극도(三才一太極圖)」 학기에서 주자(朱子)를 세 차례 인용하는 등 유학의 각 분야 저명한 학자들의 문헌을 읽고, 인용하였다. 특히 태극도설에서는 주돈이(周敦頤 호는 염계濂溪)를 인용하였고, 『주역』을 근거로 자기의 우주관을 천명한 『정몽(正蒙)』의 저자 장재(張載, 호는 횡거[橫渠], 1020~1077), 진덕수(眞德秀, 호는 서산[西山], 1178~1235), 진순(陳淳, 호는 북계[北溪], 1159~1223), 오징(吳澄, 호는 초려[草廬], 1249~1333), 정호(程顥 호는 명도[明道], 1032~1085), 채연(蔡淵 호는 절재[節齋], 1156~1236) 등을 인용하였다.

남명이 인용한 "주돈이는 유가의 경전인 『주역』에 근거하여 우주론 체계를 세웠으며, 그의 「태극도설」은 우주론 체계의 기본 내용을 간단하면서도 핵심적으로 반영하고 있다"(진래 지음, 안재호 옮김, 1997: 85). 또 펑유란은 "주돈이의 「태극도」와 「태극도설」을 시작으로, 소옹(邵雍)의 우주론, 장재(張載)의 우주론, 그리고 이정과 주희의 이기론(理氣論)으로 이어져서 우주론이 정립된 것으로 본다"(펑유란 지음, 정인재 옮김, 2018: 428-482).

이러한 배경을 가진 태극도를 공부한 남명이 그려낸 「삼재일태극도」를 두고, 최석기(1991: 53)는 "남명의 삼재일태극도(三才一太極圖)는 주돈이의 태극도와 태극도설을 바탕으로 하고, 장재(張載) · 정자(程子) · 주자(朱子) · 진순(陳淳) · 진덕수(眞德秀) · 오징(吳澄) · 채연(蔡淵) 등의 설을 두루 취하여 만든 것이다. 이 그림은 주자의 삼재일태극이란 말에 의거하여 천(天) · 지(地) · 인(人)이 모두 태극에 근원함을 나타낸 것이다"라고 하였다.

(2) 학기와 태극여통서표리도(太極與通書表裏圖)

남명은 「제7도 태극여통서표리도(太極與通書表裏圖)」와 관련하여 주돈이, 정자(程子, 정호와 정이 형제), 장재, 주자(朱子), 황암손(黃巖孫), 황간(黃榦, 호는 면재[勉齋], 1152~1221), 진순(陳淳, 호는 북계[北溪], 1159~1223) 등의 글을 읽고 인용하였다.

김충열은 "「태극여통서표리도」는 그림의 형식은 「태극도」를 따랐고, 「태극도」 무극의 자리에 성(誠)을 놓은 것이 특이하다. 『주역』의 내용과 『통서』를 접합시킨 것이다"(김충열, 2006: 55-66)라고 하였는데, "사람은 만물의 영장으로서 태극의 이(理)를 타고나 오행의 성(性)을 구비하였다고 여겼다. 태극의 이는 '순수지선'하기 때문에 인간의 성 역시 본래 선하다. 이 인성의 본연이 바로 성(誠)이다"라고 하였다.(펑유란 지음, 박성규 옮김, 2017: 449), 『통서』에서는 성(誠)에 관하여 다음과 같이 썼다.

> "성(誠)이란 성인의 근본이다. '위대하다! 건원(乾元)이여! 만물이 그로부터 창시된다'고 함은 성(誠)의 시원(始原)을 말한 것이다. '건도의 변화에 따라 (만물은) 각기 본연의 성(性) 과 명(命)이 바르게 될 때' 성(誠)은 수립되어 순수지선하다. 따라서 '한 번 음이 되고 한 번 양이 되는 것이 바로 도이다. 도를 계승한 것이 선이고, 도를 성취한 것이 성이다'고 하였다. … "성인은 참될(誠) 따름이다. 성(誠)은 오상(五常: 모든 도덕적 원칙)의 근본이며 모든 도덕적 행위의 근원이다.' 성(誠)은 인성의 본연이다"(펑유란 지음, 박성규 옮김, 2017: 449-454).

남명은 학기 1.3에 "성(誠)-성(性)-은 거짓이 없는 것이니, 기미(幾微)-정(情)-가 있게 되면 선・악으로 나뉜다(誠-性 無爲, 幾-情 善惡)"고 『통서』를 인용하였다. 같은 내용에 관해서 펑유란은 "무위(無爲)란 아무 동작이 없는 것이 아니고 사심이 없는 것으로서, 주돈이의 주장에 따르면 자연계의 발전 변화는 모두 성(誠)의 품성을 가지고 있다. 자연계는 자기 동작들이 자기에게 무슨 결과를 가져오는지 고려하지 않는데, 그것이 곧 '성은 무위이다'라는 말이다. 사람도 … 자기의 동작이 자기에게 무슨 결과가 있을지 고려하지 않으면 용감하게 매진하게 되는데 그것이 곧 '성'이고 '무위'이다"(펑유란 지음, 박성규 옮김, 2017: 449 주 16참조)라고 해석하였다. 이러한 해석을 통하여 남명이 읽고, 「태극여통서표리도」의 무극에 써 넣은 '성(誠)'의 개념을 좀 더 잘 이해할 수 있게 된다.

김충열(2006)은 또 "「태극도」의 구조에다 성(誠)을 정점(근원)에 위치시키고 우주운행・생성의 유형을 도덕심성의 유형으로 해석한 건원(乾元)과 「계사전」의 계선(繼善)・성성(成性) 및 『중용』의 천지도(天之道)의 성(誠)과 인지도(人之道)의 성지(誠之) 이론을 체계 있게 엮어 놓은 것은 「태극도」에 이기론(理氣論)을 접목시킨 주자학의 이론보다 훨씬 생명적이고 역동적이라 할 수 있다"고 평가하였다.

(3) 학기와 이기도

남명은「제8도 이기도(理氣圖)」와 관련된 학기는『성리대전』을 중심으로 썼고, 이기론(理氣論)인 만큼 이기론의 주창자 주자(朱子)를 네 차례 인용하였다. 또『이정전서(二程全書)』를 통하여 정명도(程明道)와 정이천(程伊川), 그리고 이들 형제를 함께 일컫는 정자(程子)를 주자 다음으로 다수 인용하였다. 그 밖에도 면재 황간(黃榦), 북계 진순(陳淳), 노자, 호거인(胡居仁), 횡거 장재(張載), 여대림(呂大臨, 호 람전[藍田], 1040~1092), 진식(陳埴, 호는 잠실[潛室], 생몰 연대 미상) 등을 읽고 인용하였다.

몽배원(蒙培元)은 "이기(理氣)를 중심으로 한 개념들은 성리학의 우주론과 본체론을 논한 것이다. 이 개념이 바로 성리학에 등장하는 다른 개념들의 기초이자 전제이며 또한 출발점이다"라고 지적하고, "이기 개념이 중요한 까닭은 성리학자들이 모두 이 개념을 학술의 기초로 삼았기 때문이다. 즉, 그들은 이 개념으로 자연계의 근원과 발전의 문제에 대답하였고, 아울러 이것으로 각자의 학술 체계를 확립하였다. 기(氣)학자들은 기를 세계의 근원으로 삼고, 이를 기가 지니고 있는 속성 또는 양태로 보았다. 이에 반해 이(理)학자들은 리를 세계의 근원으로 삼았으며, 기를 리의 작용 또는 그것의 물질적 표현으로 보았다. 성리학에서 '이기(理氣)'는 우주론의 기본 개념이다. 기가 물질적 존재의 실체임을 의미하고, 시간과 공간, 그리고 운동의 속성 및 형식이라는 의미를 지니고 있으며, 연속성과 충만성, 그리고 무한하게 분할할 수 있는 속성을 그 특징으로 한다. '이(理)'는 자연 법칙이자 자연 원리라는 개념이며, 보편성과 초월성을 지니고 있다. 그런데 이학자들이 이를 실체화·절대화함에 따라 그것은 형이상의 본체론적 존재로 바뀌게 되었다. 그리고 이는 구체적으로 '소이연(所以然)'과 '소당연(所當然)'이라는 두 의미를 가지고 있다"(몽배원 지음, 홍원식·황지원·이기훈·이상호 옮김, 2011: 21-23)고 하였다.

진래(陳來)에 따르면, "이(理)는 다섯 가지 의미를 갖고 있다. 즉, 1) 우주의 보편 법칙으로서 천리(天理), 2) 인간의 본성이 되는 이로서 성리(性理), 3) 윤리와 도덕 규범이 되는 이로서 윤리(倫理), 4) 사물의 본질과 규율이 되는 이로서 물리(物理), 5) 이성이 되는 이(理)이다"(진래 지음, 안재호 옮김, 1997: 42-43). 그는 덧붙여서 "이학에서 말하는 '이'는 사실 신비한 것이 아니다. 그것은 오늘날 우리들이 일상생활에서 말하는 물리(物理), 도리(道理)와 그 의미가 상통한다. 일반적으로 이는 한 사회의 구성원들이 이성을 통하여 공통적으로 인정하는 도덕 법칙, 교제 원칙, 행위 규칙, 추리 원리 등을 의미한다. 이는 때때로 사물이 갖고 있는 성질이나 규율, 법칙을 지칭하기도 한다. 이학에서 말하는 '이'의 가장 중요한 의미는 사물의 규율과 도덕 원칙이라는 점이다. 도덕 원칙이란 우주의 보편 법칙이 인류 사회에 특별히 표현된 것일 뿐이다. '이' 또는 '도'는 사물의 본질과 규율을 가리킨다"(진래 지음, 안재호 옮김, 1997: 239)고 하였다.

남명은 오늘날의 학자들이 정리하여 제시하는 바, 위와 같은 성리학의 핵심 개념으로서 다양한 의미를 가지며 또한 '이'와 '기'의 관계 개념 등을 이해하려고 하였다. 그래서 '기일원론(氣一元論)'을 제시한 장재(張載), 이학(理學)의 창시자라고 일컫는 정호(程顥)와 정이(程頤) 형제, 그리고 이정(二程)의 이학을 계승하여 집대성한 주희(朱熹) 등의 문헌을 섭렵하고 이론을 읽어서 학기로 남긴 것이다.

김충열은 "조선성리학의 토론 주제는 이기론에 집중되었고, 논의는 사칠논변(四七論辨)의 영향으로 추상적이고 관념적인 순수사변 쪽으로 흘러갔다. 그런데 이러한 학문 추세에서 조식은 그렇지 않았다. 그는 유가의 현세간주의와 대인군자론에 의하여 인간 이상을 실현하려는 행도(行道)에 발을 굳게 딛고 휩쓸리지 않은 채 그러한 공론(空論)을 의연히 배격하였다"(김충열, 2008: 161)고 강조하였다. 그리고 그는 "「학기」와 「학기도」에서 의외로 중국과 조선의 여타 성리학설에서는 보기 힘든 아주 독창적이고 구체적인 이기론의 틀을 세워 놓고 있음을 발견할 수 있다"고 하였다.

박병련은 "남명은 대체로 이와 기를 통합된 것으로 보았으며(理氣一體), 구체성을 갖는 기(氣)를 강조하고 형적(形迹)이 없는 이(理)는 기의 조리(條理)로 보는 경향이 강하였던 것으로 보인다"(박병련, 1995: 380-387)고 하였다. 특히 "태극보다는 음양에 더 관심을 두었는데, 이는 선험적인 본체의 문제보다 경험적인 현실의 세계를 중시하는 그의 일관된 입장을 나타내는 것이다"(박병련, 2001: 184)라고 하여 남명의 이기론 인식은 주기론에 가깝다고 밝힌 김충열의 해석과 유사하다.

(4) 학기와 천리기도

남명은 천리기도(天理氣圖)와 관련하여 비교적 많은 36개 학기를 썼다. 역시 『성리대전』을 중심으로 거기에 수록된 문헌들을 읽었으며, 『이정전서』에서도 다수를 인용하였다. 인용한 학자들을 보면, 정자(程子)를 여섯 차례 인용하였고, 정이천(程伊川) 두 차례, 정명도(程明道)를 한 차례씩 인용하였으며, 주자(朱子)를 다섯 차례 인용하였다. 그 밖에 『주역』, 황간(黃榦), 허중상(許仲翔, 호는 庸齋), 소옹(邵雍), 소동파(蘇東坡), 장자(莊子)도 인용하였다.

김충열에 따르면, "「천리기도」는 우주 인생의 구체적 현상과 의미들을 다루고 있다. 「이기도」가 형이상학적이라면 「천리기도」는 형이하학적인 셈이다. 성리학자들 중 특히 주리론자(主理論者)들은 이를 궁극의 추상 원리(또는 내재 원리)나 초월자처럼 간주함으로써 기를 상대적으로 이에 부수된 것으로 보거나 가치론적으로 정신적 승화를 방해하는 가치 타락의 주범으로 낮추어 인식하기도 하였다. 이러한 주리론자들에 의하여 부수적으로 인식되던 기(氣)를 남명은 이기(理氣) 동위(同位) 구조로 재편성한 「이기도」에 이어 「천리기도」에서도 기를 이와 병렬해서 다루고 있다. 주리론에서의 '천(天)'은 의리천(義理天)과 주재천(主宰天)의 의미만 지닐 뿐 자연천(自然天)이나 생기천(生氣天)의 의미는 심한 경우 아예 제외시켜 버리는 느낌까지 드는데, 조식은 이를 지양하고 '천'의 의미를 자연천 · 생기천과 의리천이 반반씩 복합된 것으로 설정한 것이다."

"이러한 조식의 이기관(理氣觀)은 사실 이기론 논의에서 획기적이라 할 수 있는 견해이다. 종래의 성리학은 공소공론(空疎空論)으로 흘러 정신적 향유를 누리는 특수 계층에게나 의미를 가질 뿐, 일반 백성의 생존(농업 생산)을 위한 주무대인 자연에 대한 연구를 방치함으로써 자연과학 문명을 만들어 발전시키는 일을 둔화시켜 버렸다. 이 점에서 자연 · 생기의 면과 의리 · 심성의 면을 똑같이 다루는 조식의 이기관은 그의 특징적인 면모라고 할 수 있다. 거기다가 조식은 물질생활을 외면하거나 경시하는 것이 아니라 물질생활을 도덕생활과 같은 차원에서 중시하여야 한다는 심물병중론(心物並重論)을 펴고 있어 자못 신선함을 느끼게 하는 것이다"(김충열, 2006: 63-64)라고 강조하였다. 그리고 남명은 「천리기도」에서 자연과 인간을 하나의 "하늘(天)"의 범주 안에서 나란히 놓고 인식하고 논의하였다.

(5) 학기와 인리기도

남명은 「제10도 인리기도(人理氣圖)」와 관련하여 어느 주제보다도 많은 57개의 학기(學記)를 썼으며, 인용한 문헌은 『성리대전』이 중심이다. 인용한 학자의 수도 그만큼 다양하다. 정자(程子)를 여섯 차례, 정이(程頤)를 따로 두 차례, 정호(程顥)를 따로 한 차례 인용하였다. 주자(朱子)를 다섯 차례 인용하였다. 그 밖에도 사량좌(謝良佐), 진덕수(眞德秀), 황간(黃榦)을 두 차례씩 인용하였으며, 소옹(邵雍), 진관(陳瓘), 사마광(司馬光), 진식(陳埴), 오징(吳澄), 진순(陳淳) 등을 인용하였다.

남명은 인도(人道)의 입장에서 이기를 이해하고 해석하였다(이애희, 2000: 205-206). 「인리기도(人理氣圖)」에 관하여 김충열에 따르면, "「인리기도」의 내용을 보면 한 사람의 신체 구조, 생리 현상, 심리작용, 도덕 심성의 도리 등을 포괄해서 그림 속에 안배시킨 것으로 그 논하는 범위는 앞의 두 그림보다 오히려 좁아졌다고 할 수 있다.

「이기도」가 추상적이고 순수사변적인 구상에서 나온 것이고 「천리기도」가 인간과 자연을 하나의 범주 안에 넣어 윤곽을 뚜렷하게 하였다면 이 그림(圖)은 이기가 연결되는 한 사람의 생리적 · 심리적 현상을 나열하고 있어 복잡한 듯하지만 사실은 간단하다. 비록 크고 작음의 차이는 있으나 '천(天)'과 '인(人)'은 같은 존재 단위라는 전제에서 따로 도식화한 듯하다. … 그리고 조식은 「천리기도」에서 자연과 인간을 하나의 '천' 범주 안에서 병렬하여 논한 것처럼 「인리기도」에서는 '인(人)'의 범주 안에서 '이기'를 병행하여 대등하게 위치시키고 있다. 「인리기도」의 중심 개념은 오성(五性)과 오장(五臟)이며 그것이 병렬적으로 나열되어 있다. 조식은 이렇게 오장(五臟) · 오관(五官) · 오욕(五慾) · 오사(五事) 등 생리적 기능들을 열거하여 내적 상호작용과 외재 자연 현상이 상응하여 변화하는 이치를 소상히 밝힘으로써 일반 성리학자들이 관심조차 갖지 않는 영역을 새로 개발하여 성리학 이론을 확대하고 심화시켰다. 요컨대 조식의 이기관 특성은 이기 자체의 개념 범주에서 이기론의 이론 기조를 세우고 그것을 우주 인생의 실체 구조와 작용 현상에 적용해서 논하며, 다시 그러한 방법론을 사람의 몸에 국한시켜 논하는 세 단계로 전개되는 데 있다. 유가 인성론의 대전제는, '천'과 '인'은 같은 '이(理)'를 지닌 존재로서 같은 공능을 지닌다고 보는 것이다. 조식은 이러한 유가 인성론의 대전제를 실제로 이기론에서 확인하였다고 본다"(김충열, 2006: 65-67).

(6) 학기와 심통성정도

남명은 「제11도 심통성정도(心統性情圖)」와 관련하여 학기는 모두 29개이고, 인용한 문헌은 주로 『성리대전』이다. 그리고 인용한 학자들은 정자(程子)가 6회로 가장 많고, 이어서 정이(程頤)가 2회, 주희(朱熹)가 2회, 진순(陳淳)이 2회이다. 그 밖에 호굉(胡宏), 소옹(邵雍), 진식(陳埴), 사량좌(謝良佐), 장자(莊子), 진덕수(眞德秀), 허형(許衡)을 각각 1회씩 인용하였다.

먼저, 유학에서 심통성정론을 살펴본다. 몽배원(蒙培元)은 "우주와 자연으로부터 인간 자신에게로 철학의 문제가 옮겨지면서 이기론(理氣論)도 역시 심성론(心性論)으로 옮겨지는데, 이는 성리학 개념 체계의 필연적인 전환이다. '인간'은 성리학 개념 체계의 중심 주제로, 심성론은 '인간은 무엇인가'라는 중심 과제를 해결하려는 것이다. 여기서 성(性)은 '사람이 사람일 수 있는 까닭으로서 사람에게 내재된 본성'이다. 그리고 심성론에서 심은 사람의 인식 기능과 작용이라는 의미와 주체의 정신, 즉 신묘함 또는 인간의 내재적 도덕 본능 혹은 도덕 정감을 가리키는 것으로, 의리지심(義理之心) 또는 본심·양심이라는 의미의 두 차원을 가진다. … 그리고 성(性)과 정(情)을 말하자면, 성은 인의예지신(仁義禮智信)과 같은 다섯 가지 도덕 원칙을 가리키고, 정은 희로애구애오욕(喜怒哀懼愛惡欲)과 같은 일곱 가지 정감 활동을 가리킨다. 중국 성리학에서 인간이란 무엇인가를 주제로 삼으면서 심(心)·성(性)·정(情)을 궁구하였고, 그 관계를 많은 학자가 논구하여 주장들을 내놓았다.

첫째, 주자의 심통성정론이다. 그가 정이(程頤)의 성즉리(性卽理: 성이 곧 이이다)의 명제를 받아들인 것은 잘 알려져 있다. "주희는 성(性)을 형이상(形而上)의 도덕 본체로 설명하였다. 만약 형이하의 측면에서 말한다면 심은 결코 성과 같을 수 없지만, 형이상의 측면에서 말하면 심은 곧 성이다. 그는 '심을 버리면 성을 볼 수 없고, 성을 버리면 심을 볼 수 없다'고 하였는데, 이는 심과 성이 하나이면서 둘이고 둘이면서 하나인 관계라는 사실을 말한 것이다. 주희는 형이상학적 측면에서 심을 바로 성으로 보았다"(몽배원 지음, 홍원식·황지원·이기훈·이상호 옮김, 2011: 413). 그뿐만 아니라 "주희의 심성론 가운데 주요한 특징 가운데 하나는 그가 성을 본체로 주장하면서도 마음을 작용으로 여기지 않고, 정(情)을 작용으로 삼았다는 점이다. 나아가 그는 마음(心)을 성과 정을 관통하는 총체로 생각하였다는 점이다. 즉, 주자는

"마음(心)은 몸을 주재(主宰)하는 것으로서 그 본체가 되는 것은 성이고, 그 작용이 되는 것은 정(情)이다. 그러므로 동정(動靜)을 관통하여 없는 곳이 없다. … 인·의·예·지는 성(性)이고, 측은·수오·사양·시비는 정(情)이다. 인으로 사랑하고, 의로 미워하며, 예로 사양하고, 지로 아는 것은 마음이다. 성이란 마음의 이이고, 정이란 마음의 작용이며, 마음이란 성과 정의 주재자이다"라고 하였다(진래 지음, 안재호 옮김, 1997: 253).

둘째, 심학파의 심성론과 심통성정론을 살펴본다. 여기서 심학파는 정자와 주자가 쓰는 '이학(理學)'에 대한 말이다. 심학파로 일컫는 육구연과 왕수인은 '성즉리(性卽理)'가 아니라 '심즉리(心卽理)'를 주창하여 마음을 최고의 범주로 삼아서 자연과 세상을 인식하고 이해하고 설명하기 때문이다. 육구연과 왕수인을 육왕학파 또는 육왕심학(파)이라고도 한다. 이들은 이학파와 달리 인간의 주관성을 강조하여 주체의식, 즉 심(心)이라는 본체를 말하였다는 점이 주자의 이학과 다르다.

먼저 육구연은 맹자의 심(心) 개념을 이어받았다. 육구연은 "사려하지 않고도 아는 것은 양지(良知)이며, 배우지 않고도 할 수 있는 것은 양능(良能)이다"라고 한 점과 "이것은 하늘이 내게 준 것으로, 나에게 고유한 것이지 밖에서 나에게 녹아 들어온 것이 아니다"라고 한 점을 들고, "… 인의는 사람의 본심이다"라고 한 맹자의 논의를 수용한 것이다. 그러면서 육구연은 어떤 사람도 선험적인 도덕 이성을 지니고 있고, 이것을 그는 본심이라고 불렀다. 그러므로 육구연은 본심을 모든 사람이 선천적으로 지니고 있으므로 사려하지 않고도 알고, 배우지 않아도 알 수 있는 양심(良心)이라고 하였는바, 이것은 곧 맹자가 말한 사단(四端)이요 본심이다. 정리하면, 맹자와 육구연은 사단 인의예지는 선험적 도덕 의식이고 본심이며, 모든 인간이 태어날 때부터 지닌 마음의 본래 상태라는 것이다. 이런 본심을 바탕으로 육구연은 "마음이 곧 이이다(心卽理)"라는 명제를 내놓았다. 진래는 "육구연이 본심 자체를 도덕 원칙의 근원으로 생각한 것이고, 본심은 바로 이이고, 본심의 이는 우주의 이와 동일한 것이다. 그래서 '마음이 바로 이이다'라는 명제를 이해할 수 있다(진래 지음, 안재호 옮김, 1997: 281)고 하였다.

육구연의 이런 논의를 바탕으로 이학파 주희의 심성론과 심학파 육구연의 심성론이 다른 점을 진래(陳來)는 다음과 같이 적시하였다. "주희와 육구연이 논쟁하였던 초점은 학문 공부에서 심성의 도덕 함양(尊德性)과 경전의 연구(道問學), 이 둘 사이의 관계를 어떻게 보고 처리할 것인가에 있었다. 육구연이 볼 때, 학문하는 목적은 오직 도덕의 경지를 실현하는 것인데, 경전의 학습이나 외부 사물의 연구는 이러한 목적에 직접적으로 도움을 줄 수 없다. 그러나 사람의 본심은 도덕의 근원이므로 사람의 양심 구조를 확대해 나가서 완벽하게 한다면 이런 목적을 실현할 수 있다는 것이다"(진래 지음, 안재호 옮김, 1997: 288). 그러므로 육구연과 주희는 같은 유학의 범위 안에 있으면서도 학문하는 목적과 방법이 달랐던 것이다.

셋째, 이학에 대한 심학을 심화시킨 왕수인의 심성론을 살펴본다. 몽배원(蒙培元)에 따르면, "왕수인은 심과 성에 관해서 한편으로는 주희의 심체용설을 계승하고 발전시켰으며, 또 다른 한편으로는 자신의 양지설(良知說)을 육구연보다 더 철저하게 (인간) 주체의 사상으로 발전시켰다"(몽배원 지음, 홍원식 · 황지원 · 이기훈 · 이상호 옮김, 2011: 428). 그렇게 하여 그는 육구연과 더불어 심학의 대표학자가 되었다.

그러나 진래(陳來)에 따르면, "전체적으로 볼 때 왕수인의 사상은 주희 철학에 대한 반동이다. 그가 제창하고 이끌었던 심학의 부흥운동은 송대 육구연의 심학 방향을 계승한 것이었다. 또 그것은 극도로 부패하였던 명대 중기의 정치 상황과 날로 경직되어 가던 정주학의 현실을 겨냥한 것이었다는 점에서 시대적 의의를 갖는다. … 왕수인은 주희의 격물치지를 시도하였다가 실패하고, 귀양지 용장(龍場)에서 '격물치지(格物致知)'의 뜻을 깨달았고(이것을 용장오도[龍場悟道]라고 한다), '이는 원래 외부 사물에 있는 것이 아니라 전적으로 우리들의 마음속에 내재하고 있다는 사실'을 결론으로 얻었다. 그래서 그는 '마음이 바로 이이다(心卽理)'라는 사상과 '마음 밖에는 이가 없다'는 명제를 제시하였다"(진래 지음, 안재호 옮김, 1997: 368)고 하였다.

몽배원과 진래를 인용하여 단락의 결론으로 삼는다. 왕수인은 "심은 몸의 주인이다. 심은 허령명각한 것으로 본원의 양지라고 말하는 것이다(心者身之主也, 而心是虛靈明覺, 卽所謂本然之良知也)"(몽배원 지음, 홍원식 · 황지원 · 이기훈 · 이상호 옮김, 2011: 428-429)라고 하였으며, "주희는 심을 허령명각이란 말로 묘사하였는데, 이것은 어떤 형체도 갖고 있지 않으며, 심의 체는 객관적 본체인 우주 본체, 즉 이(理)를 근원으로 인식하였으나 왕수인의 심성론에 와서는 주관적인 본체가 (인간 몸의) 주체로 된 것이다"(진래 지음, 안재호 옮김, 1997: 367)라고 해석하였다.

그러면 「제11도 심통성정도」에서 남명은 심을 어떻게 인식하였을까? 그는 정복심(程復心)의 그림을 참조하여 심통성정도를 그렸다. 김충열에 따르면, "송대 성리학의 등장으로 이와 기가 중심 개념으로 떠오르면서 원시 유가의 도덕심성론의 중심 개념으로 부상하였던 심·성·정은 상대적으로 이와 기의 부수 개념으로 다루어졌다. 그런 와중에 장재(張載)가 '심통성정(心統性情)'이라는 말을 제기한 것을 계기로 일약 심성론의 기조로 정립되고, 이어 주희에 의하여 크게 계발되었다.

조식의 그림에서 특히 주목을 끄는 부분은, 심이 통합하는 성과 정 밑에 각각 이와 기를 나란히 마주하게 놓아, 성과 정이 각각 이와 기를 통섭하는 것으로 그린 것이다. 성리학에서는 성에 이, 정에 기를 소속시키는 것이 일반 통례이다. 그런데 남명의 「심통성정도」에는 정에다 이를 소속시켰으니, 이것은 아주 드문 경우이다. 이것의 의미는 한마디로 주리(主理)가 아닌 주기(主氣)의 경향을 띠게 된다는 것이다. 조식은 이렇게 사단과 칠정 모두를 정으로 보는 주기론자 편에 섰다고 할 수 있다. 그리고 조식은 이 밑에 '발하여 사단이 된다(發爲四端)', 기 밑에 발하여 칠정이 된다(發爲七情)라고 주를 달았다. … 남명의 「심통성정도」에서 특이한 점으로 그림 하단에 심·성·정을 나란히 옆으로 배열한 뒤, 심 밑에는 '심통성정이란 대단히 좋은 말로, 아무리 넘어뜨리고 부수려고 하여도 파괴할 수 없다.' 성 밑에는 '심이 갖춘 바의 이', 정 밑에는 '성(性)의 용(用)이므로 발함에 선하지 않음이 없다'라는 주를 달았다. 김충열(2006: 77-82)은 조식의 「심통성정도」에서 가장 특이하고 중요한 대목이 바로 이것이라고 강조하였다. '사실상 정을 제어하고 성을 온축하는 것은 심이라고 할 수 있다'라고 부연하여 남명의 견해를 지지하였다. 그리고 '그(남명)는 당시의 사칠론을 원만하게 수습하는 길은 심을 다시 내세우고 심통성정의 논리 체계를 원용하는데 있다고 본 것'이라고 덧붙였다."

정리하면, 왕수인이 주희 쪽의 학문과 육구연 쪽의 학문을 이어받았으나 주희의 학문과 사상에 대한 안티테제로서 의미를 가졌고, 그렇게 해서 중국 유학이 하늘(天)에서 귀신(神)으로, 다시 천·신(天·神)에서 인간(人)을 주체로 삼는 학문과 사상으로의 역정을 따랐다고 본다면, 왕수인은 올바른 행보를 취한 것이다. 그리고 정자와 주자의 성리학에서 인간은 하늘의 본성을 받아서 천리나 성리를 지녔고, 또 그것을 삶의 도리로 실천하여야 하는 당위나 윤리의 존재로만 강조하였을 뿐, 실제로 인간이 어떤 존재인지를 서술하고 이해하고 설명하는 데는 한계가 있었는데, 정호(程顥, 호는 명도[明道])에서 비롯되어 육구연에 이르고, 왕수인이 심화・발전시킨 심학은 이학(理學)에서의 인간 인식보다 진일보한 것이다. 그런 점에서 보면 남명은, 당시 퇴계와 율곡 등 조선의 주자학자들이 주자의 이학에 함몰되어 있던 점과 경(敬)에 바탕을 둔 심성론을 필요 조건으로 삼으면서 '존덕성(尊德性)'을 충분 조건으로 삼는 데 비해 도문학(道問學)보다 상대적으로 존덕성이 더 강조되는 남명의 심성론이고, 그런 점에서 왕수인의 심성론에 다가가서 신진 유학의 수용에 개방적이었고 또 인간 인식과 이해에서 한 걸음 앞서 있었다.

(7) 학기와 천도도・천명도

남명은 「제12도 천도도(天道圖)」와 「제13도 천명도(天命圖)」와 관련하여 모두 41개의 학기를 달았고, 인용한 학자는 주자가 6회로 가장 많고, 정자가 4회, 장자가 3회, 진순(陳淳) 2회이다. 이 밖에도 오징(吳澄), 소옹(邵雍), 장식(張栻), 진덕수(眞德秀), 이순신(李舜臣), 왕득신(王得臣), 호병문(胡炳文), 장재(張載) 등을 인용하였다.

금장태는 남명의 "「천도도」와 「천명도」는 천도(天道)에서 하늘의 성(性: 원형이정[元亨利貞])과 정(情: 생장수장[生長收藏])과 심(心: 이원생[以元生]・이형장[以亨長] …) 등을 구분하고, 천명(天命)에서 사람의 성(性: 인의예지仁義禮智)과 정(情: 측은[惻隱]・수오[羞惡]・사양[辭讓]・시비[是非])과 심(心: 이인애[以仁愛]・이의오[以義惡] …) 등을 구분하여 하늘과 인간을 성(性)・정(情)・심(心)의 대응 구조로 파악하고 있다"(금장태, 2002: 223)고 해석하였다.

한편 김충열(2006)은 "남명이 「천도천명도」에서 천도와 천명을 상하 종적인 수수관계로 놓지 않고 병렬해 놓은 듯하며, 천명을 유독 인간(心・性・情)만이 지닌 것으로 언급하고 있다. 그림에서 천(天)과 인(人)이 대비(상호 관계)되어 있는 것은, 조식이 이러한 관계를 유가 도덕심성론의 기본 구조로 삼았음을 짐작하게 한다. 그런데 주목을 끄는 것은 천도를 천지성(天地性)・천지정(天地情)・천지심(天地心) 등 세 층으로 나누고, 이에 나란히 마주하여 천명을 인지성(人之性)・인지정(人之情)・인지심(人之心) 등으로 나누어 병렬해 놓은 점이다. 인의 심(心)・성(性)・정(情)을 논하는 것은 흔한 일이나, 천을 심(心)・성(性)・정(情)으로 나누어 보는 것은 드문 경우이다"라고 지적하였다.

(8) 학기와 인설도

남명의 「제14도 인설도(仁說圖)」는 주자의 그림에서 가져다 썼다. 인용 문헌은 여전히 『성리대전』이 중심을 이루었다. 그런 가운데 정호와 정이 형제를 일컫는 정자의 인용이 눈에 띄고 남명도 정호와 이천 정이도 따로 또 인용하였다. 그리고 장자, 사량좌(謝良佐), 진순, 진덕수를 한 차례씩 인용하였다. 이런 학자들을 인용하여 학기는 26개를 썼다.

중국계 학자 장입문(張立文)에 따르면, "인과 충서를 설명하기 위하여 남명은 주희의 「인설도(仁說圖)」와 손수 만든 「충서일관(忠恕一貫)」을 선택하였다. 「인설도」의 인(仁)은 '천지가 만물을 낳는 마음'이며 '천지만물을 일체로 하는 것'으로, 본체의 의미를 담고 있다. 천지만물의 마음은 천심과 같으니 원형이정(元亨利貞)이다. 천지가 만물을 낳는 마음을 사람이 얻어 인심이 된다"(김충열, 2006: 246-248) 또 김충열(2006: 82-84)은 "인이 작용하면 나와 천지만물은 하나의 생명 교류의 광장에 서게 된다. 반대로 인의 작용이 없으면 아무리 나와 가까이 맞닿아 있어도 교감할 수 없고 심지어는 모든 신경계가 마비되기도 한다"고 하였다.

> "주자는 말하기를, '인은 진실로 체가 되고 의는 진실로 용이 된다. 그러나 각각이 체용이 있으면서, 또한 서로 체와 용이 되고 동과 정이 되어야 한다. 인의 체는 본래 정(靜)이지만, 그 용은 유행(流行)하여 그치지 않는다. 의의 용은 본래 동(動)이지만, 그 체는 각기 그 그칠 바에 그친다'라고 하였다"(「남명집 四種」, 김충열, 2006: 86).

남명은 인(仁)에 관한 인식을 바탕으로 의(義)를 짝지어서 경의(敬義) 철학을 정리하여 세상에 내어놓은 것인데, 그 핵심은 인과 의의 병렬적 인식이다.

(9) 학기와 충서일관도

남명은 「제15도 충서일관도(忠恕一貫圖)」와 관련하여 43개의 학기를 달았다. 그리고 여전히 『성리대전』을 핵심 문헌으로 삼아서 관련 내용을 고찰하였다. 그런 가운데 각 학자별 인용을 보면 주자를 4회로 가장 많이 인용하였고, 진덕수 3회, 정자가 2회, 소옹이 2회, 장자 1회, 후중량(侯仲良) 1회, 호병문 1회, 옥계(玉溪) 노효손

(盧孝孫)이 1회, 호굉 1회, 노재 허형 1회, 채연 1회, 동래(東萊) 여조겸(呂祖謙) 1회, 진순 1회, 진식 1회, 원암(遠庵) 조사하(趙師夏)를 1회 각각 인용하였다.

먼저 충서(忠恕)의 개념을 서술한다. 이는 공자의 인사상의 핵심이기 때문이다. 펑유란은 “인은 공자의 ‘일관’된 도(道)이자, 중심 학설이다. 그러므로 『논어』에서도 항상 인을 인간의 완전한 덕(全德)의 대명사로 삼고 있다”고 하였다. 그리고 공자가 『논어』에서 언급하는 인은 그 의미가 이중적이거나(펑유란 지음, 박성규 옮김, 2017: 123 각주 129) 매우 다양한 사례로써 언급되어[23] 어느 것이 진정한 인의 개념인지 혼란을 느낄 정도이다.

그런 가운데 인을 행하는 방법(爲仁之方)으로서 ‘충서(忠恕)의 도(道)’가 중요하게 논급된다. 그 이유는 다음 『논어』 이인편의 내용을 통하여 알 수 있다.

> 공자가 말하였다. “삼아, 나의 도는 하나의 원리로 일관되어 있다.” 증자는 “그렇습니다” 하고 대답하였다. 공자가 나간 뒤 제자들이 “무슨 뜻입니까?” 하고 물었다. 증자가 대답하였다. “선생님의 도는 충서일 뿐입니다”(동양고전연구회 역주, 『논어』 이인편, 2016: 4-15; 90-91).

그래서 펑유란은 “공자의 일관된 도가 충서(忠恕)라는 말은, 즉 공자의 일관된 도가 인(仁)이라는 말이다. 인을 행하는 방법은 이처럼 간단하다”(펑유란 지음, 박성규 옮김, 2017: 122) 위의 내용을 통하여 공자가 얼마나 충서를 중시했는가는 증자의 말을 통하여 알 수 있다. 그 때문인지 공자는 인을 행사는 방법으로서 충서를 『논어』에서 자주 말하였다.

> 자공이 물었다. “종신토록 실천할 만한 한 마디가 있습니까?” 공자가 말하였다. “서(恕)가 아닐까? 자신이 원치 않는 일을 남에게 베풀(행하)지 않는 것이다(其恕乎! 己所不欲, 勿施於人)”(동양고전연구회 역주, 『논어』 위령공, 15-24 2016: 334-335).[24]

동양고전연구회의 역주에 따르면, “『주례』「대사도」 중 육덕(六德)에 대한 소(疎)

---

23) 공자는 인에 관한 번지(樊遲)의 질문에 대하여 “(인이란) 남을 사랑하는 것이다(愛人)”(동양고전연구회 역주, 2016: 12-22; 264-265)라고 한 것도 한 사례이다.

24) ‘기소불욕(己所不欲), 물시어인(勿施於人)’은 『논어』 안연 12-2 에도 나온다(동양고전연구회 역주, 2016: 250-251).

에서는 중심(中心)이 충(忠)이 되고 여심(如心)이 서(恕)가 된다고 하였다. 풀이하면 마음속으로 타인을 섬기는 것이 충이고 타인의 마음을 헤아리기를 내 마음과 같이 하는 것이 서이다"(『논어』, 2016: 90)라고 하여 충과 서의 개념을 규정하고 있다. 펑유란(馮友蘭)은 "자기가 서고 싶으면 남도 세워주고, 자기가 어떤 목적을 이루고 싶으면 남도 이루도록 해 주는 것은 인을 실천하는 적극적인 면이다. 공자는 이를 '충(忠)'이라 하였다. 그리고 인을 실천하는 소극적인 면은 '서(恕)'라고 하는데, 이것은 자기가 하고 싶지 않은 일은 남에게도 시키지 않는 것이다"라고 하여 충과 서의 개념을 규정하였다(펑유란 지음, 정인재 옮김, 2018: 77). 이러한 논의를 통하여 "충은 내심의 공경과 적극성"이 속성이고 "서는 배려와 소극성"이 그 속성이라고 생각된다.

펑유란은 또 인(仁)을 인간의 완전한 덕(全德)의 대명사요 완전한 인격을 뜻하는 것으로 규정하고, 인과 충서(忠恕)와 관련하여 논의를 넓혔다. 그는 "어진 사람이란 완전한 덕 또는 인격을 갖춘 사람이며, 이러한 인격자가 인을 실천하는 것은 남을 위하여 배려하는 데 있다. 자기가 서고 싶으면 남도 세워주고, 자기가 어떤 목적을 이루고 싶으면 남도 이루도록 해 주는 것은 인을 실천하는 적극적인 면이다. 공자는 이를 '충(忠)'이라 하였다. 그리고 인을 실천하는 소극적인 면은 '서(恕)'라고 하는데, 이것은 자기가 하고 싶지 않은 일은 남에게도 시키지 않는 것이다. 이 양자를 합하여 '충서(忠恕)의 도(道)"라고 하는데, 인의 실천 방법이다. 충서의 도를 후기 유자들은 발전시켜서 '혈구(絜矩)의 도(道: 자기를 척도로 삼아 남을 헤아리는 동정의 도리)'라고 하였다"(펑유란 지음, 정인재 옮김, 2018: 76).

그러면 남명은 충서를 어떻게 이해하였을까? 김충열(2006: 68-69)은 "남명이 「충서일관도」의 구조를 '천지의 충서', '성인의 충서', '학자의 충서' 세 차원으로 나눈 것을 주목하고, 조식이 선현의 책을 얼마나 자세히 그리고 정독하였는지를 알 수 있으며, 나아가 거기서 중요한 것을 뽑아 자기 계발로 삼은 공력에 새삼 경탄하게 된다"고 밝혔다. 남명의 이러한 모습은 주자의 다음 글을 인용한데서 확인된다고 보았다.

> "오직 하늘의 명이 지극히 정성스러워 하염없으니, 충이 아닌가? 대지가 변화하고 초목이 번성하니, 서가 아닌가? 충은 천하 대공(大公)의 도(道)요, 서는 이를 행하는 것이다. 충은 천도를 말하는 것으로 예(禮)요, 서는 인도를 말하는 것으로 용(用)이다. 또한

마음속에서 주재하는 것은 충이요, 밖으로 드러나는 것은 서이다. 충은 조금도 자신을 속이는 곳이 없고, 서는 사물에 알맞도록 공평하게 베풀어진다"(『南冥集四種』, 309쪽, 김충열, 2006: 68).

그러면서도 남명 특유의 충서관이 그림에 나타난다고 보았다. "주희의 설에서는 충과 서가 체와 용의 관계에 있으므로 비록 충과 서가 횡으로 나란히 맞대어 있지만 충이 주가 되어 앞서고 서는 뒤쫓아 따른다는 차이가 있다. 그러나 조식은 일관되게 이기 및 체용을 평등한 대대(對待)·상즉(相卽)·상성(相成)의 관계로 본다"(김충열, 2006: 69-70)는 것이다.

한편 장립문(張立文)은 "「충서일관」을 「인설도」의 확대로 보면서 세 층의 이 그림을 종적으로 보면 체에서 용으로 미루어 나가고 있고, 횡적으로 보면 각 층에서 체용이 상호 보완하고 관통한다. 맨 위층 천지의 충서에서 천지는 무심으로 변화를 이루는데 그 지성무식(至誠無息)함이 충(忠)이다. 그리고 각기 그 성명을 바로 함이 서(恕)이다. 가운데 층(層) 성인의 충서에서 성인은 유심하지만 무위하여 혼연히 이(理)와 하나가 되니, 이것이 바로 충이고 천도이다. 또한 사물에 곡진하게 두루 응하니, 이것이 바로 서이고 인도이다. 충서는 천도와 인도를 하나로 꿰는 것이다. 맨 아래층 학자의 충서는 학자가 자신의 마음을 다하는 것이 충이고 추기급물(推己及物)하는 것이 서이다. 이것은 횡적 관계로 말한 것이다. 종적 관계로는 천에서 인으로 드러나는 것이 하관(下貫)이며, 상달은 학자-성인-천지로 그 경지가 나아가는 것"(김충열, 2006: 248-249)이라고 하였다.

4) 남명의 학문 방법 공부

남명은 공부와 관련된 학기를 쓰고 아홉 개 그림을 그렸다. 즉, 「소학대학도」, 「경도」, 「성도」, 「성현논심지요도」, 「박문약례도」, 「부동심도」, 「역서학용어맹일도도」, 「심위엄사도」, 「기도」가 그것이다. 다음에 이들에 관하여 남명의 학기와 그림 해석을 살펴본다.

(1) 학기와 「소학대학도」

남명은 「소학대학도(小學大學圖)」와 관련된 학기로 17개를 썼다. 그 가운데 주자를 5회로 가장 많이 인용하였고, 그 다음이 정자가 3회이다. 그리고 송나라 물헌(勿軒) 웅강대(熊剛大), 남헌(南軒) 장식(張栻, 1133~1180), 번양(番楊) 제(齊)씨, 운봉 호병문, 쌍봉(雙峯) 요로(饒魯) 등을 각각 한 차례씩 인용하였다. 여기서도 여전히 남명은 『성리대전』을 중심으로 삼았다.

장입문(張立文)에 따르면, “소학과 대학의 교육은 비록 각기 중시하는 바가 따로 있고 배우는 이의 지력에 따라 다르지만, 그것은 사실 깊고 얕음 혹은 크고 작음의 차이에 지나지 않는 것으로, 모두 지(知)와 행(行)의 두 측면을 담고 있다. 따라서 그림의 아래에서는 경(敬)·성(誠)을 말한다. ‘경’의 내용은 대학의 도인 ‘명덕을 밝히고 백성을 새롭게 하며 지선에 머무는’ 삼강령과 ‘격물·치지·성의·정심·수신·제가·치국·평천하의 팔조목’이다”(장입문, 2006: 252).

이애희는 또 “남명이 모든 수양의 근간을 『소학』과 『대학』의 내용에 두고 있음을 알 수 있다. 이 그림의 상단에는 『소학』과 『대학』의 핵심 내용을 대비시키고 있다. 여기에서 그는 『소학』은 방심(放心)을 수습하고 소쇄응대와 육례(예악사어서수[禮樂射御書數])와 같은 하학의 수련을 통하여 덕성을 함양하는 개인적인 자기 완성을 지향하는 일이며, 『대학』은 사회 규범을 통찰하고(察義理) 사물의 이치를 밝히며(窮理) 우리 마음을 올바로 하여(正心) 자기 인격을 확립하고(修己) 이웃에 봉사(治人)하는 사회적인 차원의 자기실현(事業)이라고 파악한다. 이렇게 『대학』과 『소학』 간의 차이를 두게 되는 원인은 공자 이후 유학에서는 교육과 학문은 단계를 밟아서 이루어져야 한다고 생각하는 데 기인한다.

잘 알려진 대로 『소학』과 『대학』은 유교문화권에서 규범 교육의 내용이면서 과정이 된다. 일반적으로 8세부터 『소학』을 가르치고 15세부터 『대학』을 가르치는 단계적 교육이 이루어지는 것이다. 하지만 『소학』과 『대학』의 가르침에 차이가 있는 까닭은 단지 절차에 차이가 있기 때문이다. 이런 점을 고려하여 남명은 이 그림의 양단에서 본원 곧 덕성을 함양하는 일은 앎의 얕은 것이고 실천이 작은 것이기 때문에 『소학』에서 표방되는 것이며, 사회적인 자기실현(修業)인 덕의 실천(進德)은 앎의 깊은 것이고, 실천의 큰 것이기 때문에 『대학』에서 표방되고 있다고 설명한다. 또 그는 그 아래의 두 단락에서 『소학』과 『대학』에서 제시된 규범의 실천은 경(敬)과 성(誠)의 자세가 확립되어야 가능함을 밝힌다. 즉, 인간의 자기완성을 지향하는 『소학』과 『대학』의 내용은 대학의 경우 삼강령(三綱領)과 팔조목(八條目)의 구현을 통한 경(敬)의 확립으로써 실현될 수 있다"(이애희, 2000: 214-215)는 것이다.

(2) 학기와 경도 · 성도

남명은 「제17도 경도(敬圖)」와 「제18도 성도(誠圖)」의 학기를 묶어서 썼다. 남명은 여전히 『성리대전』을 바탕으로 삼으면서 여기서는 『대학』을 8회, 『주역』을 5회 전거로 썼으며, 『주자어류』, 『이정전서』, 『맹자』도 한 차례씩 전거로 썼다. 그리고 두 그림과 관련된 학기로 32개를 썼다. 그 가운데 주자를 7회 인용하였고, 정자를 3회, 명도 2회, 이천 2회, 진순(陳淳)을 2회 인용하였다. 그 밖에 장식(張栻), 황간(黃榦), 이순신(李舜臣), 신안(新安) 진력(陳櫟), 호굉(胡宏), 호병문(胡炳文), 오징(吳澄) 등을 각각 한 차례씩 인용하였다.

최석기는 "「성도(誠圖)」는 『중용』의 대지(大旨)인 성(誠)을 중심으로 성을 얻는 실천 방법을 제시한 것인데, (남명은) 중앙 원 안의 '성(誠)'을 중심으로 사방에 성(誠)을 얻기 위한 공부와 공효를 『주역』 · 『대학』 · 『중용』에서 뽑아 넣었다. 이 성(誠)은 진실무망(眞實無妄)으로 참된 마음이 가득 차서 망령된 생각이 없어진 마음을 의미한다. 『중용』에서는 이를 천도(天道)로 보았고, 그렇게 되기를 추구하는 것을 '성지(誠之)'라 하여 인도(人道)로 보았다. … 성(誠)은 유학에서 추구하는 천인합일의 경지로, 그런 경지에 오른 분이 공자이다. 이렇게 보면 「성도(誠圖)」 중앙의 '성(誠)'은 남명이 추구한 궁극적인 목표라 하겠다. 그 목표에 도달하기 위하여 격물치지의 공부를 통해 '물격지지(物格知至)'에 이르고, 성의(誠意) 공부를 통하여 '의성(意誠)'의 상태가 되는 것을 상단에 표기하였다. 이는 학자가 먼저 하여야 할 공부이다. 그런 공부는 박학(博學) · 심문(審問) · 신사(愼思) · 명변(明辯) · 독행(篤行)을 해서 지행합일(知行合一)을 추구하고, 또 지어지선(止於至善)의 목표를 알아서 그 경지에 도달하여야 하기 때문에 '물격지지(物格知至)' · '의성(意誠)' 옆에 『중용』의 '학문사변독행(學問思辨篤行)'과 『대학』의 '지지안정안려득(知止安靜安慮得)'을 써넣은 것이다"(최석기, 2017: 20)라고 하였다.

장입문은 또 "「성도」의 중앙원은 '성(誠)'이다. '본체의 성'은 일태극(一太極), 심(心), 성(性), 이(理)로서, 무위하지만 동정을 겸하고 있다. 남명은 '성(誠)은 무위하지만 그 기미에는 선악이 있다'라는 주돈이의 설을 취하여, 성(誠)을 태극 · 성 · 이의 본체에 따라 말할 때는 무위의 미발(未發)이라 하고, 그것이 막 움직인 이발(已發)의 때에는 선악의 구분을 두었다. 그리고 원으로 싼 성(誠: 성원[誠圓]: 장입문은 인장처럼 된 모양을 썼는데 저자가 임의로 붙인 명칭)의 바깥에 있는 격자는 선악의 구분이 있는 기(幾)이다. 성원(誠圓)의 상단은 물격지지에서 의성(意誠)에 이르는데, 오른쪽으로는 『대학』의 '지지 이후에 정(定)함이 있고, 정한 이후에 고요할 수 있고, 사려한 이후에 얻을 수 있다'라는 내용을, 그 왼쪽에 『중용』의 '넓게 배우고 깊이 캐묻고 신중히 생각하고 밝게 변별하고 돈독하게 실천한다', 성원(誠圓)의 하단에는 '경으로 안을 곧게 하고 의로 밖을 바르게 한다(敬以直內, 義以方外)'인데, 『주역』 곤괘 육이의 효사 '직방대(直方大)'에 대한 「문언전(文言傳)」의 해석이다"(장입문, 2006: 252-254)라고 하였다.

(3) 학기와 「성현논심지요도」

남명은 「제19도 성현논심지요도(聖賢論心之要圖)」의 학기에 『성리대전』을 중심으로 삼아서 34개의 학기를 썼다. 인용 학자 가운데 주자가 7회로 가장 많았고, 정자를 2회 인용하였다. 그 밖에 격암(格庵) 조순손(趙順孫, 1215~1276), 진순(陳淳), 공자, 진덕수(眞德秀), 허형(許衡), 건안(建安) 섭(葉)씨, 채원정(蔡元定), 지국(持國) 한유(韓維, 1017~1098), 장재(張載), 교봉(蛟峯) 방봉신(方逢辰, 1221~1291)을 한 차례씩 인용하였다.

이애희에 따르면, "「성현논심지요」는 『상서』의 16자 심법(心法)[25]에서부터 시작하여 공자의 '마음이 하는 바를 좇아도 법도를 넘지 않는 경지'에 이르는 심법, 맹자의 진심(盡心)을 비롯한 '방심(放心)을 단속하는(求放心)' 내용, 『대학』의 정심(正心) 등 성리학의 여러 심설(心說) 등을 망라하여 도식화한 정복심(程復心)의 도본을 수록하고, 차기(箚記)에서는 심의 허령성(虛靈性)을 비롯한 신명한 작용 등에 관한 이

25) "인심은 위태롭고 도심은 은미하니, 오직 순수하게 하고 전일하게 하며, 그 중도를 택하라(人心惟危, 道心惟微, 惟精惟一, 允執厥中)"라는 한자의 네 구절을 가리킨다. 십육자결(16字訣)이라고도 한다. 이학자들은 이 구절을 도덕 수양의 면에서 이해하여 앞의 두 구절은 도덕 의식과 감정 욕망의 교차를 가리키고, 뒤의 두 구절은 이치를 보전하고 욕망을 제거하는 방법을 가리킨다고 생각하였다. 이렇게 하여 이 네 구절은 명확한 윤리적 함의와 공부의 의미를 갖게 되었다(진래 지음, 안재호 옮김, 1997: 140-141).

론을 인용하고 있다"(이애희, 2000: 217).

한편 장입문(張立文)은 "남명은 상술한 공부의 기초에서 다시 심(心)의 요체를 안팎으로 추구하였다. 남명은 정복심의 「심도(心圖): 良心本心圖)」를 따온다. 여기에 수록된 내용을 보면 대부분 심의 성질 · 지위 · 공능 · 작용과 가치를 논하고 있고 인심과 도심을 상대시켜 말한 것은 두 항목뿐이다"(장입문, 2006: 254)라고 지적하였다. 「성현논심지요」에 대하여는 국내외 학자들이 해석을 생략하거나 매우 간단하게 논급하고 그치고 있으므로 이 책에서도 더 이상 살피지 않는다.

(4) 학기와 「박문약례도」

「제20도 박문약례도(博文約禮圖)」에 관해서 『성리대전』을 중심으로 14개의 학기를 썼으며, 인용한 학자는 주자가 4회로 가장 많으며, 맹자 2회, 쌍봉(雙峰) 요(饒)씨, 구산(龜山) 양시(楊時, 1053~1135), 장식(張栻), 진충숙공(陳忠肅公), 정자(程子), 허형(許衡)을 각각 한 차례씩 인용하였다.

"박문약례(博文約禮)는 『논어』에 나오는 '박학어문 약지어례(博學於文, 約之於禮)'의 준말이다. 직역하면, 널리 배운 것을 지식으로 엮어야 하고 그 지식으로 엮은 것을 다시 정제하여 행위의 준거인 예의 내미(內味)로 집약시켜 넣어야 한다는 뜻이다. 「박문약례도」는 이러한 박약(博約) 공부의 본보기로서 안연(顔淵)의 극기복례(克己復禮)의 본령인 '사물(四勿)'을 근간으로 하고 있다. … 이것은 지행합일설의 원형이라고 할 수 있다. '안연을 성학(聖學) 공부의 전거'로 삼은 조식의 극기 공부가 얼마나 치열한 것이었는지를 짐작할 만하다. 사발에 물을 가득 담고 그 물이 흘러내리지 않도록 받쳐 든 채 밤을 새웠다는 일화는 바로 조식의 극기 공부의 일단을 잘 알려준다"(김충열, 2006: 93-97).

이애희는 "「박문약례도」는 남명이 『논어』의 내용을 바탕으로 작성한 그림이다. 본래 '박문약례(博文約禮)'라는 말은 공자의 제자 안연(顔淵)이 스승 공자가 자신을 이끌어 준 교육의 내용을 소개하여 '선생님께서는 나를 문(文)으로써 넓게 하셨고 예(禮)로써 다듬으셨다'고 한 말에서 유래한 것이다. 이후 이 말은 성리학자들에 의하여 수양의 방법에 관한 대표적인 용어인 '박문'과 '약례'가 되었다. 한 개인을 문(文)으로 넓게 한다는 말은 지적인 수준을 향상시키는 것이며, 예로써 다듬는다는 말은 실천적인 면에서 확고한 신념을 확립하게 해 주는 것을 의미한다. 그렇다고 할 때 안회의 말에 토대를 둔 이 「박문약례도」 역시 규범적인 확고한 인식과 실천의 두 측면을 강조하는 (남명의) 학문적 특성을 잘 드러내 준다고 할 수 있다"(이애희, 2000: 217-218)는 것이다.

(5) 학기와 「부동심도」

「제21도 부동심도(不動心圖)」와 관련된 학기에서 남명은 주로 『이정전서(二程全書)』를 중심으로 문헌을 인용하였다. 모두 8개를 인용하였고, 인용한 학자는 정자와 주자를 특정하여 각각 1회 인용하였고, 나머지는 전거만 밝혔고 누구의 학설인지는 밝히지 않았다.

이애희는 "「부동심도」는 맹자의 '호연장(浩然章)'의 핵심적인 내용을 도해한 것이다. 그림은 상단에 '지언(知言)'과 '선양기(善養氣)'를 그려 놓고, 그 아래에 다시 '무의구(無疑懼)'를 위치시킨 채로 좌우로 도명(道明)과 덕립(德立)을 선으로 연결시키고 있다. '도명'의 아래에 다시 '이것은 임무가 크고 책임이 무거운 사람이다(此任大責重之人)'라는 설명을 덧붙이고 있다. 이 도해는 '부동심'의 경지에 이르기 위하여는 '도명'과 '덕립'의 두 조건이 갖추어져야 함을 밝히고 있는 것이다. 이 그림의 하단에 첨부한 설명에는 호연지기(浩然之氣)를 기르기 위하여 요구되는 조건들이 구체적으로 제시되고 있다. 즉, 부동심의 경지에 도달하려면 무엇보다 지언(知言)과 호연지기를 기르는 일을 소홀히 할 수 없다는 것이다. 그는 정자(程子)의 '배움(學)은 지언(知言)보다 더 중요한 것이 없고, 도는 때를 아는 것보다 중요한 것(識時)이 없다'는 말을 인용하였다. 조식은 부동심을 처음 언급한 맹자의 경우 학문이란 바로 우리의 순수하였던 마음을 되찾는 데 있다고 보고, 그 방안으로서 지언과 호연지기의 연마를 들었다"(이애희, 2000: 218-219).

김충열(2008: 204-211)에 따르면, "조식은 이(理)를 많이 언급하지 않았다. 이보다는 심(心)을 중시하였고, 기를 생명정신을 발현시키는 실체로 제고하고자 하였다. 조식이 이렇게 기를 중시한 것은, 경(敬)과 의(義)를 내세우고 역행을 강조할 때 주리론자들과 같이 기를 낮춰보거나 배제하면 의(義)의 실천력을 의탁할 곳이 없기 때문이다. 그러므로 「지언양기도(知言養氣圖)」, 즉 「부동심도」는 비록 아주 간략하고 인용된 글의 양도 적지만 조식의 기상을 비추어 볼 수 있는 거울이 될 수 있다.”

(6) 학기와 「역사학용어맹일도도」

「제22도 역서학용어맹일도도(易書學庸語孟一道圖)」와 관련된 학기는 모두 11개이며, 역시 『성리대전』을 주로 인용하였다. 그리고 주자를 2회 인용하였고, 『중용』을 2회, 『맹자』를 1회 인용하였으며, 황간(黃榦), 쌍봉(雙峰) 요(饒)씨, 정자(程子), 호병문(胡炳文)을 각각 1회 인용하였다.

최석기(2019: 197)는 “남명이 손수 그린 학기도 다섯 개 중의 하나로 「역서학용어맹일도도」는 남명학의 실체와 완전히 일치하며, 남명학의 본질을 드러내는 도표는 「신명사도」와 「성도」, 「역서학용어맹일도도」와 「심위엄사도」, 「기도」이며, 「성도」와 「역서학용어맹일도도」는 본체에 해당하고, 신명사도」와 「심위엄사도」, 「기도」는 작용에 해당한다”고 하였다.

최석기는 또 “「역서학용어맹일도」의 제목에서 알 수 있듯이 『주역』·『서경』·『대학』·『중용』·『논어』·『맹자』에서 심성 수양에 관한 요지를 뽑아 융합적 시각으로 그린 것이다.[26] 이 도표는 『서경』 「대우모(大禹謨)」에 ‘인심유위(人心惟危) 도심유미(道心惟微) 유정유일(惟精惟一) 윤집궐중(允執厥中)’이라고 한 것 중 유정(惟精) 공부(知)와 유일(惟一) 공부(行)를 중심에 두고, 이 두 공부를 통하여 진실무망의 성(誠)에 이르는 것을 도표화한 것이다”(최석기, 2017: 21-22; 2019a: 199-200)라고 하였다.

(7) 학기와 「심위엄사도」

「제23도 심위엄사도(心爲嚴師圖)」에서 남명은 59개로 비교적 많은 학기를 썼다. 여기서도 역시 『성리대전』을 중심으로 삼았고, 『이정전서(二程全書)』도 비교적 자주 인용하였다. 그리고 인용한 학자는 정자(程子)가 4회로 가장 많았고, 공자와 주자를 각각 2회씩 인용하였다. 이 밖에도 사량좌(謝良佐), 삼마광, 여조겸, 황간(黃榦), 진순(陳淳), 진식(陳栻), 진덕수(眞德秀), 허형(許衡), 정호(程顥), 등덕수(滕德粹), 장식

26) 박병련(2001: 182)도 의견을 같이하는 것으로 보인다. “남명은 유학의 여러 경전을 각기 분리된 다른 것으로 보지 않고 실천성의 맹락에서 하나로 통합해서 이해하였으며, 그 방식을 「역서학용어맹일도도」라는 그림에서 제시하고 있다”고 하였다.

(張栻)이 각각 1회씩 인용하였다.

김충열은 '심(心)이 엄한 스승'이라는 이 그림의 주된 의미는 경의(敬義)에 있다. '경'자는 도의 통체를 논하는 앞의 15개 그림에는 나타나지 않으나, 위학(爲學)의 요체를 논하는 9개 그림에는 두루 꿰뚫고 있다. 경으로 안을 곧게 하고 의로써 밖을 바르게 한다는 것은 주로 공부론에 속하는 것이기 때문이다. 상성성(常惺惺)은 항상 깨어 있으면서 사욕의 섞임이 없게 하는 것으로, 이것은 경의의 마음 상태를 설명하고 있다. 심이 엄한 스승이 되어 언제나 깨어 있는 태도를 지니도록 하기 때문에 어떤 상황에서도(혼자 있어 남들이 알지 못하는 때에도) 능히 '사물(四勿)'하여 경의할 수 있는 것이다. 이렇게 신독(愼獨)하여 스스로 존양성찰(存養省察)을 닦으면 곧 성인의 경지에 가까워질 수 있다"(김충열, 2006: 259)고 해석하였다.

이애희(2000)는 "「심위엄사도」는 마음이 엄격한 스승인 까닭을 밝히고, 그 힘써야 할 바를 제시해 주는 그림이다. 여기서는 '심위엄사'의 아래에 '경의(敬義)'와 '상성성법(常惺惺法)'을 검은 바탕에 흰 글씨로 나열하고, 그 아래에 『대학』과 『중용』에서 운위되는 '신독(愼獨)'을 제시한다. 이 그림은 마음을 엄사로 삼아서 '경의'와 '상성성'의 거경을 방법으로 하여 존양과 성찰의 신독을 실천하여야 함을 밝히고 있다"고 해석하였다.

이렇게 이해한다면, 이 그림의 제목 '심위엄사'의 의미는 내 마음이 바로 나를 성인으로 이끄는 가장 진실하고 유일한 스승이라고 이해할 수 있다. 이렇게 심(心)을 엄사(嚴師)로 보는 조식과 생각을 같이 한 사람으로 육구연을 들 수 있다. 그림의 끝에 '신독(愼獨)'을 언급하였는데, '경의(敬義)'와 '상성성일(常惺惺一)'이라는 문구는 검은 바탕에 글자를 희게 드러나게 했고, '신독'은 '심위엄사'와 같이 괄호 안에 넣고 있다"(김충열, 2000: 219)는 것이다.

(8) 학기와 「기도」

「제24도 기도(幾圖)」와 관련된 학기는 모두 37개를 모두 『성리대전』에서 인용하였다. 그리고 인용한 학자는 주자를 2회, 정자, 정명도, 화정(和靖) 윤순, 범양(范陽) 장(張)씨, 진덕수(眞德秀), 허형(許衡), 오징(吳澄)을 각각 1회 인용하였다. 그리고 '기(幾)' 그림과 관련해서는 학자의 이름을 밝히지 않는 가운데 남명의 학술적 견해를 담은 글이 많이 실렸다.

이애희(2000: 219)는 「기도(幾圖)」에 관련하여 "'기(幾)'가 위치하여야 할 곳이 '근독(謹篤)'하는 성의(誠意)임을 밝히고, 그 좌우에 성찰과 극기를 대비시키고 있다. 그리고 성찰의 아래에 격치를 표시하고 극기 밑에는 인용(仁勇)이라고 쓰고 있다. 이 그림은 결국 『대학』의 「성의장(誠意章)」에 근거하여 수양의 근거를 밝히고자 한 것"이라고 해석하였다.

한편 김충열은 "「기도」는 마음이 처음 움직이기 시작할 때의 그 움직임의 은미함을 나타낸 그림이다. 즉, 미발에서 초발에 이르는 단계의 마음을 설명하고 있다. '성찰극기(省察克己)'하고 근독하여 성의(誠意)한다. 성찰은 격치(格致)에 있고 극기하여 인용(仁勇)으로 돌아간다. 「기도」 하단에 『대학』 '성의(誠意)' 장의 '이른바 그 뜻을 성실하게 한다는 것은 스스로 속이지 않음이다(工夫). 그러므로 기미를 파악한다는 것은 행위자의 예민한 관주(冠註) 대상이 아닐 수 없다. 그림에서 '지두(地頭)'라고 적은 것은 여기에서 천리와 인욕, 공(公)과 사(私), 정(正)과 사(邪), 흥(興)과 폐(廢), 존(存)과 망(亡) 등이 갈라져 싸움이 일어난다는 것이다. '지두' 오른쪽에는 '성찰(省察)', 왼쪽에는 '극기(克己)'를 위치시켰는데, '성찰'에서는 이 기미를 파악하는 방법으로써 '격치(格致)'를 대표적인 행위로 내세웠고, 기미를 파악한 뒤에는 투쟁이 있는데, 그 주체는 극기복례한 나로서 '인(仁)'과 '용(勇)'을 갖춘 자이다. '지두' 밑에 '성의재근독(誠意在謹篤)'은 그 기미를 이를 곳을 알아서 이르려면 능지자 존재인 나의 인지심(認知心) 역시 정확하게 '성의근독'에 좌정해 있어야 한다는 의미이다"(김충열, 2008: 215-218, 259)라고 해석하였다.

지금까지, 경상대학교 남명학연구소가 역주한 『학기유편』(2002)에 있는 남명의 학기와 학기도를 중심으로 국내외 학자들이 해석한 바를 따라 읽는 정도로 남명이 공부한 유학의 내용을 살펴본 셈이다.

김충열(2006: 39)은 남명의 『학기유편』의 내용을 보고, "그는 120가(家, 학파) 선유들의 책 1천 여 권을 읽었다"고 하였는데, 그 중요한 내용과 자신의 견해 등을 기록한 문헌자료가 『학기유편』이라는 것을 이제 독자들은 알 수 있을 것이다. 그러면서 또 『학기유편』의 내용을 바탕으로 남명이 이룬 공부 내용에 관하여 허권수가 적시한 내용은 의미가 있다. 허권수는 "『학기유편』의 내용 구성을 보면, 전체적으로

(남명이 인용하여 작성한) 900여 항목 가운데 주자의 말이 약 350항목, 정이천의 말이 약 200항목, 정명도의 말이 약 100항목으로 이 세 학자의 말이 전체의 2/3 이상을 차지한다. 이 밖에 횡거(橫渠) 장재(張載)의 말이 35항목, 북계(北溪) 진순(陳淳)의 말이 25항목, 서산(西山) 진덕수(眞德秀)의 말이 20항목, 강절(康節) 소옹(昭雍), 면재(勉齋) 황간(黃榦), 노재(魯齋) 허형(許衡), 임천(臨川) 오징(吳澄), 상채(上蔡) 사량좌(謝良佐) 등의 말이 각각 10항목이다. 이 밖에 염계(염계) 주돈이(周敦頤), 동래(東萊) 여조겸(呂祖謙) 등 정자·주자로부터 송나라·원나라의 학자 60여 명의 말이 수록되어 있다. 그 밖에 사서(四書)·오경(五經)에서 바로 인용한 말이 60여 항목 정도 된다"(허권수, 2002: 13-14)고 밝혔다. 그러므로 허권수의 이러한 지적을 통하여 농암(農巖) 김창협(金昌協, 1651~1708) 같은 이가 "남명은 성리학을 모른다"라고 한 말은 정작 그가 남명을 제대로 알지도 못하면서 함부로 던진 말이라는 것이 드러났다는 사실이다.

■ 경의검(敬義劍)

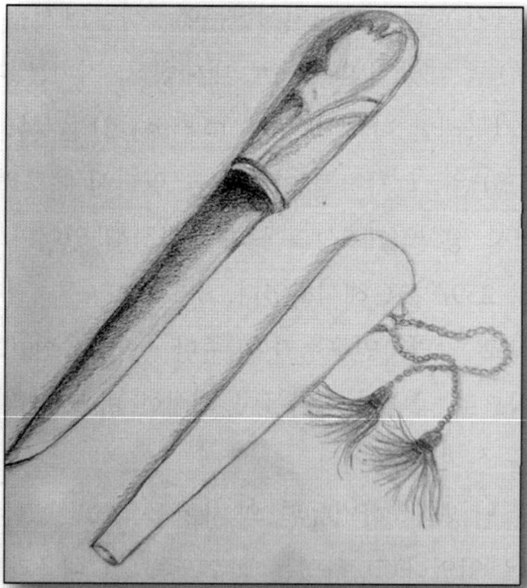

평소 남명 조식 선생은 경의검을 늘 품에 지니고 다녔다 하며 '내명자경 외단자의(內明者敬 外斷者義)'라는 명문을 새겨 넣은 바 이를 직역하면 "내 안을 밝히는 것은 경이며 내 밖을 결단하는 것은 의이다"라는 뜻으로 사욕과 잡념이 깨끗이 씻겨 꼿꼿한 절개를 지켰다(삽화: 조정심).

제 13 장

남명의 사상과 실천:
탁류 속의 맑은 물

남명에게는 학문과 사상과 실천이 매우 긴밀하게 연결되어 있다. 오늘날 남명과 퇴계, 율곡, 대곡, 화담을 연구하는 전문학자들을 통하여 조사한 결과를 보면, 남명에게 가장 두드러진 특징이자 오늘의 우리가 본받아야 할 점을 물은 결과 남명의 '지행합일(知行合一)'이라고 하였다. 그만큼 연구자들에게 인식된 특성은 남명의 학문·사상·실천이 긴밀하게 연관·통합되어 있다는 점이라고 하겠다. 제12장에서 남명의 학문을 간략하게 살펴서 정리하였으므로 이 장에서는 남명의 사상과 실천을 살펴보기로 한다. 특히 남명에게 실천은 그의 정체성이라고도 할 수 있을 정도로 중요한 부분이다. 유학자로서 남명의 학문은 매우 폭넓게, 깊게 살폈지만, 당시 주자학자들이 치중하던 이론의 심화나 강론에 크게 비중을 두지 않았다. 그래서 남명은 "정주 이후 불필저술(程朱以後 不必著述), 정자와 주자 이후 이론(지식)은 충분히 쌓여 있으므로 실천이 필요할 뿐이다"라고 말하였을 정도이다. 그래서 그는 실천을 매우 중요시하였고, 그래서 그를 실천유학자라고 하는 것이다.

이어서 먼저 경세사상을 살펴보고, 남명의 경세사상을 경의·출처·정치·교육사상과 실천을 살펴기로 한다. 각 사상 영역과 사회적 실천을 분리하여 살펴보는 방법도 있지만, 그의 사회적 실천은 그의 삶을 통하여 드러낸 활동이라는 점에서 사상의 영역과 실천을 묶어서 소개하고, 그의 공부로서 심성수양의 실천, 즉 자기 실천 또는 내적 실천은 제7절에 따로 정리한다.

제 1 절 경세와 경세사상의 이해

Ⅰ. 경세의 이해

이경규는 중국 유학자들의 경세에 관한 논의를 다음과 같이 소개하였다(이경규 편저, 1997: 105-108). 한자의 '경(經)'자는 '치(治)'자와 '현(現)'자의 의미를 내포하고 있으며, 그리하여 '경세(經世)'는 '치세(治世)', '현세(現世)' 또는 '치리천하(治理天下)'의 뜻이다.

전목(錢穆)은 경세사상의 기본 정신은 경세제민(經世濟民)의 이상에서 출발하여, 힘써서 제도를 그때에 적용시키는 것이라 하였고, 여영시(余英時)는 유학의 최종 목적은 '조지천하(操之天下) 윤택사민(潤澤斯民)'에 있다고 하였다. 이것이 곧 경세 또는 경세치용(經世致用)을 일컫는 것이고, 존덕성(尊德性)과 도문학(道問學)은 단지 경세(經世)를 위한 준비 과정에 지나지 않는다고 하였다. 경세는 유생이 '입세위정(入世爲政)'의 종지(宗旨)로서 뜻은 천하를 태평하게 다스리는 것이고, 이것은 중국 유생의 고유한 개혁 동력이라고 하겠다. 유가의 입세정신(入世精神)은 현실 세계를 개선하여 그 이상을 실현시키는 것을 희망으로 삼는다. 요컨대 경세 관념은 입세(入世)정신과 숙세(淑世)정신의 종합인 것이다. 이러한 입세정신은 '정치가 그 주요한 표현 방법'인데, 대학의 8조목 격물 · 치지 · 성의 · 정심 · 수신 · 제가 · 치국 · 평천하는 경세의 전형이라고 하겠다.

또한 내성(內聖)과 외왕(外王)을 유가 인문 전통의 핵심 관념으로 보고, 이 관념은 넓은 의미로는 일종의 인격적 이상을 나타내고 그 내포하고 있는 의미는 '경세수신 · 신민명덕' 등의 관념과 상통한다고 하였다. 유광경(劉廣京)은 "유가사상은 특히 경세(經世)를 중시하고, 유가사상에는 철학 · 학술 · 사회 · 예속 · 교육 · 행정 · 정치사상을 포함하고 있으며, 모두 현실과 관계가 있다"(이경규 편저, 1997: 109)고 하였다.

이처럼 중국의 유가사상은 오랜 시간에 걸쳐 학술 간에 경쟁과 검증을 거쳐서 유가 경전으로 정리되어 전해지는데, 대표적으로 『논어』·『대학』·『맹자』·『중용』·『주역』 등의 문헌이다. 그런 가운데 공자의 사상을 연구하는 데 가장 중요한 자료로서 『논어(論語)』는 중국 고대의 정치·경제·윤리·교육·철학·역사 등을 담고 있고, 그래서 "반부논어치천하(半部論語治天下): 『논어』 반 권만 읽어도 천하를 다스릴 수 있다"(동양고전연구회 역주, 2016a: 11 해제)고 하였을 정도이다.

Ⅱ. 사상의 개념

사상(思想)이란 사전적으로 ① 어떤 사물에 대하여 가지고 있는 구체적인 사고나 생각, ② 철학적으로 판단, 추리를 거쳐서 생긴 의식 내용, ③ 논리적 정합성을 가진 통일된 판단 체계이다. 사상과 관련된 유의어로서 정신, 의견, 이념, 의식, 생각, 노선, 견해, 철학 등을 들기도 한다.

또 사상은 생각, 사유라고도 하며 철학, 생물학, 심리학, 사회학, 인지과학 등 학문분과에서 판단이나 추리를 통하여 생긴 의식 내용 또는 논리적 정합성을 가진 통일된 판단 체계라고도 한다(위키백과사전). 또 사상(thought)이란 ① 생각하는 대상에 관련하여 마음속에 형성된 아이디어, 구상, 의견, 그림 등(용례: 첫 번째 생각), ② 생각하는 행위나 과정(용례: 사고방식), ③ 어떤 구체적인 것에 관해서 신중하게 생각하는 행위(용례: 제안에 대한 고려), ④ 다른 사람의 감정이나 상황에 관하여 생각하는 행위(용례: 이기적인 생각), ⑤ 특정한 집단, 특정한 기간 등에 관련된 사고의 방식(예: 서구사상, 현대 경제사상) 등을 가리킨다(Merriam-Webster Learner's Dictionary).

지식백과에서는 사상을 "인간들이 생활하면서 지니게 되는 세계관"을 총칭해서 부르는 역동적 개념이라고 정의한다. 포괄하는 범위가 광범위하기 때문에 공간적, 시간적, 범주적인 한정어를 덧붙여 구체화하는 경우가 흔하다. 예컨대, '한국' 사상은 한국이라는 공간 안에서 생겨난 사상이라는 뜻과 한민족이 역사적으로 형성해 온 사상이라는 뜻이 담겨져 있다. 또한 한국의 철학, 종교, 정치, 사회, 경제 등 모든 범주를 포괄하는 사상이라는 뜻도 들어 있다.

이렇게 보면, 사상은 동시대의 횡단면적으로 정치사상, 경제사상, 사회사상, 교육사상 등으로 구분하여 개념화할 수도 있을 것이다. 예컨대, 20세기 한국의 정치사상, 경제사상, 사회사상, 교육사상 등이다. 물론 시간을 범주화하는 경우, 세기마다 구분하여 분야별 사상을 개념화할 수 있게 된다.

Ⅲ. 경세사상의 이해

유가의 학문은 애초부터 불학이나 노장학(老莊學)과 달리 현세의 인간의 삶을 위한 학문과 사상을 지향하였고, 따라서 유자(儒者)는 기본적으로 학문을 닦아서 세상 또는 천하를 위하여 복무하도록 배운다. 바로 『대학(大學)』의 삼강령 팔조목이 그것이다. 『대학』 첫 문장에 "대학의 도(道)는 자신의 밝은 덕성을 밝히는 데 있고, 백성을 자기 몸처럼 아끼는 데 있으며, 지극한 선의 경지에 머무는 데 있다(大學之道 在明明德, 在新民, 在止於至善)"고 하였는데, 이것이 3강령이다. 그리고 8조목은 격물·치지·성의·정심·수신·제가·치국·평천하이다(동양고전연구회 역주, 2016b: 27-28 참조). 대개 앞의 네 조목은 수기(修已)의 과정으로, 뒤의 네 조목은 치인(治人)의 과정으로 말한다.

그러므로 "유가의 목표는 수기치인(修已治人)이다." 조선 건국의 기틀을 마련한 정도전은 "(불교와 같은) 이단 배척과 숭유정책, 유가적 민본사회 건설, 인정(仁政)과 위민정치, 법치와 제도정치"(이진표, 2002: 57-75)를 지향하였는데, 이른바 정도전이 해석해 낸 유가적 경세사상(經世思想)이다. 권인호(2010: 16-17)는 "세상과 국가를 경륜하는, 다시 말해서 다스리는 것과 세상과 민중을 구제하는 사상"이라 하였다. 경세사상은 매우 포괄적 개념이다.

손보산(2018: 152)은 "유학은 모두 국가를 다스리고 천하를 안정시키는 경세의 지향을 가지고 있고, 정주리학과 양명심학도 물론 예외가 아니다. 그러나 그들이 관심을 기울이는 초점은 결국 심성 수양이어서 사회 현실과 일정한 거리를 낳게 되었다. 그들의 학술적인 시야 역시 종종 어록장구 측면에 국한되어 폭넓은 지식과 실제 능력이 결여된 탓에 도처에 위기가 도사리고 있는 현실에 대하여 도피하는 태도를 취하거나 아니면 갈피를 잡지 못하고 속수무책이었다. 나라를 위기에서 구해낼 수 있는 실질적인 방법을 찾으려는 기대로 경세지학(經世之學: 줄여서 경세학)은 시대의 기풍이 되었고, 경세학은 정주리학과 양명심학에 대한 반성과 비판 속에서 형성될 수 있었다"고 하였다.

손보산의 글은 유학의 경세 지향을 지적하고, 또한 조선에서 주자학이 세상의 문제를 해결하지 못하는 한계와 문제로 인하여 대두한 실학의 배경을 서술하는 데 인용된 내용으로서 역시 유가적 경세사상은 포괄적이라는 것을 함께 확인해 준다. 실제로 조용태는 "'경세(經世)'란 말은 '경국제세(經國濟世)'의 의미로서, 정치 · 경제 · 교육 · 사회 · 국방 · 법 등 광의의 정치를 말한다. 따라서 경세의 내용에는 많은 분야가 망라됨은 물론이다"(손보산, 2013: 3)라고 지적하였고, 그는 율곡의 경세사상이라는 주제로 정치사상, 경제사상, 사회사상, 교육사상, 국방사상까지 망라하여 다루었다.

그러므로 유학자로서 남명의 사상은 곧 경세사상이라고 하겠다. 남명의 경세사상은 그가 쌓아서 정제한 지식을 바탕으로 절대군주의 시대에 생성되는 사상(事象)의 전체에 대하여 인식 · 대응 · 처방하려는 남명의 사유와 판단을 망라하는 것이다. 여러 분야 남명 연구자들이 남명사상에 관하여 글을 썼는데, 그들의 글을 요약하여 남명사상을 이해하여 보기로 한다.

제 2 절 남명의 경세사상

이동환은 남명학연구원이 2006년에 엮은 책 『남명사상의 재조명』 첫머리에 "남명사상과 그 현대적 의의"를 실었다. 그 중요한 내용을 간추린다.

조선 중기로서 16세기는 우리나라 학술 · 사상이 하나의 융기를 이룬 세기이다. 서경덕, 이언적, 이황, 기대승, 이이 등 지성의 군봉 가운데 남명 조식은 특히 이채로운 한 봉우리였다. 남명은 소년 시절부터 박학(博學)을 추구하는 학문 취향이었으며, 도학(道學)의 틀에다가 노장(老莊)과 도교(道敎), 그리고 병가(兵家)의 사고를 적극적으로 수용하여 아주 새롭게 빚어냈다. 이것은 단적으로 그의 「신명사도(神明舍圖)」와 「신명사명(神明舍銘)」에 잘 나타나 있다.

남명 도학은 우리나라 도학이 이룬 새로운 진경(進境)으로서 매우 이채로운 국면을 열어 보였다. 매우 개성적인 사상가가 아닐 수 없다. 남명이 추구한 도학은 지식의 양이나 늘리자는 학문이 아니라 그 구극은 실천에 있다. 실천에는 주체가 먼저 문제가 되는데, 심(心)이 바로 주체이다. 여느 도학자처럼 남명도 심을 거의 절대적으로 중시하였다. 마음 즉 주체성의 확립이 최우선이었기에 남명은 "마음은 이(理)가 모인 바의 주체이고, 몸은 마음이 담긴 바의 그릇"이라 했다.

마음이 주체로 확고히 수립되기 위하여는 반드시 수양을 거쳐야 한다. 그 수양의 요체가 바로 경(敬)이다. 경이란 '정제엄숙(整齊嚴肅)'이고 '마음이 환히 깨어 있어 어둡지 않음(常惺惺)'이며 '하나로 모아진 마음을 중심에 두고 만사에 응함(主一無適)'이다. 이러한 경이 주가 되지 않고서는 이 마음을 존립하게 할 수가 없다. 즉, 주체를 수립할 수 없다는 것이다. 남명은 마음에 사념의 기미가 동(動)하는 족족 섬멸하여 죽여 없애는 수양 방법, 즉 '시살적(厮殺的) 존양성찰(存養省察)'을 지향하였다.

남명에게는 실천 의지의 준엄함과 철저함에 특징이 있다. 이러한 경 공부에서 보여주는 특징 외에 남명사상의 또 한 가지 특징은 다른 도학자에 비하여 상대적으로 의(義)를 매우 강조하였다는 점이다. 경과 의의 연원은 『주역』 곤괘(坤卦) 「문언전(文言傳)」으로 거슬러 올라가지만, 송대의 도학에 이르러 상대적으로 수양 방법으로서의 '경'이 특히 강조되면서 '의'는 상대적으로 비중이 약하였다. 그런데 남명은 '의를 경과 함께 중시'한 것이다. 주체의 수립을 위하여는 경이 요구되고 주체의 올바른 실현을 위하여는 의가 요구된다고 생각한 것이다. 뒷날 임진왜란 시에 남명 문하에서 의병장이 많이 배출된 것은 남명의 의(義)를 중시하는 학풍 때문이라는 것은 널리 알려진 사실이다.

남명사상의 또 다른 특징은 동(動)과 부동(不動)의 변증 구도를 설정하였다는 점이다. 동하려는 힘과 부동하려는 힘의 변증 구도는 남명사상으로 하여금 대단한 역동성을 품게 한다. 「서검병증조장원원(書劍柄贈題趙壯元瑗)」의 시에 "칼의 정신은 견우성과 북두성 사이의 넓은 공간에 노니는 데 반하여 칼의 날은 놀지 않는다"는 표현 속에 동과 부동의 변증 구도의 모티브가 강하게 발동함을 본다. 그 변증 구도가 땅과 하늘 사이에 걸쳐 이루어지는 웅대한 스케일임에랴!

또 하나 역동적 변증의 예로서 남명이 기거하는 당(堂)의 이름 '뇌룡정(雷龍亭)'인데,『장자』「재유(在宥)」편에 나오는 “시동(尸童)처럼 꼼짝 않고 부동의 모습으로 있으면서도 용(龍)처럼 변화 자재하게 나타나고, 깊고 조용한 연못처럼 침묵하면서도 한편으로 우레와 같은 커다란 소리를 낸다(尸居而龍見, 淵默而雷聲)”에서 취해 온 말이다. 이러한 동(動)과 부동(不動)이 만드는 역동의 변증법은 남명의 사상으로 하여금 도학이 곧잘 범하기 쉬운 정태주의(靜態主義)에 빠져드는 것을 막으면서 사상에 현실성을 더하게 해 준다고 하겠다.

남명사상의 마지막 특징은 현실 세계 지향성이다. 언급한 것처럼 남명에게 현실은 두 국면을 가진다. 한 국면은 유가적 도의 전승이라는 현실이고, 다른 한 국면은 민중의 생활이라는 현실이다. 남명은 어느 국면에서나 우환 의식이 충일하였다. 전자와 관련해서는 당대 조선의 현실에 대한, 즉 기묘사화(己卯士禍)에서 을사사화(乙巳士禍)로 이르는 과정의 정국(政局)에 대한 우환 의식일 터이다. 후자에 관련해서는 학사대부(學士大夫)들과 이야기를 나누다 말이 시정(時政)의 득실과 민중의 곤궁에 미치면 팔을 걷어붙이고 목이 메지 않은 적이 없으며 혹은 눈물을 흘리기까지 하였다는 대목을 들 수 있다. 이는 민중의 곤궁함에 대하여 남명이 만강의 동정과 비분강개를 가졌음을 의미한다.

그는 「민암부(民巖賦)」라는 작품을 써서 민중이 학정을 견디다 못하면 마침내 나라를 뒤엎기도 할 것이라고 위정자에게 경고하기도 했다. 그리고 남명이 엄광의 출처를 다룬 「엄광론(嚴光論)」을 바탕으로 누군가가 남명에게 엄광과 비교하여 남명 자신을 어떻게 생각하느냐고 묻자, 엄광은 세상을 잊은 사람이지만 자신은 세상을 잊지 못하는 사람이라고 대답한 데서 남명의 현실 인식을 읽을 수 있다.

남명은 유학자로서 치인(治人인 또는 安人)의 소명을 지니고 있었으므로 시대 상황을 인식하고 문제에 대처하는 지식, 그것에 바탕을 둔 문제 해결을 위한 판단의 사유 체계로서 경세사상을 당연히 지니고 있었다. 남명의 경세사상은 남명의 시살적 존양성찰(厮殺的 存養省察)이라는 용어에서 알 수 있듯이 도덕적 인격을 쌓아 올렸고, 거기다가 선진 유학과 신유학은 물론이요 성리학과 양명학, 심지어 불학과 노장학을 넘나들며 폭넓게 섭렵한 학문을 바탕으로 그 시대 조선의 문제를 통찰하였다. 그리고 그는 경의사상을 핵심·기저 사상으로 삼아서 출처사상과 민본정치사상, 그리고 교육사상을 정립하여 실천하였다.

제3절 경의사상과 실천

남명의 경의사상에 관해서는 이상필(1997)과 김충열(2008)이 자세하게 논의하였다.

이상필은 『남명학연구』 제7권(1997)에 "남명 경의사상(敬義思想)의 형성 배경과 그 특색"을 게재하였다. 또 김충열(2008)은 남명학의 요체로서 경의(敬義)를 자세하게 소개하고 있다. 그는 남명이 경의를 강조하게 된 계기를 그가 추상적인 '성리(性理)'나 '천도(天道)'를 논하기보다는 실천도학(實踐道學)을 지향한 데서 찾는다. 이론 탐구를 중시하면 학문 경향은 "다분히 '성리(性理)'나 '천도(天道)', 즉 형이상학 쪽으로 파고들게 되고, 실천궁행(實踐躬行)을 강조하면 학문 경향은 일용사물과 관련되는 하학상달(下學上達)에 치중하며, 실천도학의 실체는 이(理)가 아니라 심(心)일 뿐이라고 하였다. … 심을 바르게 하는 데는 경의(敬義) 공부, 즉 함양이 절실하다. 그러나 남명은 격물치지는 이미 선현들이 자세하게 설명해 놓았다고 보았다. 그리고 그는 전체 유학의 종지를 '경의' 두 글자로 집약하고 그것을 지상의 지표로 내건 뒤 전력투구해 나갔다"(김충열, 2008: 230-232)고 강조하였다.

여기서는 먼저 이상필(2005: 36-38)의 논의를 통하여 경의의 전거를 먼저 살펴보고, 이어서 김충열(2008: 235-299)의 논의를 빌려 '경의'의 의미와 그 실천의 효과 등을 살펴본다.

Ⅰ. 경의(敬義)의 전거와 창의적 변환

남명의 학문은 '경의지학(敬義之學)'으로 통칭된다. 남명은 자신의 학문을 다음과 같이 요약하여 말하였다. 제자 정인홍이 쓴 「남명선생행장」에 실려 있다.

> "만년에 특히 '경의(敬義)'라는 두 글자를 제시하여, 창문과 벽 사이에 크게 써 두셨다. 그리고는 일찍이, '우리 집에 이 두 글자가 있는 것은 마치 하늘에 해와 달이 있는 것과 같아서, 만고토록 바뀔 수 없는 것이다. 성현의 천언만어(千言萬語)가 결과적으로는 모두 이 두 글자를 벗어나지 않는다'라고 하셨다."

비슷한 표현이 동강(東岡) 김우옹(金宇顒)이 쓴 「남명선생행장」과 「행록(行錄)」에도 보이는 것으로 보아 남명의 문인들에게는 널리 알려져 있었던 것으로 생각된다. 그뿐만 아니라 그 이후의 학자들도 대체로 남명 사상에 대하여 한 마디로 '경의(敬義)'라고 요약하는 데 주저하지 않는다.

『주역』 곤괘(坤卦) 문언전(文言傳)에 "경으로써 안을 곧게 하고, 의로써 밖을 반듯하게 한다(敬以直內 義以方外)"라는 말이 보인다. 이에 대하여 정자(程子)는 "군자는 경(敬)을 주로 하여 그 안을 곧게 하고, 의(義)를 지켜서 그 밖을 반듯하게 한다. 경이 확립됨으로써 안이 곧게 되고 의가 나타남으로써 밖이 반듯하게 된다"는 주석을 붙였다.

그런데 「경이직내(敬以直內) 의이방외(義以方外)」라는 말은 원래 곤괘 육이효(六二爻)의 효사(爻辭) 「직방대(直方大) 불습(不習) 무불리(无不利)」에 보이는 '직방(直方)'의 의미를 부연한 것이다. '직(直)'이란 마음을 곧게 하는 것인데, 이는 '경(敬)'을 통하여야 가능하며, '방(方)'이란 외물과의 교섭 과정에서 일을 반듯하게 처리하는 것인데, 이는 '의(義)'를 기준으로 하여야 가능하다는 뜻이다. '경의(敬義)'가 이처럼 '직방(直方)'의 의미와 관련하여 쓴 것은 흔히 보이는 일이다.

그런데 남명은 「패검명(佩劍銘)」에서 이 「경이직내(敬以直內) 의이방외(義以方外)」라는 표현에 변화를 주어, '내명자경(內明者敬) 외단자의(外斷者義)'라고 표현하였다. 단순한 변화처럼 보이지만 사실 이 변화가 심상치 않은 것이다. 우선 '직(直)' 즉 곧게 한다는 뜻의 글자를 '명(明)' 즉 밝힌다는 뜻의 글자로 바꾸고, '방(方)' 즉 반듯하게 한다는 뜻의 글자를 '단(斷)' 즉 결단한다는 뜻의 글자로 바꾸었다는 점이 매우 심각한 변화이다.

마음을 곧게 한다는 의미의 '직(直)'만으로는 유학의 핵심 사상과 직선적으로 관련시키기 어려우므로 남명은 고심 끝에 이를 '명(明)'으로 바꾼 것으로 생각된다. 여기서 남명이 바꾼 이 '명(明)'은 『대학』 삼강령(三綱領) 가운데 첫 번째인 '명명덕(明明德)'에서 '밝힌다'는 의미로 쓰인 앞의 '명(明)'을 염두에 둔 것으로 보인다.

아울러 『중용』 20장에 나오는 '명선(明善)'의 '명(明)'과도 연결된다. '명선'은 지선(至善)이란 무엇이며 지선이 존재하는 곳은 어디인가 하는 것을 밝히는 것이고, '명명덕(明明德)'은 인욕(人慾)에 의하여 가리어진 마음을 원래의 상태로 환하게 밝혀내는 것이다.

결국 '명명덕'이나 '명선'의 '명(明)'은 학자가 마음을 수양하는 데 가장 기본적이고 가장 중요한 것이므로, '직(直)'을 '명(明)'으로 대체한 것이다. 이는 또한 남명 학문의 입각점(立脚點)이 『대학』과 『중용』이라는 사실을 보여주는 것이기도 하다.

그리고 '방(方)'과 '단(斷)'의 변화도 '반듯하게 처리한다'는 의미의 '방(方)'만으로는 표현 방법이 너무 순수하므로, 강력하게 실천하려는 뜻을 돋보이게 하기 위하여 '결연히 잘라버린다'는 의미의 '단(斷)'으로 대체한 것이 아닐까 싶다. 확실히 '방'보다는 '단'이 삼엄한 기운이 감도는 것은 부인하기 어렵다.

또 한 가지 이 변화에서 주목할 것은 문장의 구조가 바뀐 것이다. '경이직내(敬以直內) 의이방외(義以方外)'는 문장 구조가 지극히 정상적이어서 담담할 뿐 강조의 의미를 찾기는 어렵다. 그리고 여기서의 '경(敬)'과 '의(義)'는 직내(直內)와 방외(方外)를 위한 단순한 수단의 의미로 쓰였다. '내명자경(內明者敬) 외단자의(外斷者義)'에서의 '경(敬)'과 '의(義)'도 여전히 내명(內明)과 외단(外斷)을 위한 수단의 의미로 쓰였다.

그러나 문장 구조가 강조 구문으로 바뀌어 '경'과 '의'가 각각 문장의 술어가 되고 보니, 수단의 의미가 한층 더 강화되어 보이는 것이다. 요컨대, 『주역』에서는 '직(直)'·'방(方)'의 의미를 부연 설명하기 위하여 '경(敬)'·'의(義)'를 사용하였던 것인데, 남명은 이 '경(敬)'·'의(義)'라는 글자와 관련시켜 존양 성찰을 의미하는 '명(明)'과, 처사 접물 시에 결단을 의미하는 '단(斷)'이란 두 글자를 그 자리에 대체시켜 넣음으로써, '경의(敬義)'가 『주역』이 담고 있는 의미를 넘어서 남명의 독특한 사상을 설명할 수 있는 새로운 용어로 거듭 태어난 것이다.

그리고 문장 구조에도 변화를 줌으로써 '경'과 '의'의 의미를 한층 더 강화하고 있음도 볼 수 있다. 남명이 말하는 '경의(敬義)'에는 늘 '명(明)'과 '단(斷)'이 전제되어 있고, 이를 가장 분명하게 보여주는 것이 「신명사도(神明舍圖)」와 「신명사명(神明舍銘)」이다.

Ⅱ. 경의(敬義)의 의미

'경(敬)'이라는 글자의 의미가 발전해 간 내용을 보면, 경(驚, 놀랄 경) → 경(警, 경계할 경) → 경(敬, 공경할 경)으로 인간 심성에로 내심화해 갔다고 볼 수 있다. 이에 관하여 김충열은 다음과 같이 대군인(戴君仁)의 말을 인용하였다.

> "경(敬)의 본래 의의는 경(驚)에 근원하였다고 본다. 이 경은 정신 집중을 의미한다. 맹수나 적을 만났을 때 경악하고 방비하게 되는데 이때 정신 집중 상태이다"(김충열, 2008: 236).

김충열(2008: 236-237)은 "그 이후 驚(놀랄 경)은 계칙(誡勅)의 警(경계할 경)으로, 이것은 다시 공숙(恭肅)의 敬(공경할 경)으로 발전한 것이라고 본다"고 하였다.

한편 '의(義)'자의 자의는 본래 사람의 용모와 행동거지를 가리키는 것으로 쓰이다가 당위 규범으로 발전하였다. 행동거지가 당위 규범에 맞아들 때 '의'는 '선(善)'과 같은 뜻으로 쓰였다. 규범에 맞지 않으면 불선(不善)이 되는 것이다.

그러므로 처음 의미는 '의(儀: 거동 의)'였다가, 다음에 '의(宜 마땅할 의)'로 발전하였고, 나아가서 '선(善)'의 의미로 발전하였으며, 그 자체가 불의를 바로잡는 규제력을 갖는 행위, 즉 과단(果斷)의 의미를 갖게 되었다. 그리고 '의(義)'의 자형이 '양(羊)'자와 '아(我)'자의 결합인데, '아(我)'는 본래의 뜻이 '집단의 '아'였다는 점에서 '의(義)'는 집단의 '의(宜)', '선(善)', '미(美)'의 의미를 갖는다는 것이다. …『예기』「표기(表記)」에서 "의란 '천하의 법도이다(義者, 天下之制也)'라는 표현으로 미루어 '의(義)'를 대경대의(大經大義), 즉 궁극의 원리이며 가장 보편적인 준거로 그 의의가 제고된 것이라고 하겠다. '의(義)'가 이렇게 천하의 준거라면 그것은 인간을 비롯한 모든 것이 그에 맞아 들도록(宜) 추구하여야 한다"(김충열, 2008: 237-238)라고 하였다.[1)]

김충열은 덧붙여서 "송명대 성리학자 정이는 '경'과 '의'를 한데 묶어서 '경의(敬義)'를 표방하였고, 실천을 중시한 조식은 거경궁리(居敬窮理)에 그치지 않고, 과단

---

1) 김충열은 의(義)자의 의미 변환에 관하여 『설문해자』의 설명을 소개하였다.

행위의 '정의(正宜)'를 잃지 않기 위하여 '의(義)'와 함께 '경(敬)'을 중시하여 그의 학문을 경의지학(敬義之學)이라고 스스로 특징지었던 것이다"(김충열, 2008: 239-240). 이 밖에도 김충열은 '경(敬)'의 뜻과 변천, 그리고 '의(義)'의 변천 과정을 매우 자세하게 소개하고 있으나 여기서는 생략한다.

Ⅲ. 「신명사도」와 「신명사명」의 이해

남명의 학문은 경의지학과 이것을 바탕으로 정립한 경의사상은 「신명사도」와 「신명사명」에 그대로 나타난다는 점에 다른 학자들(장영준, 1988; 최석기, 1994, 2001; 금장태, 2002; 김충열, 2002; 이상필, 2005; 전병철, 2016; 조창섭, 2019)도 이론이 없다.

■ 신명사도(神明舍圖)

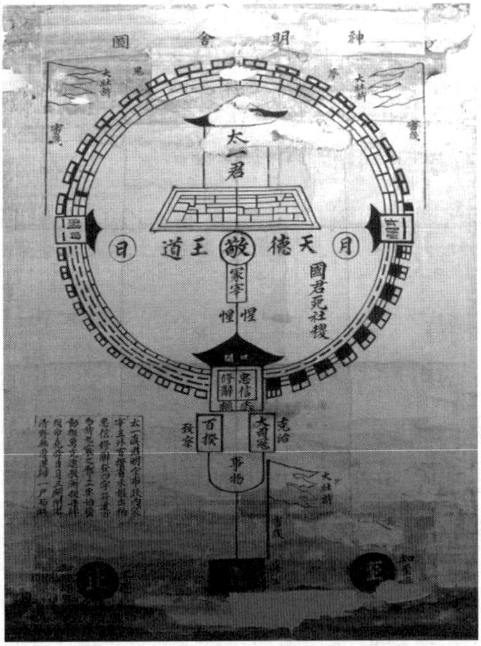

남명의 「신명사도」와 「신명사명」은 언어 구조적으로 분석되기도 하였는데, 조일규(2019: 436)는 남명의 「신명사도」와 「신명사명」이 소쉬르(Fendinand de Saussure)

의 언어 구조 분석보다 350년이나 앞섰다."고 밝혔다. 남명의 새로운 면모인 것이다.

다음에 「신명사도」와 「신명사명」에 관한 내용을 최석기(1994: 155-193)의 논의를 중심으로 소개한다.

1. 「신명사도」의 그림 및 용어 풀이

최석기는 '원곽(垣郭)'이라는 용어를 사용하여 「신명사도」 중앙 상단의 성곽처럼 둘러 처진 원을 표현하였다. 이 원곽은 당나라 희천(希遷)이 지은 『참동계(參同契)』에서 따온 것으로 본다. 이것은 크게는 우주의 원리를, 작게는 인간의 몸을 가리키는 것으로 볼 수 있다. 굳이 성곽처럼 만든 것은 태일군(太一君)이 정사를 펴는 명당임을 드러내기 위해서이다. 요컨대 「신명사도」의 곽내는 건·곤이 남북으로 자리하고 이·감이 동서로 자리하여 일(日, 陽)·월(月, 陰), 즉 이·감이 그 사이를 승강하며 변화한다는 우주론을 인간의 신체에 그대로 적용시킨 것이다. 이런 관점에서 이(離)의 방위에 목관(目關)을, 감(坎)의 방위에 이관(耳關)을 설치한 것이다. 곽내의 일·월에서도 일을 목관(目關) 쪽에, 월을 이관(耳關) 쪽에 배치한 것은 이런 원리에서 나온 것이다. 『주역』 선천(先天)의 원리로도 설명이 가능하다. 『주역』 선천의 방위로 보면, 그림의 위쪽이 남으로 건(乾)이 자리하고, 아래쪽이 북으로 곤(坤)이 위치하며, 왼쪽이 동으로 이(離)가 자리하고, 오른쪽이 서로 감(坎)이 위치한다. 원곽은 선천의 우주론적 생성을 의미하는 것이지 후천적 인사(人事)를 가리키는 것이 아니다. 그러므로 곽내는 일차적으로 임금이 정치를 하는 명당을 그린 것이지만, 그 속에는 우주 속에서 음양의 변화에 따라 생겨난 인신(人身)을 가리키는 뜻도 들어 있다. 그리고 그 가운데 태일군(太一君)이 거주하는 신명사(神明舍)가 있는데, 이 신명사는 두말할 것도 없이 일신의 주재자인 마음이 머무는 집을 가리킨다.

신명사(神明舍): 신명사란 말이 어디서 나왔는지는 분명치 않다. 위백양(魏伯陽)의 『주역참동계(周易參同契)』에 '신명(神明)'·'신실(神室)'이란 용어가 보이는데, 이때의 '신실(神室)'이 곧 '신명사(神明舍)'를 의미한다. 신명사란 말이 어디에서 연유하였건, 그것은 마음이 머무는 집, 곧 심장(心臟)을 의미한다고 하겠다. 그곳에 일신의 주재자이며, 마음의 본체인 신명이 거주한다.

태일군(太一君): 태일군은 「신명사명」에는 태일진군(太一眞君)으로 되어 있다. 대체로 '태일(太一)'은 태극(太極)을 가리키고, '진군(眞君)'은 일신의 주재자인 심을 의미한다. 진실무망한 태극의 체(體)가 일심에 갖추어져 더 이상 더할 것 없이 지존 지귀(至尊至貴)하기 때문에 태일진군이라고 한 것이다. 이 원주를 음미해 보면, 태일은 둘로 갈라지지 않는 마음을 의미하는 것으로 곧 태극(太極)을 뜻한다. 즉, 나라에 두 임금이 없듯이, 마음이 둘로 나뉘지 않은 전일(全一)한 경지를 말한다. 전일한 마음에는 사심(邪心)과 욕심(欲心)이 없다. 이것이 바로 마음이 갈라지지 않은 상태로 태극의 경지인 것이다. 이런 마음을 가진 임금이 바로 진군(眞君)이다.

천덕(德)·왕도(王道): (천덕·왕도는) 「무진봉사(戊辰封事)」에 명확한 개념이 나타나 있다.

> "안에서 마음을 보존하여 혼자 있을 때를 삼가는 것이 천덕이고, 밖에서 성찰하여 행하기를 힘쓰는 것이 왕도이다."

「신명사도」의 천덕과 왕도는 남명이 「무진봉사」에서 밝힌 바대로, 안으로 존심(存心)하여 홀로 있을 때를 삼가는 것이 천덕이고, 밖으로 성찰(省察)하여 실천에 힘쓰는 것이 왕도이다. 요컨대, 천덕은 외물과의 접촉이 없이 안에서 스스로 닦는 것으로 그 바탕이 되는 마음가짐이 곧 경이며, 왕도는 외물과의 접촉을 통하여 시비·사정(邪正)·공사(公私)·선악 등을 분멸하는 것으로 그 가치판단 기준이 바로 의(義)이다.

심성 수양에 이 두 가지가 기본 요소이듯이, 태일진군이 명당에서 정사를 펼칠 때 지치(至治)를 이룩하기 위하여 내건 대체가 바로 천덕과 왕도이다. 마찬가지로 인격수양에서도 안으로 경(敬)을 통하여 자신을 함양하여 성심을 보존하는 것이 천덕이고, 밖으로 의를 통하여 시비·선악을 분별하여 올바른 인격을 추구하여 나가는 것이 왕도이다. 남명이 「무진봉사」에서 말한 천덕과 왕도는 존양과 성찰을 의미하는 것으로, 그 요점이 경과 의이고, 그 관직이 총재(冢宰)와 백규(百揆)이다.

일(日)·월(月): 일·월은 동그라미 속에 쓰여 있다. 이 일·월이 무엇을 의미하는지에 대하여는 의견이 분분하다. 앞의 원곽의 풀이에서 언급하였듯이, 신명이 신명사에 깃들게 되는 데에는 천지 음양의 조화에 의한 우주론적인 질서가 그 안에 들어 있다. 요컨대, 『주역』 선천의 방위는 건(乾)이 남쪽, 곤(坤)이 북쪽, 이(離)가 동쪽, 감(坎)이 서쪽이다. 이 선천의 방위로 보면, 일(日)과 목(目)이 그림의 왼쪽에 위치하여 양(陽)이 되고, 월(月)과 이(耳)가 그림의 오른쪽에 위치하여 음(陰)이 된다. 이는 한사존성(閑邪存誠)하고 극기복례(克己復禮)하여 처음 태어난 본연의 천성(天性)으로 되돌아간 것을 의미한다. 따라서 처음 원곽이 천지와 음양의 조화 속에서 인간이 태어남을 의미하듯이, 이는 그 우주론적 질서의 본연으로 돌아온 것을 의미한다. 그러므로 일(日)을 목관(目關), 즉 이(離)의 방위에 둔 것이며, 월(月)을 이관(耳關)에 둔 것이다.

총재(冢宰)-경(敬)-성성(惺惺): 태일군이 천덕과 왕도를 표방하고 일신을 다스려 정치를 펴는데, 우선 백관(百官)의 장인 총재(冢宰)를 두고 그 이름을 경(敬)이라 하였다. 일신의 마음을 다스리는 데는 경(敬)이 밑바탕이 되어야 한다. 마찬가지로 나라를 다스리는 데에 이런 신하가 무엇보다 먼저 필요하기 때문에 총재의 이름을 경(敬)으로 삼은 것이다.

총재는 태일군을 보좌하여 안으로 백관을 거느리고 밖으로 세상을 조화시키는 임무를 맡는다. 마찬가지로 인간의 심성에서도 경(敬)이 바탕이 되어야 자신을 성(誠)되게 할 수 있다. 성리학은 주체적으로 자기 자신을 닦아 인격 완성을 추구하는 학문이다. 그런데 이를 위하여 무엇보다도 중요하게 전제되어야 하는 것이 경이다. 흩어지지 않고 안으로 마음을 보존하는 데 가장 절실한 것이 경이다. 경에 거처하여 존심양성하지 않으면 외물과 접촉하였을 때 올바른 성찰을 할 수가 없다.

남명이 「무진봉사」에서 궁리 · 수신 · 존심 · 성찰이 모두 경(敬)을 위주로 한다고 하면서 "경(敬)을 주로 하지 않으면 이 마음을 보존할 수 없고, 이 마음을 보존하지 않으면 천하의 이치를 궁리할 수 없습니다"라고 한 것이 바로 그것이다. 남명의 학기도 중 「경도(敬圖)」를 보면 '주일무적(主一無適)', '정제엄숙(整齊嚴肅)', '상성성(常惺惺)', '수렴기심(收斂其心)' 네 가지를 사방에 배치하고 있다. 이를 보면, 남명의 경(敬)에 관한 생각은 주자(朱子)의 설을 충실히 따르고 있음을 알 수 있다. 즉, 남명은 위의 네 가지가 경(敬)을 간직하기 위하여 모두 필요한 것으로 본 것이다.

그런데 「신명사도」의 '총재(冢宰) 경(敬)' 아래에는 유독 '성성(惺惺)' 두 글자만

써 놓았다. 그 이유는 무엇일까? 성성은 혼미하지 않고 깨어 있다는 뜻이니, 총재가 한시도 흐릿한 마음을 갖지 말아야 한다는 것이다. 사람이 자신의 마음을 늘 깨어 있게 하지 않고 잠시라도 흐릿하게 하면 바로 사욕이 끼어들게 되니, 그렇게 되면 타고난 본성을 지킬 수 없게 된다. 곽외의 태일군(太一君) 뒷면에 있는 귀(鬼)·몽(夢)이 바로 그런 경지라 하겠다. 즉, 남명이 경(敬)의 네 가지 의미 중에서 성성(惺惺)을 특별히 쓴 것은 귀·몽에 빠지지 않도록 마음을 혼몽하게 가져서는 안 된다는 점을 극구 강조하기 위해서이다. 성성(惺惺)은 위 네 가지 경공부(敬工夫) 중 가장 실천적인 것이다. 남명이 허리에 차고 다니며 늘 자신을 깨우치던 쇠방울에 '성성자(惺惺子)'라고 이름 붙인 것도 바로 이런 의미를 갖는다.

귀(鬼)·몽(夢): 원곽의 위쪽 태일군 뒷면에 귀와 몽을 써넣었는데, 이는 성성에서 설명한 바와 같다. 곽내가 명덕(明德)을 밝히는 일이라면 그렇지 못할 경우 귀·몽에 빠지는 것은 당연한 일이다. 수양의 측면에서 말하면 곽내는 거경존양(居敬存養)에 해당하는데, 마음이 항상 성성하지 못하고 잠시라도 혼매하게 되면 바로 귀·몽의 경지로 빠지고 만다.

국군사사직(國君死社稷): 국군사사직 다섯 자는 본래 『예기(禮記)』 「곡례(曲禮)」에 나오는 말이다. 남명이 이 다섯 글자를 굳이 써넣은 이유는 아마도 국군(國君)이 국난에 대처하여 죽을 각오로 사직(나라)을 지켜야 한다는 점을 강조한 것으로, 마음을 다스리는 데서 잠시라도 경(敬)을 떠나서는 안 된다는 것을 드러낸 것으로 보인다. 마음이 경(敬)을 지키다 죽을 각오를 가져야 사욕에 끌려가지 않고 본연을 마음을 보존할 수 있다.

이관(耳關)·목관(目關)·구관(口關): 이 삼관(三關)은 인체 아홉 개의 구멍 중에서 외부와의 접촉을 통하여 가장 마음을 어지럽히는 신체의 기관이다. 그래서 『참동계』에서는 이 세 관문을 '삼보(三寶)'라 하여 굳게 닫아 걸어 진성(眞性)이 빠져 나가지 않도록 하여야 한다고 하였다. 「신명사명」의 '구규지사(九竅之邪) 삼요시발(三要始發)'이라 한 것이 바로 그것인데, 인심의 사욕이 이 세 기관을 통하여 발하기 때문에 심성 수양을 할 때 이를 특별히 중시하는 것이다.

사물(事物): 위의 마음이 이·목·구 삼관을 통하여 외부와 접촉하는 일상의 모든 사물을 가리킨다. 이를 구관 아래 그려 넣은 것은 삼관 가운데 구관이 가장 중요하기 때문이다.

승추(承樞, 출납[出納]): 「신명사도」에는 구관의 충신·수사 밑에 승추만 쓰여 있으나, 「신명사명」에는 '승추출납(承樞出納) 충신수사(忠信修辭)'로 되어 있다. 따라서 「신명사도」의 승추에는 승추·출납의 뜻이 다 들어 있다고 보인다. 승추·출납이란 추밀(樞密)을 받들어 출납한다는 뜻으로, 왕명을 출납하는 승지와 같은 의미이다. 왕명을 받들어 출납하는 데에는 이·목·구의 삼관 중에서 구관(口關)이 가장 긴요한 위치에 있다. 그러므로 왕명을 받들어 출납하는 직책을 후설지직(喉舌之職)이라 한다. 즉, 삼관 가운데서 구관이 가장 중요하기 때문에 그곳을 승추에 해당시킨 것이다. 이 자리에 있는 관리가 왕명을 받들어 출납할 적에는 충신(忠信)으로 수사(修辭)하여야 하기 때문에 승추 위에 충신·수사를 걸어 놓은 것이다. 개인 심성 수양으로 보면, 내적인 마음을 언사(言辭)로 드러낼 적에는 충신으로 그 말을 닦아야 한다는 것이다.

충신(忠信)·수사(修辭): 충신과 수사는 『주역』 건괘 문언(文言) 구삼(九三)에 나오는 말로, 주자의 본의(本義)에 자세한 설명이 있는데, "충신은 마음에 주로 하는 것이 한 생각도 성(誠)하지 않음이 없는 것이다. 수사는 일에 나타난 것이 한 마디 말도 진실하지 않음이 없는 것이다. 충신의 마음이 있더라도 말을 닦아 성(誠)을 세우지 않으면 거기에 거처할 수 없다"고 하였다. 충신은 마음가짐에 조금도 사심이 없는 경지, 즉 자신을 극진히 하여 그것을 꽉 채워 나가는 것을 말하고, 수사는 마음이 밖으로 표현되는 데 조금도 거짓됨이 없는 경지를 가리킨다.

백규(百揆)-치찰(致察): 인간이 주경(主敬)을 통하여 심성을 보존할 수 있지만, 이는 어디까지나 미발지전(未發之前)의 정시(靜時)의 경공부이다. 마음이 발하여 외물과 접촉하게 되는 이발지후(已發之後)의 동시(動時)에는 기미(幾微)를 살펴 의(義)·불의(不義)를 성찰하여야 한다. 그렇게 하지 않으면 떳떳하고 올바른 인격을 완성할 수 없다. 안에서 존양하는 데 경(敬)이 필요하듯이, 밖으로 성찰하는 데에는 의(義)

가 절실한데, 조정에 비유하면 이를 담당하는 직관이 바로 백규(百揆)이다. 「신명사도」에 총재의 이름을 경(敬)이라 하고 백규의 이름을 밝히지 않았는데, 동강(東岡) 김우옹(金宇顒)의 「천군전(天君傳)」에 보면 '태재(太宰) 경(敬)·백규(百揆) 의(義)'라고 분명히 밝히고 있다. 따라서 백규는 성찰을 담당하는데, 그의 판단 기준이 의(義)임을 알 수 있다. 남명학의 요체라고 하는 경(敬)·의(義)가 바로 여기에서 나온 것이다. 남명은 자신을 성(誠)되게 하여 완전한 인격체로 만들기 위해서는 안으로 거경(居敬)하여 존양하고, 밖으로 의(義)에 따라 성찰하는 것이 심성 수양의 핵심이라고 생각한 것이다.

대장(大壯)-심기(審幾): 대장기(大壯旂)는 『주역』 대장괘의 뜻을 깃발로 형상화한 것이다. 대장괘의 상사(象辭)에 '뇌(雷)가 천(天) 위에 있는 것이 대장(大壯)이니, 군자는 이 상으로써 예가 아니면 행하지 않는다'고 하였다. 남명이 심기(審幾)의 옆에 대장기를 세운 것은 외물과의 접촉에서 일어나는 사욕(私欲)을 즉석에서 다스려 나가야 한다는 삼엄한 기상을 드러낸 것이다. 3면에 대장기를 세운 것은 삼관을 통하여 일어나는 사욕의 기미를 살펴야 한다는 것이다.

대사구(大司寇)-극치(克治): 경(敬)을 통하여 존양을 하고 의(義)를 통하여 성찰을 한 상태는 주체적 자아의 확립과 객관적 가치판단 기준이 마련된 경우이다. 그러나 아직 자신을 온전히 성(誠)하게 하여 지선(至善)에 이른 경지는 아니다. 따라서 때로는 사욕(私慾)이 일어나고 물욕(物慾)에 끌려가게도 된다. 이때 그동안 축적한 경과 의를 통하여 뇌천(雷天) 대장(大壯)의 삼엄한 기상으로 기미를 살펴서 사욕을 곧바로 다스려야 한다. 그래야 지선에 도달할 수 있다. 사욕이 발동됨을 발견하면 즉시 물리치는데, 그것을 담당하는 관리가 바로 대사구(大司寇)이다.

지(止)-필지(必至): 백규가 기미를 살펴 치찰(致察)을 하고, 대사구가 사욕을 극치(克治)하여 도달하는 경지가 '지어지선(止於至善)'이다. 「신명사도」의 하면의 중앙 네모 속의 '지(止)'는 바로 『대학』의 '지어지선'의 '지(止)'를 가리킨다. 지(止)는 반드시 여기에 이르러 옮겨가지 않는다는 뜻이다. 그래서 옆에 '필지(必至)'라고 덧붙여 쓴 것이다. 남명의 수양론으로 볼 때, 이는 명선(明善)·성신(誠身)을 통하여 도달하는 지극한 경지이다.

지(至)-지지지지(知至至之)·지(止)-지종종지(知終終之)-불천(不遷): 「신명사도」 아래 면 좌우에 있는 '지(至)-지지지지(知至至之)'와 '지(止)-지종종지(知終終之)'는 『주역』 건괘 문언(文言) 구삼(九三)에서 따온 것이다. 정자(程子)는 '지지지지'는 치지(致知)라 하여 시조리(始條理)로, '지종종지'는 역행(力行)이라 하여 종조리(終條理)로 보고, 이 둘을 학문의 시종(始終)이라 하였으며, 주자(朱子)는 '지지지지'는 진덕(進德)의 일로, '지종종지'는 거업(居業)의 일로 보았다. 이렇게 볼 때, 아래의 면은 학자가 공부를 하면 반드시 '지어지선'에 도달할 뜻을 두어야 하는데, 그 과정이 바로 진덕과 거업임을 나타낸 것이다. 즉 '지(至)-지지지지(知至至之)'는 충신·치지의 진덕지사(進德之事)로 시조리(始條理)에 해당되며, '지종종지'는 수사입성(修辭立誠)·역행(力行)의 거업지사의 일로 종조리에 해당된다. 요컨대, 이 두 조항은 지어지선에 도달하는 학문의 시작과 끝을 드러낸 것이다. '지종종지' 옆에 '불천(不遷)' 두 글자가 붙어 있는데, 마음 자세가 강건하여 조금도 흩어짐이 없는 것이 필지(必至)라면, 이 상태에서 머물되 움직이지 않는다는 의미일 것이다.

2. 「신명사도」의 구성 원리

「신명사도」는 크게 세 단락으로 나뉘어 있다. 하나는 원곽의 안이고, 하나는 원곽의 밖이며, 나머지 하나는 맨 밑에 있는 그림이다. 이 3단계의 구조를 편의상 '곽내(郭內)'·'곽외(郭外)'·'하면(下面)'으로 이름 붙여 논한다. 「신명사도」는 인간이 안팎으로 마음을 잘 다스려 지선(至善)에 도달하는 것을 도식화한 것으로, 국군(國君)이 나라를 잘 다스려 지치(至治)를 이룩하는 것에 비유한 것이다. 나라를 다스리는 데 비유한 것은 마음을 잘 다스려 나가기가 그만큼 어렵다는 것을 나타낸 것인데, 바꾸어 말하면 나라를 다스리는 요체가 심학(心學)에 있다는 것을 의미한다.

1) 곽내

곽내는 인간의 신체를 의미한다. 그 안에 신체를 주관하는 태일군이 거주하는데, 그가 머무는 집이 곧 신명사(神明舍)이다. 태일군은 인간의 마음, 곧 신명이다. 나라를 다스리는 데 비유하였기 때문에 태일군이라 한 것이다. 임금이 나라를 다스릴 때는 표준을 제시하여야 하듯이 인간이 떳떳하고 올바른 인간이 되기 위한 수양의 지표가 필요하다. 남명은 그것을 천덕과 왕도라 하였다. 태일군 앞에 제시된 두 가지 가치 덕목이다. 천덕은 안으로 존심하여 홀로 있을 때를 삼가는 것이고, 왕도는 밖으로 성찰하여 실천을 힘쓰는 것이다. 외물과의 접촉이 없이 내적으로 다지는 마음가짐이 천덕이고, 외물과의 접촉을 통하여 시비·선악·사정(邪正) 등을 분별하는 것이 왕도(王道)이다. 성리학에서는 일신의 마음을 다스리는 데 경(敬)을 근본으로 삼는다. 나라를 다스리는 데도 이런 자세가 필요하므로 총재의 이름을 경(敬)으로 삼은 것이다. 곽내는 태일군이 천덕과 왕도를 펴는 곳으로, 총재인 경이 모든 일을 관장한다. 총재는 항상 공경한 마음으로 깨어 있어야 한다. 학자가 자기 마음을 다스리는 데서도 마찬가지이다.

2) 곽외

곽외는 인간 신체의 외부로부터 일어나는 모든 일을 가리킨다. 인간은 마음이 발하여 외물과 접촉하게 되는 이발지후(已發之後)의 동시(動時)에는 기미를 살펴 의(義)·불의(不義)를 성찰하여야 한다. 그렇게 하지 않으면 떳떳하고 올바른 인격을 완성할 수 없다. 안에서 존양하는 데 경(敬)이 필요하듯이, 밖으로 성찰하는 데는 의가 절실한데, 조정에 비유하면 이를 담당하는 직관이 바로 백규이다. 백규는 성찰을 담당하는데 그 판단 기준이 의(義)임을 알 수 있다. 남명학의 요체라고 할 수 있는 경(敬)·의(義)가 바로 여기서 나온 것이다.

경을 통하여 존양하고 의를 통하여 성찰하는 상태는 주체적 자아의 확립과 객관적 가치판단의 기준이 마련된 경우이다. 그러나 아직 자신을 온전하게 성(誠)하게 하여 지선(至善)에 이른 경지는 아니다. 따라서 때로는 사욕이 일어나고 물욕에 끌려가기도 한다. 이때 뇌천(雷天), 대장(大壯)의 삼엄한 기상으로 기미를 살펴서 사욕을 곧바로 다스려야 한다. 그래야 지선에 도달할 수 있다. 즉, 심기에 사심이나 사욕이 있으면 바로 엄히 다스려야 천덕에 도달할 수 있는 것이다. 곽외의 3면에 있는 '대장기-심기'가 바로 마음에서 일어나는 사욕의 기미를 삼엄한 기상으로 살피는 것이다. 그리고 사욕이 발견되면 즉시 그것을 다스려야 하는데, 그것을 담당하는 관리가 바로 대사구(大司寇)이다.

남명이 심기의 옆에 대장기를 세운 것은 외물과의 접촉에서 일어나는 사욕을 즉석에서 다스려 나가야 한다는 기상을 드러낸 것이다. 여기에 바로 남명학의 특성이 있다. 16세기 성리학이 궁리(窮理) 위주의 사변화 경향을 보일 때, 남명은 성리학 본연의 수양론에 비중을 두어 존양-성찰-극치의 실천적 학풍을 드러낸 것이다. 이 중에서도 특히 대장기-심기, 대사구-극치로 이어지는 부분, 즉 심기(審幾)-극치(克治)로 연결되는 부분이 남명정신을 대표하는 것이다. 철저하게 자신을 다스리는 실천적인 수양론이다. 이런 정신세계 속에서 천인벽립(千仞壁立)의 기상이 나왔고, 출처(出處)의 대절(大節)을 세울 수 있었던 것이다. 이것이 바로 남명의 성리학이라고 하여도 과언이 아닐 것이다. 백규가 기미를 살펴 치찰(致察)을 하고, 대사구가 사욕을 극치하여 도달하는 경지가 '지어지선(止於至善)'이다. 「신명사도」 아래 면의 중앙 네모 속의 '지(止)'가 바로 그것이다.

3) 하면

하면 좌우에 있는 '지(至)-지지지지(知至至之)'와 '지(止)-지종종지(知終終之)'는 『주역』 건괘 문언(文言) 구삼효(九三爻)의 뜻에서 따온 것으로 진덕(進德)과 거업(居業)을 나타낸다. 학자가 공부를 하면 반드시 '지어지선'에 뜻을 두어야 하는데, 그 과정이 바로 진덕과 거업임을 나타낸 것이다. '지(至)-지지지지(知至至之)'와 '지(止)-지종종지(知終終之)'는 지어지선에 도달하는 학문의 시작과 끝을 드러낸 것이다. 「신명사도」의 하면은 학문의 시종과 도달하여야 할 목표를 제시한 것으로, 위의 곽내・곽외의 존양-성찰-극치로 이어지는 수양론적 관점과는 그 의미를 달리한다. 굳이 말하자면 중앙의 '지(止)'는 위의 존양-성찰-극치를 통하여 이룩되는 최고의 목표이고, 좌우의 '지(至)'와 '지(止)'는 그 학문의 과정을 시종으로 나누어 설명한 것이다.

이상에서 살펴보았듯이, 「신명사도」의 기본 구조는 곽내의 존양과 곽외의 성찰-심기-극치, 그리고 그런 수양을 통하여 도달하는 지어지선, 이렇게 3단계의 구조로 이루어져 있다. 이 중에서 지어지선은 수양의 목표이고, 수양의 실제에 해당하는 것은 존양-성찰-심기-극치이다. 그러나 이 3단계는 확연히 독립된 구조는 아니다. 인간의 신체를 기준으로 곽내와 곽외로 나누었기 때문에 위와 같이 3단계의 구조로 나누어 본 것이지, 실제의 심성 수양에서는 존양·성찰, 심기·극치, 그리고 지어지선으로 나누어 보는 것이 더 적절할 것이다.

이런 각도에서 볼 때, 총재-경에서 하면 중앙의 '지(止)'에 이르기까지 하나의 선으로 연결되는데, 그것이 바로 존양-성찰-심기-극치-지어지선이다. 이 종축은 남명학의 정수에 해당하는 것으로 남명의 학문이 수양에 중점이 두어져 있다는 것을 극명하게 보여준다. 하면은 횡축으로 연결된 것이 아니다. 중앙 네모 속의 '지(止)'는 종축에서와 마찬가지로 심성 수양의 목표이고, 학문의 목표이고, 지치(至治)의 목표이다. 인간이 노력하여 이르러야 할 최고의 경지이다. 그 목표에 도달하기 위한 정신자세를 시종(始終)으로 나누어 드러낸 것이다. 「신명사도」에 담긴 이런 구성 원리는 수양의 측면에서 성리학의 요체를 드러낸 것으로, 남명의 학문이 우주론이나 존재론적 명제를 밝히는 형이상학에 있지 않고 철저히 인격 완성을 추구하는 데에 초점이 맞추어져 있다는 사실을 입증하는 것이다.

3. 「신명사도」를 통하여 본 남명 수양론

남명은 학문의 방법으로 존양-성찰-심기-극치-지어지선의 기본 구도를 내세우고 있다. 그런데 이를 좀 더 간략히 말하면, 존양·성찰·극치의 3단계 수양론이라고 할 수 있다.

그러나 성리학적 수양론 속에서 보면, 경을 통한 내적인 존양, 의를 통한 외부의 성찰, 사욕의 기미를 살펴 곧바로 물리치는 심기·극치, 그리고 조금도 흐트러짐이 없는 마음을 보존하여 본성을 함양하는 것이 기본 골격이다. 이 가운데서 가장 긴요한 것이 경(敬)이고, 성찰하는 데 척도가 되는 것이 의(義)이다. 이 둘이 이른바 남명학의 요체라고 하는 것으로 남명이 그토록 강조한 것인데, 이는 위와 같은 구도 속에서 파악하여야 한다. 그렇지 않고 남명학의 요체가 경(敬)·의(義)라고 주장하는 것은 의미가 없다. 이 경·의는 자신을 세우는 데 가장 먼저 필요한 것이다. 그래서 남명이 그렇게 내세운 것이다.

그러나 이것만으로 학문의 길이 완성되는 것은 아니다. 유자(儒者)로서 인간은 사심(邪心)의 기미를 항상 살펴야 하고, 기지사욕(己之私欲)이 발동하면 즉시 나아가 물리쳐야 한다. 존양 · 성찰이 치지(致知)의 단계라면 심기 · 극치는 역행(力行)의 단계이다. 심기 · 극치를 통하여 사심 · 사욕을 막고 극복해 성(誠)을 보존하고 예(禮)로 돌아가야 한다. 그것이 바로 지선(至善)에 그쳐 머무는 것이다. 이것이 바로 실천적인 학풍을 낳은 기본 원리이다.

김충열은 「신명사도」의 의미를 "「신명사도」는 도덕의 주체인 인간 자신을 선성(善性)의 주체로 바른 자리에 놓고 그런 다음 다시 밖에서 유입되는 악으로부터 선성을 보호하며, 나아가 인간 자신의 내면(아홉 구명과 세 개 핵심 관문)에서 일어난 (나쁜) 기미를 미리 잘라내고, 아울러 악을 극복함으로써 선성을 인간의 생명 활동과 도덕 실천의 넓은 광장으로 확충시키고자 하는 것이다. 남명의 의도는 유가와 성리학의 수양 방법을 그림으로 그려서 구체적이고 실질적으로 나타냄으로써 조식 자신의 도덕생활 세계를 도상화할 뿐만 아니라 그것을 바라보고 성찰함으로써(觀省) 일상생활의 길잡이로 삼고자 한 것이다"(김충열, 2008: 304)라고 하였다.

박병련은 또 "「신명사도」에는 수기적(修己的) 맥락의 실천성과 치인적(治人的) 맥락의 실천성이 분리되지 않고 통합되는 구도를 나타내고 있다. 「신명사도」를 보면 인간의 진정한 주재자인 태일진군을 실천의 문제와 직결시켜 놓고 있다. 살아 있는 유기체적 지평을 갖고 있는 '심(心)'을 중심에 두어서 실천의 맥락에 굳건한 뿌리를 내리게 하고 있다. '경'으로써 함양하는 주체도, '의'로써 성찰하는 주인도 태일진군 외의 또 다른 명령자가 있는 것이 아니다. 태일진군 스스로가 밝아지고 그 천덕을 발휘하기 위하여 재상으로 '경'을 등용하고 백규로 '의'를 부리며 삼관(三關)을 경계하되 심기(審幾)를 철저히 하여 귀몽(鬼夢)이 침범치 못하도록 한다. 진군이 '경'과 '의'에 의존하지 않거나 삼관을 잘 지키지 않으면 귀몽에게 침범당하여 인격은 와해된다"(박병련, 2001: 182-183)고 해석하였다.

Ⅳ. 경의사상: 남명사상의 바탕

학문은 "배움의 과정과 그 결과물로서 지식의 다발"이고, 사상은 "관련 대상이나 주제에 대한 사고나 생각, 그리고 판단하는 체계"인데, 이 둘의 관계는 학문이 사상의 선행 요소이다(김영기, 2020: 25-26). 그리고 사상은 시대의 문제를 해결하는 도구이다. "사회의 위기적 소산이자 실천적 욕구나 실천적 운동의 정신적 반영이다"(홍사중, 1983: 4)라고 하였는데, 자유사상은 봉건적 · 비인간적 계급 지배라는 문제를 해결하는 도구였다는 데서, 평등사상은 자유주의가 낳은 극심한 빈부 격차 등의 문제를 해결하기 위한 수단으로 제기된 데서 확인된다.

그러므로 남명의 경의지학과 경의사상은 그의 경세사상의 기조요 핵심이다. 여기서부터 남명의 여타 사상과 실천으로 확장되어 나타났다고 본다. 남명의 학문과 사상과 실천의 관계를 그림으로 그려서 나타내면 다음과 같다.

남명의 학문과 사상과 실천의 관계도

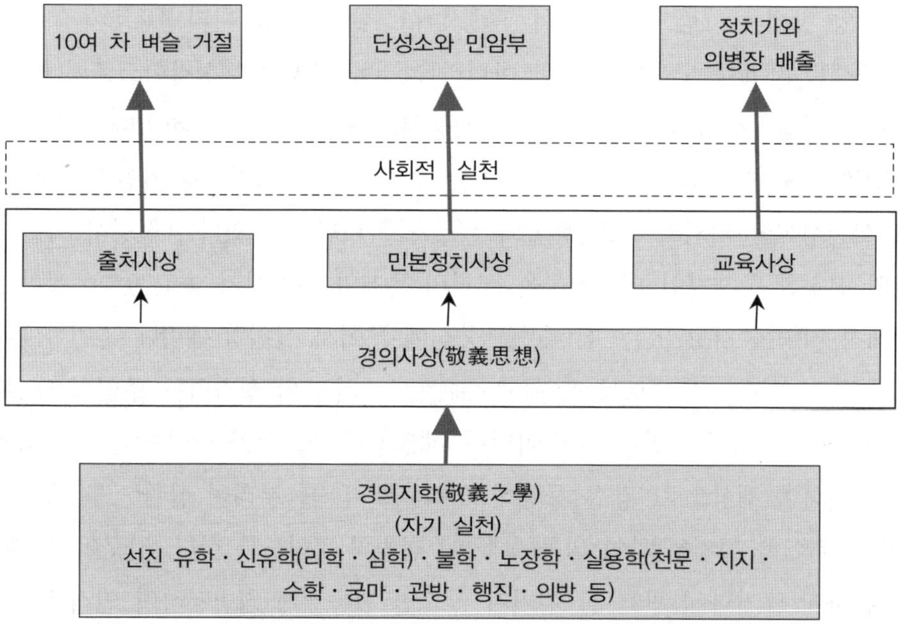

제 4 절 출처사상과 실천

"역사 속에서 남명을 처사(處士)로 부른다. 남명이 세상을 떠난 뒤에 유자들은 '처사'라는 용어를 그의 비범한 삶에 대한 최대의 헌사로 사용하였다. 실록의 졸기(卒

記)에도 처사로 표현되었고, 남명 스스로도 후인들이 그를 처사라고 불러주기를 원하였다. … 처사는 선진 유가(先秦儒家) 이래 높은 덕과 식견을 갖춘 채 산림에 은거한 선비들을 일컫는 보편적 개념이었다. … 그리고 출처란 선비의 인격이 가장 극적으로 드러나는 계기이며, 욕망의 가장 큰 표현 양식인 것이다. 출처에 임하는 자세에 따라 평소 그 사람의 수양과 공부의 깊이를 헤아릴 수 있는 것이다"(정순우, 2008: 85). 조영달(2009: 337)도 "출처는 단순한 진퇴의 문제가 아니라 선비들의 전인격(全人格)을 표현하고 삶의 양식을 표현하는 선비의 대절(大節)이었다"라고 하였다.

선비정신의 표상으로 칭송받았던 남명은 출처를 어떻게 생각하였으며(출처사상), 출처와 관련하여 어떤 모습을 보여주었는가(실천)를 살펴보기로 한다.

Ⅰ. 출처의 개념과 의의

1. 출처의 개념과 출처자의 유형

출처(出處)에서 출(出)은 출사(出仕), 즉 벼슬에 나아가는 것을 말하고, 처(處)는 벼슬에 나아가지 않거나 나아갔다가 물러나 향리에 머무는 것을 말한다. 그러므로 출처는 관직에 나아가는 것과 벼슬에 나아가지 않거나 벼슬에서 물러나 향리에 머무는 두 가지 현상을 묶어서 가리키는 말이다. 벼슬에 나아가면 관인(官人) 또는 대부(大夫)요 물러나면 처사(處士: 향리에 머무는 선비)가 된다. 그런데 출처를 우리가 왜 이렇게 관심을 가지고 주목할까? 선비의 인격이 가장 극적으로 드러나는 계기가 되기 때문이다.

유학의 세계에서 유자는 부지런히 자기 인격을 수양하고 지식을 습득하여 군자나 대인이 되어서 세상을 다스려 평안하게 만드는 것－수기치인(修己治人) 또는 내성외왕(內聖外王)－을 궁극의 지향점으로 삼았다. 철저하게 현세주의를 지향하는 유가의 가르침은 불가와 도가의 가르침과 달랐다. 이렇게 보면 유자가 공부하여 벼슬에 나아가는 것이 당연시되었다. 그런데, 왜 벼슬에 나아가지 않고 향리에 머문다는 것인가?

유학의 창시자 공자는 벼슬에 나아갈 때와 물러나 머물 때를 아울러 보여주었다(동양고전연구회 역주, 2016a. 『논어』).

> "위험한 나라에는 들어가지 아니하고 어지러운 나라에 살지 아니하며, 천하에 도가 있으면 자신을 드러내 나타나고 도가 없으면 숨는다"(「태백」: 174-175).

> "군자로다, 거백옥이여. 나라에 바른 도가 행해지면 나아가 벼슬하고, 바른 도가 행해지지 않으면 물러나서 도를 마음에 간직하고 숨어 살았다"(「위령공」: 328-329).

공자는 그 나라에 바른 도가 서 있느냐, 아니면 도가 무너져 있느냐를 유자가 출처를 선택하는 기준으로 제시해 주었다. 맹자도 공자의 출처에 관하여 말하였다(동양고전연구회 역주, 『맹자』, 「만장 하」(2016c: 342-343; 안외순, 2011: 45).

> "공자는 빨리 떠나야 할 때에는 빨리 떠나고, 오래 있어야 할 때에는 오래 있고, 머물러 있어야 할 때는 머물고, 벼슬할 수 있을 때는 벼슬하신 분이다."
> "백이(伯夷)는 성인 중에 청렴 고결한 분(聖之淸者)이고, 이윤(伊尹)은 성인 중에 천하를 스스로 책임지려 한 분(聖之任者)이며, 유하혜(柳下惠)는 성인 중에 온화한 분(聖之和者)이고, 공자(公子)는 성인 중에 시의 적절하게 행한 분(聖之時者)이다."

그뿐만 아니라 맹자는 백이와 이윤과 유하혜와 공자를 출처의 네 유형으로 설정하여 제시하였다. 그런데 맹자가 제시한 넷 가운데서 백이를 제외하고는 벼슬에 나갔던 사람들이다. 그렇게 보면, 백이는 순수한 처사형이고, 공자를 비롯한 셋은 출사형이다. 그리고 출사형 셋은 서로 조금씩 다른 유형인데, 그 가운데 이윤은 출사형으로서 가장 성공한 인물이다. 그래서 이윤은 출사형의 전형이 될 수 있다.

남명은 엄광(嚴光)과 안회(顔回)를 처사의 유형으로 논하였다. 먼저 남명이 엄광의 출처에 관하여 쓴 글을 살펴본다(『남명집』, 2001: 333-336).

> "논하노라. 광무 황제 27년(서기 52)에 처사 엄광을 불러서 간의대부(諫議大夫)에 제수하였으나 엄광은 끝내 제 뜻을 굽히지 않고, 부춘산에 가서 낚시질하다가 생을 마쳤다. 나는 엄자릉(嚴子陵)이 성인의 도를 추구한 사람이라고 생각한다."

남명은 또 안빈낙도(安貧樂道)의 처사 안회를 매우 높게 평가하는 누항기(陋巷記)를 썼다(『남명집』, 2001: 241-244).

> "천지 같은 크기로도 그의 도를 측량할 수 없으며, 일월 같은 광명도 그의 도보다는

밝을 수 없다. 또한 하늘로써 즐기고, 하늘로써 근심하였다. 그러나 외지고 누추한 마을에서 한미하게 지냈으니, … 천자는 천하로써 자신의 영토를 삼는 사람이지만 안자(顏子)는 만고(萬古)로써 자신의 영토를 삼는 사람이므로 누항(陋巷)이 그의 봉토는 아니었던 것이며, 천자는 만승(萬乘)으로써 자신의 지위를 삼는 사람이지만 안자는 도덕으로써 자신의 지위를 삼는 사람이므로 곡굉(曲肱)이 그의 지위는 아니었던 것이다. 그러니 그의 봉토는 얼마나 넓은가! 그의 지위는 얼마나 큰가!"

정순우(2006: 93)는 "엄광의 도를 성인의 경지로까지 끌어올린 인물이 바로 안회이다"라고 하여 안회를 더 높게 평가하면서, 남명은 수시로 안회에 대한 흠모의 마음을 표현하였다"고 하였다.

지금까지 유자의 출사와 처사에 관하여 백이에서 공자, 그리고 엄광과 안회까지 살펴보았다. 이런 인물들을 처사형과 출사형으로 크게 나눈다면, 백이와 엄광과 안회는 처사형으로, 이윤과 유하혜, 공자는 출사형으로 볼 수 있다. 그 가운데서도 가장 큰 성공을 거둔 이윤을 출사형의 전형으로 볼 수 있다.

2. 출처관의 의의

출처관은 출사와 처사에 대한 시각 곧 정권에 참여할 것인지, 소극적인 정치 참여, 곧 비판적 정치 참여의 길을 택할 것인지의 주체(군자)의 시각과 판단이다. 다시 말해 '정치적 진퇴에 대한 판단력'을 의미하는 출처관은 개인적 거취를 의미하는 것만이 아니라 '현 정권에 대한 평가'를 내포하는 것이기에 의미심장한 것이다. 당연히 관직에 나아가야 할 지도자가 민간 여항에서 '천민(天民)'으로, 즉 '처사(處士)'로 지낸다는 사실은 '인물을 알아보지 못하는' 혹은 더 나아가 '인물을 배척하는 정권'으로 규정되는 것이 된다(안외순, 2011: 48).

예를 들면 엄광(嚴光)이 광무제의 간의대부 벼슬을 거절하고 부춘산으로 가서 낚시질하며 살기로 한 것은 광무제에 대한 평가나 판단으로 볼 수 있는 것이다. "상나라의 탕왕은 이윤을 세 번 초청하여 스승으로 삼았고, 주나라 문왕은 여상(강태공[姜太公])을 몸소 찾아가서 맞이하였으며, 유비는 제갈량을 삼고초려하였는데, 광무제는 엄광을 찾아가지도 않고 한 번 불러서 신하로 삼으려 하였다는 점에서 남명은 광무제가 현인을 대하는 모습을 비판하였다”(정순우, 2006: 188). 이러한 광무제의 태도를 엄광이 평가한 것으로 본 것이다. 실제로 백이(伯夷)는 주나라 무왕이 부친상을 당하고 바로 전쟁에 나가는 것을 만류하였으나 듣지 않자 아우 숙제(叔齊)와 함께 수양산에서 고사리만 먹다가 굶어 죽었다. 이것은 곧 백이 형제가 무왕과 조정을 무도한 것으로 평가한 것이며, 그래서 처사의 길을 선택한 것이다.

Ⅱ. 남명의 출처사상

1. 남명: 비판적 관여의 처사형

남명이 처사, 즉 벼슬에 나아가지 않고 향리에서 학문하고 수양하여 도를 세우고 지킨 유학자라는 것은 매우 잘 알려져 있다. 그렇다면 그는 어떤 유형의 처사일까? 남명은 엄광에 관하여 높게 평가를 하면서도 엄광과 자신을 다음과 같이 구별하였다(장원철 · 전병철 역주, 2011: 104; 정순우, 2006: 188).

> “엄광과 나는 그 도에서 같지 않다. 나는 세상을 잊지 않았고 공맹의 말씀을 배우려 하는 사람이다.”

남명은 군왕이 벼슬을 제수하여도 한사코 나아가지 않았다. 그런 점에서 엄광과 남명은 닮았다. 그러나 위의 글에서 남명은 엄광과 도가 다르다고 스스로 밝혔고, 또 세상을 잊지 않았다고 하였다. 그러므로 남명의 세상을 잊고 지내거나 숨어서 산 은자(隱者)가 아니라 언제나 세상에 관심을 가지고 있었고, 세상을 위하여 이윤처럼 쓰이기 위하여 준비된 유자였다. 이것은 남명의 평생지기 대곡 성운(大谷 成運)이 묘갈에 쓴 대로 남명은 항상 ‘우국상민(憂國傷民)’한 인물이다. 그럴 뿐만 아니라 남명이 단성소를 비롯하여 상소문과 그가 쓴 민암부(民巖賦) 등을 통하여 조정의 정치에서 나타나는 문제를 적시하고 서리망국론 등으로 대안을 제시하여 역사에 큰 영향을 미쳤다. 그러므로 남명은 안회나 엄광이나 백이와 다르고, 또 벼슬에 나간 이윤이나 유하혜, 공자와도 다르다. 따라서 남명은 그냥 ‘남명형 처사’라고 하여야 맞다. 평생 벼슬에 나아가지 않은 선비임에도 항상 백성을 가슴에 보듬고 정치 현실에 눈을 떼지 않았으며, “현실에 깊은 관심을 보인 비판자”(신병주, 2000: 120)가 남명이었다.

2. 출처 중심의 인물 평가

"남명은 인식의 단초(端初)를 가리키는 기미(幾微)를 살피는 선견지명을 출처의 당부(當否)를 판단하는 기준으로 삼았다. 기미를 잘 살펴서 다가올 일을 미리 알아내 한 발 일찍 물러나는 것을 출처의 기본으로 보았다. 남명이 파악한 기(幾)는 움직임의 미세함과 선과 악의 분기점이라는 두 가지 의미이다. 기는 극기와 성찰의 단초이며, 선(善, 天理)과 악(惡, 人欲)의 분간은 기미의 사이에 있으므로 군자는 기미를 잘 다스려서 선과 악을 잘 판별하여야 한다. 출처는 바로 기미를 잘 알아서 나아가 이룰 수가 없다면 물러나 그 뜻과 몸을 고상히 지키는 것이 더 중요하다. 그러므로 '할 수 없는 시기'에 '할 수 없는 일'을 억지로 하려고 해서는 안 된다"(김경수, 2009: 159-162)라고 하였다.

출처는 단순한 진퇴의 문제가 아니라 선비들의 전인격(全人格)을 표현하고 삶의 양식을 표현하는 선비의 대절(大節)이었다. 출처에 임하는 자세에서 선비들의 평소의 수양과 공부의 깊이를 짐작해 볼 수도 있다. 예컨대 남명 조식은 고금의 인물 평가 출처를 고려한 다음 행한 일과 업적을 따졌다. 앞에서 소개한 바와 겹치는 부분도 없지 않지만, 엄광론과 길재의 출처에 관한 평가를 통하여 남명의 출처관을 살펴본다.

1) 엄광론을 통한 남명의 출처관 이해

다음은 『남명집』(2001: 333-336)에 나와 있는 엄광론의 시작이다.

"논하노라. 광무황제 27년(서기 52)에 처사 엄광(嚴光: 후한시대 인물로 어릴 때 광무제와 함께 공부한 인물)을 불러서 간의대부(諫議大夫: 천자에게 도리에 옳지 못한 일을 고치도록 말함)에 제수하였으나 엄광은 끝내 제 뜻을 굽히지 않고, 부춘산(중국 절강성에 있는 산)에 가서 낚시질하다가 생을 마쳤다. 나는 엄자릉(嚴子陵: 자릉은 엄광의 호)이 성인의 도를 추구한 사람이라고 생각한다. … 선비로서 위로는 천자에게 신하 노릇을 하지 않고, 아래로는 제후에게 신하 노릇을 하지 않는 자가 있었으니, 그들은 비록 나라를 나누어 주더라도 이를 조그만 물건처럼 가볍게 생각하여 달가워하지 않았다. 그들은 품고 있는 포부가 크고 가지고 있는 능력이 무거워 일찍이 남에게 가벼이 자기를 허여하지 않았다. 용을 잡는 기술을 가진 사람은 희생을 잡는 부엌에 들어가지 않고, 왕도정치를 보좌할 수 있는 사람은 패도정치를 하는 나라에 들어가지 않는 법이다. 자릉이 양털 가죽 옷을 입고 시골에 살면서 스스로 고기 낚는 사람이라고 하면서 한(漢)나라를 위하여 자신의 뜻을 조금도 굽히려 하지 않았던 것은, 품고 있는 포부가 커서 그런 것이 아니겠는가?"

남명은 이어서 "광무제가 한 번 불러서 엄광을 신하로 삼으려 한 것"은 인재를 제대로 예우하여 쓰는 경우가 아니라는 점에서 광무제의 인물됨을 비판하였으며, 또한 광무제가 힘껏 노력하더라도 성군이 될 수 없으며, 그런 광무제의 자질로는 패자(覇者: 덕으로 다스리는 왕도를 벗어나 힘이나 위세로 다스리는 자)가 될 것이 뻔하고, 비록 역량이 높은 엄광이지만, 광무제의 신하로는 세상을 위하여 역량을 제대로 펼치지도 못할 것이 분명한데 높은 벼슬과 녹봉만 받는 것은 "할 수 없는 때에, 할 수 없는 일을 하려는 것이고, 그것은 선(善, 天理)이 아니라 이욕(利欲, 惡)을 따르는 것"이므로 광무제의 벼슬을 거부한 것이라고 보았다. 그래서 최석기는 "남명이 엄광을 빌어서 자신의 뜻을 드러낸 것이다. 요컨대 자신(남명)은 왕도정치의 이상을 가지고 있는데, 현실 정치는 전혀 그렇지 못하다는 것"(최석기, 2019a: 108)이라고 하였다. 그러므로 남명은 엄광의 출처를 통하여 자신의 출처에 관한 생각, 출처사상을 표현한 것이다.

2) 인물평을 통한 남명의 출처관 이해

첫째, 남명은 삼족당 김대유(三足堂 金大有)의 출처를 높게 평가하였다. 삼족당을 위한 묘지(墓誌)를 보면 다음과 같다(『남명집』, 2001: 270-274; 김경수, 2009: 151).

"친구인 남명 조식이 다음과 같이 기록한다. 공 같은 사람은 세상을 뒤덮을 만한 영웅이었다. … 정묘년(중종 2, 1507)에 공이 정시(庭試)에 장원하여 곧장 진사과에 나아갔으나, 고향으로 영원히 돌아가 선영을 보살폈다. … (임금이) 전생서(典牲署) 직장에 임명되었다. … 문과에 급제하여 성균관 전적에 제수되었다가, 호조 좌령 겸 춘추관 기사관, 정언(正言)으로 옮기게 되었는데 사양하고 취임하지 않았다. 칠원 현감에 제수되어 … 이내 사양하고 돌아와 벼슬길에 나아가지 않았다.

… 어떤 때 보면 단아한 모습을 경사(經史)를 토론하는 큰 선비이고, 또 다른 때 보면 헌칠한 키에 활쏘기와 말달리기에 능숙한 호걸이다. … 자연에 몸을 맡겨 낚시하고, 세상을 피해 숨어 사는 것을 근심하지 않고 재주를 감추는 것이었다. … 국량이 크고 깊어

부지런히 인(仁)을 행하고, 언론이 격앙하여 엄격히 의(義)를 지키는 것이었다. 선(善)을 좋아하였으나 크게 쓰이지 못하여 자기 혼자만 선을 행하였고, 크게 일을 이루려 하였으나 자기만을 이루었을 뿐이니, 천명인가 시운인가?"

"남명은 삼족당이 온갖 경륜을 갖추고서 인의를 행한 인물이면서도 혼탁한 시대를 피하여 숨어서 산 현인으로 보았던 것이다. … 삼족당은 경세제민할 수 있는 큰 재주가 있었고, 평생 한 점의 흠도 없었다"(김경수, 2009: 152)고 평가하였다. 남명이 삼족당을 위하여 쓴 시(詩)에 "그대 어찌 다섯 장 양가죽으로 구하겠는가?(渠豈五羖干)"라고[2] 써서 삼족당의 역량을 높게 평가하였다.

둘째, 회재 이언적(晦齋 李彥迪)의 출처는 남명으로부터 좋은 평가를 받지 못하였다. 김경수는 "을사사화 때 추관이었던 회재가 곽순 · 송인수 등을 구하지 않은데 대한 불만이 표출되어 회재의 처신에 대한 비판"(김경수, 2009: 155)이라고 서술하였다. 사실 을사사화는 인종의 외척 대윤(大尹: 윤임)과 후임인 명종의 외척 소윤(小尹: 윤원로 · 윤원형 형제) 간의 권력다툼에서 소윤이 음모를 꾸며서 사림의 인사들을 가해한 사건이다. "표면적으로는 외척 간의 싸움이었으나 내용은 훈구파가 사림파를 음모로써 가해한 사건이다"(네이버 지식백과). 그런데 추관(秋官)으로서 회재는 모호한 처신을 한 것이다. 그러므로 남명은 회재의 출사를 "벼슬에 나아가서도 올바른 바를 이루지 못하고(出則無爲) 녹봉만 받은 일"로 본 것이다.

지금까지 남명의 출처에 관한 생각, 즉 출처사상을 살펴보았는데, 그는 생전에 열 차례의 벼슬 제수를 모두 거절한 사실[3][4]에서 알 수 있듯 극도의 자기 통제를 보여주었다. 그는 출처를 유자의 수양과 인격이 드러나는 지표로 간주하였기 때문이다. 그

2) 남명은 "춘추시대 우(虞)나라 대부(大夫) 백리해(百里奚)가 전쟁으로 초나라 노예가 되어 있었는데, 진(秦)나라 목공이 그가 어질다는 걸 알고, 양가죽 다섯 장을 몸값으로 주고 그를 데려다 국정을 맡긴 일화를 써서 삼족당의 역량을 평가한 것이다(『남명집』, 2001: 78-79).

3) 윤인현(2008: 434)은 남명이 10차례 벼슬 제수의 기록으로 "1538년(중종 33년) 헌릉참봉(종9품) · 1548년(명종 3년) 전생서 주부(종6품) · 1551년(명종 6년) 종부시 주부(종6품) · 1555년(명종 10년) 단성현감(종6품) · 1559년(명종 14년) 조지서 사지(종6품) · 1566년(명종 21년) 상서원 판관(종5품) · 1567년(명종 22년) 명종 알현 · 1568년(선조 원년) 선조의 소명 · 1569년(선조 2년) 종친부 典籤(정4품) · 1570년(선조 3년) 소명"을 들었다.

4) 여러 차례 징소를 받았어도 계속 나가지 않던 남명은 문정왕후가 죽고, 왕후의 오라비로 국정을 농단하던 윤원형이 실각하자, 이듬해 10월(1566) 비로소 소명에 응하여 포의(布衣)로 경복궁 사정전에서 명종을 직대하였으나 다음날 남명은 낙향하고 말았다(권인호, 2006: 174).

는 수양된 인격체로서 유자라면 시대의 조건을 읽어낼 수 있어야 하며, '할 수 없는 시기'에 벼슬에 나아가는 것도, '할 수 없는 일'을 하려는 것도 유자의 미숙한 판단이며, 그렇게 하여 관직에 나아가는 것도, 관직에 나아가서 하는 일도 없다는 것은 녹봉과 권력이라는 이욕에 끌려가는 일이라고 생각하였다. 유자가 출처를 판단하여야 하는 순간의 기미를 읽어서 이욕에 끌리면 제대로 세상에 쓰이지도 못하고 이용만 당하는 꼴이라고 간주하였다.

남명은 이런 출처관, 즉 출처사상을 가지고 역사의 인물들의 출처를 날카롭게 평가하였다. 혹자는 관직에 나가서 활동한 이들에 대하여 남명이 서슴없는 평가를 내린 점을 수양의 부족이거나 지나친 것으로 불편하게 읽기도 하였다. 그러나 저자의 생각은 다르다. 오히려 그는 그럴 만한 자격을 갖추었다고 생각한다. 남명이 살았던 그 시대 관직에 권력과 재산과 명예 등 거의 모든 사회적 가치가 통합되어 있었다. 그런데도 그는 가난한 삶을 무릅쓰고 조정에서 주는 관직을 열 차례도 넘게 거절함으로써 극도의 절제력을 보여주었다. 남명인들 가난을 즐기고 싶었겠는가?

안자(顔子)처럼 가난하게 살면서도 남명은 조선의 학술계가 주자학 한 가지에 빠져서 허우적거릴 때 창조적 학문을 이루고 도를 세웠다. 또 훈척이 조정을 농락하던 시대에[5] "시대의 흐름을 온몸으로 바로잡으려 하였으며, 미래를 위한 대안이 되도록 제자들을 양성하는 등 시대를 위한 문화형성자로서 책임을 다하고자 하였고"(손영식 · 조남호, 2002: 25-48), 또 "그 시대의 정의를 향한 균형추, 사회적 균형자로서의 선비상을 보여준 인물"(조영달, 2009: 343)은 남명밖에 없기 때문이다. 오늘의 개념으로 보면, 남명은 그 시대의 깨어 있는 지성인이었고, 목숨을 걸고 바른말로써 시대를 일깨운 가장 돋보이는 양심이었다. 누가 이런 남명에게 토를 달 수 있을까?

3. 출처사상의 정립

이미 살펴본 대로 남명은 자신이 살고 있던 시대를 도가 무너진 시대로 인식하였

5) 박병련(2001: 161)은 "일련의 정변과 더불어 양산된 공신들과 참여 학자의 후인들이 '경세성'의 본령을 잊어버리고 '훈구화'의 과정을 거치게 되면서, 정책 기조로서 '유교적 민본성'은 상실되고 도덕성과 경세성 가운데 어느 하나도 제대로 갖추지 못한 상태로 진전되었다. … (고려처럼: 저자) 민생 및 민의와 유리된 정치경제적 구조가 다시 형성되기 시작하였다는 의미이다"라고 했다.

다. 남명은 어릴 적 아버지 조언형의 벼슬길을 따라 한양에 와서 아버지가 죽은 26세까지 살았다. 남명은 거기서 잇따른 사화로 훈척에 의하여 사림이 떼죽음을 겪는 것을 보고 들었으며, 기묘사화 때는 숙부 조언경이 조광조와 연루되어 파직되었고, 그 여파로 아버지 조언형도 파직되는 등 가족이 사화의 여파를 겪었다. 그래서 고뇌하던 남명은 결국 32세에 과거를 포기한 것으로 추정되고(김경수, 2009: 11), 학문의 길을 선택하였다.

그 후의 일이지만 관직에 나가 있던 여러 벗이 사화에 연루되어 목숨을 잃었다. 이런 일을 통하여 남명은 그 시대를 정치적으로 패도(覇道)・난정(亂政)의 시대로 보았다. 그는 공자가 제시한 출처의 도를 따랐다. 『논어』 헌문에서 공자는 "나라에 도가 있을 때는 벼슬하는 것이 괜찮지만, 나라에 도가 없을 때 벼슬하는 것은 부끄러운 일이다"(子曰: "邦有道, 穀. 邦無道, 穀, 恥也."(동양고전연구회 역주, 2016a: 292-293)라는 글로 시작한다. 그러므로 남명은 초야에서 학문을 쌓고, 인격을 수양하고, 가르치며 도를 세워서 그 덕화(德化)가 향리에 미치고, 나아가 조선이라는 공동체 전체의 덕화로 확산되기를 기대하며 처사의 삶을 선택하고 살아낸 것이다.

김해 산해정에서 학문에 몰입하던 남명은 38세에 중종이 처음으로 낮은 벼슬을 주며 불렀으나 출사를 거절한 이후 자신이 세운 출처에 관한 생각을 따르며 학문에 정진하며 살았다. 그러면서 남명의 학문이 높아지고 또 수양을 쌓으면서 남명은 널리 알려지게 되었고, 특히 사화로 피폐하던 사림의 기대를 한 몸에 받는 인물로 떠올랐다. 그래서 더욱 남명은 출처의 결정을 가볍게 할 수 없는 상황에 놓여 있었다.

Ⅲ. 출처사상의 실천

『남명선생편년』에 보면, 그가 38세 때 이언적(李彦迪, 호는 회재[晦齋])과 벗 이림(李霖)의 천거를 받아서 중종(33년, 1538년)이 헌릉참봉을 제수하였다. 헌릉은 태조와 비인 원경왕후의 능이고, 참봉은 가장 낮은 종9품직이다. 남명은 나아가지 않았다. 이것이 조정에서 남명에게 처음으로 준 벼슬이다. 명종이 즉위하고 1548년(명종 3년)에 전생서 주부(종6품)에 제수하였으나 나아가지 않았다. 그 이후에도 명종은 또 1551년(명종 6년) 종부시 주부(종6품)를 제수하였고, 1555년(명종 10년) 단성현감(종6품)을 제수하였다. 이때 남명은 제2편 제3장에서 살펴본 대로 사직하는 상소문을 써 올리고 나아가지 않았다. 을묘년에 단성현감직을 사직하는 상소문이라고 하여 을묘사직소라고도 하는데, 이 상소로써 남명은 그의 출처에 관한 생각과 정치에 관한 안목, 그리고 그의 백성과 나라 사랑, 용기와 결단 등 거의 모든 요소를 압축하여 드러내었다. 조정은 발칵 뒤집어졌고, 명종은 격노하였으며, 나라 전체가 술렁거렸다. 명종은 남명을 처벌하지 못하였다. 오히려 사관들은 명종의 처사를 건강한 언로를 막는 일로 비판하였으며, 이렇게 하여서 남명은 사생취의하는 선비로서 알려지게 되었다. 그의 쾌거는 산림의 선비들이 등용되는 길을 열어주었다. 그리고 사림(士林)이 훈척을 밀어내고 조정에 등용되어 마침내 사림의 정치 주도 시대가 열리는 계기가 되었다. 조선 역사에 큰 의미를 갖는 사건이 단성소였다.

그 이후에도 남명은 명종 14년(1559년) 조지서 사지(종6품)를 내리며 불렀으나 나아가지 않았으며, 명종 21년(1566년)에는 품계를 하나 높여서 상서원 판관(종5품)을 제수하였으나 거절하였고, 명종 22년(1567년)에 상서원 판관(정5품)을 제수하자 10월 3일 대궐에 나아가 사정전(思政殿)에서 명종을 입대하였다. 그러나 이때 남명만 부른 것이 아니라 성운(成運, 호는 대곡[大谷]), 이항(李恒), 임훈(林薰), 김범(金範), 한수(韓修), 남언경(南彦經) 등을 함께 불렀다.

그런데 그동안 벼슬을 주어도 나가지 않았고, 또 여럿을 함께 불렀는데도 남명이 왜 이때는 대궐에 가서 왕을 만났을까? 학자들은 당시 수렴청정하며 권력을 행사하던 문정왕후가 죽었고, 또 소윤의 대표 인물로서 농단하던 윤원형도 실각한 뒤였으므로 명종이 달라진 정치를 시도할 것인가, 명종의 인물을 판단하기 위하여 나간 것이라고 보는 경향이다. 그러나 한 차례 문답을 주고받은 후 남명은 10월 11일 발길을 돌려 돌아오고 말았다(장원철 · 전병철, 2011: 90). 남명은 명종의 품(品)을 높게 보지 않았다고 학자들은 썼다. 그럼에도 불구하고 명종을 만난 남명은 성군은 신하들과 벗처럼 관계하며 다스렸다는 유학의 옛 사례를 말하며 명종을 깨우쳐 주려고 노력한 바가 컸다.

선조는 1568년 즉위하자마자 교서를 내려서 남명을 불렀다. 그때는 이항과 이황(李滉)을 함께 불렀다. 그러나 남명은 병이 들어 나아갈 수 없다고 쓰며 상소문(戊辰封事)을 올렸다. 선조는 12월에 다시 남명을 불렀으나 나아가지 않았다. 선조 2년

(1569년) 남명을 종친부 전첨(정4품)에 제수하였으나 나아가지 않았고, 선조 3년 (1570년)에도 남명을 불렀으나 끝내 나아가지 않았다.

이러한 사실들을 보면, 특히 명종은 일곱 차례나 남명에게 벼슬을 내렸음에도 남명은 나아가지 않았다. 그런데 명종이 내린 벼슬의 품계를 보면 남명을 소중하게 쓸 인재로 여기고 부른 것은 아닌 것으로 생각된다. 남명도 을사사화와 양재역벽서사건 등으로 남명의 벗들이 화를 입은 마당에 명종과 훈척이 주도하는 조정에 나아갈 마음이 없었을 것이다. 그런데도 계속해서 낮은 벼슬로 불러대니까 남명은 명종이 네 번째로 단성현감을 내리자 직언직설로써 문제를 적시하며 정치를 똑바로 하라고 써 올리며 건곤일척한 것이 아닐까? 초야에서 학문하고, 수양하며, 가르치던 선비 남명의 사생취의에 군왕 명종은 처벌도 할 수 없는 가운데 기가 꺾였다고 보겠다.

제 5 절 정치사상과 실천

남명이 생각하는 정치는 군왕의 덕화를 통하여 백성을 자식처럼 보살펴서 예가 충만한 나라를 만드는 것, 즉 왕도정치이다. 그러한 정치를 위하여는 유자(儒者)로서 군왕과 신하가 함께 『대학』의 가르침을 따라서 덕을 쌓고, 인격을 갖춘 군자가 되어야 한다. 그것이 유가적 정치의 이상이다.

Ⅰ. 유가적 정치의 이상

공자와 맹자를 비롯하여 중국 유가(儒家)에서는 하나같이 요순의 다스림을 이상형으로 내세운다. 그리고 중국 명말청초 유학자 황종희(黃宗羲)는 고대 정치사회의 탄생을 말하면서도 요순과 우를 말한다(손보산, 2018: 157-158). 그 내용은 다음과 같다.

> "인류가 탄생한 이래 사람들은 저마다 자기를 위하고 저마다 자기 이익을 도모하였다. 천하에 공공의 이익이 있어도 아무도 그것을 일으키지 않았고, 천하에 공공의 해악이 있어도 아무도 그것을 제거하려 들지 않았다. 어떤 이가 나와서 자신의 이익을 이익으로 여기지 않고 천하가 그 이득을 받게 하였고, 자신의 손해를 손해로 여기지 않고 천

하가 그 해악에서 벗어나게 하였다. 이 사람의 수고로움은 분명 천하 사람들의 천만 배일 것이다. 일반적으로 천만 배의 노고에도 자신이 그 이익을 향유하지 못한다면, 이는 분명 천하의 인지상정으로는 그러한 자리에 있으려 하지 않을 것이다. 따라서 옛날의 인군(仁君) 중에 이를 헤아려 그 자리에 오르지 않으려 한 자가 있었으니 허유와 무광의 아들이요, 그 자리에 올랐지만 다시 떠난 이가 있었으니 요와 순이다. 처음에 들어서려 하지 않았으나 물리치지 못한 이가 있었으니 우가 그러하다. 어찌 고대인들이 지금과 다를 바가 있겠는가? 편안함을 좋아하고 수고로움을 싫어하는 것 역시 인지상정이다"(『黃宗羲全集』 제1책, 2면)(손보산, 2018: 157-158 ; 이경규, 1997: 150-151).

황종희의 글에 등장한 요임금과 순임금은 그야말로 공동체, 즉 천하의 태평성대를 이루었으며, 우임금, 주나라 문왕과 무왕도 천하를 잘 다스린 성왕(聖王)으로 추앙받았다. 황종희는 『명이대방록(明夷待訪錄)』을 통하여 요순 이후 다스림, 즉 정치에서 군주의 역할을 유형화하여 1) 군주직능설(君主職能說)과 2) 군국상분설(君國相分說), 3) 치법우선설(治法優先說)을 제시하였다(손보산, 2018: 159-170).

황종희가 분류한 바에 따르면, 공자가 펼친 '위정이덕(爲政以德)', 즉 덕[6]으로써 정치를 하여야 한다는 사상은 1)의 내용으로서 '군주천명설(君主天命說)'에 해당된다. 공자는 "덕으로써 다스리고, 예로써 질서를 잡아주면 부끄러움도 알게 되고 또 올바르게 된다"(『논어』 위정)고 하였다. 이는 곧 "덕으로써 다스리고 예로써 (질서를) 가지런히 한다(道之以德 齊之以禮)"는 공자의 덕치사상의 두 차원으로 생각하였다(전손 지음, 백종석 옮김, 2009: 50-60).

"공자는 위정자가 예와 덕을 바탕으로 정치를 할 때 백성은 교화되고, 사회는 도덕적 풍속을 갖추게 된다고 보았다. 이와 같이 덕치와 예치를 가치 있게 보는 공자의 사상은 지난날 동아시아 사회의 정치 이상(理想)이 되어 왔다"(동양고전연구회 역주, 2016a: 37). 이는 곧 전손의 지적대로 '도덕화한 정치'(전손 지음, 백종석 옮김, 2009: 58)이다.

황종희에 따르면, "주나라가 은나라를 무너뜨린 후 자기 권력을 정당화하기 위하여 종종 '천명(天命)'이라는 관념을 강조하였다. 주대 사람들은 '천명'을 근거로 삼아 '탕무혁명'을 정당화하였고, 더 나아가 '천명은 민의(民意)를 근거로 삼는다'는 이론

6) 덕은 배움을 통하여 마음에 간직된 도덕 정서이다(동양고전연구회 역주, 『논어』, 2016a: 37).

으로부터 민본론(民本論)과 덕치론(德治論)을 이끌어 냈다. 이들 사상은 이후 유가 정치사상의 연원이 되었다"(손보산, 2018: 160).

그러나 황종희의 분류에서 보듯 덕치론을 강조하던 다스림은 이상형으로 설정되었을 뿐 군주가 천하를 위하여 공무를 담당하는 위치를 벗어나 군주 일가의 재산처럼 천하를 자식에게 물려주는 세습의 시대로 들어서면서 군주의 다스림에 관한 현실적인 인식과 대처가 필요하다는 일련의 생각, 즉 경세사상이 필요하게 되었다.

그런데 중국에서는 1600년대에 "정주의 이학(理學)도, 양명의 심학(心學)도 천하의 어지러움을 풀어서 백성의 삶의 문제를 해결하는 지식으로 소용이 되지 않는다는 인식이 일어나 일부 뜻있는 인사들은 정치, 민생, 군사 등 국가 통치와 직접 관련된 문제의 연구에 힘을 쏟았고, 나라를 위기에서 구할 수 있는 실질적인 방법을 절실하게 모색하였다. 그래서 1683년에 진자룡(陳子龍) 등이 명대의 경세백과사전으로 일컫는 『황명경세문편(皇明經世文編)』을 편찬하였다"(손보산, 2018: 152-153).

그러나 남명이 살았던 16세기 조선은 천하를 군주 일가(一家)의 재산처럼 주고받는 가운데 군주가 '천하의 공익'을 위하여가 아니라 '군주의 사익'을 위하여, 그리고 지배를 공고히 하기 위하여 사악한 짓과 살상을 일삼는 패도(覇道)가 자행되고 있었다. 이런 때에 남명은 벼슬길을 접고 성학(聖學)의 길을 걸으며 처사의 삶을 살았다. 그러면서도 남명은 또 세상에 대한 관심을 끊은 것이 아니라 오히려 백성들을 보듬는 인애(仁愛)의 삶으로 일관한 점은 그 당시 조정에 나가 있는 사대부 어느 누구도 보여주지 못한 모습이다. 그런데, 남명은 그 시대와 그 이후 시대 어느 유학자도 감히 담아내지 못하였던 정치사상을 글로 써서 드러내었으니, 이를 어떻게 해석하고 평가하여야 할까? 그것이 바로 남명의 단성소(丹城疏)와 민암부(民巖賦)이다.

Ⅱ. 정치사상의 실천: 상소문과 민암부를 중심으로

남명의 정치에 관한 사상, 그리고 실천은 그의 상소문과 민암부를 비롯한 글을 통하여 만날 수 있다. 다음에 먼저 그의 단성소와 「무진봉사」에 드러난 정치사상과 실천, 민암부에 나타난 정치사상과 실천을 나누어 살펴본다.

1. 상소문과 정치사상의 실천

"조선시대 언론은 사간원 · 사헌부 · 홍문관에 의하여 주도되고 있었다. … 사림을 중심으로 한 정국 운영 체제가 확립됨에 따라 유생들이 정치의 객체에서 주체의 범주로 포섭되었고, 재조언론(대간 및 조관의 언론)과는 별도로 관학(성균관 · 四學)과 재야언론(향촌 유생이 주축)이 형성되고 있었다. 재야언론이 형성된 배경으로서 공론을 중시하는 정치 구조와도 밀접한 관련이 있었다"(설석규, 2002: 12).[7] 그리고 "상소는 조선시대 문자언론 중 대표적인 것이다"(장승희, 2012: 237). 남명의 상소는 군왕은 벼슬을 내리고, 그 벼슬을 사직하며 올린 글이지만, 넓게는 재야언론의 유형이라고 하겠다.

남명의 상소문은 단성소(명종 10년, 1555, 또는 을묘사직소)와 정묘년에 사직하며 승정원에 올린 상소문(선조 1년, 1567), 선조가 남명에게 조언을 구해서(求言) 올린 무진봉사(戊辰封事, 선조 1년, 1568), 왕이 음식을 내려준 데 대하여 감사드리며 올린 상소문(1571년) 등이 있다. 여기서는 단성소와 『무진봉사』를 통하여 그의 정치사상과 실천을 살펴본다.

1) 단성소에 나타난 정치사상과 실천

(1) 불출사의 정치사상

제2편 제3장에서 살펴본 대로 단성소는 명종 10년(1555) 왕이 남명에게 단성현감을 제수하자 사직하며 올린 상소문이다. 이 상소는 그해 10월 11일에 임명된 뒤 11월 19일에 올린 것이다(『남명집』, 2001: 311).

남명은 단성현감 이전에 이미 중종 때부터 관직에 천거되었으나 한 번도 나아가지 않았다. "일사(逸士: 향리에 숨어 있는 뛰어난 선비)로서 남명의 위상은 이미 중종 35년부터 보이기 시작한다. 중종이 3품 이상의 동반과 2품 이상 관직자에게 일사를 천거하게 하였는데, 병조참지 이림(李霖)과 대사성 이언적 등이 남명을 천거(중종실록, 35, 경자, 7월 16일 경자일)하였고, 명종 7년(1552) 경상도 관찰사 이몽량도 이희안과 함께 남명을 천거(명종실록, 임자년 3월 9일 신묘일)하였으며, 그해 10월 전생

7) 설석규(2002)는 『조선시대 유생상소의 공론정치』에서 상소의 유형, 중국 사례 등 언로에 관하여서 자세하게 다루고 있다.

서(典牲署) 주부(主簿), 이듬해 명종 8년(1553) 윤3월에는 8일 여 사이로 사도시(司導寺) 주부와 예빈시(禮賓寺) 주부, 명종 10년(1555) 단성현감을 제수하였다"(안외순, 2011: 50). 그리고 그 이후 선조도 관직을 제수하였으나 남명은 끝내 나아가지 않았다. 왜 그랬을까?

유자가 출사하느냐 아니면 불출사하느냐는 그에게 중요한 의미를 갖는 정치적 선택이다. '정치적 진퇴에 대한 판단력'을 의미하는 출처관은 개인적인 거취를 의미하는 것만은 아니고 '현 정권에 대한 평가'를 내포하는 것이기에 의미심장한 것이다. 당연히 관직에 나아가야 할 지도자가 민간 여항(閭巷)에서 '천민(天民: 하늘의 사람)'으로, 곧 처사로 지낸다는 사실은[8] '인물을 알아보지 못하는' 혹은 더 나아가 '인물을 배척하는' 정권으로 규정하는 것이 된다"(안외순, 2011: 48)고 보기 때문이다.

남명은 그가 살던 시대를 '도(道)가 무너져 있어서 출사를 할 정도'의 상황이 아니라고 보았던 것이다. 당시 홍문관 직제학 심의겸(沈義謙)이 명종에게 "미관말직은 어진 선비를 대접하는 도구가 아닙니다"(명종실록, 명종 21 병인, 1566, 7월 19일 무신)라고 권고를 하였는데도 불구하고 "명종이 남명에게 일련의 6품직을 계속 제수한 것은, 주변의 눈을 의식하여 형식적으로 남명에게 관직을 제수하는 제스처를 취한 것일 뿐 진정으로 남명의 가치를 인정한 관직 제수도 아니었고, 남명의 정치세계를 구현하려는 의지는 더욱 아니었다"(안외순, 2011: 50)고 본 것이다.

남명이 중종과 명종, 그리고 선조에 이르기까지 10여 차례나 관직을 제의받고도 출사하지 않은 것은 그의 엄정한 출처 기준에 따른 것임을 인정하여야 하고, 또 그 시대는 치도(治道)가 살아 있지 않으므로 출사할 상황이 아니라는 시대 인식을 가졌던 때문이다. 거기다가 낮은 벼슬로 유인하려는 저의를 간파하여 나아가지 않음으로써 당시의 군주와 조정의 처사에 대한 사림의 대표로서 남명의 인식을 나타낸 것이다.

(2) 왕도정치를 주창한 단성소

단성소 전문을 보면 '백성'이라는 말이 일곱 차례나 쓰였다. 그만큼 남명은 백성을

8) 처사로 산다는 것은 개인 차원에서도 엄청난 극기의 실천이다. 정순우(2008: 83)는 "처사란 평소 수양과 마음공부를 쌓아서 출사라는 가장 강렬하고 달콤한 욕구를 도에 맞게 처리할 수 있는 선비"라고 하였다는 점에서 확인된다.

중하게 여기는 정치를 생각의 중심에 두었다. 그리고 유가의 덕치나 예치 또는 왕도 정치가 백성을 중하게 여기는 정치였던 것은 더 말할 필요도 없는 것이다.

그런데, 명종대의 정치는 어린 명종과 수렴청정하는 문정왕후, 그리고 명종의 외삼촌 윤원형 등 인척과 기득권 지키기에 혈안이 되어 무오사화·갑자사화·기묘사화로써 세 차례나 사림파 선비들을 도륙 낸 훈구집단이 주도하던 조정이었으므로 패도정치(霸道政治)였다. 그러니 처사 남명에게 얼마나 크고 많은 문제가 보였겠는가? 그것을 남명은 단성소에 낱낱이 적어서 올렸다. 그 내용은 다음과 같이 나누어 볼 수 있다.

첫째, "… 전하의 나라 일이 이미 그릇되었고 나라의 근본이 이미 망하였으며, 하늘의 뜻은 떠나버렸고 민심도 이미 등을 돌렸습니다"라고 지적하여 천명설(天命說)의 근거를 잃었다는 걸 표현하였다.

둘째, "… 자전께서는 생각이 깊으시기는 하나 깊숙한 궁중의 한 과부에 지나지 않고, 전하는 어리시어 다만 선왕의 한 외로운 아드님이실 뿐이니…"라고 표현한 것은 군왕에 대하여 용안, 수라와 수라상과 같은 극존칭어를 사용하던 때에 평어(平語)를 썼다는 점은 참으로 예사롭지 않은 일이다. 이는 문정왕후의 수렴청정과 군왕으로서 명종의 다스림을 평가하지 않는다는 뜻을 실었다고 볼 수 있다.

셋째, "천 가지 백 가지의 천재와 억만 갈래의 민심을 어떻게 감당해 내며 무엇으로 수습하시겠습니까? 냇물이 마르고 곡식이 비처럼 내리니, 그 조짐이 무엇이겠습니까? …"라고 써서 명종의 통치에 대한 좋지 않은 '조짐'을 적시하였다. 중국 상고시대 이후 오랜 가뭄 등을 군왕에게 하늘이 내리는 경고의 조짐으로 여기는 절대왕조시대의 군왕에게는 섬뜩한 지적이 되었을 것이다.

넷째, "… 재물로 사람을 임용하니, 재물만 모이고 백성은 흩어져 버렸습니다. … 외적이 무인지경에 들어오듯 했으니… 대마도 왜노가 향도와 남몰래 짜고 만고에 끝없는 치욕스러운 짓을 하였건만, …"라고 문제를 지적하였다. 이는 고래로 국가 또는 사직의 존재 이유가 백성의 생명과 재산을 지키는 일, 즉 안보(국방)인데, 당시 조정은 그런 일을 소홀히 하였고, 따라서 사직의 존재 근거를 잃었다는 뜻을 적었다.

다섯째, "… 엎드려 원하옵건대 전하께서는 반드시 마음을 바로 하는 것으로써 백성을 새롭게 하는 요점으로 삼으시고 … 몸을 수양하는 것으로써 사람을 쓰는 근본으로 삼으셔서, 왕도의 법을 세우십시오. …"라고 하였다. 이는 곧 명종시대 문제들을 직언직설로써 뼈아프도록 지적한 다음 왕도정치를 근본적 대안으로 제시하였다. 위에서 '마음을 바로 하는 것'과 '백성을 새롭게 하는 요점'은 곧 『대학』의 첫 머리 문장 "대학지도(大學之道) 재명명덕(在明明德), 재신민(在新民), 재지어지선(在止於至善), 즉 큰 공부를 하는 방법(대학의 도)은 자신의 덕성을 밝히는 데 있고, 백성을 새롭게 만들어 자신의 몸처럼 아끼는 데 있으며, 그런 다음 지극하게 선이 이루어지는 상태를 지켜나가는 데 있다"는 것을 일깨워 준 것이다.

여기서 남명은 군왕은 곧 "자신의 덕을 밝게 가다듬어 인격을 완성한 다음에 백성을 아들처럼 사랑하고 교화하는 군자가 되어서 그 덕으로써 다스리고 예로써 가지런히 하는 다스림", 즉 왕도정치를 펼치도록 주창한 것이다. 그러면서 맨 마지막 말 "죽음을 무릅쓰고 전하께 아룁니다"라고 써서 백성을 위하여 자신을 던지겠다는 각오를 표명한 것이다. 이는 초야의 선비로서 남명의 기절(氣絶)을 나타낸 참으로 남명다운 글이요 실행이라고 생각된다.

2) 「무진봉사」와 정치사상의 실천

"「무진봉사(戊辰封事)」는 2,000자가 되지 않는 짧은 문장이며 1568년 5월 26일 조식이 올린 글이다. 명종이 사망한 이후 16세의 나이로 선조(1567~1608)가 왕위를 계승하였지만, 첫해에는 명종의 왕비인 심씨가 수렴청정하였고, 이듬해부터 친정을 시작하였다. 「무진봉사」의 일차적 목적은 갓 즉위한 선조에게 '군왕의 덕(君德)'을 깨우쳐 주기 위한 것이었다"(김기주, 2010: 274).

> "경상도 진주에 사는 백성 조식은 … 주상 전하께 상소하나이다"로 「무진봉사」는 시작된다. 남명은 상소의 본론 부분에서 바로 "백성을 잘 다스리는 도는 다른 데서 구할 것이 아니라, 요점은 임금이 선을 밝히고 몸을 정성되게 하는 데에 있을 뿐입니다. 이른바 선을 밝힌다는 것은 이치를 궁구함으로 이름이요, 몸을 정성되게 한다는 것은 몸을 닦는 것을 말합니다. 천성 안에는 모든 이치가 다 갖추어져 있으니, 인(仁)·의(義)·예(禮)·지(智)가 그 본체이고, 모든 선이 다 이로부터 나옵니다. 마음은 이치가 모이는 주체이고, 몸은 이 마음을 담는 그릇입니다. 이 이치를 궁구하는 바탕이 되는 것은 글을 읽으면서 의리를 강명(講明)하고, 일을 처리할 적에 그 옳고 그름을 찾는 것입니다. 몸

을 닦는 요체가 되는 것은 예가 아니면 보지도 듣지도 말하지도 움직이지도 않는 것입니다"(『남명집』, 2001: 321)라고 하였다.

이는 곧 유학의 이론을 가지런히 하여 적은 것이다. 즉, 명선(明善)은 격물치지와 궁리로써 구하고, 성신(誠身)은 다스림의 선행 요건이라고 말한 것이다. 그리고 인간이 하늘로부터 받은 천성으로서 인(仁)·의(義)·예(禮)·지(智)의 이치가 모든 선의 연원이며, 몸의 주체인 마음을 닦아서 판단력을 기르라고 말하고, 극기복례를 위한 사물(四勿)을 덧붙여 썼다. 이러한 내용은 유자로서 공부의 기본과 같은 것들이다. 남명은 공부의 기본을 상소의 본론부 서두에 놓아서 선조에게 강조한 것이다.

남명은 또 "가슴 속에 마음을 보전하여 혼자 있을 때를 삼가는 것이 대덕(大德)이고, 밖으로 살펴서 그 행동에 힘쓰는 것이 왕의 도리(王道)"라는 점을 들고, 경(敬)으로써 이러한 공부를 하도록 권유하였다. 그리고 본론부 중반에는 "왕의 신령스러움이 시행되지 않고, 정치는 사사로운 은혜를 베푸는 일이 많습니다. 명령이 나오면 오직 거꾸로 행하여 기강이 서지 않은지가 여러 대나 되었습니다"라고 하여 당대의 문제를 적시하는 것을 잊지 않았다. 이어서 남명은 **"지금처럼 서리(胥吏)가 나랏일을 마음대로 하였던 일이 있었다는 것은 듣지 못하였습니다. 정권이 대부에게도 오히려 옳지 못한데, 하물며 서리에게 있어서야 되겠습니까? … 공경대부들이 앞뒤에서 서로 인솔하여 천한 서리에게 정권을 돌린단 말입니까? 이 일은 쇠귀에도 들리게 하여서는 안 될 것입니다**"라고 서리의 적폐를 지적하고, 이어서 그들의 세세한 죄상을 덧붙이고 있다.

남명은 상소의 결론부에 이르러 "**신이 홀로 산중에 살면서 '민정을' 살피고 우러러 '하늘을' 보며, 탄식하고 울먹이다가 눈물을 흘린 적이 자주 있습니다. … 신이 전일에 위급한 것을 구제하여야 한다고 아뢴 일(「정묘년사직승정원소」를 통하여 건의한 일)은 아직도 전하께서 급하게 여겨 불에 타는 것을 구원하고 물에 빠진 것을 건져내는 것과 같이 하신다는 것을 듣지 못하였습니다. 응당 늙은 선비가 자신의 곧음을 드러내는 말이라 마음을 움직이기에는 부족하다고 여기셨으리라 생각됩니다.**"라고 하여 다시 한번 남명은 절절한 백성 사랑을 드러내면서 앞의 상소문을 통하여 정치를 바로잡으라고 권유한 바를 실천하도록 촉구하였다.

이 상소문에서 남명의 정치와 관련된 생각은 왕이 인격을 닦아서 그 경지를 높이고, 그로써 백성의 덕화를 일으키는 왕도정치를 펴는 기본을 강조하였으며, 그에 필요한 왕의 공부를 강조하였고, 특히 서리들이 백성들을 수탈하고 착취하는 적폐를 지적하여 바로잡도록 촉구하였다는 점을 들 수 있겠다. 그야말로 백성들의 처지를 생각하여 눈물 흘리는 처사 남명의 인애(仁愛)의 모습이 그려지는 상소문이다.

2. 「민암부」와 정치사상의 실천

『남명집』에 실린 「민암부」는 그 지은 연도가 기록되어 있지 않다. 그런데 중요한 점은, 남명이 34세에 있었던 식년시의 부(賦) 주제가 바로 '민암(民巖)'이었다는 사실이다. 남명은 이 식년시에 응시하지 않았다고 보는 것이 타당하다. 대체로 과거에서 문제로 출제된 것에 대한 답변을 문집에 싣는 경우도 있으나, 과거를 보았거나 보지 않은 사람들 중에서 과거시험 이후에 그 문제에 대한 자신의 생각을 답안으로 작성하여 남기는 경우는 흔히 있다. 그러나 남명은 과거에 응시하지 않았지만, 그 문제에 대한 자신의 입장을 진술한 것으로 보는 것이 설득력이 있다(김경수, 2019: 14-15).

1) 「민암부」의 창작 배경

남명의 「민암부」는 문학 장르로 다루어지는 내용이다. 양희철(1990)은 국문학 분야의 한문학으로서 남명의 「민암부」를 고찰하였다. 그는 민암부의 형식 · 표현 · 내용 등을 문학적 관점에서 살핀 것이다. 이상필(1990) 역시 한문학의 입장에서 고찰하여 「민암부」의 산문적인 분위기는 문부적(文賦的) 속성을 띠고 있다고 지적하고 「민암부」를 남명의 문학으로서 고찰한 점을 밝혔다. 양희철이 완전히 문학 쪽의 전문 분야로 「민암부」의 형식 · 표현 · 내용을 다루었다면, 이상필은 민암부 창작의 역사적 배경과 사상적 배경 등 사회과학적 요소들도 다루었다는 점에서 차이가 있다. 조순(2006)은 그의 논문에서 남명의 「민암부」에서 민본사상의 면을 중심으로 고찰하였다. 이 글에서는 「민암부」의 내용을 통하여 남명의 정치사상을 살펴보는 데 한정한다.

민암(民巖)은 '백성은 나라를 엎을 수도 있는 위험한 존재'라는 말이다. 『서경(書

經)』「소고(召誥)」에 '백성의 암험함을 돌아보아 두려워 하소서(顧畏于民碞)'라는 말이 있다"(『남명집』, 2001: 153 주 14) 인용). 그리고 백성을 물로, 군주를 배로 비유한 경우는 『순자(荀子)』「왕제(王制)」 편에 '**전하는 말에 임금은 배요, 서민은 물이다. 물은 배를 띄우기도 하지만 배를 엎어버리기도 한다**(傳曰: 君者, 舟也, 庶人者, 水也. 水則載舟, 水則覆舟)'는 말에 보인다(『순자』, 김학주 옮김, 제9편, 2008: 263-264).

이상필은 남명이 "「민암부」를 창작한 동인(動因)으로서 당대의 역사적 조건과 사회적 상황, 그리고 당대 현실에 대한 남명의 시각과 행동방식 및 이를 뒷받침하는 사상적 근거인 남명학의 성격 등이 총체적으로 결합된 점을 들었다"(이상필, 1990: 91). 그러면 이상필의 논의를 통하여 창작 동인을 역사적 배경과 사상적 배경으로 나누어 좀 더 구체적으로 살펴본다.

첫째, 「민암부」 창작의 역사적 배경으로는 남명이 살았던 16세기 조선은 거듭된 사화와 척신의 발호로 관료사회의 기강이 무너지고, 백성들의 경제적 기반마저 상실한 채 유랑민으로 전락하는 일들이 일어나는 상황이었다. 특히 남명은 기묘사화 때 숙부 조언경이 희생을 당하고 아버지 조언형도 찬축(귀양을 보냄)되었다. 당시 조선 사회는 열 집 가운데 아홉 집이 비어 촌락이 폐허로 변하여 나라의 근본이 허물어져 임꺽정이 의적으로 활동할 정도였다.

둘째, 「민암부」 창작의 사상적 배경으로는 학문에 관한 남명의 남다른 인식을 들 수 있다. 남명이 추구한 성리학은 사회적 실천을 강조하였다. 그리고 심성 수양 차원을 안으로 포용하면서도 실천력이 결여된 채 입으로만 고답적인 이론을 전개하는 당대의 주자학풍에 대해서는 날카로운 비판을 가하였다. 그는 민중에 대한 뜨거운 애정과 위정자에 대한 비판의 강도는 중세 사회의 조선 지성인들 중에서는 그 유례를 찾기 어렵다.

2) 「민암부」의 핵심 내용

남명은 「민암부」의 내용에 그의 정치사상을 드러내었을 뿐만 아니라 그것을 써서 생각을 밖으로 드러내어 실천하였다. 「민암부」의 핵심 내용은 다음과 같다.

"백성이 물과 같다는 말은,
예로부터 있어 왔으니,
백성은 임금을 받들기도 하지만,
백성은 나라를 엎어버리기도 한다.
……
눈으로 볼 수 없는 것은 마음이니,
험함이 안에 감추어진 것은 만만하게 보기 쉽다.
……
하늘의 보고 들으심이 바로 이 백성에게 있다네.
하늘은 백성이 원하는 것을 반드시 들어주니,
마치 부모가 자식에 대해서와 같다.
……
실로 하늘이 내린 험함은 건너기가 어렵도다.
하늘이 만고(萬古)에 걸쳐 험함을 보였건만,
얼마나 많은 제왕이 이를 예사로 보았던고?
걸(桀)·주(紂)가 탕(湯)·무(武)에게 망한 것이 아니라,
바로 백성에게 신임을 얻지 못했기 때문이었다.
……
그 암험함의 근원을 찾아보면,
진실로 임금 한 사람에게서 벗어나지 않는다.
한 사람의 불량함에 말미암아,
여기서 위험이 가장 크게 된다네.
궁실이 넓고 큼은 암험함의 시작이요,
여알(女謁)이 성행함은 암험의 계단이요,
세금을 끝없이 거두어들임은 암험함을 쌓음이요,
도에 넘치는 사치는 암험함을 일으켜 세움이요,
부극(掊克)이 자리를 차지함은 암험으로 치닫는 길이요,
형벌을 자행함은 암험을 돌이킬 수 없게 함이다.
바로 그 암험함이 백성에게 있다지만,
어찌 임금의 덕에서 말미암지 않겠는가?
……
나로 말미암아 편안하기도 하고,

나로 말미암아 위태롭기도 하니,
백성을 암험하다 말하지 마라!
백성은 암험하지 않느니라.
(『남명집』, 2001: 153-157)

"남명이 지은 「민암부(民巖賦)」는 역사적으로 유명한 작품으로 손꼽힌다. 백성을 물에, 임금을 배에 비유하여 물이 배를 띄우기도 하지만 뒤집어엎을 수도 있다는 내용을 포함하고 있으면서도, 마지막에 가서는 '나로 말미암아 편안하기도 하고, 나로 말미암아 위태롭기도 하니, 백성을 암험하다 말하지 말라! 백성은 암험하지 않느니라(自我安之 自我危爾 莫曰民巖 民不巖矣)'라고 하여, 정치의 모든 책임은 임금에게 있음을 강조한다"(김경수, 2019: 14).

비록 『순자』 「왕제」에 옛 전거가 있었고, 또 더 일찍 "『서경(書經)』에 우리 백성들을 어루만져 주면 우리 임금이지만, 우리 백성들을 학대하면 우리의 원수"(황의동, 2008: 109)라는 언표에서도 군민(君民) 관계를 읽을 수 있다고는 하지만, 남명이 살았던 때는 절대군주의 시대였다. 기득권과 영리에 사로잡힌 훈척 세력이 사림 인사들을 떼죽음으로 몰았던 사화를 네 차례나 겪은 시대요, 군주와 반대파의 음험함이 언제든 고투리만 있으면 작동하기 쉬운 상황이라는 점을 감안하면 남명의 「민암부」는 참으로 대단한 용기가 아닐 수 없다.

그러면 어떻게 남명이 이처럼 대단한 용기를 갖고 「민암부」를 썼을까? 남명의 그러한 용기의 근원은 무엇일까? 저자는 "주돈이(周敦頤)의 글로써 자연계의 발전 변화는 모두 성(誠)의 품성을 가지고 있다. 자연계는 자기 동작들이 자기에게 무슨 결과를 가져오는지 고려하지 않는데, 그것이 곧 '성(誠)은 무위(無爲)이다'라는 말이다. 사람도 자기의 동작이 자기에게 무슨 결과가 있을지 고려하지 않으면 용감하게 매진하게 되는데 그것이 곧 '성'이고 '무위'이다"(펑유란 지음, 박성규 옮김, 2017: 449 주 16 참조)라는 내용에 생각이 닿았다.

거기다가 남명의 절절한 백성 사랑은 자신의 안위를 따지지 않는, 그래서 무위(無爲)의 성(誠)의 경지에 이르지 않았을까? 남명은 단성소에서 '백성'이라는 말을 일곱 차례나 썼을 정도로 백성 사랑을 품었고, '목숨을 걸고' 직언직설의 문제 적시와 대책 제시를 하였던 사실을 떠올릴 수 있다. 그래서 남명의 「민암부」는 맹자의 그 유명한 "백성은 귀중하고 임금은 가볍다(民貴君輕)"고 하는 사상을 받아서 실천한 것이 아닐까?

맹자는 **"백성은 귀중하고, 사직이 다음이고, 임금은 가볍다. 그러므로 백성들의 마음을 얻은 사람이 천자(天子)가 되고, 천자의 마음을 얻은 사람이 제후가 되며, 제후의 마음을 얻은 사람이 대부(大夫)가 된다**(『孟子-盡心下』 民爲貴, 社稷次之, 君爲輕, 是故得乎丘民而爲天子, 得乎天子爲諸侯, 得乎諸侯爲大夫)"고 하였다(전손 지음, 백종석 옮김, 2009: 206).

그런데, 『순자』에 전거가 있고, 『맹자』에 읽을 수 있는 지식이 있고, 그래서 유학을 공부한 남명이 그러한 지식을 가지고 있었다고 하더라도 '자신의 안위가 걸려 있는' 내용의 글을 짓는 '실천'은 오롯이 남명의 몫이고 책임이 아닌가? 그러므로 '백성은 물이요 군주는 배'라는 것과 '물은 배를 띄우기도 하지만 배를 엎을 수도 있다는 것'을 인지하여 지식으로 가졌더라도 그가 가치판단의 단계를 거쳐서 '「민암부」 창작'이라는 행동으로 실천해 보였다는 것은 남명의 큰 결단이 아닐 수 없다.

남명의 결단으로서 「민암부」 창작과 거기에 나타난 생각, 관념, 개념 등을 포괄하는 '사상'을 우리는 무엇이라 부를 것인가? 남명은 인간으로서 백성을 절대군주 시대 일지언정 정치의 중심에 놓고, 요순과 우임금, 문왕과 무왕이 그랬던 것처럼, 백성으로써 이루어지는 공동체(사직 또는 국가)의 공익(公益)을 이루어 나누고 공해(公害)를 막는 공무 수행자로서 군주를 떠올리지 않았을까? 이것은 앞에서 인용한 바 있는 황종희의 생각을 빌린 것이다.

그러므로 남명의 정치사상은 백성을 중심에 두는 민본사상(民本思想)이라고 하겠다. 중민사상(重民思想)이라 하여도 무방할 것이다. 저자가 이렇게 남명의 정치사상을 민본사상 또는 중민사상으로 말하는 논거는 그가 올린 상소문의 내용에서 일관되게 백성이 강조되고 있는 데다, "백성의 처지를 생각하며 탄식하고 눈물을 흘렸다"는 글과 행장을 통하여서도 확인되기 때문이다.

제 6 절 교육사상과 실천

사재명(2002: 237)에 따르면, "해방 후 남명교육의 발굴과 출발은 1946년 이만규의 『조선교육사』에서 그 효시를 찾을 수 있다"고 하였다. 이만규(2010: 325)는 『조선교육사』에서 "그(남명)의 교육 이념은 교육상 가치로는 퇴계보다 진정한 것이며 유학 방면으로는 퇴계보다 공자학의 바른 길에 가까운 것이다"라고 지적하며 남명의 철학과 교육사상을 다루었다. 그는 남명의 교육사상과 관련하여 "일상생활의 평이한 실천으로부터 공을 쌓아 성현의 경지에 도달하는 것을 교육 목적으로 삼았다. 그리고 교수 방법으로는 1) 학생들로 하여금 스스로 해명하고 스스로 깨닫기를 힘쓰게 하고 설명과 해석의 주입식을 반대하였으며, 2) 스스로 모범을 보여 학생을 감흥하게 하였고, 3) 개인의 재질대로 한껏 가르쳤으며, 4) 질문의 답을 자유롭게 전달하게 하였고, 5) 잘못을 교정하는 데 성심과 간결한 말로 하였다. 그리고 남명의 구학 방법으로는 1) 존경과 성실을 학문 수업의 기본으로 삼고 이를 실천함으로써 경(敬)과 성(誠)을 지향하고, 2) 명선과 택선으로써 치지격물을 이루고 성신·고집·약례·성의·역행으로써 극기복례를 지향함으로써 마침내 박문약례(博文約禮)를 실현하며, 3) 박문을 실천하고 약례를 직접 행하였다"(이만규, 2010: 326–330)고 서술하였다.

한편 박홍식은 "남명은 교육사상에서 실용정신으로써 살아 있는 유학(활유[活儒])를 이루었다. 남명이 교육과 관련하여 드러낸 생각을 다음의 글에서 알 수 있다"(박홍식, 2008: 433)고 하였다.

> "... 다만 옛 덕을 높이고 후대들을 장려해서 현재(賢才)를 선발하여 각기 그 능력을 사회에 발휘하게 하고 앉아서 그 성공을 바라는 것이라면 나도 혹시 할 수 있을 것이다"(『남명집』, 2001).

박홍식은 "남명이 교육과 관련해서 말한 내용을 요약하면 '존구덕(尊舊德: 옛 덕을 높임)', '장후배(奬後輩: 후배를 교육함)', '각효기능(各效其能: 각자의 능력을 발휘함)', '성공(成功: 일을 성취함)' 등으로 요약할 수 있다. 남명은 교육을 '유덕한 인간',

'유능한 인간', '유용한 인간'을 길러내기 위한 것이라고 보았다. 이것이 남명의 교육사상의 근간이 되었다. 그의 이러한 교육관과 실천은 후대에 매우 큰 영향을 미쳤다. 특히 남명의 실천은 역사적 사실(史實)로 기록되어 실록에 남았다"(『명종실록』, 박홍식, 2008: 434)고 하였다.

> "(조식은) 식견이 밝고 슬기로우며 기절(氣節)이 쇄락하여, 그의 언론을 들으면 사람들이 모두 두려워하며 감동하였다. 그를 아는 사람들은 '탐욕스러운 사람이 청렴해지고 게으른 사람이 뜻을 세우게 되는 풍토'가 있다."

지금까지 남명의 교육사상과 관련하여 이원호(1965; 1999), 최해갑(1988), 이찬석(1986), 한상규(1990; 1996), 사재명(1991; 1999), 윤용섭(1995), 정낙찬(1999), 정순우(1999), 박용규(2000), 박기용 외 3인(2002), 이원호 외 4인(2003) 등의 연구가 이어져 오늘에 이르고 있다. 그래서 지금은 남명의 교육사상 연구자들의 연구 활동은 "'남명이 제자들을 가르치던 교육의 실제, 남명의 교육에 관한 생각을 문헌 자료를 통하여 추출한 이론'을 묶어서 '남명교육'이라 하고, '남명학파 문인들에게 교육이 전해진 것으로 보이는 이론과 실제'까지 묶어서 표현하는 '남명교육학'이라는 용어를 설정할 정도로 지속적이다(사재명, 2002 참조).

Ⅰ. 남명 교육사상의 배경

사재명(1999: 8-24)은 남명 교육사상의 형성 배경으로 정치적 상황과 사상적 배경, 그리고 지역적 배경을 들었다. 첫째, 정치적 상황은 남명이 평생 겪은 세 차례의 사화(士禍)를 들어서 배경 요인으로 삼았다. 1504년 연산군 10년에 일어난 갑자사화는 폐비 윤씨의 복위를 두고 폐비에 관계되었던 조신(朝臣)은 물론 이미 고인이 된 사람들까지도 소급하여 처형하였는데, 처형당한 이들은 남명이 존경하는 인근 고을의 선비들이었고, 훗날 남명의 출처의리 사상 형성에 영향을 주었다. 특히 화를 당한 조지서(趙之瑞, 1454~1504)는 남명의 출처를 비롯하여 사상 형성에 상당한 영향을 미친 것으로 보인다. "조지서는 남명의 할머니(祖母)와 남매간이었다. … 남명은 직접 지족당 조지서의 묘갈명에 '…오자서(伍子胥)처럼 억울하게 죽었다'고 썼을 정도이다"(이상필, 2005: 126). 또 기묘사화 때는 조광조와 연루되어 남명의 숙부 조언경이 희생당하고 아버지 조언형은 낙향하게 되었다. 이로 말미암아 남명은 사로(仕路)의 험난함을 인식하게 되었다.

둘째, 사상적 배경 요인으로는 성리학적 기반과 노장학・양명학・불교의 수용을 들었다. 남명의 공부 내용을 기록한 학기(學記)를 편찬한 『학기유편』을 보면 거의 대부분 『성리대전』을 전거로 삼는다. 그러므로 남명은 당대 어느 유학자 못지않게 정주(程朱) 성리학을 학문의 바탕으로 삼았고, 거기에다 노장학, 양명학, 불교 및 의업, 천문, 지리, 복서(卜筮) 등에도 관심을 가졌다. 이는 당대 주자학만 고집한 유학자들보다 사상의 저변이 넓었고, 그래서 세상을 제대로 폭넓게 읽을 수 있었으며, 따라서 정확하게 시대와 세상을 판단하는 역량을 남명은 가질 수 있었다고 본 것이다.

셋째, 지리적 배경 요인도 들 수 있다. 김종직의 학맥을 이은 김굉필(金宏弼), 정여창(鄭汝昌) 등이 경상우도 인물이었으므로 당연히 남명은 사림의 지역적 배경과 사상적 배경을 이어받은 것으로 보아도 무리가 없다. 이 가운데 특히 김굉필은 학문의 기초요 실천을 강조하는 『소학』을 신봉하여 '소학동자(小學董子)'라고 불렸을 정도이다. 당연히 남명 또한 이들의 영향을 받았을 것으로 보는 것이다.

사재명(1999: 25-32)은 이러한 배경 요인을 바탕으로 삼고 또 문헌 자료 등을 고찰하여 남명 교육사상의 계승의 특질을 학습자 중심 교육, 직관 중심의 교육, 합자연(合自然) 중심의 교육, 실천 중심의 교육으로 적시한 다음, 이러한 교육사상이 계승되는 데 영향을 미친 배경으로는 남명 문인들이 중심이 되어 남명학파가 형성되었으며, 이들이 남명의 학문과 사상을 추존하는 운동이 일어나서 지속된 점을 들었다(사재명, 1999: 33-41). 그러면 다음에 남명 교육사상의 계승 내용을 살펴본다.

Ⅱ. 남명 교육사상과 실천

사재명(1999)은 학습자 중심 교육・직관 중심의 교육・합자연(合自然) 중심의 교육・실천 중심의 교육으로 적시하였으며, 이원호・사재명・이재현・손승남・박기용(2003: 21-42)은 남명의 교육 방법으로 '자해자득 교육 방법', '개성과 자질에 따른 교육 방법', '하학상달 교육 방법', '도설 활용 교육 방법', '명문(銘文) 활용 교육 방법'

을 들었다. 이원호 등이 소개한 남명의 교육 방법은 사재명(1999)의 글에서 '합자연 중심의 교육' 항목이 빠지고 '명문 활용 교육 방법'이 더해졌다. 이 항목을 덧붙여 아래에 서술한다.

1. 학습자 중심의 교육

남명은 제자들을 교육할 때, 학습자의 능력을 계발하는 데 중점을 두었다. 그런 가운데 남명은 배우는 사람의 개인차를 중요하게 고려하였다. 그는 학습자의 개인차를 인정하여 학습자의 자질 파악과 그 자질에 따른 학습자 중심의 교육을 지향하였다. 사재명은 오건(吳健), 정인홍(鄭仁弘), 김우옹(金宇顒)의 경우를 들어 각자의 성품을 파악하고 그에 따른 강조점을 따로 전한 내용을 서술하고 있다.

남명은 또 배우는 이들에게 "학자는 단지 그 혼수(昏睡)한 것을 깨우쳐 주면 되는 것으로 눈을 뜨면 자신이 천지일월을 볼 수 있다"고 하여 교육에서 스스로 터득하는 것을 중히 여겼다. 남명 스스로가 깨우쳐 얻는, 이른바 자득(自得)한 이로서 자신의 학문을 통하여 태산 벽립의 기상과 봉황(鳳凰)의 풍모(風貌)를 지닌 존재가 되었다고 정구(鄭逑)는 묘사하였다. 그래서 남명은 공부하는 과정에서 스스로 깨달아 얻는 바를 중히 여겼고, 실행 없이 읽기나 하는 것을 대수롭지 않게 여겼다고 기록되어 있다.

2. 직관 중심의 교육

남명이『학기유편』의「학기도」와「신명사도」의 그림과 설명을 통한 교육과「신명사명」등을 이용하여 성리학 지식을 담아내고, 이를 교육에 활용한 것은 당시 어문교육(verbalism)과 다른 것으로서 시각적 효과를 강조한 것이다. 이처럼 시각 자료를 활용하는 직관교육은 교육사상사적으로 시사하는 바가 크다. 이는 당시 지식 위주의 암송교육과 가르치는 사람 중심의 교육을 지양하고, 학습자의 입장을 고려하여 교육하고 감각적 경험을 중시하였기 때문이라고 본다. 이는 서양 교육사에서도 삽화나 도식이 교수-학습에 직접 활용된 경우는 17세기 감각적 실학주의에서 볼 수 있다. 서양에서 직관교육은 17세기의 철학적 경험론을 배경으로 한 교수법인데, 직관은 일반적으로 사유의 작용 없이 대상을 직접 파악하는 작용 또는 그 결과로 얻은 내용을 말한다.

남명은 일상생활에 가까운 사물과 인간관계에서부터 처리할 줄 아는 사람이 되는 것을 교육의 종지(宗旨)로 삼았다. 다음과 같은 경우에 나타난다.

> "남명은 아래에서부터 배워 올라가는 것을 주로 삼아서, '학(學)'이라 하면 어버이를 섬기고 형을 따르는 데서 벗어나지 않는다, 만약 이를 힘쓰지 않는다면 바로 인사(人事)에서 천리를 구하지 않는 것이니 끝내 소득이 없는 것이다."

> "오늘의 학자들이 절실한 당면 문제를 놓아두고 높고 먼 데로만 나아가려 하니, 병폐가 적지 않다. 학문하는 것이 처음에는 어버이를 섬기고 형을 공경하며 어른을 받들고 어린이를 사랑하는 범주를 벗어나지 않는 것이다."

남명의 직관 교육사상은 학습자가 구체적이고 쉬운 것으로부터 시작하여 추상적이고 어려운 것으로 나아가게 하며, '좌망(坐忘)'을 통하여 도의 세계를 직관하거나 통찰함으로써 도달할 수 있는 것을 교육에 적용하였던 것이다.

3. 합자연 중심의 교육

남명은 제자 교육에서 당시 유행하였던 과거(科擧) 중심의 경전에 대한 주입식 방법을 지양하고 학습자가 본래 가지고 있는 본성의 회복에 강조점을 두었다는 점에서 합자연(合自然) 중심의 교육이라 할 수 있다.

서양에서 루소(Jean-Jacques Rousseau)를 중심으로 자연성의 자유로운 발달을 중시하는 자연주의 교육사상으로 나타났다. 이들은 인위적인 것을 적극적으로 부정하고 있는데, 이러한 관점은 남명에게서도 발견된다. 이렇게 보면, 남명은 루소보다 적어도 2세기 정도 앞서서 자연주의적 교육을 실현하였다고 볼 수 있다. 이러한 경향은 무위자연에 바탕을 둔 도를 유가적 관점에서 상정하였다고 볼 수 있고, 그는 어느 정도 노장사상의 무위자연의 사상을 수용한 흔적으로 보인다.

4. 실천 중심의 교육

실생활에서 실득(實得)을 강조하는 남명의 사상은 학문, 정치, 교육 등에 널리 펼쳐져 있었다. 그는 학문적으로 학자들이 학문하는 요점은 먼저 지식을 고명(高明)하게 하여야 하니 이는 마치 태산에 올라 만물이 모두 아래에 있는 것과 같은 연후에야 오직 나의 행하는 바라 이로울 것이라고 강조하였고, 일상의 평이한 실천으로부터 공을 쌓아 성인의 경지에 도달하는 하학상달(下學上達)을 제자들에게 가르쳤던 것이다. 이는 교육에서 실천궁행하는 인간 양성을 목적으로 한 것이라고 할 수 있고, 제자들에게 실천을 강조한 것은 의(義)와 관련한 그의 교육적 특징이라고 할 수 있다.

박병련은 "남명의 교육 방법은 어떤 지식 체계를 설명하고 주입하는 방식이 아니라, 스스로 체험한 방법을 적용하여 개개인의 기질이나 품성에 맞게 주체적 능력을 계발시켜 주는 방식을 취하고 있다. 즉, 유식한 달변의 인재 양성이 아니라, 유덕한 동시에 실용적 지식을 갖춘 실천적 지식인의 양성이 그의 교육관이었다. 결론적으로 그의 교육 목표는 스스로 판단하고 스스로 문제를 제기하고 해결할 수 있는 주체적 역량 배양에 중심을 두었다. 이러한 교육 방식의 효과가 구체적 상황에서 아낌없이 드러난 사례가 임진왜란 때 보여준 문인들의 집단적 의병 활동이었다"(박병련, 2001: 197)고 하였다.

남명의 실천 중심 교유사상과 관련하여 이재현은 "남명의 교육이 허상을 좇는 것이 아니라 일상의 실천을 통하여 이루어졌을 뿐만 아니라 학습자가 스스로 체득하도록 하는 방법에 의존하였음은 주지의 사실이다. 다음의 『명종실록』 권33(명종 21년 12월 2일 무자)의 기사는 이조(吏曹)가 상서원 판관 조식의 체직(遞職)을 아뢰는 내용에 사관의 세주(細註) 형태로 덧붙여 남명이 어떠한 인물이었는지를 설명하는 부분이 있다"(이재현, 2009: 3)고 적시하였다.

> "… 학생들을 가르칠 때에도 매양 『근사록』과 『성리대전』 등의 책을 부지런히 읽게 하였는데, 모두 체득하는 것을 급선무로 삼았고 실행 없이 읽기나 하는 것은 대수롭지 않게 여겼다. 늘 '요즘 초학하는 선비들은 고상하고 심원한 얘기를 좋아하면서도 집안의 자잘한 일조차 거들 줄도 모르고 사람을 응대할 절차조자도 모른다. 먼저 『역학계몽』이나 『태극도설』 등을 배우는 것은 심신에 이익이 될 것이 없고 마침내 명리나 위하는 것

으로 귀착되게 한다."

이상에서 보았듯이 남명은 초학자에게 우선 필요한 공부는 일상생활 속에서 실천할 수 있는 것이지 성현의 거창한 형이상학이 아니었다. 남명은 성현의 가르침과 수범에 따라 실천궁행하면 된다고 하였다. 즉, 남명은 행하지 못할까 두려워할 뿐이지 알지 못할까 염려할 필요는 없다고 하였다(김충열, 1988). 그만큼 남명에게 실천성으로서 경의(敬義) 공부를 중시하였다.

박홍식은 "남명은 공리공담의 형이상학적 이론 추구보다는 군왕이든, 사대부든 유학에서 가르치는 바를 스스로 또 사회적으로 실천하는 일이 필요할 뿐이라고 인식하였고, 그것을 몸소 보여준 유학자였다. 그리고 제자들에게도 폭넓은 공부와 실천을 함께 보여주며 강조하였다"(박홍식, 2008: 436)고 지적하면서 다음의 글을 예로 들었다.

> "모름지기 다방면으로 알아야 현실에서 실천할 수 있다. 이를테면 변두(籩豆)에 대한 일은 각각 그 유사(有司)가 있다고 하는 것은 … 만일 유사가 변을 두라고 하여도 알지 못하면 곧 그들에게 속임을 당하게 된다. … 예로부터 사정(事情)을 모르는 성현이 없고, 변통할 줄 모르는 성현이 없으며, 문을 닫고 가만히 앉아 있는 성현도 없다. 율력·형법·천문·지리·군려(軍旅)·관직에 관한 일 등도 모두 알아야만 장애가 없다."

"남명은 도덕적 인간 교육(敬: 유덕한 인간 육성)만이 아니라 현실에서 실천할 수 있는 인간 교육(義)의 기초를 다져 나갔다. 현실에 유용한 다방면의 지식을 소유한 유능한 인간을 만드는 교육(유능하고 유용한 인간 육성)이 되어야 한다는 것이다. 그러므로 남명의 교육사상은 당시 유덕한 인간 교육만 지나치게 강조하는 성리학적 교육관에서 진일보하여 '유덕한 인간'과 '유용한 인간', 그리고 '유능한 인간'의 조화를 이루는 단계에 도달하도록 주장한 것이라고 할 수 있다. 조식의 교육사상 내용과 그 영향을 특징적 관점에서 요약한다면 '실용정신'에 있다고 할 것이다"(박홍식, 2008: 437-438).

5. 명문 중심의 교육

"명(銘)이란 자신의 공부와 삶에 교훈이 될 만한 구절을 글씨로 쓰거나 사물에 새겨서 가까이 두고, 그 내용을 항상 생각하고 자신의 삶을 환기시키는 글이다. 이런 점에서 명은 공부의 효과를 지속시키거나 일상생활에서도 쉽게 공부에 대한 것을 접할 수 있도록 할 수 있다는 점에서 교육적 효과와 의미가 크다. 남명은 특히 다양한 명을 지어 활용하였다. 이러한 것은 제자들에게 깊은 인상으로 오래 남아서 평생 학문의 지침이 되었으리라 짐작할 수 있다. 조식이 활용한 명에는 '좌우명(座右銘)', '패검명(佩劍銘)', '혁대명(革帶銘)', '신명사명(神明舍銘)', '신언명(愼言銘)', '금인명(金人銘)' 등이 있다"(이원호 · 사재명 · 이재현 · 손승남 · 박기용, 2003: 21-22).

남명의 '패검명' "안으로 마음을 밝게 하는 것은 경이요, 밖으로 행동을 결단하는 것은 의이다(內明者敬 外斷者義)"는 널리 알려져 있으며, 남명의 경의지학(敬義之學)을 압축하여 담아 내고 있다. 이원호 등의 말대로 '패검명'은 당시 제자들에게 매우 인상적인 모습으로 비추어져서 각인되었을 것이다. 그뿐만 아니라 남명의 '패검명'은 500년이 지난 오늘 날에도 후대들에게 인상 깊게 다가와 경의(敬義)의 가치를 가르쳐 주고 있다.

Ⅲ. 남명교육의 역사적 의의

남명의 교육 분야에서의 사회적 실천도 출처나 정치적 실천 못지않게 충실하게 이루어졌다. 남명은 제자들에게 문(文)과 무(武)를 아울러 그 중요성을 강조하였고, 또 이 청소년기에 천문 · 지지 · 병법 · 의학 등 백성의 삶에 실제로 필요한 다양한 분야를 두루 섭렵하였다는 사실은 이미 소개한 바 있다. 그리고 왜와 관련하여 남명은 일관되게 경계하고 걱정하였다. 1555년 '단성소'에는 조정이 "재물을 받고 관리를 등용하여 왔으며 … 장수 중에는 적합한 인물이 없고, 성에는 군졸이 없게 되었습니다. 대마도 왜적이 무인지경으로 들어오듯 침입하였으니…"(장원철 · 전병철 역주, 2011: 58; 최석기, 2019a: 386)라고 썼다. 남명은 또 1567년에 올린 '정묘사직정승정원장'에도 "오랑캐가 우리를 업신여겨... 왜구의 침입을 다시 거론하였다. 이 역시 왜구의 침입을 가장 심각한 현안 중의 하나로 인식"(최석기, 2019a: 389)하고 있었다. 더하여 남명은 명종의 조정이 문정왕후의 상(喪)을 핑계로 왜구에 대한 외교를 제대로 행하지 않자 제자들에게 책문(策題)을 내어 외교 대책을 써 보도록 하였다(장원철 · 전병철, 2011: 116-119). 책문제의 일부를 보면 다음과 같다.

> "… 우리 조정에서 현명한 재상과 훌륭한 장수가 부지런히 대책을 마련하여야 함에도 불구하고 도리어 저들의 허세가 무서워 벌벌 떨면서 어지 대처할 바를 모르고서 '상중(喪中)이어서 정사를 논의하지 못한다'라고 거짓 핑계만 대고 있는가? … 임금이 벌컥 성을 내어서 위엄을 조금 더하려 하면, '괜스레 변경의 오랑캐를 자극해서 말썽을 일으킨다' 하고... '겸손한 말로 온손하게 대하는 것이 낫다'라고 한다. 사정이 이와 같으니 과연 적을 제압할 말이 없는 것이고 또한 적의 침략을 막아낼 계책이 없다는 것인가?"

그러면서 남명은 "진리의 탐구는 탐구 자체에 있는 것이 아니라 인간의 현실적인 삶에 바탕을 두어야 한다고 하였다. 인간의 구체적 현실에 근거하지 않은 지식을 탐구하는 것은 실질적인 소득이 없다고 본 것이다. 이것이 그의 실지공부론(實地工夫論)이다"(최석기, 2019a: 373). 남명은 백성의 삶 속의 어려움을 해결하는 지식을 가치 있게 보고, 가르쳤으며, 같은 맥락에서 왜구로부터 백성의 안전을 지키는 데 쓰일 수 있는 공부를 가르친 것이다.

그러다가 남명 사후에 임진왜란이 일어나자 3대 의병장(곽재우 · 정인홍 · 김면)을 비롯하여 문하생 57명의 의병장[9]이 나왔고(권인호, 2010: 78), 남명학파에서 131명의 의병장이 나와(이수건, 1995: 15-16; 이상필, 2005: 88 각주 144) 경상우도와 진주성을 지켰고, 진주성이 버텨서 호남을 지켰으며, 호남이 살아남아서 마침내 왜란 7년을 조선이 극복해 내었다. 이는 바로 남명 교육 실천의 빛나는 성과였다. 남명 연구자들 대부분은 남명의 실질적 · 실천적 교육이 임진왜란에서 조선을 구하는 큰 역할[10]을 하였다는 점에 동의한다. 그래서 이만규는 남명을 조선 최고의 교육자라고

---

9) "「남명선생 행장 및 사적」에는 대표적 문인 의병장 14인의 명단을 든 후 '이 밖에도 『임진전란사』에 보이는 문인의 수는 모두 57인이 있다'고 하였으며, 진주문화원이 발행한 자료(1981)에는 의병장 및 창의지사 명단에는 53인으로, 「경남신문」 1986년 8월 1일자 특집판, 『민족의 스승 남명 조식 선생』(1984)에는 65인 설이 실려 있다"(오이환, 2000: 46, 각주 21).

10) 이수건은 "남명학파 의병 활동의 구체적 전과는, 전국에서 가장 먼저 창의함으로써 다른 지방의 창의를 촉발시키는 효과를 가져왔고, 남해상에서 아군의 제해권 장악을 위한 배후 기지를 제공해 주었으며, 낙동강 방어선과 진주성을 잘 지킴으로써 왜적의 호남 진입을 차단하였고, 군량을 비롯한

말한 것이다.

제 7 절 남명의 자기 실천: 그가 실천유학자인 이유

“지(知)는 행(行)의 준비이며, 행은 지의 완성이다”라는 지행합일(知行合一), 즉 실천의 명제를 앞에서 우리는 이미 살폈다. 조선의 어떤 유학자보다도 남명은 실천을 강조하였고, 또 삶을 통하여 증명하여 후대에 본을 보여준 인물이다. 혹자는 다른 유학자들도 실천이 없었느냐고 하겠지만, 조선의 다른 주자학자들이 “심성(心性)과 이기(理氣)·사칠(四七) 등 형이상학적인 명제들을 밝히는 쪽으로 관심을 갖게 되면서 실천적인 측면이 상대적으로 경시되고 궁리를 위주로 하는 사변화(思辨化) 경향이 심화된 것이다”(최석기, 2019a: 151)라는 지적이 많은 것을 시사해 준다.

이것은 중국의 주희(朱熹, 높여서 朱子라고 부름) 학문의 성향으로 볼 수 있다. 주희는 “육자정(육구연[陸九淵], 호는 상산[象山])은 오로지 존덕성(尊德性)으로 사람들을 가르친다. 그래서 그 문하생들 가운데 실천하는 선비들이 많았지만, 도문학(道問學)이 부족하였다. 내가 사람들을 가르칠 때는 도문학을 좀 더 많이 하였다. 그래서 내 학생들은 실천이 매우 부족하였다”(진래 지음, 안재호 옮김, 1997: 289)라고 스스로 말했기 때문이다. 따라서 조선의 주자학자들은 주희의 말 대로 도문학 중심으로 공부한 사람들이고, 그런 모습을 보인 점도 없지 않았다고 본다.

그러나 남명은 주자학에만 함몰되지 않았다. 따라서 남명의 실천은 대개의 조선 주자학자들과 달랐고, 남명은 실천이 따르지 않는 학문은 ‘입으로만 하는 학문’이라고 낮추어 말하였다. 최석기는 남명의 실천을 ‘자기 실천’과 ‘사회적 실천’ 두 차원으로 나누어 살펴야 한다고 강조하였다. 그는 “오늘날 남명이 실천유학자라는 인식은 다른 데 있는 것 같다. 그의 사회적 실천을 중심으로(만) 인식하는 것이다. 나는 이에 반대한다. 남명도 사회적 실천을 한 학자임에 틀림없으나 근본은 자기 실천이다.

군수·민수물자의 공급을 원활하게 하였으며, 초기 관·의병 사이의 갈등을 해소하고 상호 협조 체제를 유지하였다는 점을 들고, 결국 국난 극복에 일익을 담당하였다”(이수건, 2008: 29)고 평가하였다.

남명은 철저히 자신을 수양하였기 때문에 마음에 한 점 티끌이 머무는 것조차 용서치 않았다. 그러므로 그는 도덕성에서 누구보다 월등하였다. 그러면서도 그는 늘 현실의 소용돌이 한 가운데 서서 현실을 바라보았다"(최석기, 2005: 95-96)고 하였다.

김기주(2010: 271)도 남명의 「무진봉사」와 관련된 글에서 "주자학뿐만 아니라 전체 유학에서 실천은 일반적으로 '내적 실천'과 '외적 실천'의 두 방향으로 논해진다. 그것은 공자가 천명하고 있듯이 수기(修己)와 안인(安人)의 두 가지 측면이고(『논어』, 헌문), 조식의 실천 역시 이 두 가지 방향에서 크게 벗어나지 않았다고 생각된다"라고 하여 실천을 두 차원으로 논의하였다.

이어서 남명의 자기 실천 또는 내적 실천과 외적 실천 또는 사회적 실천으로 나누어 살펴보기로 한다.

Ⅰ. 자기 실천의 개념

최석기(2005: 93)는 실천(實踐)이란 "몸으로 보여주는 것"이라고 뜻을 매긴 다음, 대학의 삼강령 팔조목을 통하여 지적 탐구(知)·행(行)·추행(推行)의 논의 구도를 제시하였다(최석기, 2005: 28). 그는 삼강령의 내용 가운데 명명덕(明明德)에서 격물(格物)·치지(致知)까지를 지적 탐구(知)에 놓고, 성의(誠意)·정심(正心)·수신(修身)을 자기적 실천(行)에 놓았으며, 제가(齊家)·치국(治國)·평천하(平天下)는 사회적 실천(推行)에 놓았다. 그렇게 해서 유자는 '바로 알기'→ '내 몸에 실천하기'→ '사회적으로 확대 실천하기' 순으로 나아가야 한다고 하였다(최석기, 2005: 94).

『논어』의 헌문(동양고전연구회 역주, 2016a: 318-319, 14-43)에는 수기(修己)와 안인(安人)을 말하고 있는데, 수기는 내적 실천 또는 자기 실천으로 볼 수 있고, 안인 또는 치인(治人)은 외적 실천 또는 사회적 실천으로 볼 수 있을 것이다. 『논어』에 수기와 안인을 어떻게 썼는지 보자. "자로가 군자에 관하여 물었다. 공자가 말씀하셨다. '경으로써 자기를 닦는다.' ... '자기를 닦아서 남을 편안하게 한다.' … '자기를 닦아서 백성을 편안케 한다'(子曰, '修己以敬.' …'修己以安人' ... '修己以安百姓')"라고 하였다. 여기서 먼저 '경(敬)으로써 자기를 닦는다'라고 하였는데, '경'으로 자기를 닦는다는 점을 주목하여야 하고, 또 '자기를 닦는 것(修己)'은 스스로 하는 것이지 남이

해 줄 수 있는 것이 아니다. 최석기의 지적대로 이것이 자기 실천이고, 몸 안에서 마음을 닦는 것이다. 그러나 이러한 자기 실천은 거기서 멈추는 것이 아니라 타자 또는 바깥을 지향해 있다. '스스로의 노력으로 닦아진 자기'를 '자신을 위하여 쓰는 것이 아니라' 『논어』에서 쓴 것처럼 '백성을 편안하게 하는 것(안인 또는 치인)'을 지향하고 실천하는 것이다. 닦아진 자기를 자신을 위하여 쓴다면 그것은, 대부분의 조선의 주자학자들이 그랬던 것처럼, 자기 도취로서 지적 유희(知的 遊戱)에 그치고 만다. 지적 유희는 학문의 진정한 목적이 아니다.

한편 김기주는 "남명학의 핵심 내용으로 인정되는 경(敬)은 내적 실천, 의(義)는 외적 실천으로 이해될 수 있다. 『논어』의 수기(修己), 즉 내적 실천이란 주체 내부의 지평을 넓혀가는 도덕적 인격의 완성 과정이고, 안인, 즉 외적 실천이란 그렇게 완성된 도덕적 인격의 사회적 확산 과정인 동시에 사회를 변혁해 가는 과정이다"(김기주, 2010: 271)라고 하였다. 김기주는 남명학의 '경의(敬義)'를 내적 실천과 외적 실천으로 연결시켜 논의한 것이다. 이 점은 『논어』의 '수기이경(修己以敬)' 이후 '안인(安人)'으로 연결시키는 것과 동형 구조의 인식이다.

Ⅱ. 경을 통한 남명의 자기 실천

1. 경을 통한 심성 수양

"경(敬)은 공자시대부터 개인의 수양을 담당하는 중요한 방법"(몽배원 지음, 홍원식 외 옮김, 2011: 831)이다. 그러다가 경(敬)은 송명(松明) 성리학자들이 불교의 선(禪) 개념을 모방하여 심성 수양의 방법으로 삼았다.

경(敬)의 개념과 수양에 관하여 살펴본다. 정이(程頤)는 "경은 하나에 전일하여 집중하는 것(主一無適)이다. 하나라는 것은 마음이 다른 곳으로 달아나지 않는 것을 가리킨다"라고 하였다. 정이의 형 정호(程顥)는 또 "성(誠)은 하늘의 도이고, 경(敬)은 인사의 근본이니 경이 곧 성이다"(몽배원 지음, 홍원식 외 옮김, 2011: 835-837)라고 하여 성과 경을 하나로 보았다. 그러다가 주희의 해석으로 "경은 가장 보편적이고 전면적인 수양 방법이 되었다. 주희는 "경이란 마음을 전일하게 하여 일에 따르는 것이며, 삼가고 두려워하여 제멋대로 방종하고 날뛰지 않도록 하는 것이다"(『주자어류』,

몽배원 지음, 홍원식 외 옮김, 2011: 839-840)라고 하였다. 그러므로 기본적으로 삼가고 두려워하며 전일한 것을 '내면'으로 삼고, 가지런히 정돈하여 엄숙한 것을 '외면'으로 삼는 점을 든 것이다.

몽배원은 주희의 서술에 더하여 "경 공부는 동시에 극기(克己) 공부를 수반한다. 경에는 반드시 자기 자신을 극복하는 것이 필요한데, 이것은 동일한 방법에의 두 측면을 말한다"(몽배원 지음, 홍원식 외 옮김, 2011: 844)고 하였다. 주희는 또 경(敬)과 의(義)의 내외합일(內外合一)을 주장하였는데, 그는 "마음 내면의 공부와 외부를 향한 공부를 결합시키는데 경과 의를 함께 유지하여야 한다. … 경을 지키는 데만 매달려 일을 접하였을 때 옳고 그름을 판별하지 못하면 그것은 죽어버린 경(死敬)이다. 살아 있는 경(活敬)은 경을 주로 할 때에도 의가 있으며, 의를 행할 때에도 경이 있는 것이다. 그래서 경과 의는 두 가지 일이 아니다(敬義不是兩事)"(『주자어류』, 몽배원 지음, 홍원식 외 옮김, 2011: 845)라고 하였다. 그 후 왕수인(王守仁, 호 陽明)은 "경은 곧 일이 없을 때의 의이고, 의는 곧 일 있을 때의 경이다(敬卽是無事時義, 義卽是有事時敬)"(『전습록』, 몽배원 지음, 홍원식 외 옮김, 2011: 856)라고 하였는데, 이 또한 내외합일을 수양 방법에 운용하는 것이다.

정이가 수양 방법으로서 경을 주일무적(主一無適: 마음이 한 가지에 집중되어 움직이지 않는 상태)으로 정의한 이후 다른 유학자들이 몇 가지로 정의하였는데, 사량좌(謝良佐)는 상성성법(常惺惺法: 항상 맑게 깨어 있는 상태를 만드는 방법), 정자(程子)의 정제엄숙(整齊嚴肅: 바르고 안정된 마음과 엄숙한 자세를 갖춤), 윤화정(尹和靖)의 기심수렴(其心收斂: 흐트러진 마음을 바로잡음) 등이 그것이다. 이러한 경을 통하여 심성을 수양하여 "안으로는 성인이 되고 바깥으로는 평천하를 이루는 제왕(內聖外王)" 또는 수기치인(修己治人)을 실현하고자 하였다.

2. 남명의 자기 실천

남명은 『학기유편』 24개 그림 가운데서 5개를 경(敬)에 관한 것으로 그렸을 정도(김충열, 2008: 290)로 중요하게 생각하고 다루었다. 김충열에 따르면, "첫 그림은 '정제엄숙', '상성성법', '기심수렴', '주일무적'을 써서 '경'을 정의하였으며, 두 번째 그림에는 「소학」·「대학」·「중용」의 경(敬)과 성(誠)의 관계를 다루었고, 세 번째 그림은 「주역」·「중용」·「대학」에서 말하는 치지(致知)·존성(存誠)·경의(敬義)의 관계를 그렸으며, 네 번째 그림에는 심(心)과 경(敬)의 관계를 연결시켰고, 다섯 번째 그림은 의(義)와 경(敬)의 관계를 말하고 있다"(김충열, 2008: 290). 그러므로 남명은 그의 학문의 요체를 '경'과 '의'로 삼았다.

> "우리 집에 이 두 글자가 있는 것은 마치 하늘에 해와 달이 있는 것과 같아서, 만고토록 바뀔 수 없는 것이다. 성현(聖賢)의 천언만어가 결과적으로는 모두 이 두 글자에 벗어나지 않는다"(『내암집』 12권. 이상필, 2005: 36).

남명은 김해의 산해정에서 15년, 삼가 뇌룡정에서 13년, 그리고 61세 이후 산천재에서 12년을 살았다. 그는 머물며 사는 곳마다 실천을 위한 푯말을 당호에 새겼다. 최석기는 "남명이 삼가 토동에 계부당(鷄伏堂)과 뇌룡정(雷龍亭)을 신축하여 강학(講學)의 장소로 삼았다. 계부당이란 닭이 알을 품고 있다는 뜻으로, 묵묵히 들어 앉아 자신의 내적 수양에 힘쓴다는 의미이다. 그리고 뇌룡정은 덕을 갖춘 사람이 세상에 나가지 않고 말없이 묵묵히 있어도 그 덕의 교화가 사람들을 감동시킨다는 의미를 갖는다.

남명은 61세에 덕산으로 이사하였을 때도 산천재(山天齋)라는 이름을 썼다. 산천재도 자신을 강건하고 독실하게 수양해 나가면 내적 함양이 축적되어 저절로 그 빛이 드러나고 덕이 날로 새로워진다는 의미로 뇌룡정이란 이름과 일맥상통한다. 남명은 이런 정신을 바탕으로 거경(居敬)과 행의(行義)를 학문의 요체로 제시하였는데 거경이 내적으로 자신의 마음을 성(誠)되게 하기 위한 필성수양(必性修養)이라면 행의는 외적으로 자신의 언행을 올바르게 하기 위한 실천규범이라 할 수 있다"(최석기, 1991: 72-76)고 하였다. 최석기는 또 "남명은 가르치는 일보다 자기를 더 닦고 싶었고, 공자처럼 배우기를 더 좋아하였으며, 산천재로 옮긴 후에도 12년 동안 날마다 새롭게 변화시키려고 노력한 인물이 남명이며, 그런 점에서 인류 역사상 남명이 최고라고 생각한다"(최석기, 2005: 50-51)고 실토하였다.

이상필은 남명사상의 특징 가운데 핵심은 '경'과 '의'로 들고, 그것을 「신명사도」와

「신명사명」을 통해서 서술하였다. 그런 가운데 "마음에 사욕이 일어나는 기미를 살피는 것이 심기(審幾)이고, 사욕이 일어났을 때 이를 이겨내는 것이 치찰(致察)과 극치(克治)인데, 「신명사명」에는 낌새가 생기자마다 용감하게 이겨내고, 나아가 반드시 섬멸(厮殺)토록 한다. '시살(厮殺)'이란 남김없이 모조리 죽여 없앤다는 말인데, 여기서 남명 수양론이 지닌 더할 나위 없는 독실성 내지 격렬성을 엿볼 수 있다"(이상필, 2005: 40)고 하였다.

시쳇말로 남명은 죽기 아니면 살기로 욕구를 다스리면서(去人欲) 자기를 이겨내는 수양을 실천(存天理)하였다. 그렇게 치열하게 자기와의 싸움을 걸어서 이겨내면서 "철저하게 자신을 수양하였기 때문에 마음에 한 점 티끌이 머무는 것을 용서치 않았다. 그러므로 그는 도덕성에 있어서 누구보다 우월하였다"(최석기, 2005: 96)고 단언하였다.

그렇다. 그러기 위하여 먼저 남명은 철저하게 자신을 살폈다. "… 사물의 이치를 궁구하는 데 자신을 살피는 일만한 게 없다. 그것이 가장 절실하기 때문이다(… 格物之理, 不若察之於身, 其得尤切)"[11]라는 정이의 말대로 남명은 사물을 관찰하는 일(格物: 理致窮究)에 앞서서 자신을 살피는 일(察己) 또는 자기 정립을 '먼저', 그리고 '철저하게' 실천한 유학자라고 생각된다. 이러한 남명의 자기 실천은, 『대학』에서 제시한 격물・치지・성의・정심・수신의 수양을 남명이 요체로 삼은 경(敬)으로써 이루어 낸 것이다. 이러한 남명의 수양을 통한 이성적 자기 정립과 자기 실천의 경지는 앞에서 이미 살펴본 「신명사도(神明舍圖)」와 「신명사명(神明舍銘)」이 그 증거이다. 조선 최고의 도덕성은 남명의 자기 실천 또는 내적 실천의 결실이었다. 그리고 최석기는 "이러한 자기 실천이 남명을 실천유학자라고 부르는 가장 핵심적 이유"(최석기, 2005: 96; 2019: 12)라고 거듭 강조하였다.

---

11) 정이(程頤), 『유서遺書』, 권17, 175쪽을 진래(陳來) 지음, 안재호 옮김, 『송명성리학』, 174에서 재인용함.

■ 남명매(南冥梅)

선생이 61세에 천왕봉이 바라보이는 곳에 산천재를 짓고 뜰에다 심은 것이라 전한다. 기품 있는 모습은 선비의 기상을 잘 나타내고 있다. 수령은 450년(삽화: 조정심).

제 14 장

인조정변: 역사적 반동이요 매국의 시작이었다

한형조(2001: 13)의 말대로 남명은 인조정변을 일으킨 서인과 남인에 의하여 그 제자 정인홍과 함께 역사의 흙더미 속에 수백 년 간 파묻혔다. 제2편 제4장(남명학파 의병단)과 제4편 제13장(남명의 사상과 실천)에서 살펴본 대로 임진왜란에서 제자들과 함께 조선을 구한 공로자이고, 그래서 군왕과 사관들이 그토록 높게 평가한 인물인데도 왜 그런 피해를 입었을까?

그것은 현상윤과 한형조가 지적한 대로 중국의 학문을 받아서 쓴 조선의 유학자들이 그것을 올바르게 쓰지 못한 때문이라고 본다. 저자는 “올바르게 쓰지 못한 것이라기보다 조선의 유자들이 유학의 가르침을 배반하고, 오히려 나쁘게 썼기 때문”이라고 본다. 이런 현상을 박성순은 『선비의 배반』(2014, 고즈윈)에서 밝히고 있는데, 제대로 된 선비였다면 아예 그런 일을 저지를 수 없는 일을 저지른 것이다.

왜냐하면, 그들이 학문의 전부라고 생각하였던 주자학조차도 “경(敬)으로써 수기(修己)하여 인격을 완성하도록 강조하고, 그래서 마음속에서 이욕(利欲)의 싹이 자라지 못하도록 수양한 다음 치인(治人)”하도록 가르치지만, 그들은 학술 헤게모니, 즉 학권(學權)을 탐냈고, 학권을 독점하여 권력이라는 파이를 탐냈고 독과점하였기 때문이다. 그것이 바로 인조정변이다. 다음에 인조정변의 경과를 살펴서 새로운 역사인식의 계기로 삼고자 한다.

제 1 절 인조정변: 꼬여버린 조선 역사

인조정변(1623)은 인목대비와 함께 "서인과 서인의 관제 야당 남인들이 '폐모살제(廢母殺弟)'라는 죄목을 만들어서 광해군을 폐하고 정인홍과 북인들을 한 묶음으로 묶어서 죽이는 등 처형한 쿠데타이다." '서인과 서인의 관제 야당 남인'이라는 표현은 이덕일(2006: 45)이 썼다.

폐모(廢母)란, "선왕 선조의 계비 인목대비 김씨의 존호를 폐하고 서궁(西宮)이라 칭한 것을 가리킨다. 살제(殺弟)는 인목대비가 낳은 선조의 왕자 영창대군을 죽인 일을 가리킨다. 광해군은 토역론(討逆論)과 전은론(全恩論)이 분분한 가운데 영창군을 죽이지 않고 강화로 귀양 보냈다. 그런데, 이이첨의 사주를 받은 것으로 알려진 당시 강화부사 정항(鄭沆)이 영창을 죽인 것이다.

그런데 인목대비는 왜 왕비로서 존호를 쓰지 못하고 서궁이라고 칭하게 되었을까? 인목대비는 열아홉 살에 선조의 계비가 되었고, 영창군의 어머니였으며, 광해군보다 아홉 살이나 어렸다. 선조는 영창을 총애하였던 것으로 알려졌다. 선조의 뜻을 감지한 인목대비와 그 아버지 김제남, 이들을 이용하려는 서인과 남인들이 음모와 암투를 벌였다. 그런 가운데 인목대비는 광해를 저주하는 주술적 행동을 궁 안에서 저지르다가 발각되어 이루어진 조치의 결과 서궁에 머물게 된 것으로 알려졌다.

살제의 당사자 영창대군은 어린 나이로 권력이라는 이욕에 사로잡힌 어른들의 암투에 끌려들어와 불행을 겪었다. 바로 위에 서술한 대로 선조의 총애를 간파한 김제남과 인목대비, 서인과 남인들이 영창을 둘러싸고 궁중과 조정이 어지러워지면서 나라를 어지럽히는 불충을 역모로 다스려야 한다는 토역론(討逆論)과 어머니이고 동생에게 은혜를 베풀어야 한다는 전은론(全恩論)[1]이 분분한 가운데 갈등하고 고심하던 광해는 영창을 강화로 귀양보냈고, 위에서 말한 대로 강화부사 정항(鄭沆)이 영창을 죽인 것이다.

---

1) 전은론과 토역론은 임해군이 역모로 몰렸을 때 제기된 것이다. 임해군은 반역을 전적으로 부인하기 어려운 상황이었다. 임해군 사건 때 정인홍은 토역론을 주도하였다(이상필, 2010: 75-76). 서인 측은 전은론을 내세웠다.

그러나 광해군 15년(1623) 3월 12일(음력) 새벽 서인 쪽의 김류와 이귀, 평안병사 이괄, 장단부사 이서가 거느린 400명을 비롯하여 반군 1천여 명이 창덕궁을 급습하였다. 광해군이 피신함으로써 반군은 궁궐을 접수하고, 정변이 이루어졌다.

정변 세력은 선조의 인빈 김씨 소생 정원군의 아들 능양군을 왕으로 옹립하였는데, 그가 인조이다. 그리고 정변 후 인목대비는 광해군의 죄악 36조목을 손수 적은 교서를 따로 내렸다고 알려졌다. 궁중에서 광해를 저주한 주술적 행동으로 저지른 불충은 간 데 없이 잊었고, 아버지 김제남이 죽임을 당하고 아들 영창이 또 죽임을 당한 한만 컸기 때문이다.

이덕일(2006: 45)에 따르면, "인조정변은 조선 역사를 거꾸로 가게 만든 반동이며, 정변 세력이 권력을 장악할 야심으로 광해군과 북인 정권을 끌어 내린", "조선의 운명을 비극으로 이끌어간 시대착오적인 사건이었다."

이덕일의 이러한 비판은 인조와 정변 세력이 추진한 정책들이 얼마나 조선의 역사에 나쁜 결과를 만들었는지를 살펴보면 금방 이해된다. 예컨대 인조정변 후 정묘호란(1627)과 병자호란(1636) 같은 우리 민족에게 큰 재앙을 불러왔다는 점이다.

원래 반정(反正)이란 잘못된 정치를 바르게 만든다는 뜻이라고 하지만, 서인과 남인들이 저지른 인조정변은 원래의 의미와 정반대의 결과를 가져왔던 것이다. 정변 세력의 정변 명분 중 그 어떤 것으로 전쟁으로 겪은 백성의 참화를 가리거나 어루만져 줄 수 있겠는가?

제 2 절 폐모살제: 날조된 죄목

오늘날 인조정변 연구자들은 그들이 내세운 '폐모살제'가 조작된 사실을 속속 밝혀내고 있다. 다음은 그 관련 내용이다.

첫째, 정변 세력은 사실을 날조하여 그들의 행위를 정당화하였다. 오이환(2010: 145-178)에 따르면, 정변 후 서인과 남인 연합은 "인조정변을 제외한 여러 역모사건은 모두 대북 세력 이이첨 일파가 조작한 것으로 주장하여 둘러씌웠다. 그리고 김제남 역모사건, 즉 계축옥사의 기록과 인목대비 주변 인물 취조 기록 등은 모두 사라졌다. 그러므로 인조정변 이후 정치적 상황에 따라 왜곡된 자료만 남아 있다”(오이환, 2010: 147).

이것은 무엇을 말하는가? 광해군을 몰아낸 후 그들은 자기들의 행동을 정당화하는 데 필요한 것은 서슴지 않고 자료를 조작하였고, 그들에게 불리한 역사 자료들은 없애 버렸음을 증명한다.

그러므로 오늘날 인조정변과 관련된 자료의 인용이나 해석과 평가는 신중하여야 오류를 피할 수 있다. 비록 『조선왕조실록』이 유네스코에 민족의 문화유산으로 등재되어 자랑이지만, 정변 세력들은 실록을 변개하여 『광해군일기』와 『선조수정실록』을 제작함으로써 오점을 만든 것이다.

둘째, 한명기(2000: 20-26)는 『광해군일기』와 『선조수정실록』을 통하여 정변 세력들이 어떻게 역사 기록을 날조하였는지를 서술하였다. 그에 따르면, “정변 세력들이 그들의 거사를 정당화하기 위한 사업을 벌였고, 『광해군일기』가 바로 그 결과물이다”라고 하였다. 『광해군일기』는 정변 세력들이 정변 이듬해인 1624년(인조 2년) 7월에 편찬사업을 시작하여 정묘호란과 이괄의 난 등 전란과 재정 부족 등 우여곡절 끝에 1633년(인조 10년) 12월 중초본(中草本)을 완성하였다.[2)]

정변 세력들은 『광해군일기』의 정서본(正書本) 두 벌을 만들어 각각 강화도 정족산과 무주의 적성산 사고(史庫)에 넣고, 중초본은 봉화의 태백산 사고에 넣었다. 『광해군일기』는 정식으로 인쇄를 하지 않았다. 그러므로 『광해군일기』는 정변 세력 인물로서 실록청을 주재하던 인사가 마지막 단계, 검토와 수정을 거치기 전의 중초본과 정서본이 별도로 존재하게 되었고, 그 둘 사이에 차이점이 오늘날 세상에 알려진 것이다. 즉, 그들이 사실(史實)을 변개시킨 증거를 남긴 셈이다. 한명기(2000: 23-24)는 이러한 점을 적시하고 있다.

인조정변 세력들의 역사 변개는 또 있다. 광해군 때 북인 정권이 편찬한 『선조실

---

2) 실록을 편찬할 때 서술 자료를 만드는 순서는 실록청의 사관들이 사료를 모아서 쓴 초초본(初草本)-실록청의 총재관과 대제학 등이 수정·검토하여 쓴 중초본(中草本)-중초본 원고를 정서하여 다시 쓴 정초본(正草本)-활자를 뽑아서 조판작업을 벌려서 인쇄한 완성된 실록(實錄)으로 이어진다. 대개 실록이 완간되고 나면 초초본·중초본·정초본 등의 대본은 완간된 실록과 다른데서 생기는 시비 등을 고려하고 또 종이의 재활용을 위하여 물로 씻어내는 작업(洗草)을 하는데, 『광해군일기』의 경우는 중초본을 세초하지 않았고, 그것을 태백산 사고에 넣은 것이다(한명기, 2000: 21).

록』이 있는데도 그들은 그 내용에 불만을 품고 『선조실록』의 내용을 수정하여 『선조수정실록』을 만들었다. 그러므로 정변 세력들이 날조한 『광해군일기』와 『선조수정실록』을 사관들이 기록하고 편찬한 역사서라고 생각하여 그대로 읽고 믿어서는 안 된다는 것이 분명해졌다.

예를 들면, 새 교과서에 따른 한국 역사 시리즈로서 만화 형태로 출간한 『광해군과 인조반정』을 보면, "대북파의 이이첨과 '정인홍'은 광해군에게 임해군과 영창대군이 왕의 자리를 노리고 역모를 꾸미고 있다고 거짓 증언과 상소를 올리는데 …", 그리고 '북인의 음모'와 '천하의 못된 간신배들'이라는 용어로써 북인들을 표현하고, 서인과 관련 용어는 '서인의 정변 준비' 등으로 용어의 선택에서 균형을 잃고 있다. 이것은 오늘까지도 인조정변 세력의 관점에서 역사를 서술한 것이다.

이 책을 읽는 어린이들이 기울어진 역사 인식을 갖게 만드는, 또 다른 역사 변개라고 생각된다. 이덕일은 노론의 마지막 영수 이완용이 나라를 일제에 팔아넘긴 사실과 함께 노론의 후손 이병도가 조선사편수회 수족이었고, 해방 후 그가 육성한 제자들에 의하여 국정교과서가 집필되어 21세기에도 노론사관에 의한 국사교육이 이루어지고 있다는 점을 비판하고 있다(이덕일, 2010: 241-314).

셋째, 이상필(2010: 77-78)에 따르면, 내암(萊庵) 정인홍이 정형을 당하면서 진술한 공초(供草)에서 폐모와 관련해서 자신의 무죄를 주장하고 있다. 그리고 이상필은 정인홍이 죄를 덮어쓴 점과 함께 앙갚음을 겪은 점을 강력하게 추정한다.

> 영외(嶺外)와 조정은 멀리 떨어져 있어 이 몸은 일찍 폐모의 논의가 누구에게서부터 일어났는지를 알지 못하였소. … 사부로부터 학문을 받아 군신·부자간의 대의에 대해서는 조금 알고 있소. … 아, 내가 물러나 시골에서 지낸 지 이제 이십 년, 세상의 시끄러운 일에 대해서는 알고 싶지 않았는데, 아흔 살 모진 목숨 아직도 죽지 못해 끝내 폐모의 흉명(凶名)을 얻었도다!(『내암집』 하, 이상필, 2010: 78, 각주 15).

이상필은 또 "내암이 처형당하면서 남긴 공초 내용을 보면 자신이 죽는 이유는 폐모 때문으로 알고, 이는 자신과 무관한 것이라고 한 대목이 있다. … 이제까지의 연구에서도 밝혀졌듯이 내암이 폐모의 죄를 뒤집어쓸 분명한 이유를 객관적 자료에서는 찾아볼 수 없다"(이상필, 2010: 75, 각주 9)고 하였다.

이상필은 인조정변 후의 상황과 내암의 인격적 복권(伸寃)이 1908년에야 이루어진 것을 두고, "당시 퇴계 및 퇴계의 영향을 입은 율곡이나 우계(성혼)와 그 문인들이 (조정에) 절대 다수였고, 이들에 의하여 여론이 형성되었으므로, … 내암이 인조정변 후에 정변 주도 세력에 의하여 자복할 수 없는 죄명을 덮어쓰고 적신으로 처형된 후 300년 가까이 신원되지 못하였던 것은 회퇴변척(晦退辨斥)으로 인한 악감정 때문이었을 것으로 판단된다"(이상필, 2020: 87)고 썼다.

정인홍의 자술과 이상필의 주장을 통하여 판단하면, 광해군에게 정인홍은 폐모를 조언하지 않았으며, 그럼에도 불구하고 회퇴변척소 때문에 죄를 둘러쓰고 300년 가까운 시간을 신원 복작되지 못하는 앙갚음을 겪었다는 추정이 가능하게 된다.

넷째, 송치욱에 따르면, 정변 세력이 광해군에게 덮어씌운 '폐모살제'와 관련하여 "내암은 폐모론을 주도하였다는 혐의를 받았지만, 사실은 그렇지 않았다. … 폐모론 관련 본격적인 상소가 올라오기 전부터 '폐비하라고 한다는 흉측한 말을 사람마다 모두 하고 있는데 어떻게 하여야 막을 수 있겠는가?'라며 광해군은 정인홍과 상의하기도 하여…"(송치욱, 2019: 60)라고 한 점을 보면 광해군도 폐모론자가 아니다.

그러면서 송치욱(2019: 57-74)은 인조정변에 관련하여 새로운 해석과 평가를 제시한다. 즉, 폐모살제론은 정변세력이 개인 차원의 '가(家)'와 '효(孝)'의 논리를 가지고 공동체 차원의 '국(國)'과 '충(忠)'의 논리와 가치를 무너뜨린 사건으로 본 것이다. 인조정변은 권력이라는 이욕에 사로잡힌 서인과 남인들이 개인 차원의 가치와 논리로 공동체 차원의 가치와 논리를 부정한 결과를 만들었다. 이렇게 보면 그들이 오히려 역적이었다.

송치욱이 제시한 자료에 따르면, 정인홍과 광해군은 폐모론자가 아니라는 점이 확인된다. 즉, 정변 세력이 죄를 만들어서 이들에게 둘러씌우고 그들의 반역사적 행위를 정당화한 것이 분명하게 확인된다.

다섯째, 윤정(2010: 218)에 따르면, "여러 연구에서 이미 지적하였듯이 폐모론에 대한 자문에서 정인홍은 사실상 반대의 뜻"을 표하고 있다.

> "신하에게는 함께 살아갈 수 없는 의리가 있고, 모자간에는 바꿀 수 없는 명분이 있는 것이니, 두 가지 모두 그 도를 다한 뒤에야 후회가 없을 것입니다."

정인홍은 광해에게 강상의 도리를 따르도록 말한 것이 분명하였다. 즉, 광해군보다 아홉 살이나 적은 인목대비이지만, 어머니이므로 부모와 자식 간의 명분을 다해야 후회하지 않게 된다고 정인홍은 강조한 것이다. 그러므로 정인홍은 폐모를 조종하지 않았음이 분명하다.

여섯째, 권인호(2010: 25)에 따르면, "인조 쿠데타 이후 정인홍은 대북파의 산림영수로서 조정의 폐모살제론을 뒤에서 조종하였다는 '무고 날조된 모함'을 받아 89세의 나이로 처형되었다. 그 후 285년 간 역적으로 취급당하다가 1908년 4월 30일에야 신원 복작되었다." 권인호는 무고날조라는 용어로써 정인홍이 서인과 남인에 의하여 만들어진 죄를 둘러썼다는 점을 강조하고 있다.

앞서 윤정(2010: 218)의 글에서 소개한 대로, 인목대비와 영창군을 둘러싸고 역모론이 계속 일어나자 이들을 처벌하여야 한다는 북인의 토역론과 서인과 남인의 전은론이 분분할 때, 정인홍은 인목대비는 거처하는 궁을 달리하여 경계하는 조치를 광해군에게 상소하였을 뿐이고, 영창군은 어려서 스스로 역모를 꾸밀 수는 없을 것이므로 그를 이용하려는 세력, 즉 서인과 남인의 핵심 인사들을 처벌하여야 한다는 주장을 광해에게 권하였을 뿐이다. 그렇게 되면, 영창을 죽이지 않아도 힘을 쓸 수 없다는 논리였다.

그렇게 하여 광해군은 인목대비를 서궁(西宮)에 머물게 하고 영창군을 죽이지 않고 강화로 귀양을 보냈는데, 당시 강화부사 정항(鄭沆)이 영창을 죽인 것이다. 정항의 영창 살해는 이이첨 등의 사주를 받은 것으로 보는 경향이다. 지금까지 서술한 내용이 광해군과 정인홍 폐모살제의 진실이다.

그러므로 광해군과 정인홍에게 서인과 남인들이 죄목으로 덮어씌운 '폐모살제'는 날조된 것이다. 그리고 서인과 남인 정변 세력은 『선조수정실록』과 『광해군일기』를 변개하여 자신들의 쿠데타를 정당화하고 광해는 강상의 죄를 범하고, 명나라를 배반한 혼군(昏君)이요 폐주(廢主)로 기록하였으며, 정인홍은 광해가 이런 죄를 짓도록 사주 또는 조언한 몹쓸 인간으로 기록한 것이다. 여기서 정인홍은 뒤에 소개하는 서인과 남인 세력들과의 관계 때문에 매우 악의적인 가중 처벌을 받은 것으로 보인다. 정변 후 서인·남인과 한 통속의 사신(史臣)이 써서 남긴 다음의 글을 보면 정변 전 군왕과 사신이 그토록 높게 평가한 남명까지 매우 나쁘게 쓰고 있다.

"… 식(植)의 학문은 의리를 강론하는 것을 크게 꺼리니 이는 주자가 육(陸)씨를 공격한 까닭이며, 경(敬)을 논하면서 마음과 호흡이 서로 의지하는 것을 요지로 삼았으니, 이는 도가(道家)의 수련법에서 나온 것으로서 우리 유가에는 일찍이 이런 공정이 없었던 것이다. … 도무지 유자(儒者)의 기상이 없다. … 황의 학문은 한결같이 주자를 표준으로 삼아 논변과 저술 방면에 크게 드러낸 점이 있다. 그리고 그 기상이 화평하고 신밀하여 자연히 도에 가까웠다. … 더구나 세상에서 두 유자(이언적과 이황: 저자)를 존경해 온 지 오래되었고, … 상소로 성혼을 헐뜯었고 또 이이를 지극히 비방하였는데 이에 이르러 또 두 유자를 이처럼 힘써 공격하니, 인홍 같은 자를 두고 사문의 가라지요 사류의 좀도적이 아니라고 한다면 무엇이라 하겠는가?(『광해군일기』＜정족산본＞, 3년 신해 3월 26일 병인조).

그런데, 참 이상한 일이다. 정인홍이 미우면 미운 것이지, 왜 정인홍의 스승 남명 조식을 싸잡아서 비판하고, 정변 세력들이 그들의 스승 퇴계와 율곡은 한껏 높여 놓았는가?

어지럽던 조정에서 높은 벼슬을 차지하고, 왜의 포용을 주장하는 상소 등으로 임진·정유왜란을 부르는 원인을 제공하는 정책 실패에도 녹봉을 누렸던 퇴계[3]와 율곡[4]이었다. 또 그 둘의 제자들은 암군 인조를 옹립하여 조선 역사를 반동적 비극으로 이끌었음에도 왜 추앙하는 글을 썼는가?

이에 반하여 남명 조식은 단성소를 써 올려 훈척을 비판하고, 왜구 대책을 제시하였고,「무진봉사」에는 서리망국론을 제기하여 만연한 부정부패를 고발하였다. 그럴

---

3) "중종 39년 왜구는 왜선 20여 척으로 사량진(오늘의 경남 통영군 내 소재)에 쳐들어와 사람과 말을 약탈하였다. 그래서 조정은 3포와 관련된 임신조약(壬申條約)을 파기하였는데, 왜가 개항 재개를 요청하자 퇴계는 '갑진걸물절왜사소(甲辰乞勿絶倭使疏)'를 올려 개항 재개를 조정에 권하였고, 조정은 3년 후 정묘조약으로 왜를 포용하였다. 퇴계의 온건론은 그의 문인 김성일이 1591년 통신부사로 왜에 다녀와서 낸 거짓 보고와 맥이 이어져 있다고 본다. 이러한 회유책이 임진왜란과 같은 화근을 잉태하는 역할을 하지 않았나 하는 생각이 든다"(이진표, 2002: 141-143)고 하였는데, 그렇다면 이는 왜란으로 백성의 참화를 불러 온 엄청난 정책 실패의 사례이다.

4) 이덕일(2016b: 241-155)은 율곡의 10만 양병설은 허구라고 밝힌다. 이덕일은 "이병도가『조선사대관』과 수정판『국사대관』,『한국사대관』에 사실인 것처럼 거듭해서 적었고, 그 제자들에 의하여 국사교과서에 실려 국민적 상식으로 승격하였다"고 지적하고, "그 진원지는 김장생(1558~1631)이 찬술한『율곡행장』인데 여기에 장소나 일시의 특정도 없이 모호하게 '일찍이 경연에서'라고 썼을 뿐이다. 그렇다면,『선조실록』에서 단 한 번이라도 10만 양병설이 거론되어야 하는데, 그렇지 않다"고 지적하며 허구의 근거를 이덕일은 밝히고 있다.

때 사관들은 얼마나 남명을 높게 평가하여 좋게 기록하였던가! 그러므로 남명 사후에 서인과 남인측 사관의 욕지거리까지 담은 비판은 온전한 마음으로 써서 남긴 기록이라고 보기는 어렵다. 사관의 기록에 '가라지'나 '좀도적'과 같은 욕지거리로써 인물을 평가함으로써 사관의 저급한 품격을 드러내는 경우는 거의 없다.

그렇게 보면, 정변 세력 주체들과 그 사관들의 광해와 정인홍에 대한 악감정이 얼마나 강하였는지 가늠할 수 있게 된다. 그러니 오히려 오늘날의 역사적 욕지거리는 이 땅에 전쟁을 부르고, 나라를 팔아먹은 서인과 남인들에게 되돌려 주어야 하는 것이 아닐까?

제 3 절 악화가 구축한 양화: 남명학파

그런데, 먼저 정변 세력들은 왜 정인홍에게 그토록 치욕적이고 가혹한 형벌을 가하였을까? 저자가 읽은 자료들을 통하여 세 가지 이유가 떠오른다.

첫째, 정인홍은 자신의 안위를 무릅쓰고 선조에게 상소를 올려 세자 광해의 왕위계승을 주장하다가 귀양살이를 하였다. 그러다가 선조가 갑자기 죽는 순간 유영경(柳永慶, 1550~1608)에게 광해군을 왕으로 삼으라는 유지(遺志)를 남겼으나, 그는 그 사실을 감추었다가 나중에 정인홍의 탄핵을 받고 경흥에 유배되었다가 사사(賜死)되었다. 그래서 17년간 노심초사하며 세자로 살아온 광해로서는 올곧은 성품의 정인홍을 태산처럼 믿게 되었고, 그만큼 가까이 두고 싶었던 신민(臣民)이었다.

그래서 광해는 즉위 후에 대사헌과 영의정 등 여러 높은 벼슬을 주며 계속 불렀으나 정인홍은 광해가 왕이 되기 전 46세에 사헌부 장령으로 임명되었다가 48세에 모친상으로 사임한 이후, 한 차례도 벼슬에 나아가지 않았다.[5] 또 임진왜란과 정유재

---

5) 정인홍은 앞에서 스스로 밝힌 대로 20년 동안 벼슬에 나간 적이 없다. "그는 스승 남명을 본받아 출처를 중요시하여 42세와 43세 때 사헌부 지평에 임명되었으나 사퇴하였고, 44세 영천군수, 46세에 사헌부 장령, 48세 모친상 3년, 50세에 부친상 3년 여묘살이하고 10년간 학문 연구만 몰입, 58세에 의병장, 영남의병대장을 제수하나 사직 상소, 임란 후 여러 차례 벼슬내리나 사직, 60세 때 상주목사, 영해부사 제수하나 사직 상소, 자신보다 다른 의병장에 배려 조정에 권유, 63세 정유재란에도 의병장, 65세 형조참의 제수하나 사직, 68세 승정원 동부승지 칭병 사직, 70세 대사헌 제수에 사퇴 상소, 광해군 등극 후 계속 벼슬을 높여 영의정까지 제수하여 부르나, 비판적 상소만 할 뿐

란 때 58세로 거의 노년에 의병장으로 활동하였고, 조정에서 그 공로를 기려 벼슬을 내려도 다른 의병장에게 상훈이 가도록 사양하는 글을 써 올리고 나아가지 않은 정인홍(권인호, 2010: 15-56)의 인품을 우리는 어떻게 이해하여야 할까?

스승 남명의 경의사상을 받아서 그만큼 자기 정립이 분명하고, 또 성품이 곧아서 국가를 위하여 필요하다 싶은 일을 좌고우면하지 않고 추진하여 실현할 뿐, 적어도 정변을 일으킨 서인과 남인 주자학당들보다는, 사심이 없었다고 본다.

그러한 정인홍의 사심 없는 올곧은 언동이 이욕에 사로잡힌 정변 세력들의 마음을 찌르니 아팠을 것이고, 또 감정이 생겼을 것이라고 본다. 그래서 서인과 남인들은 정인홍을 미워하였다. 이 분야 연구자들은 타협을 모르는 정인홍의 외골수 성격으로 적을 만들었기 때문이라고 보는 경향이다.

거기다가 정인홍은 이이첨을 광해에게 적극 추천하여 쓰도록 하였는데, 이이첨은 광해와 정인홍의 중간에서 의도적이든 아니든 여러 과오를 남겼고, 그것을 북인정권의 상징적 대표이자 서인과 남인 두 진영의 미움을 동시에 받던 정인홍이 뒤집어썼다고 보는 경향이다. 연구자들은 광해와 정인홍의 최대 실수가 바로 이이첨을 중용한 것이고, 그것이 부메랑이 되었다고 본다.

또 하나 덧붙여 설명할 수 있는 점으로 정인홍이 영창군과 관련하여 차자(箚子)를 올렸을 때, 어린 영창군보다 “그를 둘러싸고 있는 세력”, 즉 서인과 남인의 뿌리를 뽑으라고 하였으니, 괘씸죄까지 정인홍에게 걸지 않았을까. 그래서 서인과 남인들은 정인홍을 북인 가운데 대북의 실질적 영수로 간주하여 책임을 가중한 것이라고 보겠다.

둘째, 북인 및 정인홍은 서인 세력과 좋지 않은 전연(前緣)이 있었다. 후에 인조정변 세력 가운데 핵심이 된 이귀(李貴, 1557~1633)와 같은 인물과 정인홍은 직접적으로 얽혔던 바도 있고,[6] 이귀 외에도 정인홍은 서인 세력들과 악연이 더 있었다. 정

관직에 나아가지 않았다. 그러다가 89세에 인조정변으로 폐모살제를 조종하였다는 무고날조된 모함을 받아 처형당하였다. 그로부터 285년간 역적으로 기록되어 취급되다가 1908년 4월 30일에야 신원 복권되었다”(권인호, 2010: 20-25).

6) 1602년, 임진왜란 동안 경상우도지역 의병 활동을 주도한 내암을 이귀는 상소문을 올려 극력 비난한 사건이 있었다. 그는 1601년 10월 체찰사 한음 이덕형의 소모관으로 거창을 지나면서 보고들은 것을 토대로 내암의 죄목을 조목조목 열거하였던 것이다(이상필, 2010: 74-75). 이것이 이귀와 정

인홍은 1589년 10월 정여립 역모사건을 다룬 기축옥사(己丑獄事)[7] 때 위관이던 송강(松江) 정철(鄭澈)과 정철을 사주 또는 방관하여 남명의 제자로서 자신과 동문인 수우당 최영경을 죽게 한 장본인이 우계(牛溪) 성혼(成渾)이라고 생각하였다. 그래서 정인홍은 그들을 강력하게 비난하는 차자를 올리기도 하였던 것이다.

사실을 알고 보면, 송강 정철과 우계 성혼 등 서인은 기축옥사 때 3년에 걸쳐서 동인 1천여 명을 죽이거나 귀양 보내는 등 모질게 굴었다. 결국 정철 자신도 뒤에 화를 입었다. 이렇게 북인 및 정인홍과 서인 간의 악연이 쌓여 있었던 것이다.

셋째, 남인인 퇴계학파와의 악연도 있었다. 정인홍은 남인으로서 퇴계의 가장 총애하던 제자 유성룡과 감정이 상해 있었다. 그것은 유성룡이 정철과 함께 무고한 최영경을 취조하는 위관이었을 때, 그 당시 같은 동인이었고, 최영경과 유성룡은 친하게 지냈으면서도 유성룡은 한 마디도 최영경을 해명해 주지 않았다. 그래서 최영경은 정여립 역모사건, 즉 기축옥사에서 가상의 인물 '길삼봉'으로 몰려 억울하게 죽고 말았다. 그래서 정인홍과 남인 유성룡은 감정이 상해 있었다고 알려졌다.

거기다가 회퇴변척소(晦退辨斥疏)가 남·북인들 간에 감정의 불을 붙였다. 이것은 "광해군 3년(1611) 3월 26일 내암이 무함을 받은 스승 조식의 변호를 위하여 이언적과 이황을 비판하는 글이 회퇴변척소"이다. 그 경과를 보면, 광해군 2년(1610년) 7월에 유생들의 운동으로 정여창, 김굉필, 조광조, 이언적, 이황 등 오현(五賢)은 문묘에 종사되었고, 내암의 스승 조식은 빠져 버렸다. 정인홍은 그 원인이 남명을 노장(老莊)으로 본 '이황의 비판' 때문이라고 보았다.

그래서 내암은 이황이 조식을 비판한 내용을 예거하면서 스승을 해명하였고, 나아가 이언적과 이황의 출처(出處) 등을 들어서 비판하였다"(한민족문화대백과, 네이버 지식백과). 퇴계학파 인물들로서는 묵과할 수 없는 일이었다. 이것이 정인홍과 남인 간의 악연이다.

그러면 남명 조식은 왜 오욕을 둘러써야 했을까? 정인홍과 북인에 의하여 권력의

인홍 간 직접 연관된 사건이었다.

7) 기축옥사는 정여립역모사건과 관련하여 10월에 정여립을 처형한 후 약 3년에 걸쳐서 서인이 주축이 되어 1천여 명의 동인계 인물을 죽이거나 귀양 보내는 등 가해한 사건이다. 이때 최영경은 정여립을 밀고한 자들이 주장한 바, 정여립 역모의 주도자 '길삼봉'으로 몰려 옥사하였다.

바깥으로 밀려나 있던 서인과 남인의 연합으로서 정변 세력은 지난 악연으로 정인홍이 미웠고, 앞서 소개한 대로 정변을 정당화하기 위하여 광해군을 '나쁜 왕'으로, 정인홍을 "천하에 몹쓸 역적"으로 기록하였으며, 그들의 스승과 껄끄러운 관계였던 남명까지 "천하에 몹쓸 정인홍을 가르친 사람"으로 몰아서 기록하고 비판한 것이다.

남명에 대한 그런 비판이 나오게 된 연유는 살아 있을 때 남명과 퇴계의 관계도 무관하지 않다고 본다. 저자는 연구자들이 내놓은 남명과 퇴계의 관계를 다룬 문헌을 읽으면서, 회퇴변척이라는 결과에 어찌 원인이 없겠는가라고 다음과 같은 생각을 갖게 되었다.

저자가 보기에 남명과 퇴계는 경상우도 삼가와 경상좌도 예안(안동)으로 태생지가 달랐다는 점 외에도 성격과 현실인식, 학문 지향 등이 많이 달랐다. 둘이 살아 있을 때 남명은 삼가에 살고, 퇴계는 삼가와 지척인 의령 처갓집을 오갔지만 한 번도 만난 일이 없었다. 솔직히 말하면 퇴계는 남명을, 남명은 퇴계를 서로 자극한 사이이다.

퇴계의 남명 학문에 대한 비판은 상당히 널리 알려져 있다.[8][9] 두 대현(大賢)의 껄끄러운(?) 관계가 제자대에 와서 증폭되어 세상에 드러난 것이다. 인조정변 이후 조선의 유학계에서 남명과 정인홍은 300년 가까운 기간 금기어가 되었고, 이것은 남명에 대한 왜곡과 오해와 비하와 망각의 결정적 원인이 되었다. 당시 조선 주자학계에서 퇴계의 위상으로 볼 때 퇴계의 그런 비판을 받고도 문묘 종사는 어려울 수밖에 없었다고 보는 경향이다.

다음에 그 내용을 좀 더 살펴본다. 오이환(2000: 49-50)은 퇴계가 남명을 수 차 비판하였다고 하였다. "퇴계가 남명에 대하여는 유학의 종사(宗師)라기보다는 다만

---

8) 신병주(1990)의 『한국학보』 논문과 『남명학』 논문(2008), 권인호(2002). 『한국의 사상가 10인 남명 조식』, 296-298, 오이환(2000), 장승희(2012), 최석기(2005). 『나의 남명학 읽기』: 131쪽 등 많이 소개되었다. 한편 성호(星湖) 이익(李瀷)은 『성호사설』에서 "퇴계의 평으로 인하여 '남명은 유자가 아니고 처사 가운데 협기가 있는 자이다.'라고 하는데 이는 가소로운 말이다"라고 반박하였다.

9) 신병주(1990: 99)는 퇴계는 남명의 '단성현감소'를 평하면서 '남명은 비록 이학(理學)으로 자부하고 있지만, 그는 다만 하나의 기이한 선비로 그의 이론이나 식견은 항상 신기한 것을 숭상해서 세상을 놀라게 하는 주장에 힘쓰니 어찌 참으로 도리를 아는 사람이라 하겠는가 『퇴계집』 언행록 권5, 論人物'라 하여 남명을 비판하고, 「숭정학(崇正學)」에서는, '남명은 남화(南華)의 학설을 주장하고', '남명이 본 바는 실로 장주(莊周)와 같다'고 하여 남명이 노장사상에 깊이 관심을 가지고 있음을 언급하고 있다. 퇴계는 "선(仙)을 말하는 것은 시류(時流)를 사절하는 것"이라고 한 만큼 남명의 노장적 경향을 지목하고 이를 비판하였다"고 하였다.

기절의 인물로 평하는 경우가 적지 않으며, 심하게는 그를 노장(老莊) 및 육왕(陸王)의 계열, 즉 이단으로 치부하는 사례도 있다"고 지적하였다. 남명에 대한 퇴계의 그런 비판에 대하여 남명의 제자 김우굉이 퇴계에게 해명을 요구하는 문안을 보냈고, 퇴계는 "나는 남명을 앙모하는 처지인데 어찌 감히 기탄없이 비난할 이치가 있겠는가? 다만 입에 넘치는 예찬을 잘 못하는 까닭으로 하유(下惟)의 평과 미순(未醇)의 논이 있게 된 것이다"(정우락, 2008: 99)라고 얼버무렸다.

퇴계의 남명 비판은 내암이 회퇴변척에 쓴 대로 "남에게 오만하고 세상을 깔본다", "고항(高亢: 교만하여 남에게 뻐기는 태도)한 인물로 중용의 도를 바라기 어렵다", "노자와 장자의 기미가 있다" 등 세 가지로 요약된다. 주자학만이 정학(正學)이라고 주창하던 퇴계가 남명의 학문을 노장이라고 비판한 것은 당시 퇴계의 학술적 위상으로 볼 때 "남명 학문은 이단이라고 조선 주자학계에 공개적으로 선언한 것"에 다름 아니었다고 본다. 그런데도 문묘 종사를 다루는 당시 조선의 유자사회에서 퇴계에 의하여 이단으로 치부된 남명을 문묘 종사에 올리는 것이 가능하였겠는가?

혹자는 남명도 편지로써 퇴계를 비판하였다고 지적한다. 보기에 따라 비판으로 보일 수 있는 내용이다. 그러나 제대로 내용을 보고, 또 당시의 조선 학계의 상황을 보면 남명의 편지는 바른 말로 학계의 문제를 정확하게 지적하여 걱정한 내용이다. 남명이 퇴계에게 보낸 편지의 일부를 소개한다.

> " … 요즘 공부하는 자들을 보건대, 손으로 물 뿌리고 비질하는 절도(灑掃應對進退之節)[10]도 모르면서 입으로는 천리(天理)를 담론하여 헛된 이름이나 훔쳐서 남들을 속이려 하고 있습니다. 그러나 도리어 남에게 상처를 입게 되고, 그 피해가 다른 사람에게까지 미치니, 아마도 선생 같은 장로(長老)께서 꾸짖어 그만 두게 하지 않기 때문일 것입니다. 저와 같은 사람은 마음을 보존한 것이 황폐하여 배우러 찾아오는 사람이 드물지만, 선생 같은 분은 몸소 상등의 경지에 도달하여 우러르는 사람이 참으로 많으니, 십분 억제하고 타이르심이 어떻겠습니까? 삼가 헤아려 주시기 바랍니다. 이만 줄입니다"(『남명집』, 2001: 181).

10) "손으로 물 뿌리고 비질하는 절도(灑掃應對進退之節)"는 여덟 살 때부터 공부하는 소학(小學)의 기본 예절이다. 그러므로 이런 기본 예절(도리)을 제대로 배운 다음에 15세에 이르면 대학(大學) 등 더 크고 높은 학문으로 나아가서 천리나 성리를 공부하여야 한다는 점을 강조할 때 쓰이는 문자이기도 하다.

최석기(2019a: 372–374)는 남명이 퇴계에게 이런 편지를 쓰게 된 상황을 서술하고 있다. "16세기 중반 이후 퇴계와 기대승(奇大升)이 사단칠정에 대하여 여러 차례 편지를 왕복하며 논쟁을 하자, 퇴계학파에서는 성리 논변이 학문의 중심으로 부각되었다. 남명은 이런 담론이 학계에 급속하게 전파되자, 이를 심각한 문제로 우려한 것이다. … 16세기 중반 이후 성리학이 크게 발달하던 시기에 남명이 학문의 진정성 문제를 꺼내 당대 학풍의 문제점을 지적한 것은 실로 큰 의미가 있다. 아무도 그것을 비판할 안목을 갖고 있지 않았으므로 모두 그 유행 속에 휩쓸렸는데, 남명만은 그 점을 직시하였던 것이다." 여기에 남명의 통찰력과[11] 함께 퇴계와의 껄끄러운 관계를 각오하고 바른 말을 편지로 써서 보낸 것은 실천하는 남명의 또 다른 면이다.

당시 조선 주자학계의 천리(天理) · 성리(性理) 담론은 물론 주자학 이론 심화에 일정하게 기여한 부분도 없지 않지만, 사실 어지러운 정치 상황 속에서 왜란 대비책이나 백성의 생활의 실질적 문제의 해결과 관련된 것이 아니었다. 그리고 공자와 주자가 제시한 학문방법론으로서 "하학, 즉 인사(人事: 세상) 속에서 이치를 깨달은 다음 더 큰 세상의 이치(天理, 진리)에 도달하는 것(下學而上達)과 배치되는 것이었다. 말하자면, 초학자가 천리나 성리 운운하며 대가처럼 거들먹거리는 분위기로 오도한 것이었다. 남명의 이러한 우려는 곧 현실이 되었다. 주자학의 공리공담 또는 고담준론의 분위기로 실득이 없었으므로 양반이자 사대부 그들만의 지적 유희에 그치는 심각한 문제로 나타났고, 이것은 실학(實學)의 대두 배경이 된 것이다.

아무튼 이렇게 해서 남명과 퇴계는 아름다운 말로 수사(修辭)를 사용하기는 하였지만, 편한 관계가 되지 못하였다. 그런 상황이 퇴계의 수차례 남명과 남명의 학문에 대한 비판으로 나타났다고 보는 것이다. 그리고 마침내 서인과 남인들은 남명학파를 역사에서 제거한 뒤 조선이 망할 때까지 권력을 좌지우지하였으므로[12] 남명도, 정인

11) 정순우는 "퇴계식의 공부론은 자칫 존재를 사유에 종속시키고 사고를 존재의 최고 형식으로 내세울 우려가 있음을 경계한 것이 아닌가 한다. 즉 이(理)의 선험적 형식 속에서 현실의 참된 모습이 왜곡될 것을 우려한 것으로 보인다. … 이러한 노력은 필연적으로 추상화될 수밖에 없는 한계가 있었다"(정순우, 2006: 142)고 하였다.

12) 이덕일에 따르면, "노론은 숙종 때 잠시 남인에게, 경종 때 잠시 소론에게 권력을 내주었을 뿐 조선 망국까지 권력을 장악하였다. 그리고 지금도 노론사관으로 국정교과서가 집필되어 학생들은 그들의 노론의 역사 지배를 배우는 셈이다. 식민사관의 주도자로 알려진 이병도는 노론의 후손이고, 그의 제자들을 통하여 한국 사학계는 21세기에도 노론사관이 지배하는 상황이 전개되고 있다"(이덕일,

홍도 뒤집어쓴 오명을 벗고 역사적으로 복원되고, 재조명받는 데 수백 년이 걸렸다. 한 인물이 '조작된 죄'를 둘러쓴 채 복권(復權)에 그렇게 오래 걸린 사례가 조선 역사에 정인홍 말고는 없다. 참으로 남명과 그 제자 내암은 서인 · 남인들로부터 이상필의 지적대로 극단적이고 지독한 앙갚음을 받은 것이다.

아직도 여전히 남명과 정인홍은 학계 일부에서만 오해를 벗었을 뿐 그들에게 가해한 학파를 연구하는 학자들로부터 오해를 벗었는지는 의문이다. 저자는 지금도 여전히 남명과 정인홍은 오늘의 많은 조선 유학 연구자들의 오해나 낙인을 벗어나지 못하고 있다고 생각한다. 졸저 『남명 조식의 학문과 사상과 실천』(2020, 우락재)과 관련된 설문조사에서 저자가 그렇게 믿도록 만드는 조사 결과를 발견하였기 때문이다.

제 4 절 시간의 정의(正義): 남명에 비친 햇살

의(義)를 버리고 이욕(利欲)을 취한 조선의 주자학당 서인과 남인의 선택과 백성이 겪은 참화는 참으로 안타깝다. 정권 담당 세력으로서 두 차례의 전쟁을 불러왔고, 매국으로 조선 망국을 이끈 그들의 역사적 죄과는 참으로 크다.

오늘에 와서 늦게라도 인조정변은 속속 사실이 드러나고, 그래서 새롭게 해석하고 평가한다. 한명기 교수의 『광해군』(2000, 역사비평사)[13]도 그런 가운데 하나이다. 앞에서 소개한 오이환의 연구도 그렇다. 오이환의 연구뿐만 아니라 이상필, 권인호(2008), 윤정(2008), 송치욱(2019) 등이 그렇다.

한명기의 『광해군』에서 광해군은 임진왜란을 치른 약소국 조선의 생존을 위하여 명과 청나라 간의 균형 외교를 통하여 전란을 막는 데 온 힘을 기울인 군왕이었음이 확인된다. 그는 전란의 현장에서 백성들의 삶을 직접 겪으며 보았고, 그래서 다시는

2016)고 하였다.

13) 한명기(2000: 27)는 광해군에 대한 재평가를 이병도가 시도하였고, 그것은 조선을 만주와 연계시켜 역사적 종속성의 논거로 삼으려는 일본인 학자 이나바 이와키치(稻葉岩吉)와 다카와 고조(田川孝三)를 따른 것이라고 경계하였다. 그러나 정변 세력이 광해군과 정인홍에게 의도적으로 사실을 조작하여 죄목으로 삼은 폐모살제를 규명하고 광해(와 정인홍)를 재평가하는 일은 팩트를 찾는 노력이므로 멈출 일은 아니라고 생각된다. 오늘의 관점에서 과거 사실로서 인조정변을 해석 · 평가하는 것은 꼭 필요한 일이다. 이것이 바로 카(Edward H. Carr)의 역사관이다.

전쟁의 참화를 백성에게 입혀서는 안 된다는 생각으로 명과 청나라 간의 중립 외교를 시도한 군왕이었고, 전후 피폐한 민생을 북돋우기 위해서 대동법을 실시하고 『동의보감』을 간행케 하는 등 조선 공동체를 위하여 노심초사한 왕이었음이 밝혀진 것이다.

그런데도 서인과 남인 정변 세력들은 역사 기록에 광해군은 연산군보다도 더 욕먹는 군왕으로 만들어 버렸지만, 그렇지 않다는 사실이 밝혀지고 있다. 정인홍 역시 폐모살제를 주도한 혐의는 벗었다. 그러니 당연히 내암의 스승이라는 이유로 까닭 없이 오욕을 둘러쓴 남명 조식도 오욕과 누명을 벗기고 씻겨야 하고, 나아가 남명이 조선 역사에서 이룬 일들에 대하여 제대로 된 새로운 평가가 이루어져야 하며, 이제 그런 일들이 더디지만 비로소 일어나고 있는 것이다.

오늘 우리는 인조정변을 읽으면서 “명분도 없고 오로지 그들이 권력을 얻고 앙갚음을 위하여서 조선 역사를 반동으로 이끈 비극이 인조정변이다”라는 이덕일(2006: 44-53)의 지적에 공감하게 된다.

인조정변이 역사적 반동이라는 지적이 오늘의 역사 인식의 흐름이다. 남명 조식이 둘러쓴 오욕을 벗기고 씻어내는 일은 이제 시작에 불과하다. 그러면서 저자는 오로지 주자학만을 정학(正學)이요 성학(聖學)이라 고집하며 조선의 학문을 폐쇄와 경직으로 이끌었고, 이욕을 앞세워 조선의 정국을 줄곧 농단하여 망국으로 이끈 주자학당의 역사적 과오를 떠올리게 된다. 이걸 어떻게 설명하여야 할까?

제 5 절 주자학: 나쁜 경로 의존

다른 설명변수가 없지 않겠지만, 주자학당들이 주도한 인조정변으로 인하여 우리의 역사가 앞으로 진전되는 경로가 아니라 나쁜 쪽으로 나아가게 되었다는 점은 이미 살펴보았다. 그들에 의하여 조선공동체는 전쟁을 겪어야 하였고, 결국 망국으로 이어졌다는 생각은 굳어진다.

저자 나름대로의 역사 인식을 바탕으로 조선 망국 현상을 다음과 같이 제도의 경로의존이론(path dependency theory)으로 설명할 수 있겠다. 경로 의존이란 “먼저 또는 앞선 제도나 정책이 다음의 제도나 정책에 영향을 미치고 제약하는 현상"을 가리킨다.[14] 저자는 조선이 관학으로 채택한 주자학(朱子學)을 조선 망국의 원인(遠因)이요 원인(原因)으로 삼아서 설명할 수 있다고 보는 것이다.

첫째, 조선이 주자학을 관학으로 선택한 정책은 조선 망국의 씨앗이 되었다. 송나라에 와서 공자와 맹자의 유학이 성리학으로 정립되었고, 그런 가운데 원나라가 중국의 중원을 정복하였지만 학술이 약하던 그들이 주자(성리)학을 관학으로 삼았다. "고려의 안향이 노재 허형의 제자들과 교류하며 주자학을 배워서 왔고, 고려 신진사대부들에게 확산시켰다"(김경수, 2014: 37-55). 그리고 이성계와 함께 조선 건국을 주도한 정도전, 하륜, 권근, 조준 등이 역성혁명의 정당성을 불교를 배척하고, 주자성리학에서 구하면서 통치 이념으로 삼았다.

그러나 중국에는 세상의 일을 설명하는 학파들이 분분하던 백가쟁명 또는 제자백가 시대를 거쳤다. 여기서 가(家)는 학파를 가리킨다. 그만큼 학문 분파가 많았고 다양하였던 것이다. 그 가운데 불가(佛家)와 도가(道家)가 한때 세력을 떨쳤다. 중국에는 주자학만 있었던 것이 아니라, 그 시대에 성리학 분야에는 육구연과 왕수인의 학문, 즉 육왕학 또는 양명학도 있었다.

그러므로 정작 중국에는 세상을 좀 더 '정확하게' 인식하는 데 필요한 학문의 다양성이 있었다. 그러나 조선은 불교의 폐해를 논하여 오로지 주자학으로 단일화하여 관학(官學)으로 삼았다. 이러한 제도는 지식 몰아내기와 사고의 폐쇄적 획일화로 이어져 후일 극심한 부작용을 낳게 된 것이다.

둘째, 주자학을 관학으로 삼으면서 조선에는 주자학만이 성학(聖學)이요 정학(正學)이라고 맹신하며, 다른 학문을 심하게 배척하는 유학자들의 무리, 즉 '주자학당(朱子學黨)'이 형성되었다. "퇴계는 "주자만이 내 스승이다"라고 공언하였을 정도이다"(김충열, 2008: 459). 조선 주자학의 세계 속에서 보면 퇴계는 매우 큰 업적을 이

---

14) 예컨대, 1620년 영국의 종교 박해를 피해서 오늘의 매사추세츠주 플리머스(Plymouth)에 정착한 필그림(Pilgrims)은 자유를 추구하는 사람들로서 종교적 일체감, 대등한 신분, 그리고 낯선 자연 속에서 함께 살아 남아야 한다는 공동의 목표 등으로 일상의 일들을 함께 모여 의논하여 결정하고 집행하는 관행, 즉 타운미팅(town meeting)을 채택하여 정착·확산시켰는데, 이런 민주적 관행이 이후 미국 민주주의 생성과 발전을 결정하였다고 보고 설명하는 것이다. 자세한 내용은 김영기(2014), 『뉴잉글랜드 타운정부론』(대영문화사)을 참고할 것.

룬 인물이다. 그러므로 퇴계는 조선 유학의 자랑이기도 하다. 그러나 주자학 관련해서 이황과 기대승 간에 사단칠정론이 일어나 7년간이나 백성의 삶과 무관한, 공허한 이론 논쟁이 지속되었다. 그렇게 하여 초학자들도 성리나 천리를 들먹이는 분위기를 만들었다. 그 와중에 불교는 아예 타기하였고, 더불어서 노자와 장자, 양명학 등을 사문난적(斯文亂賊)이나 이단으로 몰았다.

주자학당은 다른 학문을 배척한 것도 모자라서 성리와 천리를 담론하며 공리공담으로 흘렀다. 학문은 주자학당 그들만의 지적 유희에 머물렀고, 이욕을 앞세웠으니 백성의 삶과 조선 공동체의 큰 일, 작은 일을 제대로 대처하지 못하였다.

그들은 주자학으로써 과거를 치르고, 관인이 되어 조선의 권력 가치를 배타적·독점적으로 향유하였다. 그러는 사이에 조선은 적실한 정책을 만들어 시대의 흐름을 대처하지 못하고 망하였다. 오늘날 일단의 학자들이 그들의 책 제목으로 쓴 『500년 공동체를 움직인 유교의 힘』은 조선시대를 통틀어 보면, 임진·정유왜란과 정묘·병자호란을 불러온 나쁜 힘으로 작용한 것이다.

그러면 주자학 자체가 나쁜 것인가? 현상윤이 먼저 주자학의 폐단을 통렬하게 비판하였다(현상윤, 2010: 24-28). 그는 조선 유학이 공도 있지만, 그 죄과로서 '모화사상(慕華思想), 기본을 파괴하는 극심한' 당쟁(黨爭), '가족주의 폐해', 관존민비 등 '계급사상', 무를 무시하는 '문약함', '산업 능력의 저하', 실질은 없고 이름내기만 좋아하는 '상명주의(尙名主義)', '복고사상' 등을 꼽았다.

한형조(2008: 18-21)는 "조선 유학의 비극은 유학(주자학)의 잘못이라기보다 사람의 잘못이다. … 유학을 묵수하는 것도 사람이고, 유학을 혁신하는 것도 사람이다. … 조선의 주류 유학(주자학)은 적응과 혁신에 안타깝게도, 분통 터지게도, 실패하였다"고 비판하였다.

셋째, 주자학당은 집단이익을 추구하였을 뿐 백성들의 행복은커녕 생존도 보호해주지 못하였다. 원래 유학의 종지(宗旨)가 수기치인(修己治人)이고 경세를 지향하는 학문이라는 것은 잘 알려져 있다. 즉, 철저하게 자기 수양을 도모하여(修己) 인격을 완성한 다음, 군자 또는 대인이 되어 공동체 구성원들의 행복을 이루는(治人) 인간이 되는 것이다.

주자학조차도 수기(修己)에서 사욕(私慾)은 철저하게 다스려야 한다고 가르친다.

주자학은 항상 이(理)와 기(氣)를 나누고, 기는 이에 부수하는 작용으로 나누어 인식하는 이론이다. 그리고 기는 인간의 악함이 발현된 것이거나 악으로 이끄는 요인이라고 간주하여 매우 부정적으로 보았다. 그래서 이욕은 철저하게 경계하는 인간적 요인이다. 그런데도 그들은 개인의 이욕에 바탕을 둔 집합적 이욕을 노골적으로 추구하여 인조정변을 일으켰다.

조선의 주자학당은 일찍부터 "입으로만 수기(修己)를 말하였을 뿐 추구한 것은 집단이익, 즉 사욕의 집합"이었다. 그 전형적 사례가 1590~91년 사이 왜에 간 수신사들의 행태이다. 학봉 김성일의 거짓 보고는 선조와 조정의 안이함을 부추겼고, 그 참화가 임진왜란과 정유재란이다. 그는 정파적 이익에 복무한 자로서 그야말로 사세도명(斯世盜名)한 사람이라고 볼 수 있다.

그리고 조선 지도층은, 아쉽게도 사후약방문이기는 하였지만, 유성룡의 『징비록』에서 교훈을 전혀 얻지 못하였다. 그랬다면, 백성들이 정묘·병자호란을 또 겪도록 하였겠는가? 통틀어서 우리는 역사로부터 배우는 일을 소홀히 하였고, 그래서 죄를 지은 사람들이 반성하지 않게 되었고, 되풀이하여 죄를 지어도 유야무야되는 공동체가 되었다. 그것이 오늘 우리의 역사 인식과 현실의 문제이다.

넷째, 그런 무른 역사 청산의 결과로서 주자학당이 조선 역사에서 저지른 죄과는 인조정변이다. 인조정변의 역사적 의미는 이덕일의 논의를 통하여 소개하였다. 그 결과는 참담하였다.

서인과 남인들의 인조정변이 백성의 행복을 위한 것이 아니었다는 사실은 금방 확인된다. 그들이 진정한 유자들이었다면, 그래서 그들의 종주(宗主)들이 학문으로 강조하였던 바, 경(敬)으로써 수양하여 인격을 갖춘 자들이었다면, 조선 역사에서 그런 나쁜 선택을 할 수 있었을까?

그러나 이욕에 눈먼 주자학당의 선택이 조선이라는 공동체에 어떤 결과를 만들었는가? 그들은 입으로만 주자의 가르침을 외웠을 뿐 가르침과 전혀 다른 행동을 보여준 것이다. 그것은 인조정변 4년 후에 일어난 정묘호란(1627)이다. 주자학당의 정책 선택은 민족 공동체에 치욕을 안기고 백성을 참상으로 몰아넣는 전쟁으로 귀결된 것이다. 그것도 두 차례나 말이다.

정묘호란에 이어 더 큰 전쟁, 더 큰 피해를 남긴 병자호란(1636)까지 겪었지 않는가? 그때마다 백성들만 어육(魚肉)이 되는 참화를 겪었으니 백성들로서는 참으로 억울하고 분한 일이다.

다섯째, 다시 이덕일의 비판을 인용한다. 끝내 "서인의 일파 노론의 영수 이완용은 조선을 일제에 팔아넘기기까지 하였다"(이덕일, 2006). 인조정변 이후 서인과 남인들은 그들끼리 힘겨루기(拮抗)야 있었지만, 조선이 망할 때까지 권력의 바깥으로 밀려난 적이 없다. 그리고 주자학당의 마지막 우두머리 이완용은 일제에 나라를 팔아먹어서 조선 망국의 마지막 망치질을 해버렸다.

조선 역사에서 이러한 주자학당의 부정적 작용은 그간 저자의 공부를 통하여 이루어진 역사 인식의 결론이다. 그런데 여전히 저자의 머릿속을 맴도는 질문이 있다. 우리는 과연 역사로부터 제대로 교훈을 얻어서 미래로 나아가는 민족인가?

이러한 질문이 사라지지 않는 것은 "우리는 고려 때부터 원나라 속국이 되어 길게, 모질게 지배를 받았고, 조선에 들어서 네 차례의 외침을 겪었고, 그 끝은 일제의 지배이기 때문이다." 오늘날 우리는 또 역사로부터 교훈을 제대로 얻어서 미래로 나아가고 있는가? 대답은 "아니다." 꼬인 조선의 역사에서 쌓인 적폐가 지금까지 너무 많이 쌓였고, 그 정황 증거는 많다.

어떤 연구자는 안타까운 나머지 "올곧은 실천을 강조하던 남명학파의 실천유학과 퇴・율의 이론 유학이 서로 수렴되었더라면 조선의 운명이 달라지지 않았을까?"라는 가정을 말하였다.

또 나아가 "주자학파들이 조선 후기 실학이 제기되었을 때 그것을 수렴하였더라면 조선 근대화는 시의(時宜)에 맞게 이루어져 일제의 침탈을 막을 수 있었지 않았을까?"라고 가정하기도 하였다.

얼마나 아쉬웠으면 그런 무용한 가정을 떠올렸겠는가? 그런 만큼 주자학당의 역사적 죄과는 더 선명하게 드러내어 주는 반증이라고 하겠다.

이제 우리는 어떻게 하여야 할까? 과거로 되돌릴 수는 없다. 그렇다면, 우리가 성찰하고, 반성하며 찾아서 써야 하는 소중한 가치는 역사적 교훈일 것이다.

안타깝고 무용한 역사적 가정에서 남명의 실천유학과 실학이 거론되었다는 사실을 주목할 필요가 있다. 조선시대 주자학당이 남명 조식을 노장(老莊)으로 몰았고, 사문난적이나 이단으로 몰았고, 결국 정인홍과 그 스승 남명까지 묶어서 구축(驅逐)

해 버렸지만, 남명의 학문은 그만큼 역사적 가치를 지니고 있었다는 점을 말해 주는 것이다. 역사를 읽으면서 또 남명과 남명학파를 읽으면서 정책 주도 세력으로서 주자학당들의 행태가 온갖 음모와 이욕으로 채워진 탁류라고 본다면 남명학파의 학문과 사상과 실천은 탁류 속의 한 줄기 맑은 물이었다. 그러나 그 맑은 물은 노도와 같은 탁류 속에 휩싸여 사라진 흐름이 되었다. 안타까운 일이 아닐 수 없다.

조선 후기에 이르러 주자학당의 공리공론이 현실의 문제를 해결하지 못하고 문제만 일으키자 실학이 제기된 것은 알려진 사실이다. 주자학당으로서 서인에서 분기한 노론은 실학파도 천주학쟁이로 몰아서 또 구축해 버렸다. 마치 "악화가 양화를 구축한 꼴"이다. 이렇게 그들은 우리 역사에 해코지를 계속하여 저질렀다.

그러므로 우리는 오늘이라도 그러한 역사를 제대로 읽고, 이해하고, 해석하고, 평가하여 그런 과오를 되풀이하지 않도록 하여야 하는 교훈을 제대로 읽고, 제대로 새기고, 제대로 실천하여야 한다.

제 6 절 올바른 역사 인식: 잃어버린 정신 찾기

한형조의 말대로 남명이 덮어쓴 오욕을 씻기는 일은 곧 인조정변이 이욕에 눈먼 주자학당 서인과 남인이 민족의 안전과 행복은 던져두고 권력을 획득하고 앙갚음을 위하여 저지른 역사의 반동이며, 그로 인하여 조선 역사가 꼬여버린 비극이라는 점을 정확하게 인식하는 것과 대개 함께 있다. 이른바 교집합 관계이다. 올바른 역사 인식이 반드시 필요한 부분이다.

그런 다음 남명 조식의 역사적 공헌에 걸맞게 역사적 위상, 민족의 스승의 자리로 복위시키려면 우리는 무엇을, 어떻게 하여야 할 것인가? 1986년 남명학연구원, 1990년 경상대학교 남명학연구소가 설립되어 많은 연구자가 남명 및 남명학파 연구를 통하여 주자학당의 역사적 농간을 들추고, 남명을 '민족의 스승'이요 '선비정신의 표상'으로 복위시키는 일들을 해 왔다. 연구자들의 노력과 그 성과는 크다.

그러나 남명에 관한 역사적 왜곡과 오해를 벗기고, 민족의 스승으로 복위시키는 일은 학계와 시민사회가 함께 하여야 할 일이다. 두 가지 생각 때문이다. 그런 일을 전문학자들에게만 맡겨서는 더디고 한계가 있기 때문이다. 또 하나는, 전문학자들의 연구 결과를 통하여 시민들이 진실을 알게 된 만큼, 그것을 바루어 실천하는 동력은 시민사회에서 나와야 하기 때문이다. 시민사회가 바로 올바른 역사 인식의 주체이고 그 현장이니까. 그리고 함께 우리 국민 모두가 집단지성의 공간에서 남명과 남명학파의 역사적 공헌을 함께 말하고 함께 정리하여 역사적 교훈으로 미래 세대에게 건네주어야 한다.

제 5 편

책을 마치며

제 15 장

정각(正覺)의 역사를 찾아서

우리 역사는 혼몽(昏懜)의 역사였다는 사실은 부인할 수 없다. 결과가 모든 것을 입증해 주기 때문이다. 그러면 정각의 역사는 가능할 것인가? 완벽한 정각의 역사를 실현하는 것은 이상론일 수 있다. 왜냐하면 "인간은 완전한 존재가 아니다"라는 것은 확정적 명제로서 공리(公理)이기 때문이다. 그러므로 우리는 인간에 대한 절대 신뢰는 금물이다.

그러나 인간에게는 기대할 수 있는 속성이 없지는 않다. 역사를 돌아보면, 이성의 힘을 지닌 존재가 인간이기 때문이다. 이성적 존재로서 인간은 집합적 지성을 통해서 각종 사회제도를 만들었다. 그런 가운데 나라에 따라 차이가 있지만, 결코 완결된 것도 아니지만, 오늘날 민주주의는 최선의 제도이다. 이 제도의 확대와 활용이 관건이다.

우리 역사에서 본대로 인간에 대한 절대 신뢰는 금물이다. 그러나 인류는 집합적 이성을 통하여 자유와 평등을 이념으로 삼으며, 이러한 가치를 실현할 수 있는 정치질서로서 민주주의 국가를 창안하였다. 구시대 주자학당, 노론처럼 막가는 일을 자행할 수 있는 시대를 벗어났다는 점에서 시간이 걸리고 때로는 어려움도 겪게 되겠지만, 혼몽의 역사를 청산하고 정각의 역사를 만들고 써나갈 수 있을 것이라고 믿는다. 이것이 저자가 정각의 역사를 말하는 전제이다.

우리의 삶에서 대안 없는 비난은 쉬운 일이고, 때로는 해악적이다. 저자도 이 책의 앞에서 줄곧 우리 민족사를 비판적 관점으로 읽고 지적하였다. 그러므로 저자는 쉬운 일을 한 셈이다. 제1편에서 살펴본 대로 신라의 반주체적 통일 이후, 고려시대, 조선시대, 그리고 일제 지배, 이승만의 남한 단독정부 수립과 6·25 전쟁, 박정희의 쿠데타와 전두환의 5·18을 포함한 현대사는 '야비한 승자(?)의 이욕'만 관철되었을 뿐이다. 감히 한 마디로 말하자면 혼몽의 우리 역사라고 하겠다. 왜 우리 민족사가 혼몽의 역사였는지 그 논거는 바로 이어서 제1절에 위의 요인별로 서술하기로 한다.

오늘의 우리는 정신적인 반정(反正)이 필요하다. 혼몽의 역사, 즉 틀리거나 바르지 못한 역사에서 벗어나 정각(正覺)을 이룬 사람들(正覺者)이 만드는 '정각의 역사'를 만들 필요가 있다. 이쯤에서 저자가 사용하는 정각이라는 말을 정의할 필요가 있다. 정각의 사전적 의미는 불교에서 '올바른 깨달음'을 일컫는다. 부연하여 "일체의 참된 모습을 깨달은 더할 나위 없는 지혜"라고 정의한다. 원래 유학의 '경(敬)'을 통한 수양 방법은 불교의 선(禪)에서 차용한 것이거늘 정각이라는 말이 그 내포와 외연으로써 나타내고자 하는 바를 정확하게 드러내기만 하면 된다고 생각한다.

그리고 정각(正覺)의 역사란 "혼몽을 벗어나, 올바르게 깨달은 사람들이 함께 대세를 이루어서 만드는 역사"라는 뜻이다. 제1편을 읽은 독자들이라면 '정각의 역사'라는 말의 의미를 어렵지 않게 이해할 수 있을 것이다. 다만, 여기서 저자가 한 가지 꼭 덧붙여 말하고자 하는 것은 어떤 '한 사람의 올바른 깨달음'이 아니라 공동체로서 우리 민족이 함께 이루는 깨달음, 즉 '민족공동체의 집합적 정각'이라는 점이 핵심이다. 정각의 역사에 관해서 제2절에서 서술한다. 그런 다음 제3절에서 그간의 우리 역사에서 혼몽의 역사를 조장하는 가장 핵심 요인으로 여겨지는 역사 청산을 다루기로 한다.

제 1 절 혼몽의 역사: 쪼개고 작아진 공동체

이 책의 제1편에서 서술한 내용을 묶어서 저자는 '혼몽의 역사'라고 규정하였다. 요약하고 정리한다는 의미에서 우리 민족 공동체가 정신을 차리지 못하고 흔들리며 만들어 낸 역사의 대강을 사건 중심으로 서술하여 그 논거로 삼는다.

첫째, 동이족은 오래전 대륙과 한반도에 걸쳐서 살았다. 고구려와 백제, 신라, 거기다가 가야가 함께 세력을 다투는 시대를 거쳤다. 이 땅에서 가장 먼저 신라가 가야를 이기고 부분 통일을 이루었다. 그런 다음 결과를 놓고 보자면, 동이족끼리 전쟁을 치르는데 신라는 외세인 당나라의 힘을 끌어왔다. 그 당시 신라 권부가 무슨 말로 핑계를 삼더라도 결과적으로 동이족의 지배력을 한반도로 축소시켜 버리는, 민족사에서 처음으로 나쁜 선택을 한 것이 분명하다.

둘째, 고려의 강역(疆域) 축소 지배라는 결과도 우리 민족사에서 보면 좋지 않은 선택이었다. 역시 그 연유야 무수하게 나열할 수 있겠지만, 결과를 놓고 보면 어리석은 선택이 연속적으로 이루어진 것이다. 고려는 고구려 옛터를 수복한다고 표방하였지만, 함께하였던 세력들을 배척하며 밀어냈고, 영토가 작아지자 지배력도 작아져서 결국 몽골의 지배를 받게 되었다. '작은 나라'가 된 고려는 외세에 휘둘리는 나라가 된 것이다. 거기다가 고려 때 중국의 관제를 채택한 일, 김부식이 우리의 옛 정신과 역사를 버리고 『삼국사기(三國史記)』를 써서 정신을 팔아버린 일은 안타까운 일이다. 그렇게 혼몽의 역사가 한 걸음 더 심화되었다. 그 이후 아예 중국의 영향권에 머무는 작은 나라가 되고 말았다.

셋째, 이성계의 위화도 회군과 조선 건국, 그리고 주자학을 통치 이념으로 삼은 선택은 더욱 우리 민족을 중국 속국으로 굳힌 일이다. 조선은 명나라와 부자(父子) 관계의 나라가 되어, 그야말로 몸은 조선 사람이지만 정신은 명나라 사람으로 살게 되었다. 그렇게 정신을 팔고 살던 우리는 임진·정유왜란을 겪었고, 인조정변으로 역사를 후퇴시켜서 정묘·병자호란까지 겪었다. 인조정변 세력의 후예들은 실학을 배척하며 우리 민족의 기회자원을 날려버리더니 그 이후 일제에 매국하였다. 정신없는 민족 공동체의 사례를 또 한 번 보여주었다.

넷째, 저자의 역사 공부가 빈약한 탓인지는 몰라도 구한말에도 상황은 달라지지 않았다. 혹자는 한말 위정척사파(衛正斥邪派)를 들거나 개화파(開化派)를 들지 모르겠으나 저자가 보기에 그들은 20세기 격변하는 세계 정세를 읽는 안목이 없었다. 이들은 외세의 영향 속에서 혼란스러운 시기에 지나치게 수구적이었거나 주체적 사고와 실천이 약하였던 지도층에 불과하였다.

다섯째, 해방 후 이승만 정권은 이승만이라는 보호막 속에 똬리를 튼 친일 경찰·관료·군인과 기업가들의 카르텔에 다름 아니다. 그런 가운데서 박정희는 만주군관학교·일본 육군사관학교·관동군 출신이라는 점은 숨길 수 없는 그의 전력이다. 민족을 가른 김일성과 이승만의 두 정부는 민족 자해적 6·25 전쟁으로 치달았고, 12년 독재로 이어졌다. 그 사이 우리 사회에는 '정치는 야비한 건달들이 하는 일', '반공주의', 그리고 '청산되지 않은 친일 잔재'들이 설치는 일이라는 통념을 만연시켰다. 우리의 혼몽의 역사는 이승만 정부의 퇴진으로 종결되지 않았다.

여섯째, 박정희 권력의 뿌리는 일제 지배와 이승만 정권에 걸쳐 있다. 우선 그가 만주군관학교·일본 육사·관동군 대위 출신이라는 점에서 친일 잔재인데다 야비한 수단주의자라는 오명을 벗어날 수 없다. 군 안의 남로당 소속이던 그가 동료들의 이름을 모두 털어놓고 백선엽 당시 참모총장으로부터 구명받은 상황을 아는 사람은 다 안다.[1] 그렇게 생명을 이은 그는 5·16쿠데타로써 헌정 질서를 파괴하고 권력을 획득하여 반란의 역사를 썼다. 그는 또 '반공주의'로써 '민주주의'라는 근본 가치를 밀어내고 18년이나 폭압적 권력을 이어갔다. 그는 또 우리 정치에 지역주의라는 참 무거운 멍에를 씌우기까지 했다. 그러므로 박정희 그는 혼몽의 역사 그 자체이다. 거기다가 12·12와 5·18 광주학살을 거쳐서 대두한 전두환 정권은 박정희 지배의 연장에 다름없었다.

우리의 혼몽의 역사를 이렇게 간추려서 정리하다 보니 역사에 점철되는 문제들이 보였다. 그것은 '묶어서 키우는 공동체'가 아니라 '쪼개어서 작아지는 공동체'라는 짐이다. 또 그런 현상을 만드는 집합적 선택의 바탕을 이룬 가치는 '대의나 정의'가 아니라 '개인이나 파당의 이욕'이라는 점이다. 그러니까 민족사의 흐름을 바꾸는 선택의 기로에서 대의나 정의와 같은 상위 가치 또는 근본 가치가 아니라 하위 가치 또는 수단 가치가 관철된 것이다. 인조정변, 실학 외면, 한말 권력 투쟁, 남북 분단과 6·25전쟁, 5·16쿠데타, 5·18 광주시민 학살 등이 그렇다. 참 한심하기 짝이 없는 역사이다. 시간이 얼마나 더 필요할지는 모르지만, 이제는 우리의 정신 못 차리고 써온 한심한 역사를 청산하여야 한다. 그걸 누가, 어떻게 하여야 할 것인가?

---

1) 사건의 내막을 백선엽 장군 사망 후 장례(2020년 10월 15일)에 앞서 중앙일보에 상세하게 보도되었다.

제 2 절 미래의 모색: 정각자들이 만드는 역사

그러면 우리 역사에서 대의를 지향하여 실천한 인물이나 집단이 전혀 없었던가? 아니다. 있었지만 개인이나 파당의 이욕을 앞세우는 탁류에 휩쓸려 버렸을 뿐이다. 드물지만 그러한 사례로는 훈척(勳戚)에 맞선 조광조(趙光祖)의 지치주의(至治主義) 개혁운동, 남명학파의 학문과 사상과 실천, 실학을 주창한 개혁가들이 그들이다. 또 구세력을 닮기 전의 민주화 운동 세력도 개혁 세력이다. 이들의 개혁 노력을 차례대로 간략하게 살펴본다.

Ⅰ. 우리 역사 속의 정각자

첫째, 조선시대 훈척에 맞선 사림파가 한때 정각의 흐름을 보여주었다. 한 연구자는 사림파 역시 지방의 중소지주 세력으로서 그들의 경제적 이익을 지키기 위한 세력의 하나였을 뿐이라고 하였으나(박성순, 2014), 그들은 훈척의 문제를 지적하여 왕도정치를 실현하려던 개혁 세력이었다. 특히 조광조의 지치주의 개혁운동은 분명히 수구(守舊)를 지향하던 훈척에 대하여 개혁이라는 ‘대의’를 지향하였다는 사실은 분명하다. 그러나 훈척의 반격을 받고 조광조와 사림의 대의는 일실되고 말았기에 안타까울 뿐이다.

둘째, 남명 조식의 학문과 사상과 실천은 그 시대 대의를 지향하였다는 점에서 모처럼 우리 역사에서 청량감을 맛보게 하는 일이다. 다행히도 남명이 500년 만에 재조명되었고, 그에 관하여 앞에서 자세하게 살펴본 대로 남명 스스로 그 시대의 보수적 학풍 속에 함몰된 퇴계와 율곡에 대하여 통섭하는 학문을 지향하여 실현하였고, 제자들을 가르쳤으며, 또 심성수양론에 그치던 당시의 주자학계 동향에 대하여 실천을 강조하였고, 남명 스스로 내·외적 실천의 수범을 보여주었던 인물이다. 그 결과 그의 제자들은 왜군의 침략에 맞서 향토를 지키고 나라를 지켜서 대의를 실천해 내었다. 그리고 이어서 광해군의 등극과 함께 남명학파는 화담학파와 연합을 이루어 광해를 도와 명나라와 청나라 간의 외교를 통하여 조선공동체의 안전을 지켜내고 있었다. 그러나 안타깝게도 권력욕에 사로잡힌 서인과 남인의 폭력적 연합에 의한 인조정변으로 무너지고 말았다. 참으로 통분할 일이다.

셋째, 실학주의의 대두는 또 한 차례 우리 역사의 기회자원이었다. 그러나 서인과 남인의 정변으로 권력을 잡은 노론(老論)은 국가의 근대화와 공동체의 발전이라는 대의를 저버리고 한 줌도 안 되는 자신들의 기득권을 지키기 위하여 어쭙잖은 명분을 만들어서 실학자들을 구축하며 외면해 버렸다. 실학자들은 분명 그 시대 조선을 위한 대의를 지향하였으나 기회를 얻지 못하고 말았다.

넷째, 현대 사회로 들어와서 이승만 독재에 맞선 마산 3·15의거, 박정희 독재에 맞선 민주화운동과 부마항쟁, 전두환 세력의 폭압에 맞선 광주민주항쟁과 그 이후 계속된 민주화운동도 대의를 지향한 활동이었다. 촛불혁명은 그 대미를 이루었다.

Ⅱ. 정각자들이 만드는 역사를 대망하다

베리(John B. Bury)는 역사의 진보는 "과거에 대한 종합과 미래에 대한 예언을 포함한다"(카 지음, 김택현 옮김. 2003: 184)고 하였고, 카(Edward H. Carr)는 역사가는 "과거에서는 미래를 상상하고, 미래에서는 과거를 기억한다"(카 지음, 김택현 옮김, 2003: 184)고 하였다. 저자는 비록 역사학자는 아니지만, 이 책은 역사적 사실을 외람되게 말하는 입장이 되었다.

현재의 우리가 역사를 과거와 단절할 수 없고, 또 미래를 조망하는 것은 필수적이다. 그러므로 우리의 과거를 반추하며, 거기서 미래를 위한 구상을 해보기로 하자. 우리는 어떻게 혼몽의 역사를 인식·청산하고 정각의 역사를 이룰 것인가? 혼몽의 우리 역사를 주도한 탐욕의 인간상과 그들이 자행한 나쁜 선택으로 인한 '혼몽의 역사'를 테제로 놓아보면 어떨까? 그 반대편, 즉 '정각의 역사'는 안티테제라고나 할까? 그래서 여기서는 먼저 '정각자(正覺者)'의 상을 설정한 다음 우리 역사의 주체로서 이들의 역할 기대를 써 보기로 한다.

1. 역사 속의 정각자: 남명 조식

우리 역사에서 익숙하게 보아 왔던 정책 주도 세력들은 "탐욕을 다스리지 못한 사람들"이다. 그들은 주자학을 배워서 신봉하던 자들이었음에도 주자학의 가르침을 배반하였다. 이 책에서도 살펴본 대로 주자학의 종지는 '경(敬)'으로써 수양하여 군자요 대인의 경지에 이른 다음, 정치를 하라는 가르침"이다.

'경(敬)'은 "하나에 집중하고(主一無適)", "늘 맑게 깨어 있는 정신을 갖고(常惺惺法)", "천성으로 받은 양심을 보존하고(其心收斂)", "외양과 함께 마음도 고요하게 만드는(整齊嚴肅)" 것이다. 이렇게 하여서 마음이 움직이기 전(未發)이나 움직이는 상태(已發)에서도 마음은 맑고, 밝고, 고요하면서도 깨어 있는 상태를 이루는 방법이다. 이렇게 공부한 유자들이 관인으로 나아가서 우리 역사의 정책 권력 담지자가 되어야 했으나, 그들은 탐욕의 파당을 만들어서 그들의 집단사고에 사로잡혀 대의를 저버리고 민족 이익 배반의 사고와 행동을 보여주고 말았다. 게걸스런 탐욕자(貪慾者)였을 뿐이다.

그러면 우리 역사에서 정각자의 모습을 보여준 이가 있는가? 있다. 바로 남명 조식이 그 전형이다. 살펴본 대로 그는 「신명사도」를 그리고 그것을 해설하는 글 「신명사명」을 지어서 스스로 '경'으로써 탐욕을 다스리고, 더 나아가 마음이 활연해지는 수양을 더하여 '마음 안의 실천: 자기 실천(自己實踐)'을 먼저 독실하게 보여주었다. 그렇게 조선 최고의 도덕적 인격을 정립한 것이다. 그는 거기서 멈추지 않았다.

남명은 '경'과 대등하게 '의(義): 옳음 또는 마땅함'를 강조하였고, 그렇게 스스로 실천하였으며, 그렇게 가르쳤던 인물이다. 그는 유자(儒者)가 수양을 이룬 다음 바깥의 사물이나 일을 맞이하여 생각하고 행동할 때 언제나 '옳음'이나 '마땅함'을 생각과 행동의 표준으로 삼도록 「신명사도」로써 매뉴얼을 만들어 실천하였다. 마음이 움직이기 전의 상태(未發)이든, 움직이는 상태(已發)이든 언제나 사사로운 낌새(幾微)가 생기면 전투를 치르듯이 이겨내는 수양을 하였다. 그래서 남명만큼 철저하게 마음을 다스려 수양한 인물도 유례가 없거니와 또 바깥으로 드러내어 실천하는 일도 조선 역사에서 그를 따를 인물이 없었다. 그는 '정각자'였다. 정각자 남명은 약 500년 전의 인물이므로 그의 학문과 사상과 실천을 현대적 의미로 해석하여 오늘의 우리와 미래

세대가 '깨달은 자들이 만드는 역사'를 만들어 갈 수 있도록 만드는 노력은 따로 필요할 것이다.[2)]

2. 정각자들이 만드는 역사

그런데 독자들께서는 한 가지 의문이 생길 것이다. 왜 그때 그러면 남명은 정국을 주도하는 힘이 되지 못하고 오히려 인조정변을 통하여 세력이 꺾이고 말았을까? 저자가 생각하기에 비록 남명 조식은 우리 역사에서 거의 예가 없을 정도로 통섭의 학문을 이루었고, 고결한 품격의 인격을 스스로 정립하였으며, 시대를 읽는 안목을 갖추었지만, 결국 대세를 이루어서 그 당대에 정각의 역사를 만드는 주체가 되지 못한 것은 사실이다.

남명은 역사에서 보기에 따라 성공하지 못하였다. 다음과 같은 세 가지 설명 요인들이 있다.

첫째, 남명은 절대군주 시대에 살았기 때문이다. 절대군주 시대에 백성들은 아무리 출중한 능력을 지녔더라도 군주의 신하로서 한계가 설정될 수밖에 없었다. 그런데다 군주의 역량이 크지 않으면 출사(出仕)를 하지 않거나 출사를 하더라도 제대로 쓰이지 못하는 문제점도 있었다. 남명은 아예 스스로 당시를 난세로 규정하고 신하로 살기를 거부한 것이라고 보아도 틀리지 않는다.

둘째, 그는 스스로 고백하였듯이 사람을 가려서 교유하였기 때문이다. 남명은 교유를 넓게 하지 않았다. 남명의 절친한 벗으로는 평생지기 대곡 성운과 삼족당 김대유 등을 꼽을 수 있을 것이다. 그 밖에 남명이 마음으로 교유한 인물은 청송 성수침, 송계 신계성, 황강 이희안, 갈천 임훈, 동주 성제원, 규암 송인수, 칠봉 김희삼 등으로 볼 수 있다. 이렇게 교유의 폭이 넓지 않은 것은 그가 벗을 사귈 때도 다음과 같이 설정한 상당히 엄격한 기준을 두고 있었기 때문이다.

> "벗을 사귐에 반드시 단정하여 그 사람이 벗할 만하면 비록 포의(布衣)라도 왕공(王公)처럼 높여 반드시 예로써 공경하였고, 벗하지 못할 사람이면 비록 벼슬이 높고 귀하

2) 정우락 외 13명의 남명 연구자들이 『21세기와 남명 조식』(2018)을 제목으로 한 책을 출간하여 남명의 현대적 해석과 학문의 대중화라는 주제를 다루었다.

> 여도 흙으로 만든 인형같이 여겨 함께 앉기를 부끄러워하였다. … 그리고 더불어 아는 이는 학행과 문예를 지니어 모두 당세의 이름난 선비 중에 선택된 사람들이었다(성운, 『대곡집』, 윤호진, 2005: 42).

남명의 사람 가리기는 널리 알려진 일화가 하나 있다. 그 주인공은 남명에 의하여 그의 출처와 가족 관계 등을 비판받은 회재 이언적이다. "이언적이 경상감사일 때 그가 남명에게 여러 번 서신을 보내 만나자고 청하였는데, 남명은 이에 대하여 다음과 같이 정중히 거절하였다"(강정화, 2007: 20).

> "거자(擧子: 과거시험 응시자)의 신분으로 어찌 감사를 찾아갈 수 있겠습니까? … 저는 상공께서 벼슬에서 물러나 고향으로 돌아갈 날이 멀지 않을 것이라 생각합니다. 그때 제가 각건을 쓰고 안강리 댁으로 찾아가 뵈어도 늦지 않을 것입니다."

셋째, 과거를 통하여 관인으로 진출하는 길을 스스로 포기한 아웃사이더로서 도덕적 인격자로 살았다는 점 때문이다. 남명은, 스스로 수양을 쌓아 매우 높은 도덕적 인격을 갖추었지만, 어찌 보면 체제 바깥에서 자유로운 사유와 행동으로 살았던 아웃사이더였다. 아웃사이더 남명은 자유롭게 의견을 개진하고 조정의 문제를 비판하며 대안을 제시하였지만, 체제로부터 가치의 수혜자가 될 수는 없었다. 아웃사이더로 살기 위하여는 교환 관계로서 일정하게 포기하여야 하는 부분이 반드시 생기는 법이 아닌가. 관직 점유자는 관직에 머무는 한 항시적으로 국왕으로부터 나누어 받은 정책 권력을 사용할 수 있었지만, 아웃사이더로서 남명은 그것은 불가능한 일이었다.

따라서 남명은 당대 아니 조선 최고의 도덕성을 갖춘 정각자였지만, 위와 같은 요인들로 인하여 "함께 대세를 이루어서 역사를 만들어 가는 기회의 주체가 될 수 없었던 것"이다. 그래서 많이 아쉽다. 그 제자들이 임진왜란 때 세운 공으로 북인 정권을 이루었으나 탐욕을 앞세운 서인 · 남인의 야합으로 일으킨 인조정변으로 북인들이 구축되어 안타까울 뿐이다.

그러나 남명은 여러 가지 조건이 달라진 오늘의 우리에게 반면교사가 되기에는 충분하다고 하겠다. 오늘날 우리 사회 정치이든, 경제이든, 사회이든, 문화이든 어느 영역에서나 남명 조식과 같은 도덕적 인격과 학식과 실천력을 갖춘 인재가 많아져서 우리 사회 전체가 정각자들의 사회로 변화되기를 기대해 본다. 그러면서 저자는 정각자들의 자발적 자기 완성과 헌신만을 기대한다고 바라는 사회가 이루어지리라고 기대하지는 않는다. 정각자의 사회가 필요 조건이라면 한 가지 더 충분 조건을 필요로 한다. 그것은 바로 역사적 통제장치, 즉 역사 청산이다. 다음에 절을 바꾸어서 그것을 살펴보기로 한다.

제 3 절 역사 청산, 이래서 중요하다

역사가는 "자신의 시야를 미래에 투사할 수 있어야 하고, 또 과거에 대해서도 통찰할 수 있는 능력이 있어야 객관성을 확보할 수 있다"(카 지음, 김택현 옮김, 2003: 185)고 하였다. 저자는 역사가는 아니다. 사회과학자이다. 사회과학자는 인과적 사유와 비판적 사고에 익숙하다. 인과적 사유로써 우리 역사가 혼몽의 역사라고 본다면 그 원인 요인을 살펴보는 검색창 역할을 할 수 있고, 비판적 사유로써 원인 요인을 찾아내는 역할을 기대할 수 있다. 그래서 역사 청산을 주창하여 보고자 한다.

Ⅰ. 무른 역사 청산과 극심한 가치 혼란

저자가 보기에 우리 사회는 극심한 가치 혼란을 겪고 있다. 그 원인을 저자는 근본 가치 또는 절대 가치가 허물어져 있기 때문이라고 본다. 인간의 삶에서 생명은 절대 가치요 근본 가치이다. 그러한 인간의 가치의 총화로서 사회와 그 사회의 존속과 안녕을 위한 질서로서 국가도 또한 상위 가치요 근본 가치라고 할 수 있다.

그런데 우리 역사에서 개인의 이욕이나 탐욕을 위하여 공동체 전체의 근본 가치나 상위 가치가 파괴된 사례가 참 많다. 바로 4대 사화가 그러한 예에 속한다. 파당이나 개인의 이욕을 위하여 수백 명의 반대파를 죽이고 귀양 보냈다. 그렇게 민족 공동체의 근본 가치가 파괴 또는 외면받았다. 그래서 저자는 우리 역사를 혼몽의 역사라고 규정한 것이다. 이런 뜻에서 혼몽의 역사는 우리의 현대에도 지양되거나 종식되지 않았다. 가장 가까이 5 · 18 광주시민 학살이 그랬고, 5 · 16쿠데타가 그랬다. 이러한 국가 폭력은 특정한 개인이나 소수집단의 탐욕을 위하여 불법으로 자행된 것인데도 법적 절차는 여전히 시비를 다투고 있다. 한 세대가 지나도 청산되지 못한 것이다.

좀 더 거슬러 일제시대와 관련된 문제도 여전히 결말이 나지 않았다. 친일하였던 자들이 발호하고 독립운동가 후손들이 오히려 그들의 눈치를 살펴야 하는 사회, 해방된 지가 언제인데 아직도 위안부 할머니들의 눈물조차 제대로 닦아드리지 못한 나라, 일본군 출신이 쿠데타로 권력을 잡고, 대통령이 되어 긴 시간 폭압적 지배를 자행한 나라, 그 딸을 또 대통령으로 뽑은 나라이다. 우리의 미래 세대가 무엇을 배우고 어떻게 살아야 하는지 혼란을 겪도록 만드는 나라이다. 그 이유는 무른 역사 청산이 습관처럼 되어버린 나라이기 때문이다.

Ⅱ. 역사 기억, 어떻게 하여야 할까?

앞에서도 썼지만, 역사는 기억된 과거이다. 후대에 의하여 기억되지 않는 역사는 없는 것과 같다고 하였다. 우리는 우리의 역사를 어떻게 기억하고, 거기서 미래를 위한 어떤 안목을 구해야 할까? 세 이야기를 통하여 우리가 하여야 할 바를 서술해 보기로 한다.

[이야기 1]

지금 자세한 내용이 정확하게 기억되는 것은 아니지만, 언젠가 저자는 청소년 대상 문고에서 읽은 이야기가 떠오른다. 내용의 대강을 떠올려 보면, "지중해의 어느 섬에서 있었던 일이다. 그 섬사람들 간에는 '공동체의 반역자나 밀고자는 죽인다'는 불문율이 있었다. 그런데, 독립운동을 하던 사람이 마을에 숨어들었고, 추격대가 달려왔다. 그때 추격대가 한 소년에게 동전 하나를 주면서 낯선 사람이 어디로 갔는지 물었고, 소년은 곧이곧대로 추격대에게 사실을 말해 주었다. 그래서 그 독립운동가가 잡혔다. 이 사실을 안 소년의 아버지는 불문율에 따라서 자신의 아들을 총으로 쏴 죽였다"는 스토리이다.

저자는 10대 후반에 이 글을 읽고, 참 두렵다는 생각과 함께 그 소년이 불쌍하다는 생각, 그리고 아들을 쏘는 그 아버지의 슬픈 마음이 함께 생각되어 매우 복합적 감정을 느꼈었다.

[이야기 2]

아돌프 아이히만(Adolf Eichman, 1906~1962)은 1932년 나치당에 가입하였고, 1933년 나치 정보부인 SD에 들어갔다. 제2차 세계대전 중 독일과 독일 점령하의 유럽 각지에 있는 유대인을 체포하고 강제 이주시키는 계획을 실행한 인물이다, 아이히만은 독일 항복 후 가족과 함께 아르헨티나로 도망쳐 부에노스아이레스 근교의 자동차 공장에서 리카르도 클레멘트라는 가짜 이름의 기계공으로 살았다. 그는 1960년 5월 이스라엘의 비밀정보기관 모사드에 의하여 체포되었고, 이스라엘로 압송되었으며, 나치 독일이 저지른 유대인 600만 명의 학살 책임을 추궁당하는 공개재판을 받았고, 6월 1일에 교수형에 처해졌다. 아이히만 재판의 메시지는 나치 전범을 끝까지 추적하여 찾아내고 처벌한다는 포고였다(네이버 지식백과).

저자가 하나 덧붙여 본다면, 아이히만 전범 처리 사례는 이스라엘 사람들에게 가해하면 누구든, 어디든 찾아가서 잡아다가 처벌하여 그런 일이 더 일어나지 못하도록 하겠다는 메시지를 세계에 전한 것이다.

[이야기 3]

저자는 2000년 2월부터 1년 동안 뉴잉글랜드 타운미팅을 참여 관찰하기 위하여 매사추세츠주 롱매도(Longmaedow) 타운의 그린에이커(Greenacre)가 57번지 샌디(Sandy) 부부 집에 하숙을 들었다. 샌디는 유대인이었고, 한국 입양아 데이나(Dana)와 브랜든(Brandon)을 키우고 있었다. 그해 유월절에 가족 행사와 유대인 커뮤니티 행사에 초대받아 참석하였다. 준비된 음식은 '발효되지 않은 빵'과 '생강'과 '소금물'이었다. 그들의 유월절 행사의 좌장은 보스턴에서 온 샌디의 사촌 오빠가 담당하였다. 그 행사 내용은 유월절 행사 매뉴얼 중 한 곳을 골라 돌아가며 읽었고, 나도 읽었다. 그런 다음, 내용이 인상 깊었다. 아이들에게 좌장이 "우리가 왜 발효되지 않은 빵을 먹느냐?", "왜 매운 생강을 먹느냐?", "왜 소금물을 먹느냐?"고 물었다. 그때 대답은 "우리 조상들이 이집트에서 노예생활을 할 때 하루 종일 일하고, 제대로 빵을 구을 시간이 없었는데, 그걸 기억하기 위해서입니다", "조상들이 흘린 피눈물을 기억하기 위해서입니다", "조상들이 흘린 땀을 기억하기 위해서입니다"였다. 1주일 뒤 유대인 커뮤니티에는 어린이 수가 약 200명 정도 되는 규모였고, 랍비(rabbi)의 설교가 더해졌으며, 같은 내용을 되풀이하였다.

그들의 유월절 행사를 보면서 나는 당시 전율을 느꼈다. 그들은 어릴 때부터 계속 같은 내용을 되풀이하여 미래 세대에게 그것을 각인시키고 있었다. 거기에 비하면 우리의 8·15는 매우 형식적이고, 일과성 행사로 때우는 경우라고 생각되었다. 그들과 우리의 광복절은 매우 다르게 기념되고 있었다.

Ⅲ. 정각자들의 역사를 위하여

위의 세 이야기를 통하여 우리가 우리의 역사를 어떻게 기억하여야 할 것인지 더 설명이 필요 없을 듯하다. 그러나 첫 번째 이야기에서 '나에게 어떤 이익이 생기더라도 하여서는 안 될 일'을 가르친다. 뒤집어 생각하면, '나에게 손해가 생기더라도 반드시 하여야 할 일'을 가르쳐 준다고 하겠다. 어느 공동체이든 불문율도 있고, 그러한 불문율에는 절대 가치 또는 근본 가치 또는 최상위 가치를 함축하고 있다. 부자간의 정으로도 그걸 깨뜨려서는 안 된다는 최상의 도덕적 원칙이다. 그런데, 우리 역사에서 그것을 찾아보기 어렵다. 물론 재산을 털어서 의병을 일으켜 목숨을 걸었던 임진왜란 의병장들의 이야기와 일제시대 백산 안희제(白山 安熙濟) 선생이나 석주 이상룡(石洲 李相龍) 선생, 그리고 일일이 예거할 수 없는 독립운동가의 이야기는 우리의 가슴을 감동으로 적셔준다. 그러나 앞에서 소개한 대로 친일 세력이 발호하며 최고·최상의 권력자가 되어 우리 공동체를 폭압적으로 지배하였고, 그에 대하여 존숭의 언표를 쓰는 '정신 빠진', 그래서 혼몽한 사람들이 대세라면 의병장과 독립운동가의 우국애민이 무색해지지 않는가?

그래서 저자는 외람되게 제언한다. 우리는 길고 긴 혼몽의 역사를 점검하는 양심적·집합적 지성을 우리 사회의 주체적 중심으로 설정하는 일을 먼저 하여야 할 것으로 보인다. 이러한 노력을 통하여 우리의 역사를 재해석하는 주체적·집합적 노력이 또 필요하다고 본다. "역사는 승자의 기록이다"라는 가소로운 명제를 신봉하며,

성찰하는 노력을 게을리하는 경향이 우리는 농후하다. 그렇게 덮고, 묻고, 양해하는 가운데 저열하고 저의를 가진 역사 농단 세력들이 야료를 부려서 오늘에 이르렀다. 그렇게 해서 정각(正覺)이 없는 역사, 혼몽한 역사가 누 백년 이어져 오늘에 이르렀다. 저자는 이 책을 집필하기 위하여 경남의 지역사를 읽었고, 남명을 읽었으며, 남명을 읽으면서 퇴계와 율곡을 읽었다. 그러다가 유학사를 읽었고, 뒤늦게 우리 민족사를 읽게 되었고, 또 『주역』과 중국 철학사까지 읽게 되었다. 그러는 가운데서 우리 민족사는 '사사로운 탐욕을 부린 세력'이 주도하였고, 인조정변을 계기로 '정각을 통하여 우국·상민한 세력'이 주류에서 밀려났다는 사실을 인식하게 되었다. 그러한 흐름이 일제를 거쳐서 오늘까지도 이어지고 있다는 사실을 알게 되었다. 그렇지만, 이제는 우리 역사를 '탐욕을 부린 자들'의 손아귀를 비틀어서라도 빼어내어 '정각을 이루고 대의를 지향하는 사람들'의 손으로 넘겨야 한다는 것도 이 책을 준비하면서 정리한 저자의 각성이다.

참고 문헌

강만길(2010a). "3 · 15항쟁의 역사성과 민주주의적 성격,"『3 · 15의거 학술논문총서』. 3 · 15의거기념사업회.

______(2010b). "우리 역사 속의 3 · 15의거,"『3 · 15의거 학술논문총서』. 3 · 15의거기념사업회.

강신표(2002). "「신명사도 · 명」의 새로운 이해,"『남명학연구』 제14집. 경상대학교 남명학연구소.

강정화(2007).『남명과 그의 벗들』. 경인문화사.

경남동학농민혁명계승사업회(2020).『동학농민혁명 전후의 경남지역 동학 · 천도교 활동』. 2020년 10월 16일 학술행사 자료집.

경남신문사 편(2015).『민주혁명 승리의 기록』.

경상남도 진주교육지원청(2018).『진주성전투이야기』.

고우버트(Pierre Goubert). 신상봉 역(1998). "지방사란 무엇인가,"『지방사연구입문』. 역사문화학회 엮음. 민속원.

고석규(1992). "내암 정인홍의 의병활동,"『남명학연구』 제2권.

______(2008). "지방사란 무엇인가", 역사문화학회 엮음.『지방사연구입문』. 민속원.

고숙화(1993). "일제하 사회운동과 형평운동의 연관 관계", 형평운동기념사업회 엮음(1995).『형평운동의 재인식』.

______(1995).『일제하 형평사 연구』. 이화여대 박사학위논문.

고진숙 지음, 독고박지윤 그림(2016).『문익점과 정천익: 따뜻한 씨앗을 이 땅에 심다』. 푸른숲주니어.

고회민 지음, 숭실대학교동양철학연구실 옮김(1990).『중국고대역학사』. 숭실대학교출판부.

고회민 지음, 곽신환 옮김(2011).『소강절의 선천역학』. 예문서원.

고회민 지음, 신하령 · 김태완 옮김(1994).『상수학』. 숭실대학교출판부.

국립민속박물관(1991). 『문익점과 무명문화』.

권병탁(1991). “무명문화의 도입과 정착,” 『문익점과 무명문화』. 국립민속박물관.

권인호(1990). “조선 중기 사림파의 사회정치사상 연구: 남명 조식과 내암 정인홍을 중심으로,” 동양철학연구회. 『동양철학연구』 제11권.

______(2001). “남명 조식의 현실 인식과 경세사상,” 『유학연구』, 제11집.

______(2002). “남명의 기, 발에 나타난 시대정신과 정치철학,” 남명학연구원, 『남명학』, 제11권.

______(2006). “남명 조식의 현실 인식과 출처사상 연구: 시대적 인물에 투영된 퇴계 이황의 출처사상과 비교하며,” 『남명사상의 재조명』, 남명학연구원. 예문서원.

______(2010). “내암 정인홍의 생애와 경세사상 연구,” 『내암 정인홍』. 남명학연구원. 예문서원.

금장태(1999). 『한국 유학의 탐구』. 서울대학교출판부.

______(2002). “남명의 심개념과 「신명사도」의 구조,” 『남명학보』, 제1호. 남명학회.

김강식(2013). “임진왜란 시기 송암 김면군의 의병조직 변화와 경상우도 의병의 변화상,” 『남명학』, 제18집. 남명학연구원.

______(2014). “16세기 남명학파의 의리 인식과 곽재우의 의병운동,” 『망우당 곽재우』. 남명학연구원 엮음. 예문서원.

김경수(2009). “남명의 인물평을 통해 본 출처관의 기저,” 『한국철학논집』, 제25집.

______(2014). “「사제문」 세 편에 나타난 남명의 특징,” 『동양문화연구』, 제18권. 영산대학교 동양문화연구원.

______(2014). “원의 성리학 국교화 과정과 안향의 성리학 도입,” 『한국선비연구』, 제2집. 동양대학교 한국선비연구원.

김경수 · 신상화(2014). 『용의 등에 내려 앉은 봉』. 글모아출판.

김기주(2010). “남명 조식의 사회변혁론: 무진봉사를 중심으로,” 『남명학연구』, 제29집. 경상대학교 남명학연구소.

김대민 · 박병련(2004). “진주지역 향촌지배층의 형성과 변화,” 박병련 외. 『남명학파와 영남우도의 사림』. 예문서원.

김석진(2017). 『대산 주역 강의』. 한길사.

김성준(1991). “문익점과 목화씨 전파의 역사적 배경,” 『문익점과 무명문화』. 국립민속박물관.

______(1993). “문익점과 목면 전래의 역사적 배경,” 『동방학지』 합권. 연세대 국학연구원.

김영기(1997). 『지방자치행정론』. 대영문화사.

______(2014). 『뉴잉글랜드 타운정부론』. 대영문화사.

______(2020). 『남명 조식의 학문과 사상과 실천』. 우락재.

김영나(2012). "송암 김면과 고령지역의 의병활동," 한국사상문화학회, 『한국사상과 문화』, 제64권.

김용섭(1972). "18 · 9세기의 농업 실정과 새로운 농업경제론," 『19세기의 한국사회』. 대동문화연구원.

______(1982). "조선 후기 군역제의 동요와 군역전," 『동방학지』, 32(0): 97-148.

______(1989). "조선 후기 양반층의 농업생산: 자작경영의 사례를 중심으로," 연세대학교 국학연구원, 『동방학지』, 제64권.

______(1996). "철종조의 민란 발생과 그 지향," 『동방학지』, 94.

김은정 외(1999). 『동학농민혁명 100년: 혁명의 들불, 그 황톳길의 역사찾기』. 나남출판.

김원(2006). "부마항쟁과 도시하층민," 『정신문화연구』, 29(2). 한국학중앙연구원.

김정원(1985). 『분단한국사』. 동녘.

김재영(2007). "일제강점기 형평운동의 지역적 전개." 전남대학교 박사학위 논문.

김준형(1993). "진주지역 형평운동의 역사적 배경," 형평운동 70주년 기념사업회 엮음. 『형평운동의 재인식』. 도서출판 솔.

______(2001). 『1862년 진주농민항쟁』. 지식산업사.

______(2003). "문익점에 대한 후대의 평가와 현창활동," 김해영 외(2003), 『문익점과 목면업의 역사적 조명』. 아세아문화사.

김중섭(1988). "1920년대 형평운동의 형성 과정: 진주지역을 중심으로," 『동방학지』, 제59집. 연세대학교 국학연구원.

______(1994). 『형평운동연구』. 민영사.

______(1995a). "일제 식민 통치와 주민 교육 운동: 진주 지역을 중심으로," 한국사회사학회, 『사회와 역사』, 제47권.

______(1995b). "일제하 3 · 1운동과 지역사회운동의 발전: 진주지역을 중심으로," 『사회학대회발표요약집』, 제2호. 한국사회학회.

______(2001). 『형평운동』. 지식산업사.

______(2005). "일제하 지역사회운동과 근대 사회 발전: 진주지역을 중심으로," 『현상과 인식』, 32권 4호. 한국인문사회과학회.

______(2012). 『사회운동의 시대: 일제침략기 지역공동체의 역사사회학』. 북코리아.

김중섭 · 유낙근(1986). "1920년대 초 사회운동의 동향: 진주지역을 중심으로," 『현상과 인식』, 제10권 4호.

김지은(2019). "남명 조식의 일본 인식과 그 전승," 『남명학과 동아시아 담론의 가능성』. 남명학연구원, 한중철학회.

김충열(1983). “생애를 통해서 본 남명의 위인,” 『대동문화연구』, 17권. 성균관대학교 대동문화연구원.

______(2002). “「신명사도 · 명」의 새로운 고석,” 『남명학연구논총』, 제11집. 남명학연구원.

______(2006a). “남명 성리학의 특징 1: 자득과 실천,” 『남명사상의 재조명』. 남명학연구원 엮음. 예문서원.

______(2006b). “남명 성리학의 특징 2: 학문의 과정과 방법,” 『남명사상의 재조명』. 남명학연구원 엮음. 예문서원.

______(2008). 『남명 조식의 학문과 선비정신: 다시 울린 천석종』. 예문서원.

김해영(2003). “문익점의 생애와 목면 전래 사적의 검토: 문치장 찬 『가전』의 내용을 중심으로,” 김해영 외(2003). 『문익점과 목면업의 역사적 조명』. 아세아문화사.

______(2014). “망우당 곽재우의 의병활동과 시기별 동향,” 『망우당 곽재우』. 남명학연구원 엮음. 예문서원.

김호진(2017). 『대산 주역강의』 I. II. III. 한길사.

김희주(2016). “진주지역의 사회주의 운동과 조선공산당 재건운동,” 『동국사학』, 제61권. 동국사학회.

______(2020). “3 · 1운동 이후 진주지역 천도교의 성장과 민족운동,” 『동학농민혁명 전후의 경남지역 동학 · 천도교 활동』. 경남동학농민혁명계승사업회.

남명사상연구원(2006). 『남명사상의 재조명』. 예문서원.

남명학연구원(2008). 『남명학파 연구의 신지평』. 예문서원.

______(2010). 『내암 정인홍』. 예문서원.

______(2014). 『망우당 곽재우』. 예문서원.

______(2019). 『남명학과 동아시아 담론의 가능성』. 2019전국학술대회 자료집.

네이버 지식백과.

다홀편집실(2003). 『한국사 연표: 북한 · 세계사 포함』. 다홀미디어.

동양고전연구회 역주(2016a). 『논어』. 민음사.

______(2016b). 『대학』. 민음사.

______(2016c). 『맹자』. 민음사.

______(2016d). 『중용』. 민음사.

루카치(John Lukacs) 지음(2000), 이재만 옮김(2018). 『역사학 공부의 기초: 과거에 대한 앎을 이해하는 법』. 유유.

리명길(1986). “신분제 해체와 형평사운동 I. II. III,” 『진주상의』 제19호 · 제20호 · 제21호. 진주상공회의소.

리지린 지음, 이덕일 해제(2018). 『고조선 연구』. 말.

몽배원(蒙培元) 지음, 홍원식 · 황지원 · 이기훈 · 이상호 옮김(2011). 『성리학의 개념들』. 예문서원.
문경현(2003). "문익점의 사행과 목면 전래," 『복현사림』, 26권. 경북사학회.
문상준(2009). 『문익점 목화를 꿈꾸다』 1.2. 아름다운 사람들.
박병련(2001). "남명 사상에서의 도학과 정치," 박병련 외. 『남명 조식』. 청계.
______(2019). "동아시아의 학문지형과 남명학," 『남명학과 동아시아 담론의 가능성』. 남명학연구원, 한중철학회.
박병련 외(2004). 『남명학파와 영남우도의 사림』. 예문서원.
박병련 · 이종묵 · 정순우 · 한형조(2001). 『남명 조식』. 청계.
박성순(2014). 『선비의 배반』. 고즈윈.
박영진(2013). "조식 경의사상의 철학사적 함의," 『온지논총』, 제35집. 온지학회.
박용국(2011). "임진왜란기 진주지역 남명학파의 의병활동," 『남명학』 16권. 남명학연구원.
______(2014). "남명학파의 임진왜란 의병설화: 곽재우를 중심으로," 『남명학』, 19권. 남명학연구원.
______(2019). "임진왜란 초기 내암의 의병활동," 『남명학』, 24권. 남명학연구원.
박철규(2010). "한국 민주화운동의 전개과정과 3 · 15의거," 『3 · 15의거 학술논문총서』. 3 · 15의거기념사업회.
박현(1997). 『한반도가 작아진 역사적 사건 21가지』. 두산동아.
박홍식(2008). "남명사상이 후대에 끼친 영향," 『남명학파 연구의 신지평』. 예문서원.
박희봉(2016). 『호남 관군과 의병은 왜 진주성에서 목숨을 바쳤을까』. 논형.
베버(Max Weber) 지음, 이상률 옮김(2017). 『직업으로서의 학문』. 문예출판사.
서중석(2010). "1960년 3 · 15마산의거의 역사적 위상과 한국민주주의의 진로," 『3 · 15의거 학술논문총서』. 3 · 15의거기념사업회.
설석규(2001). 『남명학파 정치철학 연구』. 남명학연구원출판부.
______(2002). 『조선시대 유생상소의 공론정치』. 도서출판 선인.
성강현(2020) "동학농민혁명 이후 경남 동학의 재건과 진주대교구," 『동학농민혁명 전후의 경남지역 동학 · 천도교 활동』. 경남동학농민혁명계승사업회.
성백효 역주(2020). 『심경부주』. 전통문화연구회.
성현창(2002). "『학기유편』의 구성에 관하여(기1)," 『남명학연구』, 제12집. 경상대학교 남명학연구소.
소강절(邵康節) 지음, 노영균 옮김(2002). 『황극경세서』. 대원출판.
손병욱(2019a). "가야파와 남명학파의 친연성, 그 실체와 원인의 탐구," 『선비문화』, 제36호.
______(2019b). "탁계 전치원의 행적과 정신세계, 그리고 그 학문의 연구," 『남명학파의 지

역적 전개: 합천지역의 남명학파』. 남명학연구원. 2019년 학술세미나.
손보산(2017). "남명 조식의 수양과 실천 연구," 대진대학교대학원 박사논문.
______(2018). "황종희 경세사상과 그 영향," 『한국실학연구』, 36호. 한국실학학회.
송성대(1997). 『문화지리학 강의』, 법문사.
송성안(2016). "근대 마산지역 학생의 항일운동 경험과 3·15의거," 『인문사회 21』, 7(3).
손영식(1996). "남명 조식의 주체성 확립 이론과 사림의 정신(I)," 『남명학연구논총』. 남명학연구원.
손영식·조남호(2002). 『남명 조식의 철학사상 연구』. 서울대학교출판부.
송찬섭(1989). "1862년 진주농민항쟁의 조직과 활동," 『한국사론』, 제12권. 서울대국사학과.
______(2002). 『조선후기 환곡제개혁연구』. 서울대학교출판부.
______(2003). "1862년 농민항쟁과 진주," 『진주농민운동의 역사적 조명』. 진주농민항쟁기념사업회·경상대학교 경남문화연구원. 역사비평사.
______(2007). "18~19세기 경상도지역 환곡구조," 『대동문화연구』, 58권. 성균관대학교대동문화연구원.
송치욱(2018). "16세기 조선의 하학론 연구," 한국학중앙연구원 박사학위논문.
______(2019). "인조반정 이후 합천지역 남명학파 문인들의 활동 양상," 2019 학술 세미나 발표자료. 『남명학파의 지역적 전개: 합천지역의 남명학파』. 남명학연구원.
순자(荀子) 지음, 김학주 옮김(2008). 『순자(荀子)』. 을유문화사.
신두환(2004). "상소문의 문예미학 탐색," 『한국한문학연구』 제33집. 한국한문학회.
신병주(1995). "남명 조식의 학풍과 남명문인의 활동," 『남명학연구논총』, 제3권. 남명학연구원.
______(2000). 『남명학파와 화담학파 연구』. 일지사.
신용하(1990). "3·1 독립운동의 역사적 동인과 내인·외인론의 제 문제," 『한국학보』, 제16권 1호. 일지사.
______(1996). "1894년 갑오개혁의 사회사," 『사회와 역사』, 제50권. 한국사회사학회.
신창호(2018). "남명 조식의 평천하 교육관 고찰," 『남명학』, 제23집. 경상대학교 남명학연구소.
안동일(2010). 『새로운 4·19』. 예지.
안성호(2016). 『왜 분권국가인가』. 박영사.
안외순(2011). "처사 남명 조식의 정치참여 방식," 『온지논총』, 제29집. 온지학회.
양진석(1989). "18·19세기 환곡에 관한 연구," 『한국사론』, 21.
양희철(1990). "남명 조식의 「민암부」 연구," 『가라문화』, 제7집. 경남대학교 가라문화연구소.
엄연석(2012). "남명의 『학기유편』에서 자연과 도덕의 일관성 문제: 경의관 및 충서관과 연관하여,"『남명학』, 제17집. 남명학연구원.

역사문화학회(1998).『지방사와 지방문화 1』. 학연문화사.

______(2008).『지방사연구입문』. 민속원.

역사인물편찬위원회(2010).『목화꽃 전설: 문익점』. 역사디딤돌.

역사학회(2007).『한국 역사학의 성과와 과제』. 일조각.

오미일(2003). "1920년대 진주지역 농문운동," 진주농민항쟁기념사업회·경상대학교 경남문화연구원 엮음,『진주농민우동의 역사적 조명』, 역사비평사.

오이환(2000).『남명학파 연구』(상·하). 남명학연구원출판부.

______(2010). "대북정권 시기의 정인홍,"『내암 정인홍』. 남명학연구원. 예문서원.

______(2015). "남명학과 함께 한 긴 여로,"『선비문화』, 제27권. 남명학연구원.

윈스턴(Robert Winston) 엮음, 김동광·이용철 옮김(2006).『인간』. (주)사이언스북스.

윤인현(2008). "남명의 출처와 문학을 통해 본 선비정신,"『영남학』, 제13호.

윤정(2010). "조선 후기 정계의 정인홍 인식과 그 정치적 함의," 남명학연구원 엮음.『내암 정인홍』. 예문서원.

윤창현·박균열(2008). "임진왜란기 경상우도 삼가 의병활동: 의병장 구산 윤탁을 중심으로,"『군사』, 제69호. 국방부 군사편찬연구소.

윤호진(2006).『남명의 인간관계』. 경인문화사.

이경규 편저(1997).『중국 유가사상의 이해』. 중문출판사.

이기동(2018).『주역강설』. 성균관대학교출판부.

이남희(1992). "경상우도의 의병활동과 실록 기사:『선조실록』과『선조수정실록』을 중심으로,"『경남문화연구』 제14호. 경상대학교 경남문화연구원.

이덕일(2006).『송시열과 그들의 나라』. 김영사.

______(2015).『매국 역사학: 매국의 역사학, 어디까지 왔나』. 만권당.

______(2016a).『조선이 버린 천재들』. 옥당.

______(2016b).『한국사, 그들이 숨긴 진실』. 역사의 아침.

______(2019).『이덕일의 한국통사』. 다산초당.

이동환(2006). "남명 사상과 그 현대적 의의,"『남명사상의 재조명』. 남명학연구원 엮음. 예문서원.

이만규(2010).『조선교육사』, 살림터.

이만열(2013). "'유신괴물', 비켜가기와 대결하기," 배성인 외 공저.『유신을 말하다』. 나름북스.

이상우(1985).『비록 박정희시대 2』. 서울: 중원문화.

이상필(1990). "남명의「민암부」에 대하여,"『한문학논집』 제8집. 단국한문학회.

______(1993). “16세기 유학사상의 전개와 남명의 학문,” 『남명학연구』, 제3권. 경상대학교 경남문화연구원.

______(1997). “남명 경의사상의 형성 배경과 특색,” 『남명학연구』, 제7권. 경상대학교 남명학연구소.

______(2005). 『남명학파 형성과 전개』. 와우출판사.

______(2010). “내암 정인홍의 학문 성향과 정치적 역할,” 『내암 정인홍』. 남명학연구원. 예문서원.

______(2016). “16세기 유학사상의 전개와 남명의 학문,” 『남명학연구』, 제3권. 경상대학교 남명학연구소.

______(2020a). 『남명학파의 인물들1』. 경인문화사.

______(2020b). 『남명학파의 인물들2』. 경인문화사.

이수건(1995). “남명 조식의 사상과 문학,” 『동방한문학』, 제11권. 동방한문학회.

______(2008). “남명학파 의병활동의 역사적 의의,” 『남명학파연구의 신지평』. 남명학연구원 엮음. 예문서원.

______(2014). “망우당 곽재우 의병활동의 사회 · 경제적 기반,” 『망우당 곽재우』. 남명학연구원 엮음. 예문서원.

이승재(2016). 『하도낙서의 과학적 연구』. 미래터.

이승환(2012), “남명 학기도 자도설 비정,” 『철학연구』, 제46권. 고려대학교 철학연구소.

이애희(2000). “도설을 통해본 조식의 성리설: 학기도의 내용분석을 중심으로,” 『한국사상사학』, 제15집. 한국사상사학회.

이영호(1988). “1862년 진주농민항쟁의 연구,” 『한국사론』, 19.

이옥희(2016). “목면 전래에 관한 문헌자료와 구비자료의 담론 양상과 의미,” 『남도민속연구』, 제32권. 남도민속학회.

이원호 · 사재명 · 이재현 · 손승남 · 박기용(2003). 『남명사상과 교과교육』. 진주교육대학교 진주문화교육연구원.

이윤섭(2011). 『박정희 정권의 역사』. 필맥.

이이화(2019a). 『이이화 · 한국사이야기 15－문화군주 정조의 나라 만들기』. 한길사.

______(2019b). 『이이화 · 한국사이야기 용어 · 연표사전』. 한길사.

______(2019c). 『이이화의 한 권으로 읽는 한국사』. 교육서가.

______(2019d). 『한국사이야기 용어 · 연표 사전』. 한길사.

______(2019e). 『한국사이야기－국가 재건과 청의 침입』. 한길사.

______(2019f). 『한국사이야기－문화군주 정조의 나라 만들기』. 한길사.

이장희(1992). “망우당 곽재우의 의병활동,” 『남명학연구』 제2권. 경상대남명학연구소.

이정수(2003). “조선전기 면직업의 발전과 사회 · 경제상의 변화,” 김해영 외(2003). 『문익점과 목면업의 역사적 조명』. 아세아문화사.

이진표(2002). 『한국사상사: 유가경세사상편』. 학문사.

임헌규(2016). “남명의 위기지학 이념과 삶,” 『선비문화』, 제30호. 남명학연구원.

임현진(2000). “민주화의 전주곡으로서 부마항쟁: 유신체제의 지연된 붕괴: 유신체제의 지연된 붕괴,” 『한국 민주화운동의 민족사적, 세계사적 의의: 부마 · 광주와 한국과 세계의 민주화』. 한국정치학회.

장덕린 지음, 박상리 · 이경남 · 정성희 옮김(2004). 『정명도의 철학』. 예문서원.

장승희(2012). “남명 조식의 실천윤리: 상소를 중심으로,” 『윤리연구』, 제87권. 한국윤리학회.

장영준(1988). “남명선생의 이학조예와 인격 성취,” 『남명학』 제1권. 남명학연구원.

장원철 · 전병철 역주(2011). 『남명선생편년』. 경인문화사.

장입문(2006). “남명 성리철학 연구,” 『남명사상의 재조명』. 남명학연구원 엮음. 예문서원.

장철수(1991). “목면이 생활문화에 미친 영향,” 『문익점과 무명문화』. 국립민속박물관.

장치청 지음, 오수현 옮김(2018). 『전해 주역 상하』. 판미동.

전병철(2016). 『남명의 심학』. 경상대학교출판부.

전손 지음, 백종석 옮김(2009). 『선진유학』. 학고방.

정근식 · 권형택(2010). 『지역에서의 4월 혁명』. 민주화운동기념사업회.

정석종(1974). “조선후기 사회신분제의 붕괴: 울산부 호적대장을 중심으로”, 성균관대학교 대동문화연구원, 『대동문화연구』, 제9권.

정순우(1999). “남명학파와 퇴계학파의 사상적 특성: 남명 공부론에 나타나는 초월과 관여의 두 흐름,” 『남명학연구』, 제9권. 남명학연구원.

______(2008). “남명의 공부론과 ‘처사’의 성격,” 『남명 조식』. 청계.

정승안(2018). “부마민주항쟁시기의 한국경제와 지역사회의 여건,” 『사회사상과 문화』, 21(2).

정우락(2008). 『남명과 퇴계 사이』. 경인문화사.

정우락 외(2018). 『21세기와 남명 조식』. 역락.

정종모(2019). “사도론과 출처론을 통해 본 남명의 이정(二程) 계승,” 『남명학과 동아시아 담론의 가능성』. 남명학연구원, 한중철학회.

정주신(2019). 『10월 부마민주항쟁』. 프리마BOOKS.

정진영(2005). “송암 김면의 의병활동과 관련 자료의 검토,” 『대구사학』. 제78권. 대구사학회.

정현재(1995). “임진왜란 의병활동 전적지 조사: 정인홍 · 김면 의병군단을 중심으로,” 『경남문화연구』, 제17권. 경상대학교 경남문화연구소.

조갑제(1987). 『유고 2』. 한길사.

조순(2006). “남명 조식의 민본사상,” 『대구사학』, 제84권. 대구사학회.

조식. 경상대학교 남명학연구소(1995). 교감국역 『남명집』. 이론과실천.
______(2001). 『남명집』. 한길사.
______(2002). 『학기유편 사람의 길 배움의 길』. 한길사.
조영달(2009). “현대사회의 지식인과 선비정신의 사회적 재해석; 남명의 출처관을 중심으로,” 『남명학』, 제14권. 남명학연구원.
조헌국(2019). 『호주 선교사 커를과 그의 동료들』. 한국문화사.
조회환(2014). 『유학자 조식의 수양방법과 이상정치론』. 도서출판 비움과 채움.
조희승 지음, 이덕일 주해(2019). 『북한학자 조희승의 임나일본부 해부』. 도서출판 말.
조희연(2007). 『박정희와 개발독재시대: 5・16에서 10・26까지』. 역사비평사.
진덕규(1981). “미군정의 정치사적 인식3,” 『해방전후사의 인식 I』. 한길사.
진래(陳來) 지음, 안재호 옮김(1997). 『송명 성리학』. 예문서원.
진주문화를찾아서 편찬위원회(2001). 『형평운동』. 지식산업사.
차성환(2012). “유신체제와 부마항쟁: 지배와 저항의 사회심리적 기제를 중심으로,” 『역사연구』 23. 역사학연구소.
______(2014). 『부마항쟁과 민중』. 한국학술정보.
차철욱(2005). “마산 시민의식의 성장과 3・15의거,” 『3・15의거정신의 역사적 변천과 계승 방안』. 3・15의거기념사업회.
최석기(1991). “남명의 성학과정과 학문정신,” 『남명학연구』 제1권. 경상대학교 남명학연구소.
______(1994). “남명의 「신명사도」・「신명사명」에 대하여,” 『남명학연구』, 제4권. 경상대학교 남명학연구소.
______(1999). “남명사상의 본질과 특색,” 『퇴계학과 유교문화』 제27권. 경북대학교 퇴계연구소.
______(2005). 『나의 남명학 읽기』. 경인문화사.
______(2009). “조선의 선비와 그들의 공부,” 『남명학』, 제14호. 남명학연구원.
______(2010). “남명 조식의 왜구 침입에 대한 우려와 대책,” 『남명학』, 제15집. 경상대학교 남명학연구소.
______(2014). “망우당 곽재우의 절의정신,” 『망우당 곽재우』. 남명학연구원 엮음. 예문서원.
______(2017). “남명학의 연원과 본질,” 『남명학연구』, 제53권. 경상대학교 남명학연구소.
______(2019a). 『남명학의 본질과 특색』. 경인문화사.
______(2019b). 『지리산 덕산동』. 지앤유.
______(2020). 『실학파의 이해』. 미출간 자료.
최석기・강정화・양판석・이영숙・이정희・전병철・정현섭(2007). 『송원시대 학맥과 학자들』. 보고사.
최석기 편역(2009). 『조선왕조실록 등에 보이는 남명 조식 1』. 경인문화사.
______(2009). 『조선왕조실록 등에 보이는 남명 조식 2』. 경인문화사.
최승호 외(1996). 『동양철학의 이해』. 소강.
최장집(1989). 『한국정치의 구조와 변화』. 까치.
최재호(2013). "임난(壬亂) 전쟁실기(戰爭實記)에 나타난 경상우도 의병의 의식과 시각," 『남명학』, 제18권. 남명학연구원.
______(2015). "곽재우 의령 창의의 함의," 『군사』, 제96호. 국방부 군사편찬연구소.
최해갑(1988). "남명의 교학사상," 『남명학연구』, 제1권. 남명학연구원.
카(Edward H. Carr) 지음, 김택현 옮김(2003). 『역사란 무엇인가』. 까치.
KBS역사저널 그날 제작원(2019). 『역사저널 그날: 광해군에서 인조까지』, 민음사.
펑유란 지음, 박성규 옮김(2017). 『중국철학사(상 · 하)』. 까치글방.
펑유란 지음, 정인재 옮김(2018). 『간명한 중국철학사』. 마루비.
하우선 주편, 이상필 · 공광성 역주(2011). 『덕천사우연원록』. 경인문화사.
한국종합DB－조선왕조실록
한명기(2000). 『광해군』. 역사비평사.
한상규(1996). "남명의 교과지도론," 『남명학연구』, 제4권. 남명학연구원.
한형조(2001). "남명, 칼을 찬 유학자," 박병련 · 이종묵 · 정순우 · 한형조. 『남명 조식』. 청계.
______(2008). 『왜 조선 유학인가』. 문학동네.
한형조 외(2013). 『500년 공동체를 움직인 유교의 힘』. 글항아리.
핫지킨슨(Christopher Hodgekinson) 지음, 주삼환 역편(1995). 『행정철학』. 법문사.
허권수(2001). 『절망의 시대 선비는 무엇을 하는가』. 한길사.
______(2002). 『사람의 길 배움의 길』. 경상대학교남명학연구소 역주. 한길사.
______(2010). 『남명 그 위대한 일생: 행장 · 비문의 번역』. 경인문화사.
______(2017). 『강우지역 남명학파의 인물 연구』. 보고사.
현상윤(2010). 『현상윤의 조선유학사』. 심산.
형평운동 70주년 기념사업회(1993). 『형평운동의 재인식』. 솔출판사.
홍사중(1983). 『근대 시민사회사상사』. 한길사.
홍원식 외(2008). 『심경부주와 조선유학』. 예문서원.
황의동(2008). "우계의 현실 인식과 경세사상," 『우계학보』, 제27호. 우계학회.

찾아보기

ㄱ

ㅊ

ㅌ

ㅍ

ㅎ

저자 소개

수중 김영기(守中 金漢琪, 1945년 경남 산청 출생)

경상대학교 학사 · 부산대학교 행정학 석사 · 박사

경상대학교 행정학과 명예교수
(사)경남지역사회연구원 이사장 겸 원장
진주포럼 · 네팔진주학교 상임대표
지방자치학회 고문
남명사랑 창립준비위원장
공익사랑방 우락재(憂樂齋) 상임대표

경상대학교 사회대학장 겸무 행정대학원장 역임
행정안전부 주민소환제 자문위원 역임
행정안전부 인사정책 자문위원 역임
경상남도 인사위원회 위원 및 부위원장 역임
진주시정자문교수단장 역임
경남도사편찬위 책임편찬위원 역임
9급 · 7급 · 지방고시 · 행정고시 위원 역임
경남일보 · 경남도민일보 논설위원 역임

뉴욕주립대학교(Albany 소재) 객원교수(1993 · 2000 · 2008 · 2011) 및 Willamette대학교(오리건, Salem 소재, 2011) 객원교수

『지방자치론』(1991), 『지방자치의 이해』(1995), 『지방자치행정론』(1997), 『한국의 주민소환제』(2006, 학술상 수상) 『주민발의제도론』(2011) 『뉴잉글랜드 타운정부론』(2014)을 모두 대영문화사에서 출간하였고, 그 외 공저서 · 단독 및 공동 번역서 등 모두 18권을 출간하였으며, 40여 편의 논문을 발표하였음.

『남명 조식의 학문과 사상과 실천』(2020)을 우락재(憂樂齋)에서 출간함.

한국지방자치학회 학술상(2007년 저서 부문)
경상남도문화상(제46회, 학술 부문)
진주시민상(2020)
옥조근정훈장(2011)
진주교육상(2022)
한국지방자치학회 고주상(2022)

남명 조식과의 대화
-경남의 역사적 이해-

펴낸날 제1판 제1쇄 2021년 2월 25일
제1판 제2쇄 2022년 2월 25일
지은이 김영기
펴낸이 임춘환
펴낸곳 도서출판 **대영문화사**
주소 (본사) 사무실: 경기도 고양시 일산서구 주화로 70
우신프라자 307호 (㊄ 10387)
(본사) 물류센터: 경기도 고양시 일산서구 덕산로
107번길 68-50 (㊄ 10205)
등록 1975년 12월 26일 제3-16호
전화 (031) 913-3062, (031) 914-3884~5
팩스 (031) 913-3839
홈페이지 http://www.dymbook.co.kr

ISBN 978-89-7644-774-6
값 25,000원